Anne E. Rasa:
Die perfekte Familie
Leben und Sozialverhalten der
afrikanischen Zwergmungos

Vorwort von Konrad Lorenz
Mit 65 Abbildungen
Aus dem Englischen von
Wilfried Sczepan

Deutscher
Taschenbuch
Verlag

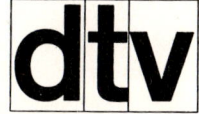

Die Zwergmungos und ihre Umwelt fotografierte die Autorin. Die Zeichnungen im Text stammen von Wolfgang Tambour, Göttingen.

Ungekürzte Ausgabe
März 1988
Deutscher Taschenbuch Verlag GmbH & Co. KG, München
© 1984 Deutsche Verlags-Anstalt GmbH, Stuttgart
ISBN 3–421–02736–6
Umschlaggestaltung: Celestino Piatti
Umschlagabbildung: Reinhild Hofmann, München
Satz: Friedrich Pustet, Graphischer Großbetrieb, Regensburg
Druck und Bindung: C. H. Beck'sche Buchdruckerei, Nördlingen
Printed in Germany · ISBN 3–423–10869–X

Das Buch

»Es geht auf drei Uhr. Aber es gibt keine Anzeichen, daß die Hitze nachläßt. Ich spüre Benommenheit. . . . Der Hügel liegt noch verlassen da. . . . Plötzlich kommen die Mungos hervor, strecken sich gähnend und bringen durch rasches Beknabbern ihr Fell in Ordnung, ehe sie den Hügel hinab ins Gras marschieren, die Nashornvögel ihnen hart auf den Fersen. Habe ich es mir nur eingebildet oder sind die Mungos von dem Gelbschnabeltoko mit einem mehr oder weniger unwirschen ›Erhebt euch, ihr Faulpelze, es ist Zeit, euch wieder an die Arbeit zu machen!‹ aus ihrem Nachmittagsschlaf geweckt worden?«

Die englische Wissenschaftlerin Anne E. Rasa, Schülerin von Konrad Lorenz, hat jahrelang die Lebensweise afrikanischer Zwergmungos vor Ort erforscht. In plastischer Weise und mit einer gänzlich unwissenschaftlichen Sprache präsentiert sie ihre erstaunlichen Ergebnisse: Zwergmungos führen ein Familienleben wie Menschen. Sie beschäftigen Babysitter, sie pflegen ihre Kranken und betrauern ihre Toten, und sie verständigen sich in einer äußerst komplizierten Sprache – die Anne E. Rasa, wenn auch nicht sprechen, so doch verstehen gelernt hat. Ein spannend geschriebenes Buch von großer wissenschaftlicher Bedeutung. Konrad Lorenz: »Ein Meisterwerk, in dem sich Meisterschaft der Beobachtungsfähigkeit, des analytischen Denkens und der schriftstellerischen Darstellung zu einem Ganzen vereinen, das in seiner Art kaum zu übertreffen ist.«

Die Autorin

Anne E. Rasa wurde 1940 in Wales geboren. Sie studierte in London und Hawaii Zoologie. Ab 1968 führte sie ihre naturwissenschaftlichen Forschungen bei Konrad Lorenz im Max-Planck-Institut für Verhaltensphysiologie in Seewiesen fort. Nach ihrer Promotion begann sie in Ostafrika ihre Untersuchungen über die Zwergmungos. Sie habilitierte sich 1979 und hat bisher mehrere wissenschaftliche Veröffentlichungen vorgelegt.

Inhalt

Vorwort

von Konrad Lorenz

Je komplizierter ein lebendes System ist, desto anfälliger ist es für Störungen im Bereich der vielen, vielen Umweltbedingungen, an die es angepaßt ist. Zu den kompliziertesten Systemen, die wir im Bereich des Lebendigen kennen, gehören die Sozietäten von Tieren, insbesondere von Wirbeltieren, die nicht in gleichem Maße stammesgeschichtlich »durchprogrammiert« sind wie die ebenso hoch oder noch höher differenzierten Gesellschaftsstrukturen staatenbildender Insekten. Die Strukturen einer Gesellschaft sozialer Tiere sind bei verschiedenen Lebensformen sehr unterschiedlich, weil sie in verschiedenem Maße von genetischen Programmen einerseits und von traditionellen Verhaltensnormen andererseits beherrscht werden.

Bei Vögeln, wie bei der von mir untersuchten Dohle *(Coloeus monedula)* und ebenso bei der Graugans *(Anser anser)*, geht die genetische Programmierung, das heißt also die Macht des angeborenen Verhaltens, so weit, daß man aus jung aufgezogenen Vögeln dieser Art freifliegende Siedlungen bilden kann, die keine nennenswerten Unterschiede zu Sozietäten aufweisen, die seit jeher in der Wildnis leben.

Dies ist bis zu einem gewissen Grade auch bei Wildschweinen der Fall. Einen handaufgezogenen Frischling kann man zur Not noch einer Rotte von Wildsauen eingliedern, bei einem Mantelpavian dagegen gelang dies Katharina Heinroth nicht, ihr Pavianmädchen hat sich, wie sie sagt, in der Umgebung normaler Paviane auf dem Affenfelsen des Berliner Zoos dauernd so stark »vorbeibenommen«, daß sie zur verhaßten Außenseiterin wurde und schleunigst wieder entfernt werden mußte.

Da man nie von vornherein weiß, welche und wie viele Regeln sozialen Verhaltens genetisch programmiert und wie viele durch eine uralte Tradition festgelegt sind, ist die künstliche Ansiedlung jung aufgezogener Tiere eine unsichere Methode, um soziales Verhalten zu studieren, auch wenn der Lebensraum dem natürlichen fast völlig gleicht. Das Studium freilebender zahmer Tiere ist sicherlich eine gute Methode, ich praktiziere sie ja seit meiner frühesten Jugend. Bei höheren Säugetieren allerdings, bei denen Lernen und Tradition eine größere Rolle spielen, ist eine andere Forschungsmethode angebracht, die allerdings vom Forscher einen noch erheblich größeren Einsatz verlangt.

Man kann nämlich auch freilebende Tiere so an die Anwesenheit des Beobachters gewöhnen, daß sie seine Gegenwart ignorieren und sich völlig normal verhalten. Jane Goodall war wohl die erste, die diese wahrhaft hingebungsvolle Tätigkeit in Angriff genommen hat. Sie setzte sich im Urwald am Gombe-Fluß hin und begann, die dort lebenden Schimpansen »an sich zu gewöhnen«. Die selbstverleugnende Aufgabe dabei war, komplette Interesselosigkeit zu heucheln und nicht einmal hinzuschauen, wenn ein Schimpanse auftauchte. Höhere Tiere sind äußerst empfindlich für menschliche Ausdrucksbewegungen, zumal dann, wenn ihre eigenen diesen so ungemein ähnlich sind. Jane Goodall verbrachte fast zwei Jahre mit dieser nicht nur aufreibenden, sondern gleichzeitig höchst langweiligen Tätigkeit, ehe die Schimpansen von ihren friedlichen Absichten überzeugt waren. Diane Fossey ging es bei ihren Gorilla-Beobachtungen nicht viel anders.

Für die Hypothesen des Verhaltensforschers ist es ein Nachteil, wenn die Objekte seiner Untersuchung allzu kompliziert sind. Für die Bildung von Hypothesen und Theorien ist es immer günstig, die Fakten, die man untersuchen will, an dem möglichst einfachen Objekt zu untersuchen, bei dem sie zuerst auftreten.

Nun gibt es unter den Säugetieren, und zwar unter den Raubtieren, Gruppen, die außerordentlich hohe und komplexe Sozietätsstrukturen entwickelt haben, in anderer Hinsicht aber eindeutig zu den »niedrigeren« Säugern zu rechnen sind, und das sind die Mungoartigen, Herpestoiden. Anne E. Rasa hat in meiner Abteilung des Max-Planck-Instituts für Verhaltensphysiologie in Seewiesen mit der Untersuchung der Zwergmangusten *(Helogale undulata rufula)* begonnen. Diese Tiere erwiesen sich bei der Haltung in einem wohlgeheizten Raum als leicht züchtbar. Doch stellte sich bald heraus, daß unter einer großen Gesellschaft friedlich zusammenlebender Zwergmangusten nur ein Paar sich fortpflanzt, aber sämtliche Mitglieder bei der Pflege und Ernährung der Jungen mitwirken. Diese Gesellschaftsstruktur, die geradezu an die mancher »staatenbildender« Insekten erinnert, hätte nun auch ein Artefakt, das heißt eine Folge der Gefangenhaltung, sein können. Anne Rasa beschloß, den notwendigen Vergleich zwischen dem Verhalten der Tiere in Gefangenschaft und dem der freilebenden zu ziehen. Das Resultat dieser Studien ist das vorliegende Buch. Die Wichtigkeit seiner Ergebnisse kann kaum übertrieben werden und verträgt sehr wohl einen Vergleich mit den bahnbrechenden Erkenntnissen, die wir Jane Goodall verdanken.

Den vorangehenden Teil des Vorworts hatte ich verfaßt, ehe ich das Manuskript Anne Rasas in die Hand bekam. Obwohl ich sie seit vielen Jahren und aus langer freundschaftlicher Zusammenarbeit am gleichen Institut gut kannte, war ich höchst überrascht von ihrer schriftstellerischen Begabung. Die Lebendigkeit ihres Stils und die offensichtliche und unbezweifelbare Redlichkeit und Lebendigkeit ihrer Darstellung lassen das Buch zu einer geradezu spannenden Lektüre werden. Man lebt wahrhaftig im Trockenbusch Afrikas und lernt die Persönlichkeiten der einzelnen Zwergmungos, von denen sie erzählt, so kennen, als sei man selbst dabeigewesen. Man sage ja nicht, daß die Autorin anthropomorphisiert. Wie mein Freund, der israelische Etologe Amotz Zahavi, so treffend gesagt hat, ist der naivste Anthropomorphismus eine bessere Darstellung, als das beste kybernetische oder elektronische Modell: Der einfache Grund hierfür ist, daß der Unterschied in der Komplikation des Gehirns eines Menschen und eines höheren Wirbeltieres um viele Größenordnungen geringer ist als derjenige, der zwischen dem einfachsten Wirbeltiergehirn und dem komplexesten physikalisch-elektronischen Simulator besteht. Zudem anthropomorphisiert Anne E. Rasa keineswegs naiv, sondern regelmäßig nur auf dem Gebiet emotionalen Verhaltens, das auch beim Menschen von demjenigen höherer Wirbeltiere nur wenig unterschieden ist. Die gesamte Darstellung ist ein Meisterwerk, in dem sich Meisterschaft der Beobachtungsfähigkeit, des analytischen Denkens und der schriftstellerischen Darstellung zu einem Ganzen vereinen, das in seiner Art kaum zu übertreffen ist.

1 Erste Begegnung

Im Osten ein Schimmer wie poliertes Kupfer. Die Elefantendornbäume tauchen aus der Dämmerung auf und wirken mit ihren kahlen, gewundenen Ästen wie ein surrealistisches Gemälde. Ganz in der Nähe ein Geräusch, als gieße jemand Wasser aus einer Flasche – der Freudengesang des Weißstirnspornkuckucks an die aufgehende Sonne. Langsam schiebt sich die Sonnenscheibe über den Horizont, und Licht überflutet die Landschaft. Ein neuer Tag hat begonnen.

Soweit das Auge reicht: knorrige Baumstämme mit Kronen aus dornenbewehrtem Geäst. Darunter ein Gewirr aus blattlosen Büschen und umgestürzten Bäumen, alles grau in grau – eine von der Sonne ausgedörrte und gebleichte Wildnis, die nur hier und da durch das spärliche Grün von Bosciabäumen, Cassiasträuchern und Büscheln des spargelartigen »Wart-ein-bißchen«-Dorns unterbrochen wird. Wie blutrote Burgen erheben sich die Termitenhügel aus dem Gestrüpp der toten Vegetation, das sie fast völlig zudeckt. Das ist die Taru-Wüste im Morgengrauen.

Das ist nicht die Wüstenlandschaft mit welligen Sanddünen und ohne einen einzigen Grashalm, wie sich die meisten Menschen eine Wüste vorstellen. Die Taru-Wüste ist ganz anders, trotzdem handelt es sich um eine Wüste. Hier wohnen keine Eingeborenenstämme, denn nie ist ständig Wasser vorhanden. Es gibt nur die ausgetrockneten Wasserlöcher, die sich zweimal im Jahr füllen, wenn wahre Wolkenbrüche niedergehen. Bleiben die Regenfälle aus, scheint das ganze Gebiet sich gleichsam in sich zurückzuziehen und mit angehaltenem Atem zu warten ... zu warten, bis das lebenspendende Naß wiederkommt. Tiere, die Wasser zum Überleben benötigen, wandern ab, und die, die bleiben, sind imstande, Wasser aus ihrer Nahrung zu gewinnen. Nur die Pflanzen haben keine Wahl. Aber im Laufe der Jahrtausende ist ihre Anpassung so weit fortgeschritten, daß kein Tropfen der kostbaren Flüssigkeit verlorengeht. Eine rauhe Welt, in der sich der Kampf ums Überleben in jedem Dornenzweig und jeder wasserstrotzenden Wurzel spiegelt.

Die Taru-Wüste bildet einen breiten Streifen zwischen der ostafrikanischen Küstenebene und den höher gelegenen Binnengebieten und hat in der afrika-

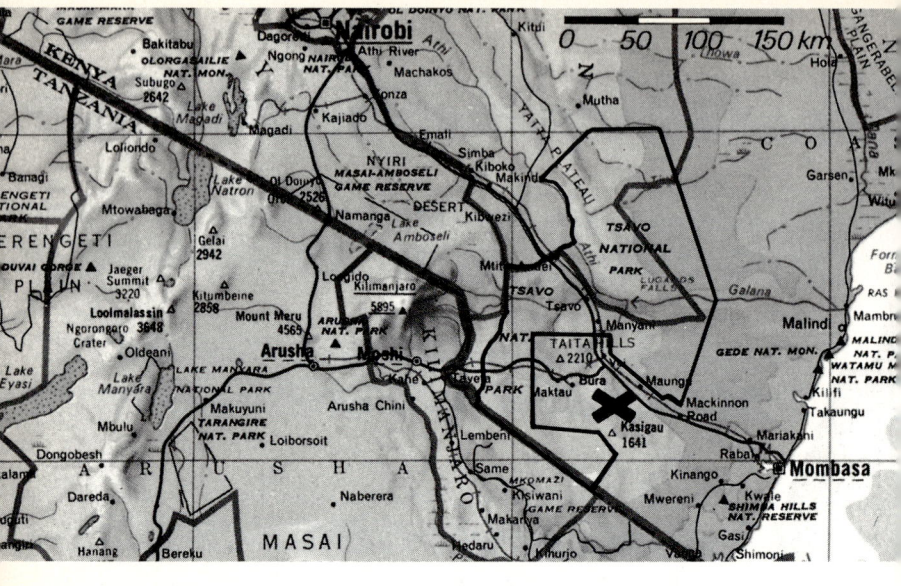

*Ausschnitt aus der Karte Ostafrikas. Das Forschungsgebiet der Autorin
liegt südlich der Taita-Hügel und ist bezeichnet.*

nischen Geschichte eine wichtige Rolle gespielt. Der unwirtliche Landstreifen
hat den Sklavenhändlern Einhalt geboten und sie gezwungen, ihre Raubzüge
auf die südlichere Hügelkette zu beschränken, die zum Kilimandscharo führt.
Erst als die Mombasa-Eisenbahn gebaut wurde, konnte man bequem durch
diese unermeßliche Ansammlung von Dornengestrüpp reisen und das frucht-
bare Hochland besiedeln. Die Taru-Wüste diente riesigen Elefantenherden
als Durchzugsgebiet, wobei sie sich auf ihren Wanderungen von den saftigen
Zweigen der Dornbäume ernährten und die flachen Wasserlöcher leer-
tranken.

Was hier auffällt, ist die Eintönigkeit. Alles gleicht sich und ist doch wieder
anders: Variationen über ein Thema aus Dornbäumen, Büschen und Termitenhügeln, eine Gegend, in der man sich leicht verirren kann; denn es gibt
keine markanten Geländepunkte. Selbst die Stämme, die die Elefantenjagd
betreiben und auf der Suche nach Elfenbein gelegentlich in das Gebiet
eindrangen, wissen Schreckensgeschichten zu berichten von erfahrenen
Jägern, die am Morgen das Lager verließen, aber nicht mehr zurückfanden
und verdursteten. Die Temperaturen können hier 47 Grad Celsius im Schatten (den es allerdings so gut wie nicht gibt) erreichen, und die Orientierung

12

kann leicht durcheinandergeraten, denn die Sonne steht um die Mittagszeit fast senkrecht am Himmel, da das Gebiet nur wenige Breitengrade südlich des Äquators liegt. Die Dornbäume versperren den Blick zum Horizont. Man hat das Gefühl, sich in einem Labyrinth aufzuhalten, wo alle Anhaltspunkte nur Verwirrung stiften.

Ich sitze in meinem Landcruiser und lauere wie eine Katze vor dem Mauseloch. Aber mein Mauseloch ist überall. Reglos verharre ich auf meinem Posten und beobachte das Kommen und Gehen. Die Morgendämmerung ist mir im Busch die liebste Tageszeit, da das Nachtgetier und das Taggetier sich im Freien aufhalten, die einen auf dem Heimweg zu einem kühlen Schlupfloch, um während der Hitze des Tages zu schlafen, die anderen, um sich ihrer täglichen Jagd nach Beute zu widmen. Ein Skink kriecht aus einem Loch in einem Termitenhügel zu meiner Rechten und streckt sich in den wärmenden Strahlen der Sonne, während unmittelbar vor mir, gerade noch sichtbar über dem wogenden Meer grauer Grashalme, Ohren und Rücken eines Schabrackenschakals auf- und niedertauchen, der nach morgendlicher Jagd auf dem Weg zu seinem Bau ist. Die Begleitmusik liefert ein Schrei-Chor, den ein gemischter Schwarm von Fischer- und Königsglanzstaren veranstaltet. Ihr durchdringendes Gekreisch mobilisiert jedes Tier in der Umgebung. Der Rotschnabeltoko auf dem Ast über mir reckt den Hals, um zu sehen, was es gibt.

Das ist nun schon der sechste Tag, den ich damit verbringe, durch diesen toten Dschungel zu fahren in der Hoffnung, einen flüchtigen Blick auf jene Tiere zu erhaschen, um derentwillen ich hergekommen bin, die Zwergmungos, aber bisher hatte ich kein Glück.

Ich beginne zu glauben, daß mein Unternehmen aussichtslos ist. Es ist schon schwer genug, in diesem Wust von abgestorbenen Pflanzen eine Antilope zu entdecken, geschweige denn ein Tier von der Größe eines Wiesels. Es geht auf sieben Uhr zu. Die Vögel picken emsig Nahrung auf. Die einen tun sich an den Beeren der blattlosen Dornbäume gütlich, andere, wie der kleine Graue Fliegenschnäpper, der auf einem Zweig rechts von mir Stellung bezogen hat, an den Insekten, die sich in den wärmenden Strahlen der Sonne zu regen beginnen. Zum Rotschnabeltoko gesellt sich das Weibchen, das er begrüßt, indem er ihr eine vom Dornbaum abgezupfte Beere reicht, die sie huldvoll annimmt. Dann beginnen beide mit dem, was ich ihre »Wok-Wok«-Zeremonie nenne. Einstimmig steigern sich ihre Wok-wok-wok-Rufe zu einem Crescendo, das plötzlich abbricht, während sie gemeinsam die Köpfe neigen und die noch zusammengelegten Flügel rückwärts ausstrecken, so daß sie sich hinter ihnen berühren. Dann füllen sie ihren Kropf emsig mit Beeren, die sie vom Baum picken, und ich nehme den schwachen Geruch von Weihrauch wahr, der sich von dem zerquetschten Pflanzengewebe verbreitet. Rechts neben meinem Wagen schiebt ein Pillendreherkäfer mühsam ein Kügelchen aus Antilopenkot einen vertrockneten Pflanzenstengel hoch. Indem er die Kotpille mit den Hinterbeinen umklammert hält, verhindert er, daß sie zu Boden fällt. Fasziniert beobachte ich, wie er die Kugel mit Erde festklebt, die er in seinen Mundwerkzeugen (Mandibeln) befeuchtet hat. Rechtzeitig wird die Larve aus dem in der Dungpille befindlichen Ei ausschlüpfen und die von den Eltern bereitgestellte Nahrung verzehren, die sicher über dem Erdboden befestigt ist, so daß kein anderer Kotfresser sich ihrer bemächtigen kann.

Die Tokos machen sich davon. Ich beobachte ihren wellenförmigen Flug: vor dem Hintergrund aufblitzendes Schwarz und Weiß. Sie lassen sich in einem etwa dreißig Meter entfernten Baum nieder und beginnen mit dem Putzen ihres Gefieders. Einer der beiden legt den Kopf schief und beäugt den Termitenhügel unter dem Baum. Ich versuche herauszufinden, was der Toko so eingehend betrachtet, kann aber nichts erkennen. Hinter mir das rauhe Bellen eines Impalabocks. Ich wende gerade noch rechtzeitig den Kopf, um ihn und seine Weibchen mit aufblitzendem Hinterteil verschwinden zu sehen. Wieder ist alles still. Nur der kleine Fliegenschnäpper setzt seine flatternden Ausfälle gegen die Insektenwelt fort. Dann noch ein flüchtiger Eindruck von schwarzweißen Flügelschlägen zwischen den Bäumen. Ein Paar Deckenstokos hat sich zu den Rotschnabeltokos gesellt, das Männchen mit einem bunten Technicolor-Schnabel, das Weibchen mit einem schwarzen. Sie starren ebenfalls auf den Termitenhügel hinab. Aber ich kann nichts entdecken. Die vier Vögel hocken da, putzen das Gefieder und blicken umher, als würden sie auf etwas warten.

Meine Aufmerksamkeit schweift ab. Ich beobachte ein Paar blauschwarzer Goldschnabelhopfe, die in den Ritzen und Spalten eines dornigen Commiphorenbaums und besonders zwischen den Lagen der schuppigen Borke nach Insekten suchen, indem sie mit dem Kopf nach unten an den Ästen hängen und mit ihren orangeroten Schnäbeln emsig stochern. Da bewegt sich etwas im Schatten des Termitenhügels vor mir. Ein flacher, pfeilartiger Kopf erscheint und dann ein langer, schuppiger Leib, hell- und dunkelbraun gefleckt, fett und abstoßend. Die Puffotter bewegt sich langsam den Termitenhügel hinunter, wobei sie auf ihren Rippen gleitet, so daß rhythmische Wellenlinien ihren Körper der Länge nach durchlaufen wie Meereswogen an einem Wellenbrecher entlang. Unentwegt züngelnd prüft sie den Boden. Dann rollt sie sich zusammen, preßt ihren Leib flach gegen das Erdreich, um möglichst viel Sonnenwärme einzufangen und läßt sich's – fast unsichtbar in dem Muster aus Licht und Schatten – am Fuße des Termitenhügels wohl sein.

Auch Jäger wie die Puffotter scheinen gern am frühen Morgen in der Sonne zu liegen, ehe die Hitze einsetzt und die Luft zu flimmern beginnt.

Die Tokos sind noch immer wachsam. Ich werde neugierig. Worauf warten sie? Kaum ist mir diese Frage durch den Kopf gegangen, als etwas Kleines, Braunes auf der Spitze des Termitenhügels unter dem Baum erscheint. Zitternd vor Aufregung greife ich nach meinem Feldstecher in der verzweifelten Hoffnung, daß ich diesmal Glück habe. Langsam stelle ich das Fernglas scharf. Dann kann ich mir ein Lächeln nicht verkneifen. Dort drüben, in der kühlen Morgenluft, den Pelz wie eine Flaschenbürste gesträubt, um sich blickend, gähnend und sich kratzend, sitzt das Geschöpf, das aufzuspüren ich so weit gereist bin und so hart gearbeitet habe: ein junges Zwergmungomännchen, das seine Morgentoilette macht und dabei seine Umgebung nach möglichen Gefahren absucht, aber von meiner Anwesenheit noch nichts gemerkt hat. Fast augenblicklich tauchen neben ihm andere braune Körper auf, wie aus den vulkanartigen Kratern des Termitenhügels hervorgezaubert. Ich beginne zu zählen und komme bis dreizehn. Dreizehn kleine, braune Geschöpfe: wahrscheinlich eines der ungewöhnlichsten und faszinierendsten Lebewesen auf Erden, soweit es um ihr soziales Verhalten geht.

Verzweifelt versuche ich, die einzelnen Tiere auseinanderzuhalten. Das wird noch dadurch erschwert, daß sie ständig in irgendwelchen Löchern des Termitenhügels verschwinden und ganz woanders wieder hervorkommen. Der ganze Termitenhügel scheint in Aufruhr. Einzelne Tiere wuseln hierhin und dorthin, hinauf, hinunter und wieder in den Hügel hinein, putzen sich selber und gegenseitig. Wieder beginne ich zu zählen. Diesmal komme ich auf vierzehn. Noch immer weiß ich nicht, wie viele Individuen es genau sind. Bekanntlich liegen Tierzählungen in freier Wildbahn meist etwa um ein Drittel unter der tatsächlichen Zahl. Diese Gruppe könnte also bis zu zwanzig Individuen umfassen.

Langsam scheint sich aus dem Durcheinander eine gewisse Ordnung zu entwickeln. Die Körperpflege wird nach und nach beendet, und ich sehe, wie die Tiere auf einer Seite des Hügels sich davonstehlen. Vorsichtig erhebe ich mich, bis ich meinen Kopf durch die offene Dachluke des Wagens stecken und mir einen besseren Überblick verschaffen kann. Diejenigen Tiere, die den Termitenhügel hinabgeklettert sind, verrichten offenbar ihr »Morgengeschäft«. Sie setzen ihren Kot nicht an einer beliebigen Stelle ab, sondern ausschließlich auf einem kleinen Fleck kahler Erde am Fuße des Termitenhügels. Einige scheinen sogar zu warten, bis sie an der Reihe sind, und diejenigen, die die Toilette in Anspruch nehmen, hocken steif da, den Schwanz fast senkrecht hochgestellt und das Ende wie ein Fragezeichen gekrümmt. Wenn sie ihr Geschäft beendet haben, schütteln sie sich etwas, drehen sich dann um, beschnüffeln, was sie produziert haben, und ziehen ab. Einige wuseln anschließend wieder den Hügel hinauf, andere steuern auf den Rand der flachen Schicht aus roter Erde zu, die den Termitenhügel umgibt und unter der Einwirkung von Sonne, Wind und Regen auf den Termitenbau entstanden ist. An den Überresten der Wurzel eines umgestürzten Dornbaumes halten sie inne und beginnen sie sorgfältig zu beschnüffeln, wobei sie sich wie kleine Bären auf die Hinterbeine stellen, um sich möglichst hoch recken zu können.

Offensichtlich konzentrieren sie sich angestrengt auf die Botschaften, die ihnen diese »Anschlagtafel« – denn um eine solche handelt es sich – durch ihren Geruch übermittelt. Dann trottet ein großes graues Weibchen zielstrebig den Hügel hinab zur Baumwurzel, und die Tiere, die sich dort drängen, machen ihr bereitwillig Platz. Bis jetzt hat noch kein Tier markiert, denn alle haben sich damit begnügt zu »lesen«, statt selber zu »schreiben«. Das Weibchen untersucht ebenfalls die Anschlagtafel, ergreift die Wurzel mit den Vorderpfoten und reibt die Wangendrüsen quer darüber hin vom Maul bis zum Ohr, erst die eine, dann die andere Seite. Dann wechselt es mit raschem Sprung in eine Handstandposition mit dem Kopf nach unten, ergreift die Wurzel mit den Hinterpfoten, preßt die rosafarbene Geruchsdrüse im After dagegen und verschmiert deren Sekret längs der Wurzel. Mit krabbelnden Bewegungen der Hinterbeine läßt die Mungodame ihren Leib langsam abwärtsgleiten. Dann dreht sie sich ruckartig herum, stellt sich auf die Hinterbeine und kontrolliert die Markierung durch sorgfältiges Beschnüffeln, bevor sie die ganze Prozedur wiederholt. Diesmal schließen sich ihr andere an, darunter auch ein großes männliches Tier voller Kampfnarben und mit einer gelblichen Haarkrause um den Hals. Sein Gesicht ist viel breiter als das des Weibchens, das zuerst markierte. Ich habe die beiden schon vorher beobachtet, wie sie sich auf dem Termitenhügel gegenseitig putzten, und erkenne jetzt aus ihrer Vorrangstellung beim Markieren, daß sie höchstwahrscheinlich die Gründer und Anführer der Gruppe sind: das Alphamännchen und das Alphaweibchen.

Es ist stets leichter, Individuen innerhalb einer Gruppe zu verfolgen, wenn sie Namen haben. Die beiden, die ich an ihren Gesichtern und an ihrer Färbung wiederzuerkennen glaube, nenne ich »George« und »Diana«. Diana ist gelenkig und stark, eine echte Jägerin, während George auf mich den Eindruck eines gesetzten Patriarchen macht.

An der Baumwurzel beginnen die Verhältnisse chaotisch zu werden. Alle Mungos versuchen offenbar gleichzeitig, ihre Markierung so hoch wie möglich anzubringen. Es gibt ein wüstes Gedränge und Geschubse von Mungoleibern, die senkrecht in die Höhe springen und übereinanderfallen, um sich mit

Narbe, der Wachposten, fixiert mich noch immer,
aber ich gebe ihm keinen Anlaß, mich als Feindin zu betrachten.

einem Ruck umzudrehen und die Wurzel zu beschnuppern, ob wenigstens etwas von dem Duft dorthin gelangt ist, wohin er gelangen soll, und um schließlich die ganze Prozedur zu wiederholen. Ich habe Mühe, ein Lachen zu unterdrücken, denn das Ganze sieht wirklich drollig aus: Tiere landen aufeinander und fallen rückwärts herunter, während denen, die mit ihren Wangendrüsen eine Markierung anzubringen versuchen, ständig die Afterdrüsen anderer Tiere ins Gesicht gestoßen werden.

George und Diana scheinen ihr Ritual beendet zu haben, da sie wieder zum Hügel traben, während die drei Tiere, die auf dem Termitenhügel zurückgeblieben waren, als die anderen markierten, jetzt emsig hinabwuseln, um sich an der Rauferei rund um die Baumwurzel zu beteiligen. George klettert auf die Spitze des Hügels, läßt sich dort nieder und beobachtet aufmerksam den umliegenden Busch.

Mit ausgebreiteten Flügeln und einem Aufschlag landet einer der Rotschnabeltokos aus dem Baum über mir unmittelbar neben dem Termitenhügel. Ich höre den aufgeregten Alarmruf der Mungos »Gefahr in der Nähe!«, und geschlossen stürzen die »Markierer« zurück zum Hügel, wobei sie bei ihren Bemühungen, sich möglichst schnell in Sicherheit zu bringen, die Schlupflöcher blockieren. In einer der kleineren Hügelöffnungen sind drei Hinterteile nebst Schwänzen und strampelnden Hinterbeinen eingekeilt, deren Besitzer, wie es scheint, Schwierigkeiten haben, die Körperteile einzuziehen. Dann taucht an der Spitze des Hügels aus einem Loch ein Kopf auf, der in alle Richtungen späht. Nach dem Kopf schiebt sich ein Körper aus dem Loch, und plötzlich – wie auf ein Signal – ist die ganze Gruppe wieder draußen und begibt sich erneut zur Markierungsstelle. Falscher Alarm! Der Toko sitzt noch immer da und wartet.

Als die anderen drei Tokos sich zu dem ersten gesellen, werden sie von den Mungos mehr oder weniger ignoriert. Nur einige der scheuesten Gruppenmitglieder machen einen zaghaften Versuch, zum Hügel zu gelangen, bleiben aber unterwegs stehen und kehren zum ernsthaften Geschäft der Duftmarkierung zurück.

Ich hatte acht Jahre damit verbracht, Zwergmungos in der Gefangenschaft zu studieren, ehe sich mir die Möglichkeit bot, sie in freier Natur zu beobachten. Bei meinen Forschungen verwandte ich besonderes Augenmerk auf die Bedeutung der Markierungen, die die Tiere mit soviel Eifer an Gegenständen in der Nähe ihrer Schlafquartiere anbringen. Um herauszufinden, was die Markierungen besagen, hatte ich zahme Mungos abgerichtet, Gerüche zu unterscheiden, und zwar nach einer Methode, wie sie bei Hundedressuren angewendet wird. Ich gab den Tieren einen Gegenstand zum Beschnüffeln, auf den ich einen Duftstoff gestrichen hatte. Dann mußten sie diesen Geruch aus einer Reihe von Näpfen mit verschiedenen Duftstoffen herauszufinden versuchen. Sobald sie den richtigen Geruch entdeckt hatten, sollten sie zu mir zurückkommen und eine Belohnung für ihre Mühe abholen. Was mich dabei erstaunte, war nicht nur, daß sie den richtigen Geruch herauszufinden lernten, sondern vor allem, daß sie es so überraschend schnell lernten. Hatten sie erst einmal begriffen, was von ihnen verlangt wurde, waren nur ein oder zwei Versuche nötig, und schon hatten sie selbst fremde Gerüche zu unterscheiden gelernt. Dabei schnitten sie sogar besser ab als Hunde, die bekanntlich ein hochentwickeltes Geruchsvermögen besitzen.

Durch Kombinieren unterschiedlicher Geruchsstoffe aus den After- und Wangendrüsen verschiedener Tiere stellte ich fest, daß die beiden Drüsen auch sehr verschiedene »Botschaften« hinterließen. Das Sekret der Analdrüse stellt die »Unterschrift« des Tieres dar. Sie sagt dem »Leser« wer markiert hat und übernimmt gleichzeitig die Funktion einer Uhr. Am langsamen Zerfall bestimmter, im Sekret enthaltener Substanzen wird die Zeit meßbar, wann die Markierung angebracht wurde. Diese Zeitmessung ist so genau, daß Tiere Zeitunterschiede von nur wenigen Minuten abzulesen vermögen, eine fast unglaublich erscheinende Leistung. Durch meine Versuche konnte ich nachweisen, daß diese Markierung noch nach zwanzig Tagen lesbar bleibt, zumindest in unserem europäischen Klima. Wie lange sie hier, im Land sengender Hitze und wolkenbruchartiger Regenfälle, vorhalten würde, davon hatte ich keine Vorstellung. Die Wangenmarkierung ist offenbar eine Ergänzung der Analmarkierung, die die »emotionale« Stimmungslage des Tieres widerspiegelt. Je erregter es ist, desto öfter reibt es diese Drüsen an einem Gegenstand. Meine dressierten Tiere waren imstande, die ausgeschiedene Sekretmenge ziemlich genau abzulesen, wobei die Wangenmarkierung sich von der Aftermarkierung jedoch in zweierlei Hinsicht unterschied: Sie war anonym und hielt nur 48 Stunden vor. Danach konnten meine Tiere keine Spur mehr von ihr entdecken. Da bei der Markierung eines Gegenstandes stets beide Drüsen benutzt werden, liegt es auf der Hand, daß eine zweite Unterschrift mehr oder weniger überflüssig sein würde. Daß die Markierung nur eine kurze Zeit vorhält, hatte ebenfalls seine Bedeutung. Andere Gruppen, die die Markierung einige Tage später lasen, waren nicht mehr daran interessiert, in welcher Art von emotionalem Zustand sich das Tier befand, als es seine Markierung anbrachte. Es wäre etwa so, als läse man eine Zeitung, die eine Woche alt ist. Die Nachrichten sind nicht mehr von Interesse, während Angaben darüber, *wer* die Markierung hinterließ und *wann*, dem Leser wichtige Informationen vermitteln können, zum Beispiel welche Gruppe sich im Gebiet aufhält, wie groß sie ist und auch, ob sie dem Leser bekannt ist.

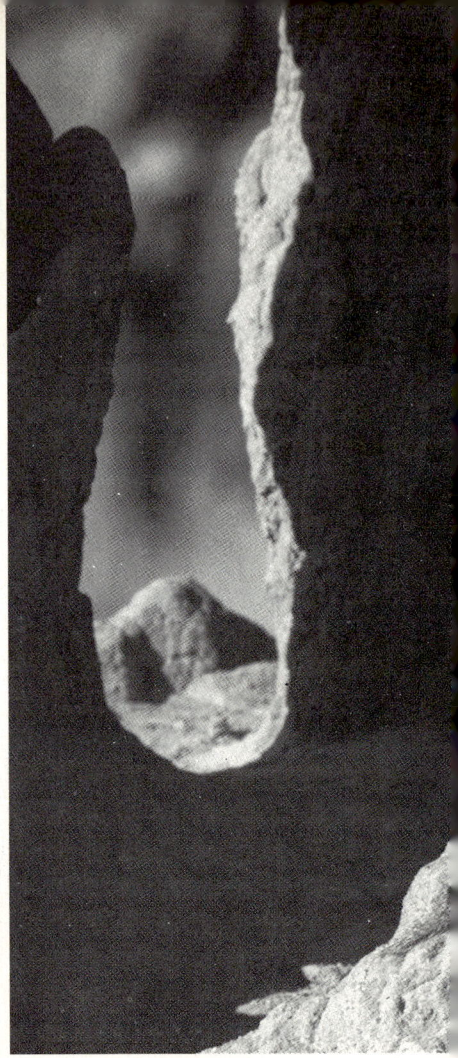

George beeindruckte mich als
gesetzter Patriarch.

M'bili und Tatu tollen im Gestrüpp
um den Termitenhügel.

*Diana und George hocken mit ihren
Kindern im prallen Sonnenschein
am Termitenhügel.*

Jetzt scheint die Markierungsprozedur vorüber zu sein. Die Tiere kehren nach und nach zum Termitenhügel zurück, hocken sich dort im prallen Sonnenschein nieder, beknabbern gegenseitig das Fell und kratzen sich. Die Tokos starren unverwandt in die Grasbüschel und das Gewirr aus abgestorbenen Ästen und haben sich offenbar zum Bleiben entschlossen. Einige der Jungmungos – ich zähle drei, die nach ihrer Größe und ihrem schlanken Körperbau vier bis fünf Monate alt sein dürften – beginnen damit, um den Fuß des Hügels eine Art Ringkampf zu spielen, wobei sie miteinander raufen und sich bei Körperkontakten übereinanderwälzen. Manchmal endet das Spiel mit einem »Wiener Walzer«: Die Teilnehmer stellen sich aufrecht hin, halten sich mit den Vorderpfoten an den Schultern umschlungen und drehen sich mit hocherhobenen Köpfen langsam im Kreis, im Takt wie zu den Klängen eines imaginären Orchesters. Die ganze Szene macht einen recht idyllischen Eindruck: Diana und George sitzen in der Mitte, umgeben von ihren Kindern, die so aussehen, als brauchten sie sich um nichts auf der Welt zu kümmern.

Das Männchen der Deckenstokos fliegt auf den Termitenhügel, und die Mungos rücken zur Seite, um ihm Platz zu machen. Ich habe den Eindruck, daß der Vogel ungeduldig zu werden beginnt. Aber ich kann beim besten Willen nicht herauskriegen, warum. Dann erhebt sich Diana, läuft den Hügel hinunter und gibt das Signal zum »Ausrücken«, das wie eine Serie hoher Pieplaute klingt. George folgt ihr und mit ihm nicht nur die Mehrheit der Gruppe, sondern auch die Tokos. Die kleine Versammlung verschwindet im trockenen Gras. Ich kann nur die Köpfe der Vögel sehen, die ab und zu zwischen den Grashalmen auftauchen. Nur zwei der erwachsenen Mungomännchen bleiben zurück. Sie sitzen oben auf dem Hügel und beobachten die Umgebung. Ich betrachte sie genauer, um zu sehen, ob ich nicht irgendwelche Unterscheidungsmerkmale entdecken kann. Einer hat einen Fleck weißer Haare am Hals, so daß ich ihn »Weißhals« nenne, während das andere Tier auf der rechten Seite des Mauls eine kleine Narbe aufweist, weshalb er den Namen »Narbe« erhält. Die beiden blicken der abziehenden Gruppe nach und suchen den Himmel, die Bäume und Büsche der näheren Umgebung ab, aber alles ist still.

Mir fällt es noch immer schwer, das, was ich gesehen habe, zu begreifen. Die Vögel haben anscheinend gewußt, in welchem Termitenhügel die Mungos sich aufhielten, und ganz offensichtlich darauf gewartet, bis sie munter wurden. Ich kann mich sogar des Eindrucks nicht erwehren, daß das Deckenstokomännchen sie regelrecht angetrieben hat, endlich auf die Futtersuche zu gehen. Aber was das Ganze zu bedeuten hat, ist mir noch völlig unklar. Erst weitere Ereignisse sollten mich zu der Erkenntnis bringen, daß das, was ich beobachtete, einen der kompliziertesten Mutualismusvorgänge (Mutualismus = eine Beziehung zum gegenseitigen Vorteil) zwischen Vogel und Säuger darstellt, der im Tierreich bekannt ist.

Der kleine Zug bewegt sich langsam durch den Busch, wobei die Tokos mit den Flügeln schlagen und im Gras umherhüpfen. Ein Insekt, das silbrig schimmernd aus seinem Versteck hervorschwirrt, gibt mir die Erklärung: Die Tokos sind hinter Grashüpfern und Heuschrecken her, die die Mungos für sie aufscheuchen! Mit ihren silbergrau gestreiften Leibern und ihrem reglosen Verhalten sind die Insekten hier, wo nahezu alles silbrig grau ist, auch für die scharfäugigen Vögel kaum zu erkennen. Die Mungos jedoch, die emsig durch das Gras wuseln und dabei in Grasbüscheln und Erdlöchern stochern und auch fast unzugängliche Verstecke nach Nahrung durchstöbern, scheuchen die Insekten auf, die mit ihren kräftigen Hinterbeinen meterweit springen können, weit genug um den jagenden Mungos zu entkommen – aber nicht weit genug weg von den blitzschnell reagierenden Vögeln! Wie die Tokos das fertigbringen, weiß ich nicht. Jedenfalls habe ich nie gesehen, daß ihren raubgierigen Schnäbeln eine Heuschrecke entkommen wäre. Obwohl die Vögel, wenn sie im Gefolge ihrer kleinen Spürhunde vorwärtshüpfen, plump und ungeschickt wirken, ist ein Insekt, sobald es losfliegt, verloren. Ein rasches Flügelschlagen, ein ausgestreckter Hals – und die Heuschrecke landet quer in dem riesigen Schnabel. Es ist rührend zu sehen, wie die Männchen ihre Weibchen mit besonders schmackhaften Bissen beschenken, wie dann das Weibchen vorsichtig mit der Schnabelspitze das Insekt aus dem Schnabel des Männchens nimmt, es kurz in die Luft schleudert und mit weit aufgesperrtem Schlund unzerkleinert verschlingt. Manchmal erhält das Tokomännchen als Dankeschön lediglich einen scharfen Schnabelhieb.

Das erste, woran ich denke, ist: Schmarotzer. Die Nashornvögel stehlen den Mungos die Nahrung, die aus der Situation keinen Nutzen zu ziehen scheinen. Doch stellt es sich bald heraus, daß ich unrecht habe. Ein Schatten fliegt über die Landschaft. Ich blicke nach oben und sehe einen Raubadler, der in geringer Höhe über den Bäumen kreist. Plötzlich sind die zum Furagieren ausgerückten Mungos und die auf dem Termitenhügel zurückgelassenen Wachen wie elektrisiert. Aber bevor aus einer Mungokehle ein Warnruf ertönt, haben die scharfäugigen Tokos die Gefahr erkannt und sind hoch in die Bäume geflüchtet, wobei sie sich möglichst dicht an den Stamm anschmiegen, um unter dem Baldachin aus Dornzweigen sicher zu sein. Im gleichen Augenblick ertönt ein durchdringendes »Tschiiiih«. Die Mungowächter haben den Raubvogel erkannt und Alarm geschlagen. Ihre Artgenossen begeben sich schleunigst in Deckung, wobei diejenigen in der Nähe des Termitenhügels darin Zuflucht suchen, während andere unter umgestürzten

Bäumen und trockenen Ästen verschwinden. Alles ist erstarrt. Nur gelegentliche Tschrrr-Rufe dringen aus den umliegenden Verstecken und Schlupflöchern, jener Ruf, der heißt: »Gefahr erkannt, behaltet eure Köpfe unten« und der tiefer klingt als das anfängliche Tschiiiih, das »Sofort in Deckung gehen!« bedeutet.

Der kreisende Adler wird von Dutzenden scharfblickender Augenpaare sowohl von den Bäumen wie von der Erde aus beobachtet. Irgendwie kriegt auch die Puffotter Wind davon, daß etwas nicht stimmt, und kriecht langsam zurück in die Sicherheit ihres Erdhügels, dessen Eingangsloch von ihren Ausscheidungen weiß gestreift ist. Der Adler zieht weiter nach Westen, kreist aber noch immer gemächlich in der Luft. Durch das Fernglas erkenne ich seinen abwärts gerichteten Kopf mit dem starken, hakenförmig gekrümmten Schnabel und den Augen, die die spärliche Vegetation nach einem Lebewesen absuchen, das unvorsichtig genug war, nicht in Deckung zu gehen.

Obwohl der Adler längst aus meiner Sicht verschwunden ist, rührt sich noch immer nichts. Die Spannung wird fast unerträglich. Endlich beginnt die Welt wieder zu atmen. Ein Toko fliegt von dem Baum, in dem er sich versteckt hatte, und landet flügelschlagend auf dem Erdboden. Unmittelbar danach kommen die Mungos aus ihren Schlupflöchern hervor und nehmen ihre Nahrungssuche wieder auf. Als sei plötzlich ein Schalthebel betätigt worden, wandelt sich die Stille im Busch augenblicklich zu geschäftigem Treiben. Die Mungos, die sich im Innern des Termitenhügels aufhielten, gesellen sich zu den anderen, und der Furagiertrupp mit den Nashornvögeln im Schlepptau setzt seine Arbeit dort fort, wo er sie unterbrochen hatte.

Mir wird plötzlich klar, daß es die Nashornvögel waren, die als erste auf die Gefahr reagierten. Dadurch, daß sie fast senkrecht nach oben in die Bäume geschossen waren, hatten sie die mit der Nahrungssuche beschäftigten Mungos vor der drohenden Gefahr gewarnt. Die Mungos, die mit ihrer Nase in abgestorbenen Baumstümpfen und Grasbüscheln stocherten, hätten den Adler erst einen Sekundenbruchteil später wahrgenommen – vielleicht schon zu spät. Selbst die Wachen auf dem Termitenhügel hatten ihre Warnrufe erst ertönen lassen, *nachdem* die Vögel auf die Bäume geflogen waren. Dann war da noch die merkwürdige Tatsache, daß sich kein Mungo rührte, bis der erste Vogel wieder auf den Erdboden geflogen war. Arbeiteten Mungos und Tokos zusammen? Die Tokos fingen die Heuschrecken. Aber »bezahlten« sie ihrerseits für diese Gefälligkeit damit, daß sie die Mungos warnten, sobald Gefahr bestand, und ihnen auch das Entwarnungssignal gaben, wenn die Gefahr vorüber war?

Ich versuche, von der Gegend um mich herum, soweit ich sie erkennen kann, eine Karte zu zeichnen, in die ich alle sichtbaren Termitenhügel

Am Kronenhügel nehmen Diana & Co., zusammen mit der Schildechse, ihr morgendliches Sonnenbad.

Die Morgentoilette nehmen die Mungos sehr wichtig.

Tatu war Mutters Liebling und wich ihr nicht von der Seite.

eintrage, damit ich die Wanderungen der Mungos auf ihrer Suche nach Nahrung auswerten und mir ein Bild davon machen kann, welche Strecken sie täglich zurücklegen und wie schnell. Die einzelnen Termitenhügel erhalten ebenfalls Namen, damit ich sie in meinen Notizen leichter unterscheiden kann. Jeder Hügel ist in Form und Größe anders. Einige sind um Cassiasträucher und Bosciabäume gebaut. Andere stehen kahl im Gras oder weisen in ihrer Mitte lediglich Stümpfe aus sonnengebleichtem Holz auf, Überreste des Baumes, um den der Hügel einmal errichtet worden war. Die meisten dieser Hügel werden von Termiten der Gattung *Macrotermes* gebaut und erreichen eine Höhe von anderthalb Meter über dem Erdboden, wobei der restliche Hügel unterirdisch verläuft und im ganzen etwa die Form eines Eisbergs hat, von dem nur der kleinere Teil über dem Erdboden sichtbar ist. Die Termiten leben in Gängen innerhalb des Hügels, die konzentrisch um ihre Pilzgärten angelegt sind, wohin sie zerkautes Holz schaffen, das für die Ernährung der Pilze unentbehrlich ist. Als Gegenleistung versorgen letztere die Insekten mit lebensnotwendigen Vitaminen und mit Feuchtigkeit. Da der Pilz eine optimale Temperatur benötigt, sind die Termitenhügel zur Kühlung mit Belüftungsschächten versehen. In diesen Kanälen und Schächten hausen viele im Busch lebende Tiere, darunter auch die Zwergmungos. Hinter den Wänden der Mungobehausung fristen Tausende emsiger Insekten ihr Leben im Dunkeln, indem sie unentwegt in engen unterirdischen Gängen entlangtrippeln, die sich vom eigentlichen Hügel fächerförmig in alle Richtungen ausbreiten wie die radialen Fäden vom Mittelpunkt eines Spinnennetzes aus.

Die beiden Wachen auf dem Hügel beginnen unruhig zu werden, und eines der Tiere trottet nach unten, um hinter der ausrückenden Gruppe zu verschwinden. Mit einem raschen Blick in die Runde folgt ihm das zweite – Weißhals – in großen Sprüngen, wobei sein Schwanz wie ein Feuerhaken absteht. Ich blicke in die Richtung, in der sich die Gruppe bewegt, und sehe, daß ein anderes Tier den Wachdienst auf einem Hügel unmittelbar vor der Gruppe übernommen hat. Aus der Entfernung kann ich lediglich erkennen, daß es ein noch nicht ganz erwachsenes Männchen ist.

Das »Piepsignal« der Kontaktrufe, die die Mungos von sich geben, wenn sie unterwegs sind, wird mit zunehmender Entfernung der Gruppe schwächer. Durch diese Verständigungsrufe bleiben die Tiere bei der Nahrungssuche zusammen; denn jedes jagt für sich allein und ist von den anderen Artgenossen durch Gras und Büsche getrennt. Jeder Signalruf klingt anders, so wie auch die Stimme jedes Menschen anders klingt. Auf diese Weise können die Tiere erkennen, welches der Gruppenmitglieder sich in der Nähe befindet. Die sonarähnlichen Pieptöne liegen etwa bei 2 kHz, einer Tonfrequenz, die in idealer Weise auch dichtesten Pflanzenwuchs durchdringt und

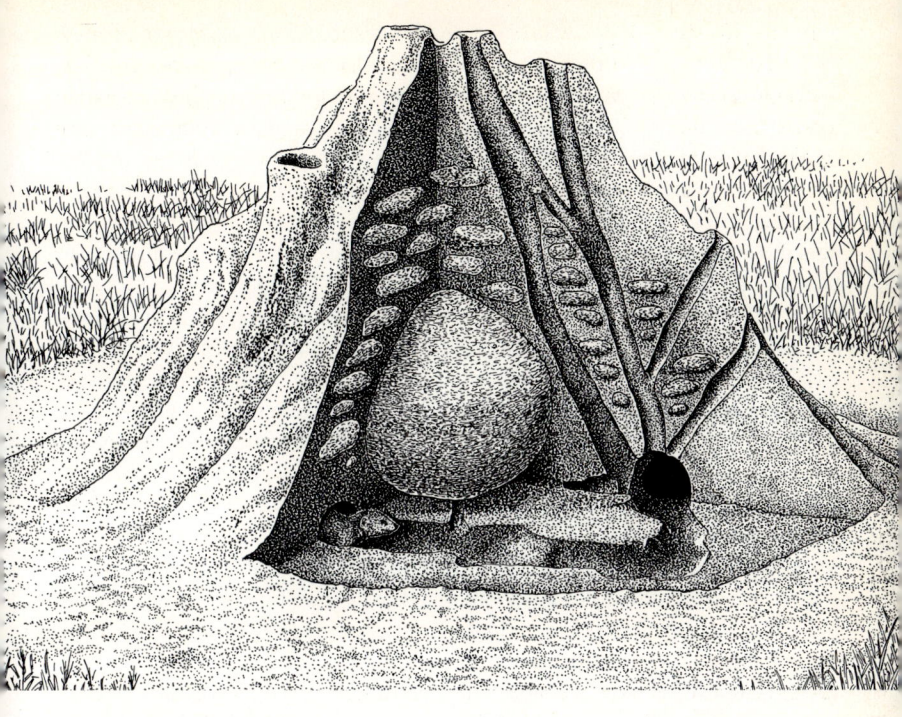

Da die Pilzgärten der Termiten eine optimale Temperatur benötigen,
sind die Termitenhügel zur Kühlung mit Belüftungsschächten versehen.
Hier hausen viele Buschtiere, auch die Zwergmungos.

bei dem gewöhnlichen Stimmvolumen der Tiere noch bis zu einer Entfernung
von 50 Metern deutlich zu hören ist. Die kleine Gruppe zieht dahin wie ein
Geleitzug bei Nacht, wobei alle ständig »Hier bin ich«, »hier bin ich« rufen,
um zusammenzubleiben.

Die zum Nahrungssuchtrupp gehörigen Tiere setzen ihren Weg fort. Sie
bewegen sich im Kreise, um auch jedes noch so kleine Fleckchen mit dichtem
Gebüsch, jeden umgestürzten Baum, jedes dürre Grasbüschel gründlich zu
untersuchen. Die Vögel hüpfen, mit den Flügeln schlagend, hinter ihnen her.
Der Wachposten sitzt noch immer auf dem Termitenhügel gegenüber und
paßt auf. Andere Vögel gesellen sich zu der Gruppe, die geräuschvollen
Weißkopf-Buschwürger und ein Paar Gelbschnabeltokos, die bald ihre Vorrangstellung geltend machen. Da sie größer sind als die beiden anderen Arten,
genügen ein paar Schnabelhiebe, um die entstehenden Streitigkeiten in ihrem
Sinne zu entscheiden. Von jetzt an marschieren die Gelbschnabeltokos in der

Mitte der Mungogruppe, während die anderen zurückbleiben oder am Rande mitlaufen. Als die Gruppe durch ein Drongo-Revier zieht, schließt sich ihr auch das Drongo-Pärchen an, das jedoch mehr an den fliegenden Insekten interessiert zu sein scheint, die die Mungos aufscheuchen, und nun von seinem sicheren Sitz hoch über den Köpfen des Furagiertrupps herabflattert, um nach verirrten Nachtfaltern und schwirrenden Blattwanzen zu schnappen. Blauschwarz schimmert das Gefieder in der Sonne, während sie, den gabelförmigen Schwanz gespreizt, fast wie kleine Turmfalken dahinschweben, ehe sie auf ihre Beute herabstoßen.

Die Minuten vergehen, und die Gruppe der kleinen Jäger hat sich noch keine hundert Meter von dem Hügel entfernt, von dem sie loszog, obwohl sie das Vielfache dieser Strecke zurückgelegt hat, wenn man ihre Schlängelwege berücksichtigt. Durch das regelmäßige Vorstoßen und Zuschnappen der Nashornvögel gerate ich wie in einen hypnotischen Zustand und werde nur gelegentlich aus meiner Träumerei aufgerüttelt durch die schrillen Schreie der Buschwürger, die sich um die erbeuteten Heuschrecken streiten.

Dann wieder ein senkrechtes Aufflattern der Tokos und ein Warnruf der Mungos, und alle Bewegungen erstarren, als werde bei der Vorführung eines Films plötzlich auf Standbildprojektion umgeschaltet. Ich suche den Himmel ab, kann aber nichts erkennen. Etwas muß aber dasein, da die warnenden Tschrrr-Rufe laut und deutlich klingen. Ich greife nach meinem Fernglas und suche nun auch die Bäume nach einer Silhouette ab, die nicht hineinpaßt, vermag aber noch immer nichts Besonderes zu entdecken. Was gäbe ich darum, wenn meine Augen so scharfsichtig wie die der Vögel und Mungos wären! Da bemerke ich in einem Baum zu meiner Linken eine zuckende Bewegung. Ich stelle den Feldstecher scharf ein und kann lediglich ein gekrümmtes Etwas erkennen, das mir aber für einen Ast zu regelmäßig vorkommt. Ein erneutes Zucken, dann reckt sich ein Hals vor, und ein Augenpaar starrt nach unten. An dem gebogenen Schnabel kann ich feststellen, daß es sich um einen Raubvogel handelt. Aber sein Rumpf ist durch einen Ast verdeckt, und in dem Kreuzmuster aus Licht und Schatten im Geäst des Baumes läßt sich unmöglich feststellen, welche Farbe das Tier hat.

Die Mungos starren unverwandt nach oben auf den Eindringling. Bei jeder Bewegung, die er macht, stürzen sie davon, als wollten sie sich schleunigst in Sicherheit bringen, bleiben aber sofort stehen, sobald sie erkennen, daß der Vogel keine Absicht hat anzugreifen. Offenbar glauben sie, daß es besser sei, den Feind im Auge zu behalten und die anderen Gruppenmitglieder über seine Bewegungen zu unterrichten, als sich im Termitenhügel zu verstecken. Jedesmal, wenn sich der Vogel rührt, werden die Tschrrrs wiederholt. Ich kann noch immer nicht ausmachen, um was für einen Vogel es sich handelt. Er ist zu klein für einen Adler und hat offenbar eher die Größe einer Weihe. Der gelbe Schnabel und ein grauer Kopf mit großen dunklen Augen schimmern hell im Sonnenlicht. Jetzt verändert der Vogel seine Position, so daß ich seinen langen grauen Schwanz und sein graues Rückengefieder erkennen kann. Der einzige mir bekannte Vogel, der sich in dieser Gegend aufhält und auf den diese Beschreibung zutrifft, ist der Helle Singhabicht, der aber gewöhnlich auf einem hoch gelegenen Aussichtspunkt hockt, von dem er auf seine Beute herabstoßen kann. Rasch blättere ich mein Vogelbestimmungshandbuch durch, aber anscheinend gibt es sonst nichts, was zu dem Schnabel paßt. Der Vogel verharrt auf seinem Baum, die Tokos hocken auf ihren Bäumen, und die Mungos verstecken sich oder beobachten ihren Feind vom Termitenhügel aus. Dann unternimmt der Vogel einen schwunglosen Angriff, indem er dicht über den Hügel hinstreicht und dabei fast die Köpfe der Mungos berührt, so daß diese in alle Richtungen davonstieben. Ich kann gerade noch die grauen Flügel, den grauen Schwanz und den weißen Bürzelfleck erkennen, und schon ist der Vogel, sich durch die Äste drehend und windend, verschwunden. Es war *doch* ein Heller Singhabicht!

Eine Minute vergeht, dann geben die Tokos Entwarnung, und die Welt normalisiert sich wieder. Es geht auf zehn Uhr. Die Sonne brennt unbarmherzig von einem strahlend blauen, mit weißen Wolken übersäten Himmel. Ich verändere meine Körperhaltung und versuche, im Innern des Wagens im Schatten zu bleiben. Alles ist schweißdurchtränkt, und mein Körper ist klatschnaß. Schweißtropfen rinnen mir von der Stirn in die Augen und lassen alles verschwommen erscheinen. Außerdem habe ich schrecklichen Durst. Ich habe nur eine Thermosflasche mit Zitronensaft bei mir, für den ganzen Tag. Ich hatte die Flasche vor Tagesanbruch im Lager aus einem Kanister gefüllt. Obwohl die Temperatur des Wassers beim Eingießen wenigstens 19 Grad Celsius betragen haben muß, schmeckt es jetzt in der Hitze kühl und erfrischend. Aber ich gönne mir nur einen kleinen Schluck; denn ich weiß, daß mir noch die Gluthitze des Tages bevorsteht und daß dann im Wageninnern Temperaturen wie in einem Backofen herrschen. Neidisch beobachte ich die Mungos, wie sie noch immer herumwuseln, doch diesmal im Schatten der Bäume, während ich in der glühenden Sonne still sitzen und mich förmlich rösten lassen muß. Eine noch so geringe Ortsveränderung des Wagens würde alles verderben. Stunden würden vergehen, ehe die Tiere, die ich durch das Geräusch des Motors verscheuchen würde, sich wieder einfinden.

Als die Hitze gegen Mittag weiter zunimmt, scheint der Busch unter der flirrenden Hitze zu keuchen. Vor mir weidet eine Gruppe von Giraffen die Dornenzweige ab. In dem von den Ästen entworfenen Kreuzmuster aus

Licht und Schatten sind sie fast nicht zu erkennen. Das einzige, was ich ausmachen kann, sind die schwarzen Quasten an ihren Schwänzen, die ständig hin und her wedeln, um die allgegenwärtigen Fliegen abzuwehren. Tokos und Mungos sind noch immer am Fuße einer Baumgruppe beschäftigt. Dann sehe ich Diana zu einem Termitenhügel losziehen, der etwa 60 bis 70 Meter zu meiner Linken liegt, die Jungen im Gefolge. Es ist ein kleiner Hügel am Fuße eines Baumes, jedoch in voller Sonne, mit drei gleich hohen Zacken, die ihm das Aussehen einer Krone verleihen. Daher taufe ich ihn Krone und warte ab, was geschieht.

Diana klettert den Hügel hinauf und späht in alle Löcher. Sie steckt ihren Körper zur Hälfte in eines der Löcher, kommt rückwärts wieder zum Vorschein und wirft einen Blick hinter sich zu der Stelle, wo der Rest der Gruppe noch immer im Gras herumwühlt. Dann macht Diana wieder kehrt und begibt sich ins Innere des Lochs, wobei ihr die Jungen dicht auf den Fersen folgen. Ich warte darauf, daß sie wieder auftaucht. Aber nichts dergleichen geschieht. Statt dessen treffen die restlichen Tiere ein, trotten eins nach dem andern den Hügel hinauf und verschwinden im kühlenden Inneren. Meine Armbanduhr zeigt kurz vor elf Uhr. Die Zikaden haben ihren schrillen Gesang angestimmt. Die Mungos halten allem Anschein nach ihre Siesta. Die Buschwürger und Drongos verkrümeln sich, die Nashornvögel fliegen auf in der Nähe stehende Bosciabäume, die einzig wirklich schattigen Plätze im Umkreis, und verschwinden im dichten Blätterwerk. Diese Bäume erinnern mich an hochstämmige Rosen mit fast kugelförmig gestutzter Krone. Die vierbeinigen Baumausputzer kommen näher. Die Giraffen haben mich noch nicht gesehen und fressen friedlich weiter, indem sie mit ihren hornigen Lippen hier und da etwas Grünes abzupfen und auf diese Weise die Bosciabäume ebenso sorgfältig stutzen wie ein Gärtner. Jetzt gehen sie auf den Baum zu, in dem die Deckenstokos ihr verfrühtes Nachmittagsnickerchen halten. Als sie ihre Hälse recken, um das begehrte Grün abzuknabbern, stieben die Vögel aufgeregt flatternd davon. Erschreckt wirft die Leitgiraffe den Kopf hoch – und entdeckt mich. Acht große braune Augen mit langen Wimpern fixieren mich. Dann wenden sich die vier Tiere ohne einen Laut um und tauchen wieder ein in Licht und Schatten, aus dem sie gekommen sind.

Aus dem Kronenhügel wird ein Mungokopf herausgestreckt, der sich in alle Himmelsrichtungen dreht. Dann zieht er sich rasch wieder zurück. Ich bin allein in dieser kahlen Landschaft. Nichts rührt sich, nur der kleine Fliegenschnäpper unternimmt noch ab und zu kurze Ausflüge von seinem Ast in der Nähe meines Wagens. Von Norden her kommt ein heißer Wind auf, der die Wolken wie Schiffe über den Himmel treibt. Sehnsüchtig erwarte ich jedes vorüberziehende Fleckchen Wolkenschatten, das mich vor der alles versengenden Sonne schützt. Die Karosserie meines Wagens ist bereits so heiß, daß man sie nicht mehr anfassen kann. Dabei steht die schlimmste Hitze erst noch bevor. Die Zweige der Dornbäume klappern wie dürres Reisig im Wind – das einzige, was das stundenlange Sitzen in glühender Sonne halbwegs erträglich macht. Ich beneide die Mungos um ihre vollklimatisierten unterirdischen Behausungen.

Die Stunden schleppen sich dahin, und die Luft flimmert. Nichts bewegt sich. Selbst der Fliegenschnäpper hat aufgegeben. Über mir kreisen – kaum noch sichtbar – zwei Geier. Mein Wasservorrat geht zur Neige. Ab und zu lugt aus der Krone ein Kopf hervor, blickt rasch in die Runde und zieht sich wieder zurück. Ein rosa gefleckter Buschwürger und sein Weibchen singen in den Bäumen rechts von mir unermüdlich ihr Duett Uiiuuii, uiiuu, immer und immer wieder, und vollführen dabei auf einem Zweig ihr gravitätisches Menuett. Imponierend emporgereckt wendet er sich ihr zu und singt sein Uiiuuii, während er sich tief verbeugt. Sie wiederholt das Ritual um den Bruchteil einer Sekunde später mit ihrem Uiiuu, wobei das Ganze so klingt, als singe nur ein Vogel, während beide sich wie kleine Marionetten auf und ab bewegen.

Das Klappern der Zweige wird lauter. Über den Baumkronen kann ich einen rötlichen Wirbel in der Luft sehen. Eine Sandhose! Schnell halte ich alle beweglichen Gegenstände im Wagen – Papiere, Buschhut, Bücher – fest, während der kleine Wirbelwind vorüberzieht und sich in den Bäumen verliert. Ich bin mit rotem Staub und vertrockneten Pflanzenteilen förmlich zugedeckt. Ein Raubadler fliegt von einem Baum in der Nähe auf und schlägt schwerfällig mit den Flügeln, um dem Luftwirbel entgegenzufliegen. Es sieht so aus, als schlage er mit riesigen Paddeln um sich. Dann glättet sich sein Flug, er wird von der hochsteigenden Warmluftströmung getragen. In immer weiteren Kreisen schraubt er sich höher und höher, bis er nur noch ein winziger Punkt am Himmel ist.

Es geht auf drei Uhr. Aber es gibt keine Anzeichen, daß die Hitze nachläßt. Ich spüre Benommenheit. Sobald ich mich bewege, bleiben auf dem Kunststoffsitz wahre Schweißlachen zurück, und ich beschließe, morgen als Sitzunterlage ein Handtuch mitzubringen. Sogar die Zikaden sind jetzt verstummt. Alles liegt reglos da. Nur die Schatten der Wolken huschen weiter lautlos über die Landschaft. In der Ferne höre ich einen Singhabicht rufen. Sein musikalisches Tschiiuu-tschiiuu-tschip-tschip-tschip klingt deutlich durch die Stille. Die Minuten verrinnen. Dann bewegt sich etwas in einem der Bosciabäume, die Deckenstokos kommen in geschicktem Gleitflug und landen in dem Baum über dem Kronenhügel.

Die Spitze des Hügels liegt jetzt im Schatten des Baumstamms. Ich versuche trotz des gleißenden Gegenlichts zu erkennen, ob die Mungos schon aufgetaucht sind. Aber der Hügel liegt noch verlassen da. Die Gelbschnabeltokos kommen ebenfalls herbeigeflogen und lassen sich in der Nähe der anderen nieder. Das Warten dauert an. Etwa gegen vier Uhr fliegt einer der Gelbschnabeltokos zur Krone herunter, stolziert über die Hügelspitze und lugt, den Kopf zur Seite geneigt, in die dunklen Löcher der Belüftungsschächte. Ich kann seinen gutturalen Wok-wok-wok-Ruf hören. Die anderen Nashornvögel hocken auf den Ästen darüber und starren nach unten. Plötzlich kommen die Mungos hervor, strecken sich gähnend und bringen durch rasches Beknabbern ihr Fell in Ordnung, ehe sie den Hügel hinab ins Gras marschieren, die Nashornvögel ihnen hart auf den Fersen. Habe ich es mir nur eingebildet oder sind die Mungos von dem Gelbschnabeltoko mit einem mehr oder weniger unwirschen »Erhebt euch, ihr Faulpelze, es ist Zeit, euch wieder an die Arbeit zu machen!« aus ihrem Nachmittagsschlaf geweckt worden? Ich beginne zu begreifen, daß das Verhältnis zwischen den Nashornvögeln und den Mungos viel komplizierter sein muß, als ich zuerst vermutete.

Genau wie am späten Vormittag hält sich der kleine Trupp im Schatten und krabbelt meist am Fuße der Bäume herum. Mit einem raschen Satz, wobei die Hinterbeine wie kleine Kolben arbeiten, um den Körper hochzustemmen, klettert einer der Mungos auf einen Dornbaum. Mit seinen stumpfen Krallen hat er Mühe, an der glatten Rinde Halt zu finden. Als er in sicherem Abstand vom Erdboden in einer Astgabel kauert, riskiert er einen Blick in die Runde. Durch das Fernglas erkenne ich Narbe, eines der Tiere, das am frühen Morgen Wache gehalten hatte. Der Mungo mustert die Gegend – und erstarrt plötzlich in seiner Bewegung: Er hat mich entdeckt. Seine bernsteinfarbenen Augen senden stechende Blicke in meine Richtung. Ich senke langsam das Fernglas, schlage die Augen nieder und verhalte mich mucksmäuschenstill. Bisher hat Narbe noch keinen Warnruf ertönen lassen, der mich als Feind brandmarken und mein Vorhaben, von der Gruppe akzeptiert zu werden, fast unmöglich machen würde. Ohne einen Muskel zu rühren, blicke ich flüchtig in seine Richtung. Narbe fixiert mich noch immer, während der Rest der Familie und die befreundeten Vögel langsam an dem Baum, auf dem er sitzt, vorbeiziehen. Der Nervenkrieg beginnt. Offenbar ist er sich noch nicht schlüssig, was das für ein merkwürdiges metallenes Ungetüm ist, das da mitten im Busch sitzt. Die geringste Bewegung würde mich verraten. Minuten verstreichen. Aber Narbe sitzt noch immer starr und unbeweglich da, den Blick auf mich gerichtet, und ich sitze, ebenso starr und unbeweglich, doch mit gesenkten Augen, damit er nicht sieht, daß ich ihn bemerkt habe.

Inzwischen ist die Mungogruppe weitergezogen. Aber Narbe bleibt noch immer in völliger Reglosigkeit auf dem Hügel und läßt mich keinen Moment

Die Gelbschnabeltokos warten ungeduldig auf Dianas Aufbruchsignal zur Futtersuche. Dann begleiten sie den Furagierzug.

aus den Augen. Ein Schweißtropfen, der seitlich an meiner Nase hinabrinnt, löst einen starken Juckreiz aus. Aber ich beiße mir auf die Lippen und kratze mich nicht, obwohl es einer fast übermenschlichen Anstrengung bedarf. Wieder fasse ich flüchtig den Baum ins Auge. Narbe ist noch da und starrt unverwandt zu mir herüber. Eine Viertelstunde vergeht – noch immer hat sich nichts verändert. Mittlerweile ist die Gruppe der Mungos etwa 30 bis 40 Meter entfernt und macht gerade eine Kehrtwendung, um an einer Reihe umgestürzter Dornbäume zu meiner Rechten weiterzutrippeln. Ich riskiere noch einen Blick, jetzt ist Narbe fort – spurlos verschwunden. Erleichtert atme ich auf und strecke meine verkrampften Muskeln. Obwohl ich ihr Mißtrauen erregt hatte, bin ich von den kleinen braunen Geschöpfen noch nicht als Feind eingestuft worden.

Die Nashornvögel hüpfen auf den umgestürzten Dornbäumen von einem

Ast zum anderen, wobei sie ständig nach unten blicken, bereit, sich auf alles zu stürzen, was sich bewegt. Ein Deckenstokomännchen unternimmt einen Sturzflug in das Gestrüpp und taucht mit einem kleinen Skorpion im Schnabel wieder auf. Der Schwanzstachel des Skorpions versucht in den harten Hornschnabel des Tokos einzudringen. Noch bevor das Männchen die Beute verschlingen kann, kommt das Weibchen angehüpft, fängt an zu schimpfen und teilt Schnabelhiebe aus, worauf der Tokomann seine Beute losläßt und sie mit einer kleinen Verbeugung dem Weibchen anbietet. Von den Mungos ist nichts zu sehen. Nur die Anwesenheit der Vögel verrät sie und ein gelegentliches Knacken und Rascheln, wenn sich die Mungos scharrend und stochernd ihren Weg durch die dürre Vegetation bahnen. Ein lauteres Knakken läßt mich aufhorchen. Ich kann einen der Mungos sehen, wie er sich am Fuße eines umgestürzten Baumes zwischen die abblätternde Rinde und den Stamm zwängt. Mit einem splitternden Geräusch platzt die Rinde ab, die das Tier mit Hilfe seiner kräftigen Vorderpfoten losgebrochen hat. Etwas bewegt sich eilig unterhalb des Stammes, etwas Langes und metallisch Aussehendes. Gemeinsam stürzen sich Mungos und Nashornvögel auf dieses Etwas, wobei sie gehörig schubsen und drängeln. Aber ich kann noch nicht erkennen, hinter wem oder was sie her sind. Der Mungo unter der losgebrochenen Rinde zwängt seinen Körper weiter in den Spalt zwischen Borke und Stamm, und das Borkenstück hebt sich in einer Länge von etwa 30 Zentimetern langsam nach oben. Am Ende wartet eines der Jungtiere, andere, ältere Tiere stehen auf beiden Seiten und lauern auf die Beute. Das eilig dahintrippelnde Geschöpf kommt jetzt zum Vorschein, aufgescheucht von dem Mungo unter der Borke, der blitzschnell zurückschießt, um sich die Beute zu schnappen. Dann kann ich erkennen, wem die ganze Aufregung gilt. Es ist ein wenigstens 25 Zentimeter langer Hundertfüßer (Scolopendra gigantea), der wie eine kleine Maschine auf der Unterseite des Baumstammes entlangkriecht. Noch einmal stürzen sich Vögel und Mungos gemeinsam auf das Opfer, bis eines der Jungtiere, die Beute fest zwischen den Kiefern, aus der allgemeinen Balgerei ausbricht. Der schuppige Leib des Hundertfüßers windet sich um das Maul des Mungos, während der Kopf mit den gekrümmten Giftklauen hin und her peitscht und sich schließlich in der Wange des Mungos verbeißt, der aber keine Notiz davon nimmt, da er viel zu sehr damit beschäftigt ist, seine beutegierigen Artgenossen in Schach zu halten. Er macht einen Satz, wobei er den Kopf heftig hin und her schüttelt, um sich von den Zangen des Hundertfüßers zu befreien, zumal ihm vier andere Mungos und ein Rotschnabeltoko dicht auf den Fersen sind. Schließlich bleibt er in einiger Entfernung von meinem Wagen mit gesenktem Kopf vor dem Stamm eines anderen Commiphorenbaumes stehen und hält seine Peiniger mit bösartig klingenden Knurrlauten und – falls sie ihm zu nahe kommen – mit raschen Hüftschlägen in Schach. Alle Tiere bis auf eines, das offenbar aus dem gleichen Wurf wie der Besitzer der Beute stammt, geben ihre Bemühungen auf und kehren zu ihrer Nahrungssuche zurück. Aber das zurückbleibende Exemplar ist hartnäckig. Ich werfe einen flüchtigen Blick auf die beiden und suche nach Identifizierungsmerkmalen. Das Tier mit dem Hundertfüßer im Maul hat eine kleine Einkerbung im rechten Ohr, während seine Schwester, die ihm die Beute abzunehmen versucht, unterhalb des rechten Auges einen kleinen weißen Fleck hat, Reste einer Narbe. Ich nenne sie nach den Suaheli-Wörtern für eins und zwei, Moja und M'bili, und spare mir den Namen Tatu (drei) für ihre andere Schwester auf, die kleiner und deren Fellfärbung mehr goldgelb ist.

Moja knurrt weiter und läßt den Riesenskolopender los, der sich im Todeskampf auf dem Boden windet. M'bili will ihn sich schnappen, wird aber vom wütend schreienden Moja bedrängt, der sich mit aufgesperrtem Maul auf sie stürzt und sie mit seinen ausgestreckten Vorderpfoten wegstößt. M'bili zieht sich zurück, und Moja macht sich daran, den Lohn seiner Mühe zu verspeisen. Mit hochgezogenen Lippen nimmt er den Skolopender, der sich noch immer knäuelartig im Gras windet, zwischen seine Schneidezähne und schüttelt ihn heftig hin und her, wie es ein Terrier mit einer Ratte zu tun pflegt. Diese Prozedur wiederholt Moja so lange, bis der Hundertfüßer nur noch schwach zuckt. Dann beginnt er, ihn von einem Ende an zu fressen, wobei er den Körper aufrecht hält und von der mit beiden Vorderpfoten umklammerten Beute Stücke abreißt, die er genüßlich zerkaut. Das ist offenbar zuviel für M'bili, die sich im Hintergrund herumdrückt. Mit einem raschen Satz hat sie sich auf ihn gestürzt und ihm seine schwerverdiente Mahlzeit weggeschnappt. Ich höre einen kurzen Protestschrei, und schon sind die beiden auf und davon, M'bili vornweg mit den Resten des Hundertfüßers im Maul und Moja ihr dicht auf den Fersen. Im Nu verschwinden die beiden in einem der nahegelegenen Termitenhügel, aus dem in Abständen weitere Protestschreie dringen. Moja scheint nicht so leicht aufzugeben. Dann endlich kommt er heraus mit einer deutlichen Bißwunde am Hals und macht sich resigniert davon, um sich zu den anderen zu gesellen. Ein Weilchen später taucht auch M'bili auf und leckt sich mit ihrer kleinen rosa Zunge die Lippen.

Allmählich wird mir klar, daß das, was ich eben erlebt habe, von großer Bedeutung ist. Jahrelange Beobachtungen an meiner in Gefangenschaft lebenden Gruppe von Mungos haben mir gezeigt, daß die Jungtiere entschieden im Vorteil sind, wenn es um so wichtige Prioritäten wie den Nahrungserwerb geht, da alle anderen Gruppenmitglieder – mit Ausnahme der Eltern – sie zuerst fressen lassen. In der Gefangenschaft handelte es sich freilich um eine künstlich geschaffene Situation, da die Nahrungsquelle – eine einzige

Schüssel mit Mehlwürmern – begrenzt war. Aber hier, wo es ringsherum Nahrung in Hülle und Fülle gibt? Mit Ausnahme von Mojas Schwester M'bili, aus dem gleichen Wurf, hatten alle anderen Mungos die Verfolgung abgebrochen, ehe sie überhaupt richtig in Gang gekommen war. Abgesehen davon leben Mungos im Matriarchat, in dem die Weibchen eine höhere Stellung einnehmen als die Männchen jeder Altersgruppe, und M'bili ist eine Mungodame. Sie hat mehr oder weniger ein Recht darauf, ihrem Bruder die Nahrung wegzunehmen.

Die seltsame Rangordnung, die ich im Labor beobachtet hatte und in der jüngere Tiere vor älteren rangierten und Weibchen eine höhere Stellung einnahmen als Männchen, ist höchstwahrscheinlich kein Artefakt, sondern entspricht den natürlichen Verhältnissen. Falls sich das so verhält, stehen die Mungos im Tierreich praktisch einzigartig da. Eine von einem Weibchen angeführte Gruppe, in der die jüngeren Kinder mehr zu sagen haben als die älteren. Bevor ich jedoch sichergehe, benötige ich weitere Beweise, die diese einmalige Beobachtung untermauern.

Der Furagiertrupp zieht jetzt ganz dicht am Wagen vorüber, wobei die Mungos die Nase in Bodennähe halten und mit ihren Pfoten in allen Löchern, Rissen und Spalten herumstochern. Sie springen fast in die toten Grasbüschel und reißen sie mit ihren starken Vorderbeinen auseinander, bisweilen mit Erfolg, da ich gelegentlich sehen kann, wie einige den Kopf heben und mit ihren scharfen weißen Zähnen ihre Beute unter Knackgeräuschen zerbeißen. Sie scheint meist aus Käfern zu bestehen, deren Art mir noch unbekannt ist. Die Tokos haben ein wachsames Auge auf mich. Auch von oben aus den Ästen eines der umgestürzten Bäume werde ich beobachtet. Ein junges Männchen starrt unentwegt zu mir herüber, und der Nervenkrieg beginnt von neuem. Also senke ich meinen Blick und versuche, mich möglichst still zu verhalten.

Die Mungos wissen offensichtlich immer noch nicht, wo sie mich in ihrem Freund-Feind-Schema unterbringen sollen, da selbst jetzt kein Warnruf erfolgt, obwohl die Gruppe kaum mehr als zehn Meter entfernt ist. Ich beschließe, nichts zu riskieren und stumm und starr auszuharren. Nur ab und zu lasse ich meinen Blick flüchtig nach oben wandern, um herauszufinden, ob der Wachposten mich noch im Auge hat. Die übrigen Mungos scheinen keine Notiz von mir zu nehmen im Vertrauen darauf, daß ihr Wachposten auf dem umgestürzten Baum und die Vögel schon die richtige Entscheidung treffen werden, ob ich für sie eine Gefahr darstelle oder nicht. Etwas lenkt die Aufmerksamkeit des Wachpostens ab, denn er blickt plötzlich nach links. Jetzt klettert er im Gewirr der Äste höher hinauf. Er stellt sich auf die Hinterbeine, um sich einen besseren Überblick zu verschaffen – ein ausgesprochener Balanceakt, da der Ast, auf dem er steht, nicht mehr als zwei bis drei Zentimeter dick ist. Er bewegt den Kopf auf und nieder in dem Bemühen, das, was seine Aufmerksamkeit erregt hat, genauer zu erkennen. Auch ich riskiere einen flüchtigen Blick, kann aber nichts sehen, da das Gewirr aus abgestorbenen Bäumen und Pflanzen zu dicht ist.

Dann ist plötzlich ein ohrenbetäubendes Geräusch zu hören: »Uum-uaärkä, Uum-uaärkä«. Alles gerät in Panik! Der Wachposten der Mungos fällt buchstäblich vom Baum herunter. Die Tokos stieben senkrecht nach oben davon, und die Mungogruppe taucht im Schatten unter. Sogar ich fahre vom Sitz hoch. Die Lautstärke ist in der Tat unglaublich. Im Geiste gehe ich rasch die Liste aller großen Tiere durch, die einen solchen Schrei hervorbringen könnten. Aber erfolglos. Ohnehin kann ich nichts sehen, was einer so lauten Stimme fähig wäre. Aber, was es auch sein mag, *so* gefährlich kann es nicht sein, da der erste Toko bereits auf den Erdboden zurückgeflattert ist und der Wächter der Mungos wieder seinen Posten bezogen hat. Jetzt stellt er sich gleichsam auf die Zehenspitzen und starrt auf etwas, was sich unmittelbar hinter dem umgestürzten Baum zu meiner Linken befinden muß. Seine ganze Aufmerksamkeit wird von dem mysteriösen Geschöpf in Anspruch genommen. Daher drehe ich mich langsam um, damit auch ich sehen kann, wer oder was das laute Geräusch verursacht hat. Zu meinem Erstaunen kommen statt der ungeschlachten Kreatur, die ich erwartet hatte, zwei zierliche hühnergroße Vögel mit graziösen Trippelschritten anstolziert, die den Kopf bald nach hier, bald nach da wenden und emsig zwischen den toten Grasbüscheln herumpicken. Nach ihrer Form zu urteilen, kann es sich nur um Trappen handeln. Rasch sehe ich in meinem Vogelbestimmungsbuch nach. Während ich mit gesenktem Kopf die Bilderläuterungen studiere, beginnt das unglaubliche Geräusch von neuem. Ich blicke auf und sehe die beiden mit himmelwärts gereckten Köpfen und aufgesperrten Schnäbeln munter drauflossingen – wenn man das Geräusch so nennen kann! Schließlich gelingt es mir, die Vögel zu bestimmen: Es sind Weißbauchtrappen, eine der am Boden lebenden Vogelarten des trockenen Buschlandes. Kaum sind sie mit dem einen Uum-uaärkä fertig, stimmen sie auch schon einen neuen Gesang an, wobei ich wiederum feststellen kann, daß nicht ein Vogel ruft, sondern zwei im Duett miteinander wetteifern, indem das Männchen das Uum hervorbringt, das Weibchen dagegen den zweisilbigen Laut uaärkä. Ihr Gesang ist aber so perfekt synchronisiert, daß er wie *eine* Stimme klingt.

Inzwischen haben die Mungos ihren Schrecken überwunden und sind zur Nahrungssuche zurückgekehrt. Die Trappen schreiten mitten durch die Reihen der Mungos, die nicht einmal aufblicken, und verschwinden wieder im Busch. Ich drehe mich um ... und da passiert es. »Tschrrr«!

Ich hatte den Wachposten vergessen, aber er nicht mich! Ich verwünsche meine Ungeschicklichkeit und versuche, die Dinge wieder ins Lot zu bringen, indem ich reglos verharre und die Augen niederschlage. Aber der Wächter der Mungos läßt sich nicht so leicht hinters Licht führen. Er hat eine Bewegung gesehen. Ich muß jetzt dafür büßen und mucksmäuschenstill und halbverrenkt auf meinem Sitz ausharren. Aus dem Augenwinkel beobachte ich, wie er mich fixiert. Die Gruppe hat sich versteckt, und die Vögel hocken herum. Wenigstens sind sie nicht in die Bäume geflogen. Vielleicht werden die Mungos deshalb alles nicht so ernst nehmen, solange ich nicht irgend etwas Unüberlegtes tue und den Wächter wieder auf mich aufmerksam mache. Die Sekunden schleichen wie Minuten vorüber. Langsam kommt die Gruppe aus ihren Schlupflöchern und Verstecken hervor und setzt ihren Weg fort, die Vögel wie im Schlepptau hinter sich her ziehend. Aber der Wachposten ... Er ist noch immer äußerst mißtrauisch und starrt unverwandt in meine Richtung. Mein linkes Bein beginnt einzuschlafen. Weil ich in dieser unbequemen Haltung nun schon so lange verkrampft sitze, tut mir auch der Rücken weh. Als ich es nicht mehr aushalten kann, fange ich an, mich langsam zu bewegen, ganz vorsichtig, jeweils immer nur ein ganz kleines Stück und behalte dabei den Mungowächter im Auge. Ich sehe ihn förmlich erstarren, als er meine Bewegungen bemerkt. Doch unterläßt er seinen Warnruf. Es sieht so aus, als werde meine Anwesenheit geduldet, solange ich keine schnellen oder abrupten Bewegungen mache. Ich nehme mir vor, in Zukunft umsichtiger zu sein. Endlich springt der Wächter vom Hügel herunter und trottet hinter seiner Familie her, so daß ich es mir bequem machen kann.

Die Sonne steht schon tief am Himmel: Vorspiel zur kurzen afrikanischen Dämmerung. Jetzt, da die Hitze sich gelegt hat, sind viele der Buschbewohner wieder im Freien. Ich beobachte zwei niedliche Dikdiks, nicht viel größer als ein europäischer Hase, die die wenigen übriggebliebenen grünen Blätter an einem der Grewiabüsche abknabbern, wobei sie die Ohren ständig hin und her bewegen, um auch das leiseste Geräusch aufzufangen. Sie bewegen sich ruckartig vorwärts, halten dann plötzlich inne, schrecken auf, lauschen angespannt und blicken mit ihren großen braunen Augen in die Runde. Die Sonne glänzt auf dem polierten schwarzen Maul des kleinen Männchens, das mit bebenden Nüstern prüfend die Luft einzieht.

Am Fuße eines der Commiphorenbäume scheint es einen kleinen Auflauf zu geben. Die Tokos tun sich an irgend etwas gütlich und mit ihnen die Mungos. Was sie gefunden haben, muß sehr klein sein; denn ich kann nichts in den Schnäbeln erkennen, die hastig in die Luft geworfen, aufgesperrt und wieder nach unten gestoßen werden. Die Leiber der Mungos bilden um etwas, das wie ein kleines Loch im Erdboden aussieht, ein sternförmiges Muster. Flüchtig bekomme ich eifrig kauende Kiefer zu sehen, bevor der Kopf wieder in das Loch fährt. Pfoten greifen ins Dunkel und befördern etwas zum Vorschein, was anschließend eilig ins Maul gesteckt wird. Tatu ist bei den umgestürzten Bäumen zurückgeblieben, aber Diana, George und dicht neben ihnen Moja und M'bili stopfen sich die Leckerbissen aus dem Loch so schnell wie möglich in die Mäuler. Tatus Kopf taucht aus einer Grasbüschelgruppe auf; sie entdeckt die anderen, rennt zu ihnen hinüber und schiebt sich zwischen die dichtgedrängten Körper ihrer älteren Verwandten, die ihr bereitwillig Platz machen. Nicht der geringste Versuch wird unternommen, sie wegzujagen, auch wenn jetzt das Gerangel um das Erdloch noch schlimmer ist. Es sieht in der Tat so aus, als werde den Jungtieren selbst hier unter den harten Lebensbedingungen in der Wildnis eine höhere Stellung zugestanden. Oder ist es vielleicht gerade *wegen* dieser Bedingungen? Weil die Jungtiere, wenn sie nicht als erste Zugang zur Nahrung hätten, mit Sicherheit umkommen würden?

Die zuerst Gekommenen haben sich offenbar sattgefressen. George und Diana machen sich mit prallen Bäuchen davon. Ihnen schließen sich noch ein paar Mungos an. Sie trotten langsam zu einem Termitenhügel, der um einen Bosciabaum herum errichtet ist und den ich bereits Drachenhügel getauft habe, weil quer über seiner Spitze ein knorriger, ausgebleichter Baumstamm mit gespaltenem Ende wie ein Drachen mit aufgesperrtem Schlund liegt. Eines nach dem andern verlassen die übrigen Tiere die Futterquelle im Erdloch, lecken sich die Lippen und folgen ihren Artgenossen. Ich kann noch immer nicht erkennen, woran sie sich so ausgiebig gelabt haben, und versuche, das Fernglas noch schärfer einzustellen. Es sieht aus wie winzige weiße Würste, und mit einemmal wird mir alles klar. Die Mungos müssen auf einen Termitengang nahe der Oberfläche gestoßen sein und ihn ausgegraben haben, um sich die Insekten herauszufischen, die in dem Bemühen, den zerstörten Gang zu schließen, aufgeregt durcheinanderwuseln. An dem Loch ist jetzt nur noch ein Mungo zusammen mit den Rotschnabeltokos, die von den anderen Vögeln an den Rand gedrängt worden waren und sich erst jetzt an der ergiebigen Beutequelle bedienen dürfen. Alles, was ich von dem einzelnen Mungo erkennen kann, ist sein Hinterteil, der übrige Körper scheint in dem Erdloch zu stecken. Dann geschieht etwas, was mich in Erstaunen versetzt. Das Tokomännchen gibt sich anscheinend nicht damit zufrieden, überschüssige Insekten aufzupicken, die ab und zu aus dem Maul des Mungos fallen, der noch immer mit dem Kopf in dem Erdloch steckt. Der Toko versetzt ihm einen scharfen Schnabelhieb mitten auf den Rücken. Der

Mungo blickt auf, und noch ehe er begreift, was vor sich geht, ist der lange Schnabel des Tokos in dem Loch und taucht auf und nieder wie ein unter Volldampf stehender Kolben. Knurrend drängt der Mungo mit der Schulter den schmarotzenden Eindringling von der Beutequelle ab und steckt den Kopf wieder in das Loch. Um nicht erneut übervorteilt zu werden, nimmt der Toko das Ohr des Mungos in den Schnabel und beginnt, daran zu ziehen. Keine Reaktion. Selbst ein paar Schnabelhiebe auf den Kopf bewirken lediglich, daß der Mungo seinen Körper herumschwenkt, um ihn gegen den Vogel zu werfen, der aber behend beiseite hüpft und so dem Stoß entgeht. Wieder versucht der Toko, an die begehrten Leckerbissen heranzukommen. Aber der Mungo läßt sich nicht ein zweites Mal überlisten. Der Vogel schnappt sich erneut das Ohr des Mungos und zerrt daran aus Leibeskräften. Nun wird es offenbar dem Mungo doch zuviel, der knurrend einen Satz nach vorn macht, mit aufgesperrtem Maul seinen gefiederten Peiniger anspringt und ihn davonjagt. Kaum hat er seinen Platz am Erdloch verlassen, als auch schon das Tokoweibchen da ist und sich, so schnell es kann, vollstopft. Mit einem Ruck und wiederum knurrend wirft sich der kleine braune Körper gegen die Tokodame, die schimpfend das Feld räumt. Mit einem mißtrauischen Blick auf beide Vögel kehrt der Mungo zu seiner unterbrochenen Mahlzeit zurück, und die Rotschnabeltokos müssen warten und können sich nur noch mit den Resten begnügen, als er fertig ist und zu den anderen trabt. Das Leben hier ist hart für die Schwächeren, selbst unter Freunden!

Auf dem Drachenhügel scheint die Gruppe Vorbereitungen für die Nacht zu treffen. Die Bäume werfen schon lange Schatten, und der Himmel im Westen ist ein loderndes Rot. Nach einer raschen Lektüre der Anschlagtafel versammeln sich die Mungos in kleinen Gruppen auf der der Sonne zugewandten Seite des Hügels, wo sie sich putzen und träge strecken. Ihr Tag geht offensichtlich zu Ende. Nur eines der älteren Männchen, das George ähnlich sieht, aber einen schmaleren Kopf hat, und das ich Twin (Zwilling) nenne, starrt mich noch immer an, als wolle es mich herausfordern, etwas zu unternehmen. Aber ich tue ihm den Gefallen nicht. Wieder ist es Diana, die die Initiative ergreift. Sich streckend und herzhaft gähnend späht sie zunächst in ein Loch, dann in ein anderes und schlüpft schließlich hinein, Tatu ihr dicht auf den Fersen. Die beiden anderen Jungtiere, Moja und M'bili, spielen noch auf der freien Fläche vor dem Hügel unter den wachsamen Blicken von George und der restlichen Gruppe. Eines nach dem anderen verschwinden die Tiere in ihrer Schlafkammer, auch Moja und M'bili beenden ihr Spiel und verziehen sich ebenfalls. Nur Twin harrt in den letzten Strahlen der untergehenden Sonne aus und beobachtet mich. Sein Fell ist wegen der Kühle der Abendluft wie eine Flaschenbürste gesträubt. Es ist schon fast dunkel. Aber er

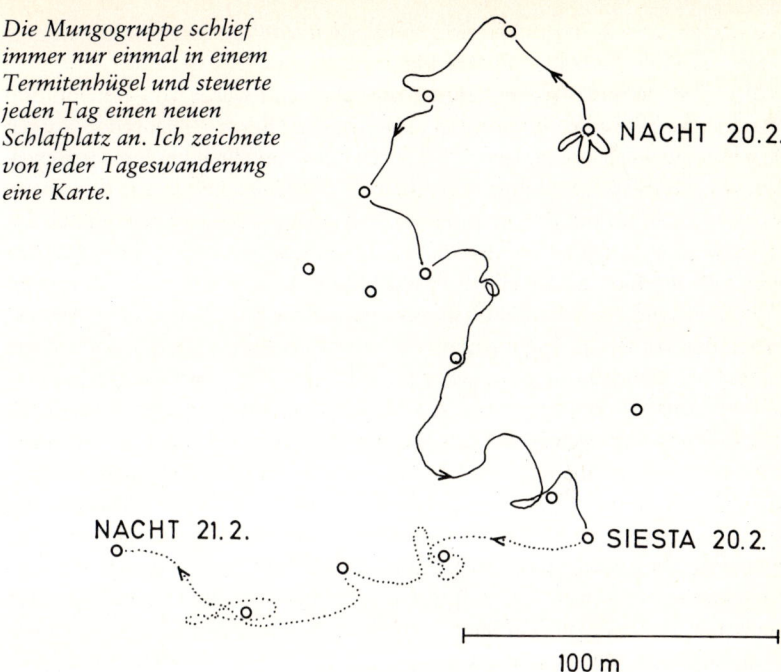

Die Mungogruppe schlief immer nur einmal in einem Termitenhügel und steuerte jeden Tag einen neuen Schlafplatz an. Ich zeichnete von jeder Tageswanderung eine Karte.

NACHT 20.2.

NACHT 21.2.

SIESTA 20.2.

100 m

hockt noch immer da, ein Schatten zwischen noch tieferen Schatten, und ich wage nicht, mich zu bewegen. Eine Nachtschwalbe läßt fern in der Tiefe des Buschs ihre tuckernde Stimme ertönen. Die Tokos haben sich auf ihre Schlafbäume zurückgezogen, und ich frage mich, wie lange wohl Twin noch ausharren wird, da ich keine Lust habe, in pechfinsterer Nacht durch den Busch zu fahren. Endlich, als der letzte Lichtschimmer fast erloschen ist, dreht er sich um und verschwindet im Drachenhügel, so daß ich den Wagen starten und in das etwa fünf Kilometer entfernte Lager zurückfahren kann.

Vorsichtig steuere ich um die umgestürzten Bäume herum und mitten durch dichtes Buschwerk, wobei ich nur beten kann, daß ich zu dieser nächtlichen Stunde nicht in ein Loch gerate. Die Scheinwerfer durchbohren die Dunkelheit, ihr gleißendes Licht läßt alles zweidimensional erscheinen. Ich steuere auf die Richtung zu, in der die Sonne untergegangen ist, in der Hoffnung, daß ich im Dunkeln nicht die Orientierung verliere, da irgendwo in dieser Richtung die einzige, unbefestigte Straße verläuft. Ich quäle mich im ersten Gang voran und denke schon, daß ich die Straße verfehlt habe, als sie plötzlich wie ein matt schimmernder Fluß inmitten des Dunkels vor mir liegt. Ich halte an, um an einem Busch in der Nähe eine Wegmarkierung aus

Kunststoff anzubringen, damit ich morgen früh in der Dunkelheit vor Tagesanbruch die Stelle wiederfinde.

Ein paar Minuten später bin ich im Lager und werde von Danson und Sammy, meinen eingeborenen Bediensteten, begrüßt, die sich schon Sorgen machten, weil ich so lange nach Einbruch der Dunkelheit noch nicht zurück war. In gehobener Stimmung berichte ich von meinem Erfolg und gebe ihnen Anweisungen für die Zubereitung des Abendessens, das wie gewöhnlich aus Corned beef, Kartoffeln und Zwiebeln besteht, so ziemlich das einzige, was sich hier draußen in der Hitze ohne Kühlung hält. Während sie das Essen zubereiten, zünde ich die Gaslampe an, um meine Tagesnotizen in die laufenden Aufzeichnungen einzutragen und Skizzen der Tiere anzufertigen, deren Bestimmung mir gelungen war.

Auf jeden Fall tragen jetzt acht Tiere aus der Mungogruppe Namen, und ich bin ziemlich sicher, daß ich sie wiedererkennen werde. Anschließend zeichne ich noch einmal sorgfältig die Karte, die den Weg zeigt, den die Mungos im Verlauf des Tages bei ihrer Furagierarbeit zurückgelegt haben, wobei ich auch die ungefähren Ankunftzeiten an verschiedenen Punkten eintrage, damit ich später ihre durchschnittliche Fortbewegungsgeschwindigkeit bei der Nahrungssuche berechnen kann und auch, wie weit sie bei ihren täglichen Exkursionen kommen.

Als ich meine Notizen beendet habe, ist auch die Abendmahlzeit fertig. Wir sitzen beim Licht der Petroleumlampen, lassen es uns schmecken und müssen ständig aufpassen, daß die um das Licht schwirrenden Käfer und Nachtfalter nicht in unser Essen fallen. In einer Mischung aus Englisch und Suaheli plaudern wir unter häufigem Nachsehen im Wörterbuch über Neues, was sich im Camp ereignet hat und über meine Erlebnisse während des Tages. Noch ehe wir unsere Mahlzeit beendet haben, steht der Mond hoch am Himmel, und die Sterne sind fast zum Greifen nahe. Weit entfernt in den Bergen ruft ein Leopard. Sein schnelles, sägendes Krrmp-krrmp-krrmp hallt meilenweit durch den Busch. Ich wasche mich und bin entsetzt über die trübe braune Brühe, die in meiner Plastikschüssel bleibt. Müde, aber glücklich, daß ich die Mungos endlich gefunden habe und von ihnen mehr oder weniger akzeptiert worden bin, lege ich mich zum Schlafen hin. Das letzte, was ich vor dem Einschlafen höre, ist das gurgelnde Schnurren der Nachtschwalben und das scharfe Stakkatogekläff eines Schakals.

2 Ich lerne euch kennen

Es scheint so, als hätte ich fast überhaupt nicht geschlafen – der Schakal bellt noch immer. Ich schlage die Augen auf, draußen ist alles dunkel. Ich taste nach meiner Uhr und sehe, daß es auf 4.30 Uhr zugeht – Zeit zum Aufstehen. Ich zünde die Gaslampe an und beginne mit dem allmorgendlichen Durchsuchen und gründlichen Ausschütteln meiner Kleidung, ehe ich sie anziehe. In den ersten paar Tagen hier in der Wüste hatte es beim Ankleiden einige Überraschungen gegeben. Meine Ausbeute bestand mittlerweile aus zwei Skolopendern, einer kleinen Schlange, einer riesigen Walzenspinne und einem Skorpion, der sich in meinem Waschlappen fand. Nachdem ich auch meine Schuhe ausgeklopft und angezogen habe, knipse ich die Taschenlampe an und suche den Erdboden vor dem Zelt ab, falls eine Puffotter beschlossen haben sollte, ausgerechnet dort ein Nickerchen zu machen. Zum Zähneputzen und Waschen bewillige ich mir ein paar Tropfen kostbaren Wassers aus einem Benzinkanister. Dann hinüber zu der kleinen Küche, nicht mehr als eine Hütte, die aus gespaltenen Sisalschäften zusammengeflochten und mit einem Grasdach gedeckt ist, wofür das gesamte Baumaterial von einer über 100 Kilometer entfernten Sisalplantage herangeschafft werden mußte. Ich leuchte mit der Taschenlampe sorgfältig den Fußboden der Küche ab, denn vor zwei Tagen wäre ich dort fast auf eine Puffotter getreten. Erstaunlich, wie diese Geschöpfe es fertigbringen, sich derart perfekt an die Färbung des Unter- beziehungsweise Hintergrundes anzupassen, daß sie nahezu unsichtbar sind. Sie verraten sich nur durch die Kontur des Kopfes, den sie kaum tarnen können. Das Busch-Baby ist wieder hier gewesen. Die einzige Mangofrucht, auf die ich mich so gefreut hatte und die gerade reif wurde, liegt jetzt mit einem großen Loch in der Seite auf dem Fußboden, der mit säuberlich abgebissenen Stückchen der grünen Schale übersät ist. Ich hebe die Frucht auf. Wenn ich sie abwasche, ist der Rest vielleicht noch eßbar – das war das letzte frische Obst, das ich hatte!

Sammy und Danson schlafen noch. Ich beschließe, nicht wieder das Lagerfeuer anzuzünden, um Wasser zum Kochen zu bringen, da mir das zu lange dauert und ich es eilig habe, noch vor Tagesanbruch und ehe ich zuviel

Unruhe stifte, zum Drachenhügel zu gelangen. Ich mache also den kleinen Benzinofen an und stelle das Teegeschirr bereit wie auch meine eiserne Ration für den Tag – harte ungesüßte Kekse und Orangenmarmelade, Lebensmittel, die in der Hitze weder schlecht werden noch schmelzen. Als das Wasser im Kessel kocht, fülle ich eine Thermosflasche mit Tee und eine zweite mit Zitronensaft, hole Notizbuch, Kamera und Fernglas und mache mich auf den Weg.

Ich nähere mich der Stelle, an der ich gestern abend die Wegmarkierung aus Kunststoff befestigt habe. Alles sieht monoton und gleichförmig aus, und ich habe Mühe, den Busch mit der Markierung zu finden. Im Gras sind meine Reifenspuren gerade noch erkennbar. Aus gutem Grund folge ich ihnen gewissenhaft, denn eine Abweichung von nur wenigen Metern würde auf etliche Kilometer einen Unterschied von einigen hundert Metern ausmachen, und der Versuch, den Drachenhügel in dieser Wildnis wiederzufinden, wäre ein nahezu aussichtsloses Unterfangen. Büsche und Baumstämme tauchen beim Vorbeifahren wie papierene Ausschneidefiguren auf und verschwinden wieder in der Dunkelheit, während ich den beiden silberhell leuchtenden Lichtbändern folge, die mich ans Ziel bringen sollen. Ein Blaßuhu hebt von seinem Ausguck auf einem Ast ab und gleitet lautlos an meinem Wagen vorbei. Hoffentlich habe ich ihm seine frühmorgendliche Jagd nicht verleidet. Die Baumstämme erscheinen und verschwinden mit geradezu hypnotisierender Monotonie, während ich mich zwischen ihnen hindurchwinde und den großen Wagen durch das dichte Gesträuch manövriere. Allmählich habe ich das Gefühl, daß dies endlos so weitergeht, als im Scheinwerferlicht eine vertraute Silhouette sichtbar wird: der Drachenhügel. Ich wende den Wagen so lange hin und her, bis er mit der Breitseite etwa 20 Meter vom Hügel entfernt steht, stelle den Motor ab, schalte die Scheinwerfer aus und frühstücke – Tee, Kräcker und Orangenmarmelade. Noch ist es zu dunkel, um etwas zu erkennen.

Aber die Morgendämmerung läßt nicht mehr lange auf sich warten. Die ersten Vögel beginnen mit ihrem Gesang. Als sich im Osten am Himmel ein schwacher Lichtschimmer zeigt, nimmt das Flöten und Zwitschern zu. Etwas stürzt krachend durch das Unterholz hinter mir. Ich drehe mich mit einem Ruck um, aber es ist noch zu finster, ich kann nichts erkennen. Aus der Dunkelheit ist ein geisterhaftes Gekicher zu hören. Es muß eine der Streifenhyänen sein, die hier in der Gegend leben. Vor ein paar Tagen hatte ich zwei von ihnen an dem fast eingetrockneten Wasserloch in der Nähe des Lagers flüchtig zu Gesicht bekommen: silbrige Schatten, in dem silbern-schwarzen Gespinst des Mondlichts fast unsichtbar, zumal ihre Silhouetten wegen der gesträubten Rückenmähne mit dem schattigen Hintergrund verschmelzen.

Eine Wolkenbank schiebt sich vor die Sonne, so daß das Licht nur ganz allmählich durchsickert und nicht mit einem sonst üblichen Ausbruch strahlender Helle. Um mich herum herrscht überall geschäftiges Treiben. Die Geschöpfe des Busches machen sich daran, ein Frühstück zu ergattern. Die Nashornvögel wiederholen ihre Vorstellung vom Vortag und sind schon lange auf den Beinen, bevor die Mungos aufwachen. Die Deckenstokos sind auf einen umgestürzten Baum in der Nähe des Drachenhügels geflogen und nehmen ein Sonnenbad, indem sie den Kopf nach der Seite wenden und ihr Gefieder aufplustern, damit die Sonnenstrahlen ihre Haut wärmen können, besonders den großen kahlen Fleck unterhalb der Kehle. Die Gelbschnabel- und Rotschnabeltokos besitzen diesen Fleck ebenfalls. Zuerst glaubte ich, er diene lediglich zur Zierde. Aber er hat eine wichtige Aufgabe. Mit zunehmender Hitze schwellen diese kahlen Stellen an und nehmen eine fast purpurrote Färbung an, da sie von venösem Blut durchströmt werden. Sie wirken offenbar in der gleichen Weise wie ein Elefantenohr: Hier kann der Wind das Blut abkühlen, bevor es wieder ins Körperinnere zurückströmt. Jetzt ist es jedoch verhältnismäßig kalt, und die Flecken sind blaß, zusammengeschrumpft und unter dem weißen Hals fast nicht zu sehen.

Endlich kommen die Mungos aus ihren Löchern hervor, zuerst Twin, der am Abend zuvor der letzte war. Er entdeckt mich sofort und erstarrt. Wieder beginnt das alte Spiel mit absoluter Reglosigkeit und gesenkten Augenlidern. Ich gebe ihm keinen Anlaß, seine Artgenossen zu warnen, die ebenfalls hervorkommen und sich mit gesträubtem Fell an Twin ankuscheln. Immer mehr stoßen zu der Gruppe auf dem Hügel und drängen sich dort zusammen wie eine Weintraube. Einige klettern auf die schon dort hockenden Tiere, andere quetschen sich zwischen sie. Alles, was ich erkennen kann, ist ein Haufen Köpfe und Hinterteile, der nur dann in Unordnung gerät, wenn eines der Tiere, die zuunterst durch das auf ihnen lastende Gewicht fast plattgedrückt werden, sich aus seinem Gefängnis herauszwängt und auf den Haufen aus Mungoleibern hinaufklettert. Twin löst sich aus der Gruppe und läßt sich weiter vorn auf einer Art Strebepfeiler des Termitenhügels nieder, um mich besser beobachten zu können. Wie er so zusammengekrümmt mit gesträubtem Fell dasitzt, macht er einen kläglichen Eindruck. Aber seine Wachsamkeit läßt nicht einen Augenblick nach. Er hat die anderen noch immer nicht gewarnt und begnügt sich offensichtlich damit, mich im Auge zu behalten. Die übrigen Tiere sind nach wie vor in einem Haufen eng aneinander geschmiegt und wärmen sich durch Körperkontakt. Ich beginne erneut zu zählen ... fünfzehn einschließlich Twin. Ohne große Schwierigkeit kann ich Diana und George sowie die drei Jungtiere ausfindig machen. Weißhals und Narbe sind schon nicht ganz so leicht zu erkennen, da das flaschenbürstenartig abstehende Haar geringfügige Unregelmäßigkeiten im Fell verwischt. Ein dunkel gefärbtes Hinterteil wendet sich um und wird durch einen ebenfalls dunklen Kopf ersetzt. Ich vermute ein junges, etwa drei Jahre altes Männchen, nenne den kleinen Kerl Blackie und notiere mir Alter, Geschlecht und Färbung des Tieres. Ein zerzaust und zottig aussehendes Weibchen, dem ein Stück des rechten Ohres fehlt, ragt ebenfalls aus dem Durcheinander heraus. Ich nenne sie Notch (Kerbe) und fertige von ihrem Gesicht mit seinem Unterscheidungsmerkmal eine kleine Zeichnung an. Es sieht so aus, als ob Tatu Mutters Liebling ist, da sie Diana nicht von der Seite weicht, was ich schon gestern beobachtet hatte. Im Vergleich zu Moja und M'bili scheint Tatu im Wachstum zurückgeblieben. Sie ist etliche Zentimeter kürzer und auch viel dünner. Zwei der drei Jahre alten, beinahe erwachsenen Tiere kann ich ebenfalls erkennen: Rusty, ein rötlich gefärbtes junges Männchen, und Goldie, ein Weibchen mit goldgelbem Fell. Ich fahre in meinen Notizen fort. Mittlerweile habe ich zwölf der Mungos kurz skizziert und finde es merkwürdig, daß die meisten, die ich bisher identifizieren konnte, Männchen sind. Entweder kommen in der Gruppe beide Geschlechter in einem unsymmetrischen Verhältnis vor, oder die Weibchen halten sich im Hintergrund.

Die Sonne wärmt inzwischen kräftiger. Der ungeordnete Haufen löst sich unter Führung von George auf. Rusty geht auf die andere Seite des Hügels, nimmt Twin gegenüber Platz, der mich noch immer beobachtet, und hält dort Wache. Dann macht George etwas, woraus ich im Augenblick nicht schlau werde. Er nimmt einen belaubten Zweig des Bosciabaumes in seine Vorderpfoten und beginnt, ihn mit starken, nach rückwärts gerichteten Krallenhieben zu zerfetzen, wobei die beiden Vorderbeine ihr Zerstörungswerk synchron verrichten. Mit gekrümmtem Rücken, erhobenem Schwanz und angespannten Gliedmaßen vollendet er die Arbeit, die in der Stille ein lautes Geräusch verursacht. Die Blicke, die er seinen Artgenossen zuwirft, scheinen sie auf der Stelle, wo sie sitzen, zusammenschrumpfen zu lassen. Einige schauen betroffen vor sich hin, nur Diana nicht, die geflissentlich einen ausgestreckten Vorderfuß beknabbert. Das Ganze wirkt wie irgendeine Drohung. Aber bisher habe ich nicht herausbekommen, wem er droht und warum. Die zerfetzten Reste des Zweiges zurücklassend, trottet George zur Latrine hinunter, und das übliche Morgenritual der Defäkation und des Markierens beginnt.

Die Mungos sind mit ihrem Geschäft kaum fertig, als in einem der Löcher des Drachenhügels ein schuppiger Kopf und anschließend ein watschelnder Leib auftaucht. Es ist irgendeine Echse, aber ein Riesenexemplar, fast 90 Zentimeter lang. Mit schwerfälligem Gang läßt sich das Geschöpf an der Hügelseite hinab und trottet hinüber zur Gruppe der Mungos. Ich erwarte, daß sie in panischer Angst davonjagen oder zum Angriff übergehen. Aber was geschieht? Die Echse zwängt sich zwischen die dichtgedrängten Mungoleiber und beginnt zu fressen. Ich kann erkennen, wie sie den Kopf nach unten beugt und wie ihre Kiefer arbeiten, wenn sie ihn wieder hebt. Zwei Mungos, die mir bisher den Blick versperrten, rücken beiseite, und jetzt sehe ich erst richtig. Narbe hockt da, verrichtet sein Geschäft, und das, was er produziert, wird von der Echse aufmerksam mit schiefgehaltenem Kopf beobachtet. Noch bevor Narbes Produkt zur Erde gefallen ist, stürzt sich die Echse darauf – und nichts bleibt übrig! Sie frißt den frischen Kot der Mungos! Narbe schüttelt sich und zieht los, wobei er von dem Reptil keine Notiz nimmt, das emsig auch das kleinste Krümchen vertilgt, ehe es wieder auf den Drachenhügel hinaufwatschelt. Wer profitiert von alledem?

Dann erinnere ich mich, daß das hier eine Wüste ist und Wasser daher hoch im Kurs steht. Selbst Bienen und Schmetterlinge kommen, um meinen Schweiß zu trinken, ganz zu schweigen von den zahllosen Fliegen. So zieht die Echse vielleicht einen kleinen Nutzen aus der Feuchtigkeit, die ihr von den Mungos sozusagen vor die Haustür geliefert wird. Auch dürften die Ausscheidungen der Mungos wahrscheinlich ein gut Teil unverdauter Eiweißstoffe enthalten, die die Echse gebrauchen kann. Wieder ein Fall von Ausnutzung!

Später gelingt es mir, die Echse an Hand von Fotos als eine Braune Schildechse zu identifizieren. Sie streckt sich auf einer der steil abfallenden Seiten des Drachenhügels der Länge nach aus und nimmt mit halb zugekniffenen Augen ein Sonnenbad. Nach dem Markieren wandert die Gruppe der Mungos zurück und steigt dabei über das Reptil hinweg, das sich nicht vom Fleck rührt. Die tägliche Putzstunde nimmt ihren Fortgang. Notch und Goldie kümmern sich intensiv um Georges Fell, der die Augen schließt und den Kopf hebt, damit die beiden besser an die an seiner Kehle haftenden Zecken herankönnen. Diana hat anscheinend nichts dagegen und liegt ausgestreckt in der Sonne. Die anderen Tiere beknabbern und kratzen sich wie kleine Hunde oder bitten darum, ihnen das Fell zu säubern, indem sie sich bei einem anderen Tier unter die Kehle stellen und dessen Nacken beknabbern, worauf die Gefälligkeit erwidert wird. Die drei Jungtiere sind, wie mir scheint, eher zum Spielen aufgelegt. Ich kann das vogelähnliche Gezwitscher des Spielrufs hören, und Moja gibt Tatu mit ausgestreckter Vorderpfote einen Klaps auf die Nase. Tatu macht einen ausgelassenen Satz, und nun springen die beiden wie kleine Bälle umeinander, flitzen den Hügel hinauf und hinunter und wälzen sich, die Arme eng um den Körper des Spielgefährten geschlungen, ein übers andere Mal auf dem Boden. M'bili wird von Twin geputzt, beobachtet aber das Geschehen. Plötzlich reißt sie sich von ihrem Partner los, rast den Hügel hinab und stürzt sich in die Balgerei. Die drei

Junge und auch erwachsene Mungos haben immer Freude an einer ausgelassenenn Balgerei.

tollen wie von Sinnen umher, springen sich gegenseitig an und veranstalten wilde Verfolgungsjagden. M'bili schnappt sich Tatu, die beiden kugeln übereinander und gehen mit aufgesperrten Mäulern aufeinander los. Das Trio ist plötzlich zu einem Duo geschrumpft, etwas, was ich auch bei meinen zahmen Mungos beobachtet habe. Spiele zwischen mehr als zwei Individuen dauern selten lange und enden entweder mit Pärchenbildung oder damit, daß ein Tier ausgebootet wird. Die Balgerei zwischen M'bili und Tatu gerät augenscheinlich außer Kontrolle. Die beiden toben, ohne auf ihre Umgebung zu achten, weiter umher und jagen sich im Gras, das den Hügel umgibt. Plötzlich steht Diana auf und trabt hinterher. Die übrigen Tiere blicken in ihre Richtung. Sie stürzt auf das umeinander wirbelnde Paar zu und springt zwischen M'bili und Tatu, die wie auf ein verabredetes Zeichen innehalten und Diana zurück zum Hügel folgen. Diana hat mit Entschiedenheit das Spiel

*Nackenknabbern ist das häufigste Sozialputzverhalten
und bedeutet Freundschaft.*

der Jungen beendet. Warum? Werden durch ihre ungebärdigen Sprünge etwa
Raubtiere angelockt oder ist es für sie lediglich zu gefährlich, sich so weit vom
Hügel zu entfernen, wo sie viel leichter Raubtieren zum Opfer fallen können?
Das entschlossene Beenden von Spielen, die außer Rand und Band geraten,
sollte ich in Zukunft noch öfter erleben. Manchmal ist es Diana, die die Rolle
der Spielverderberin übernimmt. Dann wieder sind es andere ältere Mitglie-
der der Gruppe. Aber die ausschlaggebende Situation ist immer die gleiche:
Die Spielenden haben sich zu weit vom Hügel entfernt.

Inzwischen entwickelt sich M'bili zu einem lästigen Quälgeist. Sie läßt
noch immer den Spielruf ertönen, ein Geräusch, das sich anhört, als tobe ein
Verrückter sich auf einer Morsetaste aus, und vollführt kleine Luftsprünge.
Sie wirft sich auf Rusty. Aber Rusty hat keine Lust und rückt aus. Versuche,
George zum Mitmachen zu bewegen, scheitern ebenfalls. George sitzt nur

ruhig da und hebt den Kopf, während M'bili ihn am Genick zaust und seinen Schwanz zu packen sucht. Dann macht sie einen Satz zur Echse, nimmt trockene Blätter ins Maul, eines nach dem anderen, und schleudert sie mit einer raschen Drehung des Kopfes fort. Dann springt sie mit beiden Vorderpfoten auf den Rücken der Echse. Ich erwarte jeden Augenblick, daß die Echse wütend mit dem Schwanz peitscht oder dem Störenfried zumindest einen raschen Biß versetzt. Beides könnte für M'bili recht schmerzhaft sein. Das Reptil ist fast doppelt so lang wie sie. Aber die Echse unternimmt nichts! Sie weicht nicht einmal zurück. Vorwitzig patscht M'bili ihr auf das eine Vorderbein, ja, sie nimmt es sogar ins Maul und zerrt daran spielerisch herum. Die Echse rückt schwerfällig zur Seite. Dann springt M'bili ihr auf den Kopf, stupst sie mehrere Male aufs Maul und fährt ihr mit dem eigenen Maul in die Augen. Die Echse macht sie einfach zu. Nach einigen weiteren fruchtlosen Versuchen, ihre seltsame Spielgefährtin zum Mitmachen zu ermuntern, Bemühungen, die ausschließlich mit phlegmatischer Gelassenheit beantwortet werden, zieht M'bili von dannen, und die Echse setzt ihr unterbrochenes Nickerchen fort.

Wie besessen mache ich mir noch immer Notizen, versuche daneben Fotos zu schießen und lasse mir gleichzeitig die höchst erstaunliche Situation durch den Kopf gehen. Keiner würde mir dies jemals glauben! Mungo und Echse – zwei Erzfeinde seit uralten Zeiten. Ein Mungo hat keinerlei Bedenken, kleinere Mitglieder dieser Reptilienfamilie zu verspeisen. Ebenso sicher bin ich, daß die Echse ihrerseits nicht einen Augenblick zögern würde, sich mit einem Mungobaby einen schmackhaften Imbiß zu verschaffen, wenn sie ihn erhaschen könnte. Doch hier scheint es sich um eine Art Waffenstillstand zu handeln, bei dem kein Tier gegen das andere irgendwelche Absichten hat, es sei denn solche, die durch gegenseitige Freundschaft gekennzeichnet sind. Also leben und leben lassen!

Wieder beginnen die Tokos mit ihrer Antreiberei. Diesmal sind es die Gelbschnabeltokos, die ungeduldig zu werden scheinen, um den Hügel herumhüpfen und mit schiefgehaltenem Kopf zu den Mungos hinaufstarren. Zwei schwarzweiße Gestalten kommen durch die Bäume geglitten. Die Rotschnabeltokos haben sich heute verspätet. Aber ich habe den Eindruck, daß sie von den Mungos nicht so abhängig sind wie die anderen beiden Arten, denn ich habe sie schon Mengen von Früchten und Beeren fressen sehen, während die anderen sich offenbar fast ausschließlich von Insekten ernähren.

Diana erhebt sich, streckt sich, gähnt und rennt den Hügel hinab. Es sieht so aus, als ob sie diejenige ist, die entscheidet, wann die Gruppe sich in Bewegung setzt und wohin. Der kleine Zug verschwindet im hohen Gras, womit meine Beobachtungen über das soziale Verhalten bis zum Abend beendet sind. Solange sie auf der Nahrungssuche sind, konzentrieren sich die Mungos, wie es scheint, voll und ganz auf diese Tätigkeit, und es besteht zwischen ihnen nur geringer sozialer Kontakt.

Ich beginne damit, die tägliche Route auf meiner Karte einzutragen, wobei ich den Bewegungen der Tokos folge, die im Gras auf und nieder tauchen. Ohne ihre Mithilfe wäre das unmöglich, denn die kleinen, gutgetarnten Körper der Mungos sind von meinem Standort aus nicht mehr zu erkennen. Weißhals, der auf Wache sitzt, sieht mich an und dann an mir vorbei. Es hat den Anschein, als ob mein Wagen als irgendein riesiges Ungeheuer, das sich ausgerechnet vor dem Schlafhügel der Mungos zu einem Nickerchen niedergelassen hat, mehr oder weniger akzeptiert worden ist – nicht wirklich gefährlich, aber immerhin etwas, was man im Auge behalten muß!

Die Gruppe ist jetzt etwa 25 bis 30 Meter entfernt. Plötzlich flattern ein Stück rechts von mir riesige braune Schwingen durch die Luft. Ein Raubadler müht sich ab, im Geäst eines der Dornbäume zu landen, was ihm schließlich auch gelingt. Nun hockt er da mit aufgesperrtem Schnabel und prallgefülltem Kropf. Vertikale Flüge der Tokos nach oben und Warnrufe von Weißhals lassen die ganze Gruppe geschlossen zum Drachenhügel zurückflitzen, wo sie sich niederlassen, jedes Sinnesorgan aufs äußerste angespannt, um herauszufinden, was eigentlich los ist. Dann nochmaliges Flügelschlagen, und ein zweiter Raubadler hebt von fast genau der gleichen Stelle ab wie der erste und flattert ebenfalls schwerfällig auf den Baum hinauf. Schließlich kommt noch einer angeflogen! Die drei, die bis zum Platzen voll sind, hocken da wie kleine Buddhas. Mein erster Gedanke ist, daß sie den Riß irgendeines größeren Raubtieres entdeckt und die Reste verputzt haben. Die Mungos verharren wie angewurzelt am Hügel und suchen unter Zweigen und Ästen Schutz, die Augen auf die drei Riesenvögel gerichtet. Die warnenden Tschrrrs ertönen. Einer der Adler versucht, sich die Schwungfedern zu putzen, und verliert auf den dünnen Zweigen das Gleichgewicht. Mit wildem Flügelschlagen versucht er, die Balance zu halten, purzelt schließlich hinunter, kann sich aber im letzten Augenblick fangen.

Auf dem Termitenhügel bricht die Hölle los! Die kleinen braunen Körper der Mungos verkriechen sich blitzschnell in ihre Löcher, und auch die Schildechse zieht sich zurück. Ein Kopf taucht auf und blickt sich um. Es ist Narbe. Die übrigen bleiben drinnen. Es sieht ganz so aus, als ob Narbe gegenwärtig die Aufgabe hat, die Raubvögel unter Beobachtung zu halten. Er

Die Mungos verharren wie angewurzelt auf dem Hügel, die Augen auf die Raubadler gerichtet. Die Spannung ist so, daß auch ich sie spüre.   ▷

macht sich steif, bewegt den Kopf auf und nieder, wie es Mungos tun, wenn sie einen Gegenstand zu fixieren versuchen, blickt aber gar nicht hinauf zu den Adlern, sondern schräg nach unten ins Gras. Er gibt ein knurrendes Zwitschern von sich, wendet sich halb um, um wieder in sein Loch zu schlüpfen, und besinnt sich dann eines Besseren. Der Warnruf bedeutet »Raubtier am Boden«, aber im Augenblick kann ich noch nichts erkennen. Rusty gesellt sich zu Narbe auf dem Hügel, beide starren jetzt ins Gras. Rusty setzt sich aufrecht, um besser sehen zu können. Dann taucht ein Schakal auf mit seinem unverkennbaren elastisch federnden Gang. Er hebt den Kopf und zieht die Luft ein. Die Adler hocken noch immer völlig teilnahmslos auf ihrem Baum. Aber die Spannung über dem Termitenhügel ist so, daß auch ich sie spüre. Narbe und Rusty wuseln im Schutz der Zweige hin und her und stoßen noch immer ihr knurrendes Gezwitscher aus. Aber der Schakal bemerkt sie nicht. Offensichtlich hat er den Riß gewittert, an dem die Adler sich gütlich getan haben, und will sich nun seinen Anteil holen. Er zieht weiter.

Hoch oben am blauen Himmel tauchen plötzlich kleine Punkte auf. Die Geier sind da! Wie sie es fertigbringen, inmitten des Dornbaumgestrüpps etwas zu erspähen, davon habe ich keine Ahnung. Reihenweise scheren sie mit dem Wind aus ihrem Flugverband aus, kreisen gemächlich über der Stelle und lassen sich dabei immer tiefer sinken. Rustys und Narbes Aufmerksamkeit wird durch etwas in der entgegengesetzten Richtung gefesselt. Ich klettere langsam auf das Wagendach, um mir einen besseren Überblick zu verschaffen. Der Schakal hat das, was er suchte, gefunden und versucht nun, dieses Etwas mit kräftigen Sprüngen seines geschmeidigen Körpers nach rückwärts in die Deckung einiger Büsche zu zerren – zu spät. Mit ausgestreckten Krallen und vorgerecktem Hals landet der erste Geier und hüpft schwerfällig zu dem Schakal und dessen erhoffter Mahlzeit hin, dreht seinen unbefiederten Kopf nach vorn und schnappt sich ein Stück des auf dem Boden liegenden Kadavers. Bei dem anschließenden Tauziehen wird dieser hochgehoben. An der rötlichen Färbung kann ich erkennen, daß es sich um ein Steinböckchen handelt, eine der kleineren Antilopen, die in dieser trockenen Buschsteppe zu Hause sind. Es scheint noch reichlich übrig zu sein und kaum dürfte so viel verzehrt worden sein, daß eines der größeren Raubtiere den Riß auf dem Gewissen haben könnte. Vielleicht haben die Adler in Gemeinschaftsarbeit das Steinböckchen getötet, was manchmal vorkommt.

Der Kampf beginnt jetzt einseitig zu werden. Weitere Geier schießen herab. Das scheint für Rusty und Narbe zuviel zu sein. Sie ziehen sich, knurrend und zwitschernd, in die Sicherheit des Hügels zurück.

Alle bisher gelandeten Vögel sind Weißrückengeier, die häufigsten Aasfresser hier im Trockenbusch. Der Schakal beginnt allmählich wütend zu werden und springt die Diebe an, wobei er sich mit schnappenden Kiefern in die Luft wirft und seine Peiniger zu beißen versucht. Die Sprünge, die er vollführt, sind wahrhaftig erstaunlich und erreichen mindestens meine Schulterhöhe. Aber die Riesenvögel flattern nur ein bißchen hoch, um ein paar Meter weiter wieder zu landen und sich erneut in das Gerangel zu stürzen. Der einseitige Kampf um den Kadaver wird noch einseitiger, als sich ein wahrer Strom von Vögeln vom Himmel ergießt, von denen einige ihren Schwung nicht rechtzeitig abbremsen können, dadurch mit der hüpfenden, watschelnden Ansammlung brauner gefiederter Leiber karambolieren und so das Chaos noch vergrößern. Der Schakal scheint aufgegeben zu haben. Nun streiten sich die Vögel um die Beute, indem sie den kleinen Kadaver hin und her zerren. Ich blicke nach oben, als ein größerer Schatten über meinen Wagen huscht. Die weißen Flügelstreifen der jetzt eintreffenden Vögel verraten mir, daß es sich nicht um Weißrückengeier handelt, sondern um irgendeine andere Art. Drei von ihnen landen fast gleichzeitig. Ich kann ihre weißen, clownähnlichen Gesichter und den blutroten Schnabel erkennen. Es sind Wollkopfgeier. Ohne einen Augenblick zu zögern, stürzen sie sich in den Haufen aus schlurfenden braunen Leibern und traktieren sie mit ihren kräftigen Schnäbeln. Die Weißrückengeier weichen aufgeregt flatternd aus. Einige von ihnen lassen sich sogar auf den umgestürzten Dornbäumen nieder, als hätten sie ihre Bemühungen aufgegeben, während die anderen einen Kreis um die größeren Vögel bilden, die sich genußvoll über die kläglichen Reste des Kadavers hermachen. Jedesmal, wenn sich ein Weißrückengeier nähert, wird er mit einem scharfen Hieb des blutroten Schnabels weggejagt, der jetzt außer seiner natürlichen Farbe auch noch vom Blut des Steinböckchens gerötet ist. Einige der Weißrückengeier flattern wieder davon und lassen sich von einer senkrecht aufsteigenden Warmluftströmung emportragen. Aber die Raubadler hocken vollgefressen, wie sie sind, noch immer auf der gleichen Stelle.

Ich dachte, das sei das Ende der Vorstellung. Aber gerade als ich mir überlege, ob ich wieder in den Wagen klettern soll, gleitet noch ein Schatten über mich hinweg. Ein wahrhaft riesiger Vogel setzt in einem für einen Geier fast graziösen Gleitflug zur Landung an. Er watschelt zu den drei Wollkopfgeiern hinüber, die sich um die Aasreste zanken, aber bei seinem Erscheinen ihre Beute sofort fallen lassen und sich lautlos davonmachen. Der Neuankömmling zischt laut und blickt sich mit halbgesenktem Kopf um, ehe er hinüberschlendert, um sich seinen Anteil zu holen. Ich blättere in meinem Vogelbestimmungsbuch. Nach der Größe und dem massiven Schnabel zu urteilen, kann es sich nur um einen Ohrengeier handeln. Mich überrascht, daß die Wollkopfgeier, obwohl sie ihm zahlenmäßig überlegen sind, ihre Beute bei seinem Näherkommen einfach aufgeben und nicht einmal darum kämpfen. Vielleicht wissen sie aus früheren Erfahrungen, daß sie nur geringe Erfolgschancen gegen diesen riesigen Rivalen haben, der nahezu doppelt so groß ist wie sie und einen Schnabel besitzt, der selbst einem größeren Tier Angst einflößen muß. Der Ohrengeier hockt über dem Kadaver, reißt mit dem Schnabel streifenförmige Haut- bzw. Fellstücke ab und verschlingt sie. Von der kleinen Antilope bleibt nichts übrig.

Ich kletterte wieder ins Wageninnere und nehme mir vor zu warten, bis die Mungos ihre Angst überwunden haben und wieder zum Vorschein kommen. Einige Minuten später versucht der Ohrengeier, mit prallgefülltem Kropf aufzufliegen, wobei er Schwierigkeiten hat, mit seiner enormen Flügelspannweite das Dornbaumdickicht zu überwinden. Nach mehreren schwerfälligen Flügelschlägen hebt er endlich ab und streicht im Tiefflug über die Baumwipfel. Nur die Adler sitzen noch unbewegt da und verdauen ihr Frühstück. Als ich später in der wissenschaftlichen Literatur über Geier nachlese, stelle ich fest, daß über die Beziehungen zwischen den einzelnen Arten praktisch nichts bekannt ist, obwohl ich nach meinen Beobachtungen den Eindruck gewonnen habe, daß bei den Tieren eine gewisse Rangordnung besteht. Die Weißrückengeier machen zahlenmäßig wett, was ihnen an Stärke fehlt. Durch die bloße Zahl der Augenpaare, die den Boden absuchen, können sie überleben, da sie so eine größere Chance haben, eine Beute zu erspähen. Ihre Taktik besteht darin, als erste zur Stelle zu sein. Die größeren Wollkopf- und Ohrengeier benutzen sie, wie ich es später einige Male erleben sollte, als regelrechte Spürhunde. Sobald sie sehen, daß die Weißrückengeier niedergehen, wissen sie, daß es irgendwo Nahrung gibt, und beeilen sich, den Fund an sich zu bringen. Je mehr ich hier im Busch vom Leben sehe, desto klarer wird mir, daß jedes Geschöpf Teil eines riesigen Zusammenspiels ist. Ein jedes hat seine Rolle zu spielen und jedes zieht, wann immer möglich, daraus Vorteile. Nur so kann die ganze Gemeinschaft überleben.

Die Hitze nimmt allmählich zu, und die Adler wappnen sich dagegen, indem sie mit leicht gesenktem Kopf und offenem Schnabel ihre Kehle in rasch pulsierende Schwingungen versetzen. Auf diese Weise pumpen sie einen kühlenden Luftstrom über die feuchten Gewebe im Innern. Dann steigen sie in die Höhe – drei starke Flügelschläge und ein Gleitflug, was so lange wiederholt wird, bis ich die Vögel in eine anmutige Spirale einbiegen sehe, die sie hoch hinaufträgt, daß sie nicht mehr auszumachen sind.

Der Drachenhügel liegt noch immer verlassen da. Die Minuten verrinnen. Ich befürchte, daß Diana & Co. mir entwischt sind, indem sie sich an der Rückseite des Hügels heimlich ins Gras fortgemacht haben, während meine Aufmerksamkeit anderweitig in Anspruch genommen war. Allerdings hätten sie dann geradewegs auf die Adler zusteuern müssen, und das kann ich mir nun doch nicht vorstellen. Auch die Tokos sind noch nicht wieder aufgetaucht. Ich beschließe zu warten. Eine knappe halbe Stunde später lugt der erste kleine Kopf aus einem Loch fast ganz oben auf dem Hügel und blickt in die Runde. Es scheint Twin zu sein. Der Kopf verschwindet wieder. Eine Minute später werden zwei Köpfe hinausgesteckt. Diesmal ist Twin mit Narbe zusammen. Vorsichtig klettern sie auf den Hügel hinauf und inspizieren die Umgebung. Fast zur gleichen Zeit kommen die Gelbschnabeltokos aus dem Cassiabaum angeflogen, in dem sie sich versteckt hielten, und lassen sich in den Ästen oberhalb des Drachenhügels nieder. Nach erfolgter Entwarnung setzt sich der kleine Trupp zu seiner unterbrochenen Jagd wieder in Bewegung, unter der Führung von Diana, die aber die ursprüngliche Richtung gewechselt zu haben scheint. Sie wendet sich jetzt in die um 180 Grad entgegengesetzte Richtung. Die Mungogruppe und die Vögel ziehen in einer Entfernung von kaum fünf Metern und nahezu in einer Reihe an mir vorüber. Dianas Ruf »Ausrücken!« ist deutlich zu hören. Die ganze Gruppe trottet unter klangvollem Radarpiepen hinter ihr her und weicht nicht eher nach rechts oder links vom Weg ab, bis sie ein größeres Stück weg sind.

Die Nahrungssuche ist wiederum auf die Schattenbezirke beschränkt, und die kleine Gruppe strebt in Schlangenlinien einem Termitenhügel zu, den ich wegen eines abgebrochenen, ausgebleichten Baumstumpfs, der einer hockenden Meerkatze nicht unähnlich ist, Affenhügel getauft habe. Nach 30 Minuten sind sämtliche Tiere darin verschwunden. Twin übernimmt wieder die letzte Wache und hat sich im Schatten des krummen Baumstamms hingekauert. Ich bleibe mit der Sonne, der Hitze und den Fliegen allein.

Es geht auf drei Uhr zu, als ich einen kleinen, mir vertrauten Kopf auf einem Hügel hinter dem Affenhügel auftauchen und sich umdrehen sehe. Ich stelle die Schärfe des Fernglases nach, um herauszufinden, wer da sitzt. Aber das Flimmern der Luft vereitelt meine Identifizierungsversuche. Jedenfalls handelt es sich um ein dunkles Individuum. Diana? Blackie? Dann folgt dem Kopf ein Körper, der sich weiter vorschiebt und mit Sicherheit keinem Zwergmungo gehört. Schließlich kommt auch der Schwanz zum Vorschein. Ich kann seine aufgerichtete schwarze Quaste erkennen – ein Schmal-Ichneumon, das mit den Zwergmungos verwandt ist. Aber es weist die dreifache Körpergröße auf und jagt als Einzelgänger größere Beutetiere – Vögel, Säuger und Reptilien. Das Schmal-Ichneumon blickt in die Runde und sichtet mich, wobei sein Körper seitliche Bewegungen ausführt und wie ein Betrunkener, der sich im Gleichgewicht zu halten versucht, hin und her schwankt. Es kommt mir merkwürdig vor, daß die Schmal-Ichneumons sich diese seitwärts schwankenden Bewegungen bei der visuellen Fixierung eines Gegenstandes zu eigen gemacht haben, wogegen ihre nahen Verwandten, die Zwergmungos, wie Raubvögel den Gegenstand ihres Interesses mit kurzen auf- und abwärts gerichteten Blicken mustern. Ich frage mich, welche physiologischen Voraussetzungen diesem abweichenden Verhalten zugrunde liegen könnten. Eine unterschiedliche Zuordnung von Nervenbahnen oder vielleicht eine andere Nervenverknüpfung der Zellen in der Netzhaut? Niemand weiß es.

Zu dem Schmal-Ichneumon mit der schwarzen Schwanzspitze kommt ein zweites aus dem Hügel. Wegen ihres auffälligen Merkmals nenne ich sie fortan Blacktips. Die beiden marschieren um die Spitze des Hügels, ehe sie an einer Seite abwärts trotten. Ich bekomme sie ab und zu zu Gesicht, während sie sich über umgestürzte Bäume und durch dürre Grasbüschel einen Weg bahnen, die schwarzen Schwanzquasten immer noch wie Markierungsfähnchen steil emporgerichtet. Kein Vogel versucht die Blacktips zu begleiten, Tokos, Buschwürger und Drongos bleiben, wo sie sind. An der Hitze kann es nicht liegen. Gestern gegen drei Uhr nachmittags waren sie auf den Beinen. Vielleicht sind die Blacktips wegen ihrer Vorliebe für größere Beute für die anderen Tiere im Busch als gefährlich eingestuft. Obwohl ich später noch viele Male Blacktips bei der Jagd beobachten sollte, habe ich nie Vögel in ihrer Begleitung gesehen – mit einer Ausnahme.

Es war früh am Morgen, und ich hielt am Schlafhügel von Diana & Co. meine übliche Wache, als ich unmittelbar hinter dem Wagen einen schrecklichen Tumult hörte. Eine Schar leuchtend gefärbter Königsglanzstare vollführte in den niedrigen Büschen hinter mir ein schrilles Kreisch- und Schimpfkonzert. Ich sah die Sonne auf ihren metallisch schimmernden Flügeln aufleuchten, als sie auf etwas im Gras am Fuße eines Busches einhackten. Ein Kopf mit glänzenden grauen Augen tauchte auf und, quer im Maul eingeklemmt, der schlaff herabhängende Kadaver eines Stars. Als der Blacktip aus dem Schatten hervorkam, fielen die Stare mit noch größerem Ungestüm über ihn her. Sie fuhren mit ihren Schnäbeln auf und nieder und versuchten, mit den Krallen den Rücken des Ichneumons zu erwischen, wobei der Wind kleine Pelzflocken davonwehte. Abgesehen von einem kurzen Ausfall gegen seine Peiniger wirkte der Blacktip gelassen und starrte vor sich hin ins Gras. Ein zweiter Blacktip kroch aus einem Loch. Das Gekreisch der Königsglanzstare schwoll zu einem Crescendo an. Der erste Blacktip begann zu rennen, den toten Star noch immer fest im Maul, und verschwand auf dem gleichen Weg, auf dem er gekommen war, der andere ihm dicht auf den Fersen. Die Protestschreie der Ichneumons übertönten sogar noch das Gekreisch der Vögel. Die beiden zankten sich um die Beute, daß das Gras hinter dem kahlen Busch auf und nieder wippte, bis das Ganze schließlich zu einem Höllenspektakel ausartete, zumal auch die Stare ihre Sturzflugattacken und ihr schrilles Gezeter unablässig fortsetzten. Endlich schien der Ausgang des Kampfes entschieden. Ich sah zwei Schwänze mit schwarzen Spitzen nacheinander durch das Gras davonstieben und die Schar der schillernden Vögel, die ihnen folgten. Dann war der kleine Trupp außer Sicht, aber nicht außer Hörweite, denn die Stare setzten ihr Gekreisch noch minutenlang fort. Vielleicht wollten sie die Blacktips davon abbringen, weitere mörderische Überfälle auf ihre Artgenossen zu unternehmen. Aber etwas anderes war noch viel wichtiger: Jedes Lebewesen, das im Umkreis von Kilometern als potentielle Beute in Frage kam, mußte erfahren, daß Raubtiere in der Gegend waren und nach Opfern Ausschau hielten.

Wieder ist es fast vier Uhr, bevor die Zwergmungos erscheinen. Diesmal kommt Weißhals als erster heraus. Noch nie habe ich George als ersten gesehen, auch wenn er selten nach mehr als ein paar Sekunden auftaucht. Fast immer ist es eines der älteren, untergeordneten Männchen, das den ersten prüfenden Blick in die Runde wirft und anschließend der Gruppe mitteilt, ob irgendeine Gefahr droht, nachdem es auf die Spitze des Hügels geklettert ist. Wenn die Frühwache keinen Warnruf ertönen läßt oder sofort wieder in das Loch, aus dem sie auftauchte, zurückflitzt, ist das offenbar das Signal für die anderen, daß die Luft rein ist. Stets tritt eine Pause ein, manchmal von nur wenigen Sekunden, manchmal von einigen Minuten, bevor der Rest der Familie sich dem Wächter anschließt. Genau wie am Vortag marschiert der Trupp den Hügel hinab. Es findet kaum Fellpflege statt wie am frühen Morgen. Nur wenige Tiere defäkieren oder beschnuppern etwas, was so aussieht, als könne es als Anschlagtafel verwendet werden. Einige der Hügel, in denen die Mungos ihre Siesta verbringen, sind gründlich markiert, andere nicht.

Noch ist es zu früh, als daß sich schon sagen ließe, was das alles bedeutet. Dazu bedarf es weiterer Beobachtungen. Ich sehe den unablässig auf und nieder flatternden Tokos bei ihrer Jagd nach schwirrenden Insekten zu. Dann stoßen auch die Weißscheitelwürger zeternd und schimpfend aus der Tiefe des Busches zu den anderen. Zunächst werden die anderen Tiere durch ihre schrillen Schreie alarmiert, und die Tokos verziehen sich hinauf in die Bäume, kommen aber nach eindeutiger Identifizierung der Geräuschquelle bald wieder heruntergeflogen. Mir scheint, daß auf jedwede Störung, sei sie gefährlich oder nicht, mit sofortiger Flucht reagiert wird, was der Taktik »Erst wegfliegen, dann beurteilen« entspricht. Das gilt vor allem für Tiere und Gegenstände, die laute Geräusche verursachen oder sich auf dem Erdboden bewegen. Sowohl Vögel wie auch Mungos zeigen ein differenzierteres Verhalten, wenn es um fliegende Feinde geht. Sie unterscheiden zwischen einem hoch fliegenden Lannerfalken, der eine sofortige Fluchtreaktion auslöst, und einem kreisenden Geier, der zwar zunächst beobachtet, aber danach mehr oder weniger ignoriert wird. Diese Unterscheidung weist zunächst auf eine phänomenale Sehschärfe hin, während ich selbst mit dem Feldstecher manchmal Mühe habe, einen hoch fliegenden Geier von einem Adler zu unterscheiden. Zum zweiten würde es bedeuten, daß die Tiere über ein Gedächtnis verfügen müssen, das alle individuellen Merkmale ihrer potentiellen Feinde in der Luft speichert, da die Flugbilder eines Falken, eines Adlers und eines Habichts sehr verschieden sind, diese Vögel aber insgesamt als gefährlich erkannt werden, wogegen fliegenden Geiern, Sekretären, Reihern und Störchen kaum Beachtung geschenkt wird. Ich sammle jede noch so geringfügige Information in der Hoffnung, daß sich im Laufe der Zeit ein konkretes Verhaltensmuster abzeichnen wird.

Etwas, das wie ein Spazierstock aussieht, ragt aus einem Hügel unmittelbar hinter den Mungos hervor. Ich sehe, wie sich das Ende bewegt – oder ist es nur das Flimmern der erhitzten Luft? Durch den Feldstecher betrachte ich die Sache genauer und blicke in ein Paar runder, schwarzer Knopfaugen, die wiederum starr auf mich gerichtet sind. Auf den flachen, schuppigen Kopf mit der spitzen Nase folgt ein langgestreckter, feinschuppiger, auf der Unterseite grauer und oben grün schimmernder Leib, dessen Ende in einer der Hügelöffnungen verborgen ist. Es ist irgendeine Schlange – und eine von beträchtlicher Länge. Der aus dem Hügelloch herausragende Teil muß mindestens einen Meter lang sein. Das Tier scheint seine Umgebung mit einer Art intelligenter Neugier zu mustern, indem es sich hierhin und dorthin wendet, dabei aber seine fast senkrechte Körperhaltung beibehält. Die Mungos setzen ihren Weg zurück zum Hügel fort, in dem sich die Schlange befindet. Anscheinend haben sie sie noch nicht gesehen.

Plötzlich macht die Gruppe eine Kehrtwendung. Meine Aufregung nimmt zu. Diesmal müssen die Mungos doch die Schlange sehen. Aber nein, kein gemeinsamer Angriff, nicht die geringste Änderung ihres Verhaltens! Die Gruppe kommt näher und nimmt von ihrem traditionellen Feind noch immer keine Notiz. Die Schlange beobachtet sie, dann zieht sich der Körper langsam, ganz langsam zurück. Bald kann ich nur noch die Unterseite des Kopfes über dem Hügelloch sehen, und schließlich verschwindet auch der.

Die Mungos trotten an dem Hügel vorbei, in dem sich die Schlange versteckt hält. Ich fürchte, im nächsten Augenblick ist alles vorüber, als Rusty auf der Rückseite des Hügels hinaufklettert, eines der Löcher beschnüffelt und ein langgezogenes, tremolierendes Tsiiii ertönen läßt. Sofort sind alle Köpfe oben. Die ersten Tiere marschieren zu dem Hügel zurück, auf dem Rusty noch immer in das bewußte Loch starrt. Twin und Narbe voran, Weißhals und George folgen dicht hinterher. Erst nach ihnen kommen die jüngeren Tiere und Diana. In geschlossener Reihe stürmen sie den Hügel hinauf und lugen in die Öffnung, an der Rusty sitzt und sein klägliches »Tsiiii – Kommt schnell!« von sich gibt. Sie drängen sich um das Loch und blicken hinein. Ein paar der dreisteren Mungos zwängen sich mit ihrem ganzen Körper hinein, so daß sie sich nur noch mit den Hinterfüßen am Rand des Lochs festhalten, und plötzlich schießen sie wie mit Düsenantrieb wieder heraus, um auf ihrem Hinterteil zu landen. Nach gründlicher Untersuchung steigt George an der Seite des Hügels hinab zu der Stelle, wo Diana wartet, und beginnt in einem Haufen welker Blätter mit der Zeremonie des Drohkratzens. Das Geräusch ist so laut, daß ich es vom Wagen aus höre. Die übrigen Mungos scheinen höchst erregt. Die Schwanzhaare stehen ab wie bei einer Flaschenbürste. Der Reihe nach flitzen sie in das Loch im Hügel hinein und wieder heraus. George geht dazu über, einen kleinen Busch in der Nähe zu markieren, indem er seine Wangendrüsen gegen die Zweige und auf dem Erdboden entlang reibt. Jetzt kommen Twin und Notch den Hügel herunter. Sie haben die Schlange beobachtet, markieren ein paarmal, sind aber gleich wieder oben auf der Spitze des Hügels, wo sie sich unter ihre Artgenossen mischen, die sich um das Loch drängen. Ein Strom von Mungoleibern wuselt nun ständig hinauf und herunter, die einen auf dem Weg zu ihrem Markierungsgeschäft, die anderen, um sich die Schlange anzusehen. Kein Tier versucht jetzt ernsthaft, in den Hügel hineinzugelangen. Diana hat sich nicht einmal die Mühe gemacht, hinaufzuklettern und selber einen Blick auf die Schlange zu werfen.

Nach minutenlangem Kommen und Gehen setzt sich Diana in Bewegung, fort vom Hügel, und läßt den Ruf »Ausrücken!« ertönen. George, der immer noch mit dem Ritual des Drohkratzens beschäftigt ist, sieht ihr mit beinahe stumpfsinnigem Ausdruck nach. Einer nach dem anderen folgen die Schlangentöter der Familienmutter. Nur Weißhals bleibt zurück, steckt den Kopf in das Loch und zieht ihn wieder heraus. Endlich marschiert auch er los, um sich fast widerwillig der Familie anzuschließen.

Schlangentöter? Das Ganze sah nicht danach aus. Sicher, die Mungos wurden durch das Reptil sehr erregt. Aber ich hatte nicht den Eindruck, daß sie darauf aus waren, die Schlange zu töten. Mein erster Gedanke ist: Vielleicht töten Zwergmungos keine Schlangen. Meine erste Beobachtung ihres Verhaltens schien eine solche Theorie nahezulegen. Doch auf Grund späterer Beobachtungen mußte sie geringfügig modifiziert werden. Mungos töten keine Schlangen, die sicher in Termitenhügeln stecken und sich wehren können, aber im Freien …

Die kleine Gruppe entfernt sich, während die Schatten im Abendlicht länger werden. Die Mungos kehren nicht, wie ich erwartet habe, zum Drachenhügel zurück, sondern steuern an ihm vorbei auf einen anderen

Hügel zu, den ich wegen seiner beachtlichen Größe den Großen Hügel genannt habe. Hier findet dann die übliche allabendliche Zeremonie des Markierens, Putzens und Ankuschelns statt. Ich nehme die Gelegenheit wahr und versuche, andere Mitglieder der Familie zu identifizieren, kann aber nur eine sichere Bestimmung vornehmen: ein kleines, angegrautes Weibchen, das den Namen Victoria erhält. In der Masse der zusammengekauerten Körper müssen zwei Tiere sein, die mir auf Grund irgendwelcher Unterscheidungsmerkmale noch nicht aufgefallen sind – beides subadulte Individuen im Alter von ein bis drei Jahren. Da ich inzwischen alle adulten, also erwachsenen Tiere und alle Jungtiere ausfindig gemacht habe, bleiben nur die subadulten Tiere ein Problem. Im Augenblick bin ich zu weit weg, um nähere Einzelheiten zu erkennen, und beschließe, mich morgen eingehender mit den Subadulten zu beschäftigen.

Als ich wieder zurück im Lager bin, vermisse ich Dansons übliches Abendritual. Sobald der Wagen steht, pflegt er mir nämlich entgegenzugehen und eine Begrüßungszeremonie zu beginnen, die stets so verläuft:

Er: Habari? (Neuigkeiten?)
Ich: Mzuri (Gute).
Er: Salama tu (Viele Glückwünsche für Sie).
Ich: Asante (Danke).
Er: Ndio (Ja = keine Ursache).

An diesem Abend ist er jedoch nirgends zu sehen. Ich klettere aus dem Wagen und werde mit einer Salve von Hackgeräuschen empfangen. Ein riesiger Haufen vertrockneter Baumstämme liegt in der Mitte des Camps, und Danson ist eifrig dabei, sie zu Kleinholz zu zerhacken. Sicher brauchen wir doch aber nicht *so* viel Brennmaterial für unser nächtliches Feuer?! Von Sammy keine Spur. Dann sehe ich ihn aus der Dämmerung heranwanken: Er zieht ein abgehauenes Dornbaumstück hinter sich her, das er sorgfältig zwischen einige andere, ähnliche Stücke bugsiert. In der hereinbrechenden Dunkelheit kann ich jetzt erkennen, daß wir mehr oder weniger umgeben sind von einem Ring aus Dornzweigen, der fast einer kindlichen Nachahmung der riesigen Massai-Dornenboma gleicht. Sammy läßt es sich nicht nehmen, gemäß den Sitten und Gebräuchen seines Stammes zu leben! Ich frage, was los ist. Danson unterbricht sein Holzhacken und sieht mich lächelnd an. »Mdofu (Elefanten)!« Ich sehe noch immer keinen Grund, soviel Aufhebens zu machen. Ein paar Elefanten in der Gegend können uns ja wohl kaum gefährlich werden. Aber wenn Sammy und Danson sich mit einer Dornenboma um das Lager und mit einem riesigen Haufen Brennholz wohler fühlen, habe ich nichts dagegen!

Sammy betrachtet sein Werk und schüttelt den Kopf. Er meint, es werde nicht viel nützen. Dann bittet er mich zu meiner Überraschung beinahe flehentlich – er, der stolze Massai-Krieger, der sich vor nichts und niemandem fürchtet –, den Wagen zu wenden, so daß er fahrbereit zur Straße zeigt. Selbstverständlich, wenn ich ihm damit einen Gefallen erweise. Aber ich sehe noch immer nicht, was die ganze Aufregung und Unruhe soll. Wie steht's eigentlich mit dem Abendessen? Daran hat keiner gedacht. Also setzen wir uns gemeinsam um das Feuer und verzehren eine Dose Corned beef und ein paar Kräcker. Ich will die beiden wegen ihrer übergroßen Ängstlichkeit gerade ein wenig aufziehen, als ich es höre ... einen trompetenden Schrei, der schaurig durch das Dunkel hallt, und das Knacken von Ästen, das wie Pistolenschüsse klingt. Sammy starrt mich mit weit aufgerissenen Augen an. Sein Gesicht ist zu einem maskenhaften Grinsen erstarrt, so daß seine Zähne im Widerschein des Feuers aufleuchten. Ich reagiere gelassen. »Ein paar Elefanten, wovor hast du solche Angst?« Danson beginnt zu kichern. Schließlich gelingt es mir, aus ihm herauszubekommen, was während meiner Abwesenheit geschehen ist.

Danson hatte bei Einbruch der Dämmerung die Elefanten gehört und da er wußte, daß Sammy aus der oben im Norden gelegenen Gegend um den Magadi-See stammt, wo es keine Elefanten gibt, war er auf die Idee gekommen, ihm einen Streich zu spielen. Er hatte ihm erzählt, Elefanten seien sehr plumpe Tiere mit so kleinen Augen, daß sie fast nichts sehen könnten. Besonders gefährlich sei es, von ihnen getreten zu werden. Das war zuviel für den armen Sammy. Er hatte darauf bestanden, daß Danson genügend Brennholz sammelte, damit wir das Feuer die ganze Nacht unterhalten und die Elefanten uns sehen konnten, während er versucht hatte, einen Wall um das Lager zu bauen, um zu verhindern, daß sie eindrangen und möglicherweise sogar auf ihn traten.

Ich bemühe mich, Sammy zu erklären, daß Elefanten ebenso gut sehen wie Menschen und daß absolut keine Gefahr besteht, daß sie unabsichtlich auf ihn treten könnten, während das Knacken und Trompeten immer näher kommt und an Lautstärke zunimmt. Danson sieht Sammy und Sammy sieht Danson an. Dann stehen die beiden, ohne ein Wort zu sagen, auf, verabschieden sich von mir mit einem schüchternen Lächeln und verschwinden in ihrem Zelt, wobei sie den Eingang sorgsam zuschnüren. Ich sitze allein im flackernden Schein des Feuers, werfe noch ein paar Kloben auf die Glut und gehe schließlich in mein Zelt, um meine Tagesnotizen nachzutragen. Statt sich zu entfernen, kommen die Geräusche immer näher, so daß ich Mühe habe, mich auf etwas vergleichsweise so Nebensächliches zu konzentrieren wie die Stelle, an der sich die Mungos heute früh um 10.15 Uhr befanden. Das Knacken und

Trompeten nimmt nunmehr beängstigende Ausmaße an und wird von einem tief gurgelnden Rumoren begleitet. Es scheint von beiden Seiten des Camps zu kommen und kann nicht sehr weit weg sein. Ich greife nach meiner Taschenlampe, stelle den Lichtstrahl auf schmal und richte ihn auf die Baumreihe. Etwa in Höhe der Kronen erkenne ich eine Kette rosa schimmernder Augen, die, sobald ihre Besitzer sich umdrehen, gleich wieder in der Dunkelheit verschwinden. Nach den Geräuschen zu urteilen, vermute ich, daß sich um das Lager herum mindestens zwanzig der riesigen Dickhäuter aufhalten müssen. Ich rufe die Boys, damit sie das Feuer schüren. Aber in ihrem kleinen Zelt unter dem Commiphorenbaum ist alles still. Ich sehe auf meine Uhr, es ist fast 20 Uhr. Wenn ich Glück habe, wird diese Elefantengruppe in ein paar Minuten an uns vorübergezogen sein.

Um elf Uhr sitze ich noch immer da und unterhalte das Feuer mit Scheiten und Kloben aus unserem rasch dahinschwindenden Vorrat. In den drei Stunden sind ohne Unterbrechung Elefanten an unserem Lager vorbeigezogen, das genau in der Mitte einer ihrer traditionellen Pfade angelegt worden sein muß. Noch immer ist die Nacht erfüllt von ihren trompetenden und quiekenden Stimmen, in die sich ab und zu tiefe, rumorende Knurrlaute mischen, die die ängstlicheren Herdenmitglieder beruhigen sollen. Ich habe es aufgegeben, die Zahl der Tiere anhand der Augenpaare zu schätzen, die ich im Licht der Taschenlampe erkennen kann, zumal die Batterie inzwischen ziemlich verbraucht ist. Schließlich siegt die Müdigkeit über die Angst, und ich krieche ins Bett, angezogen, versteht sich, falls ich im weiteren Verlauf dieser phantastischen Nacht noch einmal schnell aufstehen muß.

Reglos liege ich da und lausche dem Krachen der Äste und dem Dialog der Elefanten, bis ich etwa gegen ein Uhr früh einschlafe, obwohl sich zu dieser Zeit noch kein Abflauen der Geräusche bemerkbar gemacht hat.

Am nächsten Morgen bin ich geradezu überrascht, das Lager und mich selber heil und unversehrt vorzufinden. Beim Erwachen ist die Sonne bereits aufgegangen. Als Danson und Sammy hören, daß ich auf den Beinen bin, kommen sie ziemlich verschämt und schüchtern aus ihrem Zelt gekrochen. Wir betrachten unsere nähere Umgebung. Auf den ersten Blick scheint sich nichts verändert zu haben. Doch dann bemerke ich nur wenige Meter vom Wall entfernt einen umgestürzten Baum, der am Abend zuvor noch nicht da lag und aus dessen geborstenen Wurzeln noch der Saft quillt. Nur etwa 40 Meter von meinem Zelt entfernt stehen die traurigen Reste einer großen Boswellia, jetzt nur noch ein zerfetztes Überbleibsel ihrer früheren Gestalt: ein zerkauter Stumpf, umgeben von einem Ring dornenbewehrter Zweige. Die größeren Äste fehlen. Eines der hungrigen Tiere muß sie im Laufe der Nacht vertilgt haben. Erst als ich im Wagen sitze und ein wenig in der Gegend herumfahre, um den Schaden, den die Elefanten hinterlassen haben, aus der Nähe zu betrachten, erkenne ich das ganze Ausmaß dessen, was sie wirklich angerichtet haben. Nach der dritten Reifenpanne innerhalb einer Stunde habe ich jetzt keine Ersatzreifen mehr und muß zurück zum Lager, um die durchlöcherten Reifen zu flicken. Ich beginne die Elefanten zu verfluchen. Der ganze Erdboden ist mit Dornbaumzweigen übersät, die die Elefanten auf ihrer Wanderung abgerissen und zerbissen haben. Obwohl die Dornen, solange sie frisch sind, sich leicht biegen lassen, reichen ein paar Stunden in der prallen Sonne aus, um sie in stahlharte Stacheln zu verwandeln, von denen jeder rund 20 Zentimeter lang ist und die selbst in die dicken Profilreifen meines Landcruiser mit Leichtigkeit eindringen.

Später erfuhr ich, daß dies die größte Elefantenherde war, die seit zehn Jahren in diesem Gebiet gesehen wurde. Der Wildwart des Tsavo-Ost-Nationalparks hat sie vom Flugzeug auf etwa 600 Tiere geschätzt. Als ich dies hörte, wunderte ich mich, daß der Schaden, den sie angerichtet hatten, nicht noch größer war.

3 Alltagsleben

Bei den Mungos ging das Leben seinen gewohnten Gang. Sie hatten mich und das Auto mehr oder weniger akzeptiert, obwohl ich mich vor raschen Bewegungen noch immer hüten mußte. Manchmal gelangte die Gruppe auf ihren Wanderungen fast aus meinem Sichtbereich, so daß ich – wenn auch ungern – ein kleines Stück fahren mußte, obwohl mir klar war, daß ich dadurch alle Tiere im Busch meilenweit im Umkreis verscheuchte und daß es Stunden dauerte, bis sie wieder zurückkehrten. Um die Auswirkungen einer solchen Störung möglichst geringzuhalten, versuchte ich stets, die Standort-veränderung des Wagens in den Mittagsstunden vorzunehmen, wenn die meisten Tiere schliefen oder sich in ihren Schlupflöchern versteckten, um der sengenden Sonne zu entgehen. Das Verfahren funktionierte ganz gut, obwohl ich nie das Gefühl los wurde: Was hast du verpaßt? Was wäre passiert, wenn du dich *nicht* bewegt hättest? Das war aber eben einer der Nachteile, die ich in Kauf nehmen mußte, wenn ich die kleine Bande, zu der ich inzwischen eine vertraute Beziehung empfand, nicht verlieren wollte.

Wie weit und wie schnell die Gruppe der Mungos wanderte, das war, wie ich bald herausfand, sehr von der Witterung abhängig. An bewölkten, verhältnismäßig kühlen Tagen, die in dieser Jahreszeit (von Januar bis April) selten vorkommen, entfernten sie sich kaum von dem Termitenhügel, in dem sie geschlafen hatten, um kurze Raubzüge in den Busch der unmittelbaren Umgebung zu unternehmen. Versprach der Tag heiß zu werden, brachen sie gewöhnlich schon relativ früh auf und legten auch früh eine Pause für ihre Siesta ein, so daß die gesamte mit Nahrungssuche verbrachte Zeit am Vormittag selten mehr als zweieinhalb und am späten Nachmittag weitere zweieinhalb Stunden betrug. An Tagen, wenn riesige Cumuluswolken in rascher Folge über den Himmel segelten, hatte ich die größten Schwierigkeiten, da die Gruppe dann bis zu acht Stunden pro Tag wandern konnte, wobei sie sich, wenn die Sonne hoch am Himmel stand, im Schatten der Bäume hielt und auch jede vorüberziehende Wolke auszunutzen wußte. An solchen Tagen waren die kleinen Burschen imstande, zwischen Sonnenaufgang und Sonnen-untergang bis zu zwei Kilometer zurückzulegen.

Die Karte, die ich von der Gegend anfertigte, wurde allmählich immer größer und komplizierter, indem ich die von der Mungogruppe aufgesuchten Hügel einzeichnete und ihnen Namen gab. Offensichtlich schliefen die Mungos immer nur einmal in einem Hügel. Das heißt, sie steuerten jeden Tag einen neuen Ruheplatz an, wobei sie auf ihrer Wanderung den Erdboden zwischen den beiden Hügeln gründlich durchstöberten. Nirgends gab es Anzeichen dafür, daß sie den gleichen Weg zurückgingen oder daß sie besondere Hügel hatten, in denen sie wiederholt die Nacht verbrachten. Die meisten der von ihnen aufgesuchten Termitenhügel waren die burgähnlichen Nestbauten der Gattung *Macrotermes*, die in der Gegend am häufigsten anzutreffen waren, mindestens ein Hügel in einem Geviert von 20 Quadratmetern. Ich fand jedoch bald heraus, daß das nicht die einzigen Hügel waren, die die Mungos benutzten.

Es ging auf Mittag zu, und die Gruppe hatte sich, den üblichen Schwarm von Vögeln im Gefolge, im Verlauf ihrer Furagiertätigkeit etwa 70 Meter vom Standort des Wagens entfernt. Rings um sie herum war, soweit ich blicken konnte, kahler Busch. Inzwischen war ich mit den Gewohnheiten der Mungos hinreichend vertraut, um zu erkennen, daß es für sie an der Zeit war, ihre Siesta zu halten. Das Problem war nur, wo. Der nächste Macrotermes-Hügel lag etwa 15 Meter entfernt. Soweit ich durch das Fernglas ausmachen konnte, hatte die Gruppe unter einem großen, blattlosen Grewiabusch offenbar gerade eine Pause eingelegt und rührte sich nicht vom Fleck. Die begleitenden Vögel hockten auf den kahlen Ästen und rührten sich ebenfalls nicht. Dann flog einer nach dem anderen davon, und plötzlich wurde mir klar, daß ich die Mungos aus den Augen verloren hatte. Nirgends eine Spur von ihnen! Gegen jede bessere Einsicht beschloß ich, hinüberzufahren und mir das, was geschehen war, aus der Nähe anzusehen.

Im ersten Gang so langsam wie möglich vorwärtsrollend, näherte ich mich der Stelle, wo ich die Mungos hatte verschwinden sehen. In einem Gebilde, das aussah wie ein Haufen trockener Zweige, bewegte sich etwas. Sofort stellte ich den Motor ab und wartete mit angehaltenem Atem, was wohl weiter geschehen werde. Wie durch Zauberei tauchte ein kleiner Kopf aus dem Erdboden auf und starrte mich an. Dann drang aus dem geöffneten Maul klar und deutlich der einzige Laut, den zu vernehmen ich befürchtet hatte – Tschrr. Es war Weißhals, der über meine unmittelbare Nähe und den Krach, den ich beim Näherkommen verursacht hatte, keineswegs erfreut zu sein schien. Ihm schlossen sich Narbe, Blackie und ein subadultes, etwa drei Jahre altes Männchen an, mit einem kleinen weißen Haarfleck auf der Stirn, das ich Fleck getauft hatte. Alle Tiere schienen sehr aufgeregt zu sein, denn sie hoben und senkten unablässig ihre Köpfe in dem Bemühen, mich mit ihren kleinen scharfblickenden Augen zu fixieren. Gelegentlich machte ein Tier kehrt und verschwand im Erdboden, um sogleich wieder hervorzukommen. Ganz offensichtlich fühlten sie sich durch meine allzu große Nähe beunruhigt und gestört, war doch die vordere Stoßstange des Wagens nur etwa fünfeinhalb Meter von der Stelle entfernt, wo sie auftauchten und wieder verschwanden. Ich befand mich in einem Dilemma: Sollte ich bleiben in der Hoffnung, daß sie sich beruhigen würden, oder sollte ich es riskieren, den Mungos einen tüchtigen Schreck einzujagen, wenn ich den Wagen ein paar Meter zurücksetzte? Die Erregung der Tiere verstärkte sich noch. Auch Rusty, Goldie und Twin drängten sich zu den anderen. Von Diana, George und den Jungtieren war nichts zu sehen. Schließlich startete ich den Motor, so daß die Tiere in panischem Schrecken in die Erde flüchteten, und fuhr ein Stück rückwärts.

Fast eine Dreiviertelstunde später – ich hatte die Hoffnung, irgend etwas zu sehen, schon fast aufgegeben –, erschien erneut ein kleiner Kopf und starrte mich unverwandt an. Die ganze Zeit über hatte ich durch das Fernglas die Stelle abgesucht, wo ich die Mungogruppe hatte verschwinden sehen, konnte aber nichts erkennen, was auch nur im entferntesten einem Termitenhügel glich – wenigstens wie ich ihn kannte. Mit dem Auftauchen von Twin hatte ich jedoch etwas, worauf ich meine Suche konzentrieren konnte. Kaum hatten sich meine Augen auf das, wonach ich suchte, eingestellt, als ich in dem Gewirr von Zweigen auch schon einige Löcher unterscheiden konnte, die wie kleine Meteorkrater auf dem Mond aussahen und von zierlichen niedrigen Wänden umgeben waren. Mein Nachschlagbuch belehrte mich, daß es sich um die Hügel einer anderen Termitenart – *Odontotermes* – handelte, die im Gegensatz zu *Macrotermes* ihre Bauten fast vollständig unter der Erde anlegen, so daß nur die dünnen Wände, die die Belüftungsschächte umgeben, über die Erdoberfläche hinausragen.

Als ich mit den Gewohnheiten der Mungos vertrauter wurde und weitere Einzelheiten über ihre täglichen Wanderungen zusammengetragen hatte, begann sich ein recht merkwürdiger Sachverhalt abzuzeichnen. Obwohl die Nestbauten von Odontotermes nur sehr vereinzelt zu finden waren und nur insgesamt sechs Prozent der in der Gegend vorkommenden Termitenhügel ausmachten, wurden sie als Schlafplätze während der Mittagsstunden ausgesprochen bevorzugt. Die Mungos schenkten Macrotermes-Hügeln, die meines Erachtens völlig ausgereicht hätten, ja sogar ideal gewesen wären, auf ihrer Wanderung keinerlei Beachtung und verschwanden ein Stück weiter weg in der Erde – in einer Odontotermes-Kolonie. Einen Grund dafür konnte ich zunächst nicht finden. Vielleicht waren die Bauten von Odontotermes kühler oder ihre inneren Kanäle geräumiger.

Ein weiterer Umstand, der mir auffiel: Nicht alle Macrotermes-Bauten in der Gegend wurden von den Mungos aufgesucht. Um einige machten sie einen großen Umweg. Einer dieser Hügel, die sie mieden, war von der Puffotter bewohnt, die ich am ersten Tag, als ich die Mungogruppe entdeckte, gesehen hatte. Ein paar der anderen Hügel, um die sie einen Bogen machten, zeigten an den Seiten ebenfalls verräterische weiße Streifen, die darauf hindeuteten, daß sie bewohnt waren. Aber die Bewohner bekam ich nicht zu Gesicht. Es reizte mich, hinzugehen und in die Öffnungen zu lugen. Aber da ich wußte, daß die schöngezeichnete rote Speikobra mit ihrem hübschen schwarzen Halsstreifen und ihre dunkler gefärbte Verwandte, die Graue Kobra, Termitenhügel als ideales Versteck benutzten, wollte ich mich nicht unnötig in Gefahr begeben. Und nicht nur Kobras, sondern auch Pythonschlangen richteten sich in den größeren Termitenbauten häuslich ein. Eines Tages bemerkte ich einen weißgestreiften Termitenhügel, der buchstäblich von Fliegen wimmelte. Ich stieg aus, um mir aus der Nähe anzusehen, was sie wohl angelockt haben könnte. Als ich mich dem Hügel näherte, schlug mir ein furchtbarer Gestank entgegen. Im Innern war dem Anschein nach irgend etwas mausetot. Mit einem Stock stocherte ich in dem Loch und förderte das verwesende Stück Fell eines Dikdiks zutage. Dann spürte ich, wie sich in der Tiefe des Lochs etwas träge bewegte. Ich wich rasch zurück: vermutlich war es einer Pythonschlange oder einer Waranechse gelungen, eines der im Busch zahlreich vorhandenen kleinen Dikdiks zu erbeuten und es in ihre sichere Behausung zu zerren. Doch dann konnte sie ihre Beute wohl nicht hinunterschlingen, weil sie sich als zu groß erwies.

Aber nicht nur Reptilien bewohnten die Termitenburgen. In den größeren Macrotermes-Kolonien lebten auch Vögel. Diese Hügel wurden von den Mungos ebenfalls gemieden. In den Termitenhügeln lebten vor allem zwei Vogelarten, die beide zur Familie der Bartvögel gehören. Der größere und leuchtender gefärbte Flammenkopf-Bartvogel schien Hügel mit hohen »Schornsteinen« zu bevorzugen. Seine Behausungen waren an den weißen Streifen entlang der Hügelflanken leicht zu erkennen. Die Vögel gruben ihre Niststollen seitlich in die Hügel, auf denen sie hockten und ihre endlosen Duette sangen. Ihr lautes, unverkennbares »Tuugel-de-duugel« konnte ich im Busch jeden Tag hören. Das Weibchen führte das Duett an, und das Männchen fiel ein, so daß das Ganze wie der Gesang eines einzigen Vogels klang. Nach der Regenzeit, wenn die Jungen groß waren, beteiligten auch sie sich an diesem merkwürdigen Gesang. Manchmal sangen bis zu fünf Vögel gleichzeitig. Durch dieses gemeinsame Singen werden offenbar die Bande zwischen den Familienmitgliedern und vor allem zwischen dem Brutpaar gefestigt. Soweit bekannt ist, bleiben Bartvögel mehr oder weniger auf Lebenszeit zusammen und benutzen auch Jahr für Jahr die gleiche Niststätte, falls sie nicht gestört werden.

Die kleineren Ohrfleck-Bartvögel schienen dagegen niedrigere Hügel zu bevorzugen und nisteten sogar in solchen, die der Regen ausgewaschen hatte und von denen nur noch eine unebene Fläche rötlicher Erde übriggeblieben war. Auch die Ohrfleck-Bartvögel sangen im Duett, an dem sich häufig die Jungen beteiligten. Sie saßen in einem Busch, alle einander zugewandt, mit hochgestellten Schwänzen, die in ruckartigen, raschen Bewegungen hin und her wackelten. Falls die Mungos sich ihrem Nistplatz zu sehr näherten, verwandelten sich die Vögel in kleine Scheusale und Quälgeister, die unter lautem Geschrei auf ihre potentiellen Feinde losgingen, sie im Sturzflug angriffen und ihnen das Leben zur Hölle machten, so daß die Mungogruppe gewöhnlich kehrtmachte und ihre Furagiertätigkeit woanders fortsetzte.

Jeden Tag, nachdem ich meine Wache bei der Mungogruppe beendet hatte, fuhr ich die von ihnen zurückgelegte Strecke und auch die Strecke zwischen ihrem letzten Ruheplatz und der Straße ab, wobei ich die entsprechenden Werte vom Kilometerzähler des Wagens ablas. Sie wurden dann maßstabgerecht auf meiner Karte eingetragen. Auf Grund der beschränkten Sicht hatte ich Mühe, mich an Geländepunkten zu orientieren, und gewann den Eindruck, daß die Mungos mich immer weiter in das Dornengestrüpp führten und daß ihre Wanderungen kein Ende nehmen würden. Sorgfältig registrierte ich jeden Termitenhügel, den sie markierten, und machte mir Notizen über die Intensität des jeweiligen Markierungsvorgangs. Auf einige Hügel stürzten sie förmlich hinauf, beschnupperten die Anschlagtafeln sehr ausgiebig, bis schließlich Diana & Co. ihre eigene Markierung darüber anbrachten. Dagegen nahmen sie von anderen Hügeln, soweit es das Markieren betraf, kaum Notiz. Sie erhielten nur eine ganz flüchtige Markierung. Was all das zu bedeuten hatte, wußte ich damals noch nicht. Es war schon seltsam, daß nur die Hügel, in denen die Mungos schliefen, markiert wurden, während solche, an denen sie auf ihren Furagierstreifzügen vorbeikamen, zwar untersucht wurden, doch sah ich dort nie ein Tier markieren.

Bei einigen Gelegenheiten entfernte sich George von der Hauptgruppe, steuerte direkt auf einen bestimmten Busch oder einen umgestürzten Baum zu, schnüffelte an ihm herum und markierte ihn dann. Gewöhnlich kam innerhalb von wenigen Minuten auch die ganze Gruppe und tat ein Gleiches. Etwas an den Zweigen mußte George angelockt haben: Höchstwahrscheinlich war eine andere Mungogruppe vor einiger Zeit entlanggezogen und hatte ihre Duftmarke hinterlassen. Das Markieren von Büschen und Bäumen glich einer Bereichs- oder Reviermarkierung. Da ich aber bisher keine andere Mungogruppe zu Gesicht bekommen hatte, begann ich mich zu fragen, ob

Zwergmungos wirklich eigene Reviere hatten, deren Grenzen und Haupt-punkte, wie zum Beispiel Schlafhügel, am Geruch als zu der betreffenden Mungogruppe gehörig erkannt wurden. Die Größe eines Territoriums mußte freilich riesig sein. Ich war der Gruppe bis jetzt schon über eine Fläche von annähernd 1,5 Quadratkilometern gefolgt, und es gab noch immer keine Anzeichen, daß sie irgendwann zu ihrem Ausgangspunkt zurückkehrten. Soweit sich im Augenblick sagen ließ, zeigten die Tiere eine ausgesprochen nomadische Lebensweise. Wie sie ein Gebiet von dieser Größe gegen Ein-dringlinge verteidigen konnten, schien ebenfalls ein Problem. Von meinem verhältnismäßig hohen Platz im Innern des Wagens konnte ich selten mehr als höchstens 50 Meter in allen Richtungen überblicken, während die Sichtweite der Mungos vom Boden oder von der Spitze eines Termitenhügels aus kaum mehr, eher viel weniger betrug.

Inzwischen war es mir gelungen, die zwei scheueren Mitglieder der Familie zu identifizieren, beides subadulte Weibchen von nahezu gleicher Größe und wahrscheinlich auch gleichem Alter. Ich vermutete, daß sie etwa zwei Jahre alt waren. Eines der Tiere, Victoria, war wie ihre Mutter Diana von ziemlich grauer Färbung und hatte einen spitzen, fast wieselartigen Kopf, während das andere, Vanessa, bis auf die etwas kleinere Körpergröße Goldie derart ähnlich war, daß ich die beiden wahrscheinlich oft verwechselt habe. Victoria und Vanessa brauchten viel länger, um sich an meine Anwesenheit zu gewöhnen, als die übrigen Gruppenmitglieder, pflegten bis zuletzt im Hügel zu bleiben und versuchten, sich mitten in der Gruppe zu verstecken, wenn sie auf einem der Hügel ausruhte. Obwohl die Mungos insgesamt jetzt meine Gegenwart mehr oder weniger tolerierten, zeigten die beiden mir gegenüber noch immer eine gewisse Zurückhaltung, und ich mußte achtgeben, wie ich mich bewegte, um sie nicht zu erschrecken. Wenn ich das 400-mm-Objektiv an meiner Kamera einzusetzen begann, um sie formatfüllend zu fotografie-ren, da ich für meine Unterlagen zur späteren Identifizierung einzelner Individuen regelrechte Porträtfotos benötigte, versetzte das Auftauchen die-ses Riesenauges an seinem langen Stiel im Wagenfenster die Mungos jedesmal in zwitschernde Panik. An mehreren Tagen hielt ich die Kamera geduldig hoch, um ihnen zu beweisen, daß sie keine Gefahr darstellte, bevor sie sie akzeptierten und ich die benötigten Aufnahmen machen konnte.

Der Beweis, daß die Mungos mich *endgültig* akzeptiert hatten, kam ganz unerwartet. Ich war zu dem Hügel gefahren, in dem sie ihre Siesta zu halten pflegten, und bezog wie gewöhnlich Posten, indem ich zusammen mit den Tokos darauf wartete, daß die Mungos aus ihren Schlupflöchern auftauch-ten. Auch die Tokos hatten sich an mich gewöhnt und benutzten sogar den Gepäckträger auf dem Dach des Wagens als Beobachtungsposten, von dem sie sich, wenn die Mungos vorbeizogen, auf die Heuschrecken stürzen konnten. Die Mungos neigten jedoch noch immer dazu, einen großen Bogen um den Wagen zu machen und das Ungetüm ängstlich zu beäugen.

Diesmal schlug die Gruppe einen Kurs ein, der etwa 15 Meter von der Motorhaube entfernt vorbeiführte und parallel zu dem Termitenhügel auf der anderen Seite des Wagens verlief, als die Tokos Alarm schlugen und eine graue Gestalt mit weißem Bürzel über mir dahinflog, um auf einem Baum unmittelbar vor mir zu landen. Die Mungos waren in einer verzwickten Lage. Zwischen ihnen und der Sicherheit des Hügels stand mein Wagen. Das nächste sichere Versteck lag zu weit weg, als daß sie es in der ihnen noch verbleibenden Zeit hätten erreichen können. Geschlossen stürmten sie auf mich zu und verschwanden unter den Rädern. Deutlich konnte ich unter mir die warnenden Tschrr-Laute hören. Vorsichtig lugte ich aus dem Wagenfenster nach unten. Da hockten Twin und Blackie und starrten mit auf und nieder zuckenden Köpfen hinter meinem Vorderreifen hervor auf ihren Todfeind, der dort drüben auf dem Baum saß! Sie warfen mir einen flüchtigen Blick zu und wandten ihre Aufmerksamkeit dann wieder der größeren Gefahr, das heißt dem Singhabicht, zu, der nach der Art, wie er den Hals reckte und den Kopf hin und her bewegte, aus der Situation wohl nicht recht schlau werden konnte. Die schreckhaften Mungos hatten unter einem metallenen Ungetüm mit einem Menschen darin Schutz gesucht! Meine Freude darüber war so groß, daß ich still vor mich hinlachte. Es hatte ganz den Anschein, daß ich für die Mungos auf der Stufenleiter möglicher Gefahren ziemlich ans Ende gerutscht war. Von jetzt an änderte sich die Beziehung zwischen der Mungogruppe und mir. Sie betrachteten mich nicht mehr als Feind, solange ich nicht irgend etwas Unüberlegtes tat und sie erschreckte. Sie setzten ihre Nahrungssuche sogar unter dem Auto fort. Manchmal kamen sie, beschnupperten die Reifen und untersuchten den Metallboden, indem sie sich auf die Hinterbeine stellten und mit ihren Pfoten am Rost und am Schmutz kratzten. Der Gipfel des Vertrauens war erreicht, als Blackie, der immer den Draufgänger spielte und vor nichts Angst zu haben schien, mit Notch im Gefolge herübergetrottet kam, beide sich im Schatten in der Nähe der Wagentür hinlegten und sich gegenseitig zu putzen begannen. Notch war offensichtlich ein wenig ängstlich und schaute immer wieder zu mir hoch. Aber Blackie beruhigte sie, indem er ihr das Nackenfell beknabberte. Viele Minuten lagen die beiden so da, ehe sie schließlich feststellen mußten, daß der Rest der Gruppe schon weit weg war. Mit eiligen Sätzen jagten sie hinter ihren Artgenossen her.

Im Verlauf der Tage gewann ich den Eindruck, daß Diana stets genau wußte, wohin sie wollte, wenn sie morgens loszog. Die Gruppe ging ihrer

Furagiertätigkeit auf bestimmten Wegen nach, von denen sie selten abwich, es sei denn, irgendeine Gefahr drohte die Wanderung aufzuhalten. Falls die Gruppe gezwungen war, infolge irgendeiner Störung zu ihrem Schlafhügel zurückzukehren, liefen alle ausnahmslos den gleichen Weg zurück, sobald die Gefahr vorüber war.

Nur ein paarmal wurde der Plan doch geändert, und die Gruppe steuerte in die entgegengesetzte Richtung. Ein solche Beobachtung gehört zu meinen liebenswertesten Erinnerungen. Es war früh am Morgen, und die Mungos waren gerade aufgestanden und hatten ihr allmorgendliches Ritual verrichtet. In der Ferne hörte ich im Busch hinter mir die schrillen Rufe der Zwergbärtlinge. Diese winzigen Bartvögel können Laute hervorbringen, die in überhaupt keinem Verhältnis zu ihrer Körpergröße stehen, so als stecke eine Krähe in einer Blaumeise! Das Geräusch wurde lauter und kam näher. Diana & Co. marschierten bereits in südwestlicher Richtung, während Rusty auf einem sonnengebleichten Baumstumpf, der aus der Spitze des Termitenhügels hervorragte, als Wache zurückblieb. Auch die Fischer- und die Königsglanzstare fielen nun in das Geschimpfe der Schwarzkehlzwergbärtlinge ein. Ein Pärchen wunderschöner Grünscheitelracken mit violett gefärbter Brust kam ebenfalls herübergeflogen, um sich mit schnarrender Stimme an dem Konzert zu beteiligen. Ich reckte den Hals, konnte aber im Augenblick noch nichts erkennen. Rusty balancierte ziemlich unsicher – auf Zehenspitzen sozusagen – auf dem Baumstumpf und starrte unentwegt an mir vorbei. Die Lautstärke steigerte sich, als das Wesen, dem die lärmende Vogelschelte galt, langsam näherkam. Plötzlich hörte ich hinter mir ein leises Rascheln. Vorsichtig wandte ich den Kopf. Aus dem verwelkten Buschwerk schritt ein prächtiger Gepard hervor, der von dem Schnattern und Gekeife der gefiederten Sippschaft über ihm nicht die geringste Notiz nahm. Er geruhte, mich mit seinen schönen, bernsteingelben Augen anzusehen, und schritt majestätisch am Wagen vorbei, nur etwa zehn Meter von mir entfernt, während ich mit angehaltenem Atem diesen prachtvollen Jäger aus nächster Nähe beobachtete. Dann verschwand er wieder in den Büschen, wobei sein geflecktes Fell, kaum daß er in das durchbrochene Muster aus Licht und Schatten eingetreten war, ihn wie ein Schutzmantel unsichtbar machte.

Rusty war fast außer sich und stieß aus Leibeskräften Warnschreie aus. In gestrecktem Galopp stürzte die Gruppe zum Hügel zurück, in dem sie augenblicklich verschwand. Ab und zu lugten kleine Köpfe hervor, blickten in die Richtung, in der die Großkatze weitergezogen war, und ließen mit der größten Lautstärke, die ich bisher gehört hatte, den Warnruf »Bodenraubtier!« ertönen. Kaum war der erste Gepard im Dornengestrüpp verschwunden, als ein zweiter ihm folgte. Er wandte den Kopf, warf mir einen flüchtigen

Blick zu, schenkte mir dann aber keinerlei Beachtung mehr, sondern setzte seinen Weg in jener geschmeidig-gemessenen Gangart fort, die die Muskeln unter dem schwarzgefleckten Fell spielen ließ, wobei er die Schwanzspitze keck eingerollt trug. Ich stand noch immer so im Bann dieser herrlichen Geschöpfe, daß ich erst auf den Gedanken kam, nach der Kamera zu greifen, als es fast schon zu spät war. Ich drehte mich kurz um – da kam ein dritter Gepard mit federnden Schritten aus dem Dickicht. In meiner Hast, Blende und Verschlußzeit richtig einzustellen, machte ich offenbar alles verkehrt. Als ich endlich mit dem Einstellen fertig war, waren die drei Brüder – um solche handelte es sich aller Wahrscheinlichkeit nach, denn es waren männliche Tiere – in den Dornbüschen verschwunden.

Nach dieser Aufregung benötigten Diana und ihre Familie über eine Stunde, um sich wieder zu beruhigen und die Futtersuche fortzusetzen – nicht nach Südwesten, wie ursprünglich geplant, sondern genau in entgegengesetzter Richtung nach Nordosten, also möglichst weit weg von den Riesenkatzen. Erst als ich diesen Vorfall mit zwei weiteren verglich, die sich viel später ereigneten, mußte ich einsehen, daß die Mungos zwischen wirklichen Gefahren und bloßen Störungen unterschieden, da sie hinterher verschieden reagierten. Zwar flüchtete sich die Gruppe stets in die Sicherheit des Hügels, sobald sich im Gras oder in den Büschen etwas regte. Aber das geschah wohl, um zunächst herauszufinden, ob es nur eine Störung oder eine Gefahr war. Von dem erhöhten Aussichtspunkt der Hügelspitze war vieles erkennbar, was im dichten Gras eindeutig nicht auszumachen gewesen wäre.

Zwei Vorfälle, die bei den Mungos unterschiedliche Reaktionen auslösten, wurden durch Pflanzenfresser verursacht – durch Elenantilopen und Zebras. Es ging schon gegen Abend, und das Licht nahm allmählich jenes goldene Leuchten an, das für die Sonnenuntergänge in Afrika so charakteristisch ist. Der durch die dürren Zweige streichende Wind hatte sich gelegt. Von einigen singenden Vögeln abgesehen war alles still. Die Mungos hatten eine halbe Stunde lang eifrig furagiert, meist in unmittelbarer Nähe des Hügels, in dem sie ihr mittägliches Nickerchen gemacht hatten.

Blackie und Fleck hielten Wache – plötzlich sah ich Blackie stutzen und förmlich erstarren. Er begann heftig den Kopf auf und nieder zu bewegen, was bedeutete, daß sich irgend etwas durch den Busch näherte. Blackies Augen waren viel besser als meine. Selbst mit dem Feldstecher konnte ich nichts weiter erkennen als dunkle Schatten und goldenes Licht. Jetzt begannen er und Fleck, laute Warnrufe auszustoßen. Die Tokos flogen schleunigst auf einen Baum, und die Gruppe rannte zurück zum Hügel. Angestrengt starrte ich in die Richtung, in die die kleinen Köpfe der Mungos wiesen. Da sah ich endlich, wie in einen goldfarbenen Lichtfleck Bewegung kam. Inzwi-

Angestrengt starre ich in die Richtung, in die die Köpfe der Mungos weisen.

schen war ein Rascheln und Knacken laut und deutlich hörbar. Schließlich wurde mir bewußt, daß ich schon während der letzten Minuten den Blick auf jene Lebewesen gerichtet hatte, die das Geräusch verursachten. Aber statt nach einem winzigen, durch das Gras schleichenden Geschöpf Ausschau zu halten, hätte ich nach etwas in der Größe einer Kuh suchen sollen! Was sich jetzt näherte, war eine riesige Herde von Elenantilopen. Muttertiere mit Kälbchen neben sich blieben stehen und ließen die Kleinen saugen, während ein stattlicher Bulle einen Inspektionsrundgang um seine Damen machte, dabei deren Hinterteile beschnupperte und mit hochgezogener Oberlippe den Kopf emporwarf – die typische Gebärde des Flehmens, einer Urinprobe also, um festzustellen, ob die Kühe paarungsbereit waren oder nicht. Die ganze Gruppe stand von mir aus gesehen gegen den Wind und nahm von mir keine Notiz, sondern weidete das trockene Laub der Büsche ab. Jetzt wußte ich, wonach ich zu suchen hatte, und konnte meinen Feldstecher so einstellen, daß die Tiere innerhalb des Sehfeldes in greifbare Nähe rückten. Ich konnte sogar die Wimpern des Bullen und den Haarbüschelkranz um die Hörner erkennen.

Die Herde kam langsam näher. Die Mungos blieben auf dem Termitenhügel und beobachteten die riesigen Antilopen, wobei nur noch gelegentliche

Tschrr-Laute die Stille unterbrachen. Soweit ich sehen konnte, waren es in der Hauptsache Victoria und Twin, die noch Warnrufe von sich gaben, ab und zu auch die schüchterne Vanessa und die drei Jungtiere. Ich war hin- und hergerissen zwischen meiner Aufgabe, die Mungos zu beobachten, und der Gelegenheit, den Riesen unter den Antilopen zuzuschauen, die sich trotz ihrer Größe nahezu lautlos durch den Busch bewegten. Bald waren die Tiere nicht mehr als 15 Meter von meinem Wagen entfernt, und die Herde teilte sich, um auf beiden Seiten von mir ihre Wanderung fortzusetzen. Die Mungos hielten weiter Wache. Je näher die Elenantilopen rückten, desto mehr Stimmen mischten sich in den warnenden Tschrr-Chor. Dann geschah das Unvermeidliche. Den ersten Tieren war durch den Wind meine Witterung zugetragen worden. Ein laut trompetendes Schnauben tönte durch die Stille, und dann brach ein wahrer Höllenlärm los. Die Riesenleiber der Antilopen stoben nach allen Seiten mit gewaltigen Sätzen auseinander. Noch ehe ich mich umsehen konnte, lag die Gegend verlassen da. Schließlich waren aus der Ferne nur noch das verebbende Schnauben und das schwache Knackgeräusch brechender Zweige zu hören.

Durch die wilde Flucht der Elenantilopen war eine regelrechte Panik unter meinen Mungofreunden ausgebrochen, die sich in die Sicherheit ihres Hügels zurückgezogen hatten. Aber schon nach wenigen Minuten waren sie wieder draußen und marschierten nach Südosten, also in jene Richtung, aus der sie geflüchtet waren, als Blackie und Fleck ihren Warnruf ertönen ließen. Offensichtlich waren 50 Elenantilopen nicht so gefährlich wie drei Geparde. Diana führte die Gruppe auf dem gleichen Weg weiter, den sie schon zuvor benutzt hatte.

Zebras gehören zu den scheuesten Buschbewohnern überhaupt. Selten gelang es mir, sie in der Dornbuschsavanne auszumachen. Der Hengst der Herde sah oder witterte mich, lange bevor ich ihre Anwesenheit wahrnahm. Seinen bellenden Warnrufen folgte gewöhnlich donnerndes Hufgetrappel, dann war alles still – der Hengst und seine Stuten waren vor dem nach Mensch riechenden Metallungetüm geflüchtet. Eines Morgens gegen zehn Uhr schlug Fleck, der Wache hielt, Alarm, weil sich irgend etwas näherte. Aber wieder waren meine Augen schwächer als seine, denn ich konnte nicht erkennen, was in dem Licht-und-Schatten-Muster jenseits des Grewiadikkichts vor sich ging. Die übrigen Mungos wuselten den Hügel hinauf und blieben dort sitzen, unablässig in die Richtung starrend, in die Flecks auf und nieder wippender Kopf wies und in die auch ich jetzt wie gebannt blickte. Meine Aufmerksamkeit wurde auf etwas Schwarzes gelenkt, das sich hin und her bewegte. Dann konnte ich mehrere solcher schwarzen Gebilde erkennen. Aber es dauerte eine ganze Weile, bis ich bemerkte, daß diese Gebilde an

Schwänzen saßen und diese Schwänze wiederum zu Zebras gehörten, die durch ihr gestreiftes Fell im Schatten der Büsche so hervorragend getarnt waren, daß ich sie kaum wahrnahm. Die Tiere hatten den Wind im Rücken und bewegten sich mit gesenkten Köpfen und halbgeschlossenen Augen auf mich zu. Sie näherten sich bis auf rund 20 Meter dem Wagen und dem Hügel, auf dem die gesamte Mungofamilie saß und auf die Buschpferde starrte. Dann blieben die Zebras unter einem der größeren Commiphorenbäume stehen, der den Termitenhügel überschattete und mehr Schatten warf, als irgendwo-anders in der Umgebung anzutreffen war, drehten sich um und stellten sich paarweise hin, Kopf bei Schwanz, wie eine Herde gewöhnlicher Pferde, wedelten ihren Partnern die Fliegen aus dem Gesicht und schickten sich offenbar an, ein Schläfchen zu halten. Ich war aufs höchste gespannt, wie sich die Mungos in dieser Situation verhalten würden, da die Zebras direkt neben dem Hügel, auf dem sie saßen, ausruhten. Aber die kleinen braunen Gesellen machten keine Anstalten, wegzulaufen oder sich auch nur ins Hügelinnere zurückzuziehen.

Eine halbe Stunde später war die Situation noch immer unverändert. Die Mungos hockten herum, putzten sich oder lagen im Schatten, den die emporragenden Säulen des Termitenhügels warfen, während die Zebras ihre Ruhepause fortsetzten. Nur ein paar der subadulten Tiere zeigten weiter Interesse an den Zebras und nahmen gelegentlich eine Position ein, die ich als »Hochsitzen« bezeichnete, wobei sie sich auf die Hinterbeine stellten, um besser sehen zu können. Dann wachte der Hengst auf und führte seine kleine Gruppe von Stuten langsam fort. Die Mungogruppe hatte sich nicht in Sicherheit gebracht, sondern ihre riesenhaften Besucher nur beobachtet. Sobald die Zebras sich im Streifenmuster aus Licht und Schatten aufgelöst hatten, erhob sich Diana, trippelte den Hügel hinunter und steuerte direkt auf die Stelle zu, wo die Zebras ihre Siesta gehalten hatten, zog dann aber noch ein Stück weiter bis zu einem anderen Termitenhügel. Es schien so, als hätte sie von vornherein geplant, ihre Siesta in diesem ganz bestimmten Hügel zu halten. Sie hatte nur auf den Abzug der Zebras warten müssen, bevor sie ihre Familie zu dem in Aussicht genommenen Platz führen konnte.

Situationen wie diese brachten mich auf die Frage, wie intelligent Mungos eigentlich sind. Offensichtlich vermochten sie zwischen potentiell gefährli-chen und ungefährlichen Buschbewohnern zu unterscheiden, obwohl sie

Die Zebras bleiben unter einem Commiphorenbaum stehen, der den Termitenhügel überschattet, und die Mungogruppe beobachtet die riesenhaften Besucher aus sicherer Entfernung. ▷

auch auf die nicht gefährlichen mit einer Strategie reagierten, die praktisch auf die Devise hinauslief »Behalten wir sie auf jeden Fall im Auge!« Die Beobachtungen deuteten darauf hin, daß zumindest Diana ein sehr gutes Vorstellungsvermögen von der Gegend, in der sie lebte, entwickelt haben mußte. Sie kannte sämtliche Hügel und die Wege, auf denen sie zu erreichen waren, und wich nur geringfügig von der Route ab, die einzuschlagen sie sich entschlossen hatte. Selbst ich als Homo sapiens mit einem weitaus höheren Intelligenzgrad als die Mungos hatte Mühe, mich an die charakteristischen Einzelheiten der verschiedenen Hügel zu erinnern und daran, wo sie im Verhältnis zu anderen lagen. Aber ich gewann nie den Eindruck, daß es Diana schwerfiel, sich im Gelände zurechtzufinden.

Ungeachtet ihrer geringen Körpergröße sind Mungos hochintelligente Lebewesen. Ich erhalte oft erstaunte Blicke, wenn Leute mich fragen, mit welcher Gruppe von Säugetieren die Mungos verwandt sind, und ich ihnen sage: mit den Hyänen. Trotz ihrer Körpergestalt, die an ein Wiesel oder einen Marder erinnert, sind die Mungos nicht mit der Familie der Marder (Mustelidae) verwandt, sondern in die Gruppe der sogenannten Schleichkatzen (Viverridae) einzuordnen, zu denen auch die Zibet- und die Ginsterkatzen gehören. Die meisten Mungos sind Einzelgänger oder leben in Paaren zusammen. Nur einige, wie die Zwergmungos, die Streifenmangusten und die Kusimansen Westafrikas, sind dazu übergegangen, gesellig in Gruppen zu leben, wahrscheinlich als Schutz gegen Raubtiere, vor allem Raubvögel. Es ist für einen Raubvogel stets schwieriger, sich aus einer Gruppe ein einzelnes Tier herauszugreifen, als ein solitäres Exemplar zu erbeuten, besonders wenn alle Mitglieder der Gruppe nach einer solchen Gefahr gemeinsam Ausschau halten und ihre Artgenossen warnen. Im Falle der Zwergmungos scheint dieser Schutz noch durch Außenseiter verstärkt zu werden: die Vögel, vor allem die Tokos. Die kurze, geschmeidig-glatte Körperform und die bräunliche Tarnfärbung der Mungos machen ihre Entdeckung noch schwieriger. Im Gegensatz zu den solitär lebenden Tieren, die meist nachtaktiv sind oder in Gegenden vorkommen, wo das Unterholz so dicht ist, daß Raubvögel sie kaum angreifen können, sind alle gesellig lebenden Mungoarten tagaktiv und bis in ungeschütztere und daher auch mehr Gefahren bergende Gebiete vorgedrungen. Es sieht so aus, als seien sie gezwungen gewesen, sich das Leben in der Gruppe zu eigen zu machen als einziges Mittel, unter diesen rauhen Umweltbedingungen die Art zu erhalten.

Rudyard Kipling hatte recht, als er in seinem Dschungelbuch von Rikki-Tikki-Tavi behauptete: »Es gibt nichts auf der Welt, was einen Mungo erschrecken kann, denn er ist ganz Neugier von der Nasenspitze bis zum Schwanz. Das Motto aller Mungos lautet ›Hinlaufen und herausfinden‹.«

*Um ihr Vertrauen zu gewinnen, fütterte ich eine Gruppe wildlebender
Mungos nördlich von meinem Forschungsgebiet. Es dauerte nur ein paar Tage,
und sie bettelten wie Hunde um Futter, sobald sie mich sahen.*

Meine zahmen Mungos, die in meinem Haus leben, hören alle auf ihre
Namen und verschiedene Befehle. Mit einer Schnelligkeit, die dem Lernver-
mögen des Hundes gleichkommt, haben sie begriffen, wie man mit Menschen
zusammenlebt und was erlaubt ist und was nicht. Was sie jedoch in weitaus
höherem Maße als Hunde besitzen, ist genau das, was Kipling meint –
Neugier! Nichts ist vor ihnen sicher. Alles, was sich umkippen läßt, wird auch
prompt umgekippt und mit emsigen kleinen Pfoten und Nasen gründlich
untersucht, wobei die erhaltenen Informationen in ihrem wahrhaft erstaunlichen Gehirn gespeichert werden. Ein Beispiel dafür bot sich mir mit einer
Gruppe wildlebender Mungos nördlich von meinem jetzigen Forschungs-
areal. Ich wollte sie fotografieren und hatte, um rasch ihr Vertrauen zu
gewinnen, beschlossen, sie zu füttern. Es dauerte nur ein paar Tage, bis sie die
Köstlichkeit eines Brathähnchens mit meiner Person in Verbindung brachten
und begriffen, daß ich für sie keine Gefahr bedeutete, sondern ihr Freund war.
Sie kamen herbei, wenn ich einen bestimmten Ruf ertönen ließ, setzten sich
wie junge, bettelnde Hunde reihenweise hin und warteten auf ihre tägliche

Belohnung. Drei Wochen später mußte ich nach Europa reisen und dachte, ich würde meine kleinen Freunde nie wiedersehen. Im folgenden Jahr nun, fast 15 Monate später, beschloß ich, sie wieder aufzusuchen. Ich fuhr also zu einem ihrer Lieblingshügel und rief. Innerhalb weniger Minuten kamen die braunen Kerlchen durch das Gras wie ein Strom auf mich zu, unmittelbar bis zu meinem Wagen, wo sie sich bettelnd auf die Hinterbeine stellten. Sie hatten meine Stimme erkannt und wußten genau, wer ich war, und – »Wo bleibt, bitte schön, das Brathähnchen?« Zum Glück hatte ich einige der begehrten Leckerbissen mitgebracht, so konnte ich sie für ihr Verhalten belohnen. Sie erinnerten sich nach so langer Zeit nicht nur an meine Stimme, sondern auch daran, wer ich war und was ich für sie bedeutete (eine Gratiszuteilung wohlschmeckender Nahrung), obwohl sie seit meinem letzten Besuch keinen Kontakt zu Menschen gehabt hatten.

Andere Beobachtungen, die ich über die Fähigkeit der Mungos anstellte, sich in dem Labyrinth aus Termitenhügeln und Dornbüschen zu orientieren, führten mich zu der Frage, ob Diana allein über diese außerordentliche Fähigkeit verfügte. Meine Untersuchungen im Labor hatten gezeigt, daß das Alphaweibchen oder die Königin der Gruppe ein ganz besonderes Tier war. Nicht nur war es ihr allein erlaubt, Junge zu bekommen und aufzuziehen, sondern sie wog auch fast ein Drittel mehr als die anderen Weibchen und brachte rund 650 Gramm auf die Waage. Einmal konnte ich beobachten, wie ein Weibchen niederen Ranges zum Alphatier wurde, als die ursprüngliche Führerin der Gruppe verlorengegangen war. Der Kampf um die Rangordnung wurde zwischen ihr und zwei weiteren geeigneten Weibchen ausgetragen, aber so, wie ich es noch von keiner anderen Tierart gehört habe. Anstatt sofort aufeinander loszugehen, begann das Trio sich gegenseitig intensiv zu putzen, wobei die Tiere reichlich Speichel absonderten. Das Mungoweibchen, das den untersten Rang einnahm, gab bald auf und überließ das Feld den beiden Hauptkandidatinnen, die rang- und altersmäßig mehr oder weniger ebenbürtig waren. Die Fellpflege erfolgte jedoch nicht wie üblich durch freundliches Beknabbern des Nackens, sondern schien mehr erzwungen zu sein; denn das eine Tier versuchte, seine Vorderpfoten auf den Rücken der Kontrahentin zu legen und diese zwischen den Schultern und längs des Rückgrats zu beknabbern, bis sie von der Partnerin, die sich dann revanchierte, aus ihrer Lage gedrängt wurde. Während der ersten paar Tage wechselten die Rollen von Putzerin und Geputzter regelmäßig, wobei die Situation sich manchmal in regelrechten Drohgebärden entlud. Beide Tiere standen dann auf den Hinterbeinen und wandten sich mit aufgesperrten Mäulern einander zu, verfielen darauf aber wieder in ihre Fellpflege. Im Lauf der Tage wurde die Putztätigkeit der beiden Widersacherinnen, die durch das

Beknabbern und die reichliche Speichelabsonderung fast ständig vor Nässe trieften, zur Routine, bis schließlich eine von ihnen durchweg oben war, während die andere zusammengeduckt die Putzaktion über sich ergehen ließ und keinen Versuch unternahm, ihrerseits Gegendienste zu leisten. Dann war plötzlich alles vorbei. Das Weibchen, das zum Schluß allein die Putzarbeit verrichtet hatte, war die anerkannte neue Führerin der Gruppe. Das zweite Weibchen fand sich dagegen mit seiner untergeordneten Position ab, und ich habe die beiden nie wieder miteinander streiten sehen. Sobald die neue Königin ihre Rechte geltend gemacht hatte, wählte sie sich eines der Männchen zum Gemahl, das heißt eines, mit dem sie schon vorher oft zusammen gewesen war. Die Gruppe lebte weiter, als sei nichts geschehen.

Dieses merkwürdige System schien ein Mittel zu sein, durch das Streitigkeiten ausgetragen werden konnten, ohne daß die Kämpfenden zu Schaden kamen, denn Zwergmungos können notfalls mit seltener Verbissenheit, ja geradezu bösartig kämpfen. So bleibt auch die Gruppe beisammen, und keiner wird verstoßen oder verletzt. Drei Wochen nach Erreichen des Alphastatus erhöhte das betreffende Weibchen sein Körpergewicht von 420 auf 640 Gramm, entwickelte die für Alphaweibchen typische dicke Halskrause, spielte nicht mehr mit den anderen Gruppenmitgliedern (was es zuvor ausgiebig getan hatte) und fällte sämtliche Entscheidungen über Ziel und Zeitpunkt möglicher Bewegungen im Gelände. Die Wissenschaft ist zur Zeit noch nicht in der Lage, diese lediglich durch einen Wechsel des sozialen Status bewirkte physiologisch und verhaltensmäßig auffallende Änderung zu erklären.

Ich fragte mich, ob es zu den Aufgaben des künftigen Alphaweibchens gehörte, sich an die Wege zu erinnern, auf denen die Gruppe ihre Wanderungen zu unternehmen pflegte, und sie auf eben diesen Wegen entlangzuführen, da es für Weibchen niederen Ranges nicht erforderlich war, derartige Informationen zu speichern und sie wieder aus dem Gedächtnis abzurufen. Was mich zu dieser Schlußfolgerung veranlaßte, waren drei Vorfälle, bei denen Gruppenmitglieder von den übrigen Mungos getrennt worden waren und große Schwierigkeiten hatten, sie wiederzufinden. Einmal war ich die Ursache der Störung. Diana & Co. hatten sich eines Nachmittags während der Nahrungssuche sehr weit entfernt, so daß ich kaum die begleitenden Vögel, geschweige denn die Mungos erkennen konnte. Daher beschloß ich, hinüberzufahren, um ihren Aufenthalt zu ermitteln, bevor sie völlig verschwanden. Damals wußte ich noch nicht, welches Ausmaß die von mir verursachte Störung annehmen würde. Auch konnte ich nicht ahnen, daß meine Entscheidung mich zu Einsichten in das Verhalten der Mungos führen sollte, das mir bisher rätselhaft geblieben war.

Im Schneckentempo fuhr ich hinter der abziehenden Mungotruppe her. Die Vögel flogen erschreckt davon, so daß ich den letzten Standort der Gruppe nicht mehr genau ausmachen konnte. Als ich die richtige Stelle erreicht zu haben glaubte, stellte ich den Motor ab und wartete. Nach etwa einer halben Stunde begann ich mir Sorgen zu machen, da nichts auf eine Rückkehr der Mungos oder der Vögel hindeutete. Als ich die Hoffnung schon fast aufgegeben hatte, flogen zwei Rotschnabeltokos auf ein Stück Buschland rund 25 Meter links von mir herab. Fast gleichzeitig flogen die Gelbschnabeltokos auf einen völlig versteckt liegenden Termitenhügel, der sich ein Stück weiter rechts von mir erhob. Jetzt erst wurde ich gewahr, daß ich mitten in die furagierende Mungogruppe hineingefahren war, da die eine Hälfte der Tiere den einen und die andere Hälfte den anderen Weg eingeschlagen hatte! Durch das Fernglas konnte ich Diana, George, zwei der Jungen und drei oder vier andere Tiere auf dem Termitenhügel erkennen. In den Büschen vermochte ich, abgesehen von dem flüchtigen Eindruck umherwuselnder brauner Körper, niemanden genau zu identifizieren. Die Gruppe auf dem Hügel setzte sich in eine Richtung in Bewegung, die dem Standort des Wagens und der restlichen Gruppe genau entgegengesetzt war. Ein Mungo kletterte in die Zweige einer niedrigen Akazie, sah sich um und ließ seinen Ruf »Wo seid ihr?« ertönen, ein deutlicher, weitreichender Ruf, der wie ein schnelles Tsi-tsi-tsi-tsi-TSII klingt. Doch von der Gruppe, die ohne Rücksicht auf die restlichen Artgenossen in eine ganz andere Richtung zu steuern schien, kam keine Antwort. Vier Tiere sprangen auf einen Baumstamm zu meiner Linken – Notch, Weißhals, Rusty und Victoria. Es war Fleck, der auf der Akazie saß, und bald stimmten alle fünf einen vollen Wo-seid-ihr?-Chor an, doch vergeblich. Der kleine Zug marschierte den gleichen Weg zurück, den er gekommen sein mußte, und steuerte direkt auf meinen Wagen zu. Doch da ich die kleinen Burschen völlig durcheinandergebracht hatte, betrachteten sie mich nicht mehr als neutral, sondern machten wieder kehrt und verschwanden in den Büschen. Dann versuchte Notch, von hinten einen Bogen um mich zu machen, wobei die restliche Gruppe im Gänsemarsch hinter ihr hertrottete. In die Aufforderung »Ausrücken!« mischten sich gelegentliche klägliche Wo-seid-ihr?-Rufe. Der Weg, den Notch einschlug, führte fort von den übrigen Mungos. Aber sie schien das nicht zu merken. Schließlich waren die beiden Splittergruppen wohl rund 100 Meter voneinander entfernt und entfernten sich mit jeder Minute, die verging, immer weiter. Ich war wütend auf mich selbst, daß ich solche Verwirrung gestiftet hatte.

Notch mit ihrer kleinen Gruppe im Schlepptau schwenkte nun langsam in die gleiche allgemeine Richtung ein wie die übrigen Tiere, allerdings rund 150 Meter entfernt in parallelem Abstand. Ich konnte noch immer schwache Wo-seid-ihr?-Rufe hören. Aber Diana & Co. reagierten überhaupt nicht darauf und setzten ihre langsame Furagiertätigkeit fort. Die Situation blieb während der nächsten Stunden unverändert: Notch und ihre Gruppe liefen im Zickzack mit völlig verstörten Blicken durch den Busch, während Diana und die Ihren gemächlich ihrer Nahrungssuche nachgingen, und zwar in Richtung auf einen Termitenhügel, der wie eine mittelalterliche Burg anmutete und den ich Tintagel getauft hatte. Es begann zu dämmern, und die beiden Gruppen hatten noch immer nicht zueinandergefunden. Notch trottete mit ihrer kleinen Schar von Anhängern in immer größer werdenden Kreisen durch das Gelände, wobei sie sich Diana mitunter bis auf etwa 70 Meter näherte, dann aber wieder weit weg in südlicher Richtung im Busch verschwand. Ihre Wo-seid-ihr?-Rufe wurden immer undeutlicher, manchmal bewegte sie nur noch das Maul, ohne daß ein Laut zu hören war.

Gegen 17.30 Uhr waren Diana & Co. auf Tintagel gelandet, während die arme Notch und ihr Gefolge die Gegend noch immer auf der Suche nach ihnen durchstreiften. Ich war überrascht, daß niemand in der Gruppe den Antwortruf »Hier bin ich!« – eine laute, verlängerte Form des Kontaktsucherufs – hatte ertönen lassen, um der restlichen Familie bei der Orientierung behilflich zu sein. Auf Dianas Seite blieb jedoch alles still. Als die Schatten länger wurden, gewann ich allmählich den Eindruck, daß Notch sich zu einer letzten Anstrengung aufraffte. Sie unterbrach ihren Trott zeitweilig durch eine Reihe weiter Sprünge. Auch waren ihre Wo-seid-ihr?-Rufe vom Wagen aus wieder deutlich zu hören. Nach der letzten Kursänderung war die Gruppe nur noch etwa 50 Meter von den restlichen Familienmitgliedern entfernt, die sich auf Tintagel behaglich ausstreckten und putzten. Plötzlich sah ich, wie Notch innehielt und in ihren Bewegungen erstarrte. Sie mußte etwas gehört oder gerochen haben, denn sie rannte wie ein geölter Blitz auf den Tintagel-Hügel zu, die anderen ihr hart auf den Fersen. Als Notch nun die den Hügel umgebende Fläche aus fortgeschwemmtem Erdreich durchquerte, löste sich George von seinen mit der Fellpflege beschäftigten Artgenossen und lief ihr entgegen. Notch und die übrigen Tiere blieben plötzlich stehen, während George sich zu einem einzelnen trockenen Grasbüschel begab und mit einer mir völlig neuen Intensität mit Drohkratzen begann. Den Schwanz bogenförmig aufgerichtet, die Augen nach unten gerichtet, den Rücken hochgewölbt wie eine Katze, ging er daran, das Grasbüschel zu zerfetzen, wobei er ab und zu flüchtig zu Notch und den anderen hinüberblickte, die reglos dastanden und ihn beobachteten. Dann erst näherten sie sich, einer nach dem anderen, den Körper flach gegen den Boden gepreßt, stupsten ihm mit ausgestreckten Vorderpfoten zärtlich aufs Maul und auf den Kopf und beschwichtigten ihn zum

Zeichen ihrer Begrüßung beziehungsweise Unterwürfigkeit mit raschen, schrillen Zwitscherlauten, ja, sie warfen sich ihm fast zu Füßen! Nach Beendigung dieses Rituals stolzierte George wieder den Hügel hinauf zum Rest seiner Familie. Notch und ihre kleine Schar folgten ihm im Abstand nach. Dann brach auf Tintagel eine wahre Zärtlichkeitsorgie aus, in deren Verlauf die Tiere sich den Nacken beknabberten und sich gegenseitig an den Analdrüsen rieben. Besonders die Jungtiere schienen sehr aufgeregt, liefen von einem Spätankömmling zum anderen, beschnupperten deren Analdrüsen und knabberten kurz an ihrem Nackenfell. Die arme Notch machte wie ihre kleine Schar einen ganz erschöpften Eindruck. Alle fünf ließen sich auch bald hinplumpsen, wo sie gerade Platz finden konnten, streckten sich flach aus und reagierten fast nicht mehr auf den freundlichen Empfang, der ihnen von ihren Artgenossen immer noch zuteil wurde.

Jetzt erst wurde mir klar, was Georges Drohkratzen bedeuten mußte. Ich hatte mich schon gefragt, warum er regelmäßig jeden Morgen diesen Vorgang wiederholte, konnte aber keinen Grund dafür finden, da die einzige Reaktion, die er unter normalen Verhältnissen durch sein Drohkratzen auslöste, darin bestand, daß seine Artgenossen die Augen niederschlugen oder die Köpfe wegwandten. Nachdem ich die tiefe Unterwürfigkeit erlebt hatte, die das gleiche Drohverhalten bei den verirrten Gruppenmitgliedern ausgelöst hatte, gelangte ich zu der Erkenntnis, daß es sich um Georges Methode, seine Vorherrschaft zu behaupten, handeln mußte. Hätten die Nachzügler nicht wie erwartet reagiert, wären sie wahrscheinlich angegriffen worden. Es sah jetzt so aus, als ob das frühmorgendliche Drohkratzen lediglich besagte »Ich bin der Boss«, und die anderen Gruppenmitglieder dies durch ihr passives Verhalten guthießen, indem sie seinen Anspruch nicht in Frage stellten. Für Notch und ihre Schar, die von der Gruppe einige Stunden lang getrennt waren, war es notwendig geworden, Georges Vorrangstellung zu bestätigen.

Ich fragte mich, wie es Notch gelungen war, die Gruppe wiederzufinden, denn aus ihrem Blickwinkel im dichten Gras und Buschwerk war es höchst unwahrscheinlich, daß sie die anderen *gesehen* hatte. Es gab zwei Möglichkeiten. Entweder hatte Notch die Kontaktsucherufe der Artgenossen gehört oder sie hatte deren Witterung aufgenommen und wußte daher, in welcher Richtung sie gegangen waren.

Zum damaligen Zeitpunkt hatte ich keinerlei Anhaltspunkte, welche dieser beiden Möglichkeiten die wahrscheinlichere war. Doch deutete eine spätere Beobachtung darauf hin, daß die Witterungstheorie der Wahrheit vermutlich näher kam.

Es war fast Abend, und ich hatte den Wagen zwischen zwei Termitenhü-

*Der Singhabicht auf dem Ast eines Dornbaums starrt unentwegt
auf den Mungo-Wachposten, der ihn nicht aus den Augen läßt.*

geln geparkt, die ich Log und Giant nannte. Die Mungos gingen östlich von
diesen Hügeln ihrer Furagiertätigkeit nach. Aus der Richtung, die sie bei der
Nahrungssuche einschlugen, gewann ich den Eindruck, daß sie die Nacht auf
dem Giant-Hügel zu verbringen beabsichtigten. Doch dann flogen die Tokos
unter heftigem Flügelschlagen plötzlich fast senkrecht auf. Ein Heller Singhabicht schoß durch die Zweige und landete auf einem Baum fast in der Mitte
der Mungogruppe. Ein dichtgedrängter Haufen aus braunen Leibern lief
aufgeregt an mir vorbei und erreichte den sicheren Schutz des Giant-Hügels.
Der Singhabicht hockte auf seinem Baum und hoffte offenbar auf Nachzügler. Aber es kamen keine zum Vorschein. Es sah so aus, als ob alle Mungos in
Sicherheit waren. Der Singhabicht, der auf einem Ast kauerte, starrte unentwegt auf die Mungos, die von ihrem Hügel aus sich über ihn geradezu lustig-
zumachen schienen, denn sie stürzten nicht in die Schlupflöcher, sondern
saßen lediglich da, beobachteten ihren Feind und beknabberten sich das Fell.
Eine noch so geringe Bewegung des Habichts löste freilich eine förmliche

Salve von Tschrr-Lauten aus. Das Tun und Treiben auf dem Hügel wurde sofort unterbrochen, da sich die Blicke aller Mungos geschlossen auf den Raubvogel richteten. Nach einer solchen Warnung hatte ich den Eindruck, daß es in dem allgemeinen Chor noch eine andere zarte Stimme gab, die aber nicht vom Hügel kam, sondern aus einem Busch hinter dem Baum, auf dem der Vogel hockte. Die Schatten wurden länger, da der Tag sich dem Ende näherte, und noch immer hatte sich der Habicht nicht bewegt. Es war fast dunkel, als er endlich davonflog und wie gewöhnlich im Tiefflug über den Termitenhügel mit den Mungos strich. Nachdem ich dieses Verhalten öfters beobachtet hatte, kam es mir so vor, als ob der Raubvogel den Mungos einen Schreck einjagen *wollte*. Sie flitzten schleunigst in Deckung, kamen aber nach ein paar Minuten wieder zum Vorschein. Ich begann mit der Zählung. Zwei fehlten, Vanessa und Moja. Ich wartete, strengte meine Augen an, um in der Dunkelheit etwas zu erkennen, und horchte auf den Wo-seid-ihr?-Ruf. Aber alles blieb still. Dann tauchte etwas, das wie ein Riesenmungo aussah, auf. Die Gestalt bewegte sich erstaunlich schnell durch das Gras. Erst beim Näherkommen sah ich, daß es Vanessa und Moja waren, Vanessa vorneweg, und Moja folgte ihr so dicht auf den Fersen, daß die beiden wie ein einziges Tier aussahen. Sie steuerten den Wildpfad entlang in einer Art Geschwindschritt auf mich zu. Ich erwartete, daß alles in bester Ordnung sei und sie bald wieder zu ihrer Gruppe stoßen würden. Doch dann mußte Vanessa einen Fehler gemacht haben, sie verpaßte die Abzweigung, die die anderen Familienmitglieder gewählt hatten, um den Giant-Hügel zu erreichen, und lief weiter auf Log zu. Sie rannte, Moja noch immer dicht hinter ihr, seitlich den Hügel hinauf, erkannte ihren Irrtum, denn es war niemand da, rief kurz »Wo seid ihr?«, stürzte wieder zurück und schlug diesmal einen anderen Weg ein, der sie in einem Kreis unmittelbar vor meinen Wagen führte. Vanessa, die noch immer in unvermindertem Tempo lief, schlug erneut eine falsche Abzweigung ein und landete schließlich auf einem Wildpfad, der sie noch weit über ihren Ausgangspunkt im Busch hinausführte. Dann tauchten die beiden wieder auf und trippelten den Pfad entlang, den sie das erste Mal benutzt hatten, bis sie zu der Stelle gelangten, an der die anderen in Richtung auf den Giant-Hügel weitergezogen waren. Hier blieb Vanessa plötzlich stehen, beschnüffelte das Gras, wo seitlich der Pfad anfing, und rannte ihn dann, ohne zu zögern, im Eiltempo entlang, wobei es noch immer so aussah, als sei Moja mit Vanessa durch eine kurze Schnur verbunden. Innerhalb einer Minute hatten die beiden den Rest der Gruppe wiedergefunden, George war mit seiner Zeremonie des Drohkratzens fertig, und jetzt wurden die zwei Versprengten von den übrigen Familienmitgliedern mit offenen Armen willkommen geheißen.

Nun lag die Vermutung nahe, daß die Duftspur, die die Mungos auf dem Pfad gelegt hatten, indem sie mit ihrem Körper am Gras entlangstrichen, einen wichtigen Anhaltspunkt für verirrte Gruppenmitglieder darstellte und es ihnen ermöglichte, ihre Familie wiederzufinden, falls sie einmal zufällig von ihr getrennt sein sollten. Die Tiere begingen jedoch nur selten Fehler wie Vanessa an jenem Abend. Gewöhnlich gab es keine Schwierigkeiten, wenn es darum ging, nach kurzer Trennung den Anschluß an die Hauptgruppe wiederherzustellen.

Durch solche Fehler konnte ich allerdings bessere Einblicke in die von den Tieren verwendeten Kommunikationsmittel gewinnen und in die Art und Weise, wie das Orientierungssystem funktionierte.

Bisher hatte ich noch nie Suchaktionen nach verlorengegangenen Tieren beobachtet, obgleich ich von meinen zahmen Mungos wußte, daß sie verirrte Babys zurückholen und auch vor gefährlichen Situationen nicht zurückschrecken, um ihre Kinder zu retten. Was ich hier bisher erlebt hatte, war höchstens eine Zunahme der Lautstärke der Kontaktsucherufe, die gleichbedeutend waren mit einem »Hier bin ich«. Die Jungtiere in Dianas Gruppe waren alle etwa sechs Monate alt und lange über das Alter hinaus, in dem sie von ihren Eltern zurückgeholt werden müssen. Aber ein Vorfall zeigte mir, daß Mungos in ihrem Verhalten sehr flexibel sein können.

Es war ein glühend heißer Nachmittag, und der Busch lag völlig verlassen da. Nichts bewegte sich. Dann, etwa gegen 15.30 Uhr, erwachten die Mungos aus ihrer Siesta und zogen zusammen mit ihren Freunden, den Tokos, auf Nahrungssuche, wobei sie sich längs einer Reihe von Bäumen bewegten und sich nach Möglichkeit in der relativen Kühle des Schattens hielten. Das vertraute Geräusch klappernder und knackender Zweige, das einen nahenden Staubwirbel ankündigte, versetzte mich in hektische Betriebsamkeit, denn ich war bemüht, alle beweglichen Gegenstände im Wagen rasch zusammenzusuchen und festzuhalten. Dann bot sich mir ein wahrhaft erstaunlicher Anblick. Ein kleiner Grauducker kam in gestrecktem Galopp durch den Busch gerannt und lief im Zickzack bald nach links, bald nach rechts – und dicht hinter ihm der rötliche Kegel des Sandteufels. Es sah fast so aus, als verfolge der Luftwirbel das arme Geschöpf, da dessen Zickzacksprünge lediglich bewirkten, daß der Ducker immer wieder direkt in die Bahn des Sandteufels geriet! Mit mächtigem Getöse fegte die seltsame Prozession durch die Baumreihe. Noch immer versuchte der Ducker, seinem unheimlichen Peiniger zu entkommen. Als sie an der Stelle vorüberwirbelten, wo die Mungos sich der Nahrungssuche widmeten, sah ich flüchtig, wie diese in großem Gedränge zum Hügel rannten, in dem sie ihre Siesta gehalten hatten, wobei ihre Schwänze durch den Luftwirbel fast senkrecht emporgesogen wurden. Der Sandteufel und der Ducker mußten ihren Weg unmittelbar durch die Reihen der Mungos genommen haben!

Nach dieser gewaltsamen Unterbrechung ihres friedlichen Nachmittags ließen sich die Mungos ziemlich lange Zeit, ehe sie wieder zum Vorschein kamen. Es dauerte beinahe eine Stunde, bis der erste kleine Kopf auftauchte und einen Blick in die Runde warf, um zu prüfen, ob die Luft rein war. Nach einer Weile drängten auch die anderen Tiere ins Freie, und die Gruppe nahm ihre Furagiertätigkeit wieder auf. Da ich sie konzentriert beobachtete, merkte ich erst nach geraumer Zeit, daß in der Richtung, die der Staubwirbel und der Ducker eingeschlagen hatten, eine kleine Gestalt in einiger Entfernung einsam und verlassen auf einem Termitenhügel hockte und mit klagender Stimme, fast schon außer Hörweite, den Ruf »Wo seid ihr?« ertönen ließ. Es war Tatu. Irgendwie mußte sie in dem Durcheinander vor dem Sandteufel und dem verstörten Ducker hergetrieben worden sein und war nun auf einem rund 100 Meter entfernten Hügel gelandet. Dianas Pläne für den Nachmittag schienen durch den Vorfall mit dem Staubwirbel durchkreuzt worden zu sein. Statt in einer relativ geraden Linie loszumarschieren, führte sie die Gruppe im Kreis um den Siestahügel herum und beabsichtigte allem Anschein nach, dort die Nacht zu verbringen. Tatu machte keine Anstalten, ihren Hochsitz zu verlassen. Ich konnte sehen, wie sie ihr Maul auf- und zumachte, wenn sie ihre – fast unhörbaren – Wo-seid-ihr?-Rufe ausstieß. Schließlich brach die Dämmerung herein, und Diana führte die Gruppe zum Siestahügel.

Tatu mußte ihre Artgenossen erkannt haben, denn sie begann auf der Spitze ihres Hügels wie wild umherzulaufen, rief immer lauter »Wo seid ihr?«, konnte sich aber nicht entschließen, hinüberzurennen und sich zu der übrigen Familie zu gesellen. Diana und George steigerten ebenfalls die Lautstärke ihrer Kontaktsucherufe, blickten zwar zu Tatu hinüber, unternahmen aber ebenfalls nichts, um zu ihr zu gelangen. Tatu rief jetzt fast ununterbrochen. Ihr aufgeregtes Umherlaufen wurde immer wilder, aber noch immer unternahm sie keinen Versuch, sich ihrer Familie anzuschließen. Inzwischen war es fast dunkel geworden, und mir tat die arme Tatu leid. Aber nun faßte sie offenbar Mut, flitzte den Hügel hinab und rannte etwa zehn Meter weit auf die anderen zu. Dann schien es aber doch zuviel für sie. Mit gesträubtem Fell rannte sie wieder zurück und hinauf auf den Termitenhügel, wo sie ihr aufgeregtes Rufen und Hinundherlaufen fortsetzte. Diana & Co. saßen noch immer gelassen da und riefen ihr »Hier bin ich«. Aber Tatu brachte nicht genügend Mut auf, Dianas Aufforderung Folge zu leisten. Sie hätte rund 50 Meter verhältnismäßig ungeschütztes Gelände durchqueren müssen, ehe sie in Sicherheit war. Das war einfach zuviel verlangt von einem noch recht schwächlichen Jungtier. Als es schon fast ganz dunkel war und

BUNDU
RUSTY HOLT
DIE GRUPPE EIN
OCTOPUS
WANDERWEG DER GRUPPE IN DEN DARAUFFOLGENDEN TAGEN
SCHLOSS
DIANA BLEIBT STEHEN
DIANA'S RÜCKZUG
PEAK
TÖTUNG DER KLEINEN PUFFOTTER
KEGEL
BEGEGNUNG MIT WARAN
SCHLACHT
KAMPF, IN DEM RUSTY VERLOREN GING
PUFFOTTER
KAMPF GEGEN GRONE PUFFOTTER
TINTAGEL
WASSERLOCH
FELDWEG
TIARA
HÖRNCHEN
MOJA UND HÖRNCHEN
BEGEGNUNG MIT SCHLANGE
TREE
TÜRMCHEN
M'BILI UND SCHILD-ECHSE
PYRAMIDE
KUCHEN
DIANA'S-FLUCHT-WEG MIT BABIES WARTET HIER AUF SPEER-GRUPPE
HOLT BABIES
BLACKTIP
DIANA'S RÜCKZUG
AFFE
BABIES HINTERLASSEN
DIANA WIRD VON INVASO-REN GEJAGT
GRUPPE BIG BLEIBT STEHEN
DRACHEN
VULKAN MARKIERUNGS-VERSUCH
TREFFPUNKT DER ZWEI 'GROßMÄCHTE'
M'BILI GEHT VERLOREN
LOG
KRONE
MOUNTAIN SCHLACHT GEGEN DIE INVASOREN
EKLIPSE FÄCHER
10 m
GIANT

Tatu sich mit ihren Hilferufen heiser geschrien hatte und nun zusammengekauert auf ihrem Hügel saß, weil sie sich außerstande fühlte, die große, weite Fläche allein zu durchqueren, da erhoben sich plötzlich Diana, George und Victoria, trotteten den Hügel hinab und machten sich unter Ausnutzung des vorhandenen Buschwerks auf den Weg, um Tatu zu suchen. Die übrigen Tiere blieben, wo sie waren, reckten ihre Hälse, um ihre Anführer zu beobachten, und musterten aufmerksam den Himmel und die Büsche, damit sie bei Gefahr sofort Alarm geben konnten. Endlich kamen die Retter auf dem Hügel an, und Tatu gab sich einem wahren Freudentaumel hin. Sie warf sich auf ihre Mutter, beknabberte ihr den Hals und leckte ihr zärtlich das Gesicht ab, wandte sich dann aber George zu, der sie plötzlich von hinten packte, seine Wangendrüsen auf Tatus Rücken entlangrieb und sie erst losließ, als er damit fertig war, wie sehr Tatu sich auch sträubte. Anschließend wurde auch George und Victoria eine intensive Fellpflege zuteil, dann marschierten die vier zurück zu ihrer restlichen Familie.

Ich war neugierig geworden, warum George Tatu wohl mit seinen Wangendrüsen markiert hatte, denn bisher hatte ich noch nie beobachten können, daß ein Tier einem anderen zwangsweise sein Wangensekret einrieb, ausgenommen in gespannten Situationen, beispielsweise unmittelbar vor Beginn eines Kampfes zwischen zwei Mungogruppen. Es lag auf der Hand, daß George über das Vorgefallene sehr aufgeregt und vielleicht sogar verärgert war. Er hatte seine Gefühle dadurch ausgedrückt, daß er seine jüngste Tochter mit dem Duftstoff seiner Wangendrüsen einrieb.

Dies war jedoch das einzige Mal, daß ich die Suche nach einem Gruppenmitglied durch andere Gruppenmitglieder zu beobachten Gelegenheit hatte. Vielleicht handelte es sich auch um einen Sonderfall, da Tatu noch ein Jungtier war, dazu noch das kleinste und schwächste aus Dianas letztem Wurf. Normalerweise mußte das verirrte Tier aus eigener Kraft zur Gruppe zurückfinden. Es kam nur selten vor, daß die Gruppe sozusagen auf der Stelle trat, um auf Nachzügler und Versprengte zu warten. All diese Beobachtungen brachten mich zu der Überzeugung, daß Diana als einzige wußte, wo es entlangging und wie man dort hinkam, und daß die übrigen Gruppenmitglieder die Pflicht hatten, ihr nicht von der Seite zu weichen.

Erst nachdem ich den Mungos rund vier Wochen lang durch den Busch gefolgt war und versucht hatte, Stück für Stück eine Karte des von ihnen durchwanderten Gebietes zusammenzusetzen, konnte ich mir allmählich ein Bild machen. Der Groschen fiel bei mir, nachdem ich der Gruppe in Richtung Süden mehr als zehn Tage lang gefolgt war. Da ich inzwischen über 200 Termitenhügel auf meiner Karte eingezeichnet hatte, brauchte ich eine Weile, bis mir klar wurde, daß der Hügel, auf dem die Gruppe jetzt ihre Siesta verbrachte, mir ziemlich bekannt vorkam. Der seltsam gebogene Baumstumpf, der aus seiner Spitze herausragte, sah wie eine hockende Meerkatze aus, und da wußte ich Bescheid – wir hatten uns im Kreise bewegt und befanden uns wieder in der Gegend des Drachen- und des Affenhügels! Die Mungos waren also keine echten Nomaden, die ziellos durch das weite Buschland wanderten, sondern hatten ausgedehnte Heimatreviere. Als ich an diesem Abend meine Karte zu Rate zog, gelangte ich zu dem Schluß, daß das Heimatrevier von Diana & Co. eine Fläche von nahezu drei Quadratkilometern umfaßte, die sie in annähernd vier Wochen vollständig durchstreiften. Dadurch sollten meine weiteren Studien wesentlich erleichtert werden, da ich jetzt ungefähr wußte, wo sie zu bestimmten Zeiten sein würden und wie lange sie brauchten, um vom einen Ende ihres Reviers zum anderen zu gelangen.

4 »…gib uns heute«

Obwohl ich die Mungos schon wochenlang beobachtet und sie meist auf der Jagd nach Nahrung erlebt hatte, wußte ich noch immer nicht, wovon sie sich im einzelnen ernährten. Mir war bekannt, daß ihre Nahrung in der Hauptsache aus Insekten bestand, doch um welche Art von Insekten es sich handelte, davon hatte ich keine Ahnung. Schon diese Tatsache machte die Mungos besonders interessant; denn eigentlich sind sie echte Fleischfresser, nicht Insektenvertilger. Dennoch stellten sie sich in dieser Wüstengegend auf eine Ernährungsweise ein, die für Insektenfresser – vom Evolutionsstandpunkt aus wesentlich primitivere Tiere – ungleich typischer ist. Auch ihre Zähne legen Zeugnis ab von den Ernährungsgewohnheiten. Die für Fleischfresser charakteristischen Reißzähne zum Abtrennen sind im Laufe der Evolution in dreihöckrige Mahlzähne umgewandelt worden, die für das Zerbeißen von Insekten mit ihren harten Außenskeletten ideal, aber für das Abnagen von Fleisch an Knochen weniger geeignet sind.

Während meines Aufenthalts in Nairobi beschloß ich, die paläontologische Abteilung des dortigen Museums für Naturgeschichte aufzusuchen, um herauszufinden, wie die Vorfahren meiner kleinen Geschöpfe aussahen. Man zeigte mir eine ganze Reihe von Schädeln einer Schleichkatzenart, die in Ostafrika im Miozän lebte, also vor etwa 28 bis 11 Millionen Jahren. Dieses Tier trug den Namen *Kichechia zamanae*, eine phonetische Wiedergabe der Suaheli-Bezeichnung für den kleinen Mungo – Kitete. Was mich jedoch verblüffte, war, daß ich praktisch keine auffälligen Unterschiede zwischen dem Schädel dieses uralten Vorfahren der Mungorasse und dem meiner Zwergmungos feststellen konnte! Die Zähne wiesen eine sehr ähnliche Struktur auf, und die Schädelgröße war fast identisch.

Auf der Rückfahrt in meine Unterkunft im Busch gingen mir alle möglichen Fragen durch den Kopf. Vielleicht hatten sich die Mungos, die ich beobachtete, im Laufe von Jahrmillionen in ihren Ernährungsgewohnheiten und ihrer Körpergröße nicht wesentlich geändert? Das bedeutete, daß sie entweder sehr primitive Mitglieder der Mungofamilie waren, woran ich nicht so recht glauben mochte, da ich ihren hohen Intelligenzgrad und ihr kompliziertes

Sozialleben kannte, oder sie waren irgendwann im Laufe ihrer Entwicklung zu einer für ihre Vorfahren typischeren Lebensweise zurückgekehrt, um sich den Bedürfnissen in einem Augenblick ihrer Entwicklung anzupassen, der in den Anfang ihrer Geschichte gehört. Es war unwahrscheinlich, daß *Kichechia* zahlen- und artenmäßig die gleichen Raubtiere zu Feinden hatte, die heute *Helogale* plagen, wie die Zwergmungos mit ihrem wissenschaftlichen Namen heißen. Vielleicht begannen die Tiere, die sich zur Spezies *Helogale* entwikkeln sollten, wie wir sie heute kennen, in Familiengruppen zu leben, um sich die reiche Insektenfauna der offeneren Buschlandschaft zunutze zu machen, wobei der alte Grundsatz der zahlenmäßigen Sicherheit auf ihre Evolution mehr oder weniger formend wirkte. All dies war freilich reine Spekulation, denn Fossilien sagen uns wenig über das Verhalten und die soziale Struktur von Lebewesen, deren Knochen wir erst Millionen Jahre später finden. Dennoch betrachtete ich meine kleinen Freunde mit neuen Augen und versuchte mir vorzustellen, wie sie wohl damals in grauer Vorzeit ausgesehen haben mögen und was sie und einige ihrer Verwandten dazu getrieben hatte, die Einzeljagd auf größere Beutetiere aufzugeben und sich statt dessen auf die Insektenjagd in Gruppen zu verlegen. Unsere geologischen und paläontologischen Kenntnisse von der Welt sind immer noch sehr dürftig, so daß vielleicht erst künftige Generationen eine Antwort auf diese Fragen finden werden.

Das meiste, was die Mungos erbeuteten, war klein, und wie ich es auch anstellen mochte, es war mir nicht möglich, genau zu erkennen, was sie zwischen ihren scharfen kleinen Zähnen zerbissen. Daher beschloß ich, dem Problem auf andere Weise beizukommen und zu versuchen, die Reste der Insekten in ihrem Kot zu identifizieren. Der Kot der Zwergmungos ist, wenn er ausgeschieden wird, fast trocken, da sie ihm durch die Wandungen ihres Dickdarms nahezu alles Wasser entziehen – in diesem Gebiet eine absolute Notwendigkeit, denn es gibt selten Wasser zu trinken. Darum müssen die Mungos die Flüssigkeit, die sie zur Erhaltung ihrer Körpergewebe benötigen, aus ihrer Nahrung aufnehmen. Es war daher kein Problem, relativ frische Kotproben einzusammeln, diese dann unter Wasser zu zerzupfen und so anhand der aufgefundenen chitinösen Insektenfragmente eine nähere Bestimmung der Arten vorzunehmen.

Soweit sich erkennen ließ, bestand ihre Alltagskost hauptsächlich aus Käfern. Ich konnte Bruchstücke der Flügeldecken zahlreicher Mistkäferarten aussondern, angefangen von den riesigen Skarabäen bis zu den winzig kleinen schwarzen Dungkäfern der Gattung *Aphodius*, die in jeder Kotprobe massenhaft vorkamen. Zwischen diesen beiden Extremen fanden sich Reste von Mistkäfern aller Größen und Formen. Es gelang mir, die Überbleibsel der großen, walzenförmigen gelben Art zu unterscheiden, die nachts ständig gegen unsere Lampen prallte, wie auch die verstümmelten Hörner der Kleinen Nashornkäfer *(Heliocopris)*, die trotz ihres Namens riesig waren im Vergleich zu unserer größten europäischen Mistkäferart *Geotrupes*. Weitere identifizierbare Reste deuteten darauf hin, daß die scharfen kleinen Zähne und die kräftigen Kiefer der Mungos auch mit den großen schwarzen, bodenbewohnenden Rüsselkäfern kurzen Prozeß machten, deren Flügeldekken so hart sind, daß ich sie kaum zwischen meinen Fingern zerdrücken konnte. Teile von langen, birnenförmig verdickten Fühlergliedern bestätigten mir, daß auch einige Arten von Holzbohrerkäfern ihr Leben lassen mußten, während Bruchstücke von dünnen Fühlerfäden den Hinweis lieferten, daß bodenbewohnende Laufkäferarten von den Mungos ebenfalls nicht verschmäht werden.

Von Käfern abgesehen, fand ich im Kot der Mungos auch Teile zerkauter Beine mit einem Besatz rückwärts gerichteter Stacheln, Beine, die nur irgendwelchen Grashüpfern oder Grillen gehört haben konnten. Das bedeutete, daß die Tokos und andere Vögel sich eigentlich von der Beute der Mungos ernährten. Aber vielleicht wogen die Vorteile, die sie den Mungos durch ihre Tätigkeit als Aufpasser verschafften, weit mehr als der Verlust einiger Heuschrecken. Manchmal fand ich massenweise die winzigen, rundlichen Kopfkapseln von Termiten-Arbeitern und zwischen ihnen die sogenannten Soldaten mit längeren und kräftiger ausgebildeten Mandibeln, ein Beweis dafür, daß die Mungos einen Tunnel in der Nähe der Erdoberfläche entdeckt und sich ihren Bauch mit den höchst nahrhaften Insektenbewohnern vollgeschlagen hatten.

Behaarte Beinteile von Spinnen, deren Größe von nur wenige Millimeter langen Exemplaren bis zu wahrhaften Riesenspinnen von mehreren Zentimetern Länge reichte, ließen den Schluß zu, daß Insekten nicht die einzigen Lebewesen waren, die diese kleinsten aller fleischfressenden Jäger erbeuteten und verspeisten. Die Überreste von Stacheln der kleinen braunen Skorpione, die die morschen Baumstämme bewohnten und sich unter der Borke umgestürzter und überall im Busch verstreut herumliegender Bäume versteckt hielten, zeigten, daß auch diese Geschöpfe trotz ihres Giftstachels hilflos waren, sobald sie ein Mungo aufgestöbert hatte. Das gleiche galt für die Skolopender, zumal ich genau beobachtet hatte, wie Moja einmal mit einem dieser gefährlichen Tiere fertig geworden war, dessen Biß einen Menschen acht Stunden lang sich vor Schmerzen krümmen lassen würde.

Neben Resten von Wirbellosen entdeckte ich im Mungokot bisweilen auch Knochen-, Fell- und Federreste. Was von Eidechsen übriggeblieben war, ließ sich schwieriger identifizieren, da ihre Haut fast völlig verdaut zu werden schien, so daß ich nur hoffen konnte, gelegentlich auf ein paar Krallen in

Verbindung mit Knochenfragmenten und einigen Schuppen zu stoßen, was mir die Bestätigung liefern würde, daß ein solches Reptil tatsächlich erbeutet worden war.

Im Laufe der Wochen hatte ich reichlich Gelegenheit zu beobachten, wie die Mungos die verschiedenen Beutetiere fingen und verzehrten. Denn nicht alle standen das ganze Jahr über zur Verfügung, wobei zu verschiedenen Jahreszeiten und je nach der Niederschlagsmenge regelrechte Masseninvasionen der unterschiedlichsten Tierarten einzusetzen pflegten. Wir bemerkten das vor allem im Lager, wenn wir abends die Lampen anzündeten. Manchmal überfielen uns Hunderte von Nachtfaltern einer bestimmten Art, deren Invasion einige Tage anhielt. Dann verschwanden die Falter wieder, als habe es sie nie gegeben. Das gleiche galt für zahlreiche Käferarten, die uns mitunter derart zusetzten, daß wir kaum essen konnten, ohne zuvor mit der Gabel die Insekten aus der Mahlzeit gefischt zu haben. Dann waren sie fast über Nacht wieder fort. Es hatte den Anschein, als ob vielen Insektenarten, wie zum Beispiel dem Maikäfer in Europa, nur eine sehr kurze Zeitspanne beschieden ist, während der sie aus der Larve schlüpfen, sich einen Partner suchen, Eier legen und wieder sterben. Dieser Umstand erschwerte die exakte Bestimmung der typischen Mungonahrung ungemein, da die kleinen Burschen ganz offensichtlich ausgemachte Opportunisten waren, die das reichhaltige Angebot der Natur geschickt für sich zu nutzen wußten und alles vertilgten, was sie ihnen vorsetzte.

Während ich die Mungos bei ihrer täglichen Nahrungssuche beobachtete, kam ich zu der Erkenntnis, was für erstaunlich vielseitige Gliedmaßen doch ihre Vorderpfoten waren. Obwohl eigentlich zu den Sohlengängern gehörig, also zu jenen Lebewesen, die mit dem ganzen Fuß bis zur Ferse auftreten, legten die Mungos eine manuelle Geschicklichkeit an den Tag, die der von Primaten nahezu gleichkam. Sie waren sogar imstande, ihre Vorderpfoten als Schöpfkellen oder wie Hände zu gebrauchen. Einmal – zwei Tage nach einem Gewitterschauer – beobachtete ich Goldie, die auf einem der Commiphorenbäume ihren Wachposten bezogen hatte, wie sie in dem tiefen Spalt zwischen zwei Hauptästen nach irgend etwas angelte. Sie zog die Pfote heraus, führte sie mit nach oben gekehrter Fußsohle zum Maul und leckte an ihr. Soweit ich sehen konnte, hielt sie nichts in der Pfote fest. Kaum hatte sich die Gruppe weit genug entfernt, daß ich sie nicht mehr stören konnte, wenn ich den Wagen verließ, gewann meine Neugier die Oberhand. Ich kletterte auf einen Baum, um mir aus der Nähe anzusehen, was Goldie sich aus der Tiefe der Astgabelhöhlung herausgeangelt hatte. Es war nichts als Wasser! Eine wahrhaft verblüffende Entdeckung, etwa so, als habe man einen Hund beobachtet, der seine Pfoten benutzt, um Wasser aus einem Loch zu schöpfen. Schon der

Selbst Skorpione sind wehrlos:
Die Mungos scheinen immun gegen ihre Giftstacheln.

rein mechanische Ablauf des Vorgangs, der uns Menschen so einfach vorkommt, muß äußerst kompliziert sein für ein Tier, das normalerweise auf allen vieren geht und ähnlich gebaute Füße wie ein Hund besitzt. Das gleiche Verhalten bemerkte ich, wenn die Tiere sich von sehr kleinen Insekten wie Termiten oder winzigen Mistkäfern ernährten. Statt sie mit den Vorderzähnen aufzunehmen, wobei sie mit dem Insekt eine Menge Erde ins Maul bekommen hätten, ergriffen sie die Kerbtiere mit den Pfoten und praktizierten sie so ins Maul, daß sie, sobald das Insekt fest zwischen den Schneidezähnen saß, den Kopf rückwärts warfen, um die Beute in den hinteren Teil der Mundhöhle zu befördern, wo sie von den scharfen dreihöckrigen Molaren zermalmt wurde.

Selten benutzten die Mungos ihre Hand für größere Insekten. In diesem Fall hielten sie die Beute gewöhnlich mit einer Vorderpfote fest, bissen sie rasch in die Kopfgegend, zerkauten sie und schluckten sie dann hinunter. Beutetiere, die sich gewöhnlich um das Maul der Mungos wanden und ringelten, wie Hundertfüßer und Echsen, wurden mehrere Male kräftig hin und her geschüttelt, etwa so, wie ein Terrier mit einer Ratte verfährt, um sie bewegungsunfähig zu machen. Ein Aspekt ihres Jagdverhaltens unterschied sich jedoch wesentlich von dem der meisten gesellig lebenden Fleischfresser: Nie teilten sie ihre Beute. Was ein Mungo erbeutete, gehörte ihm allein – sofern er sich mit seiner Beute rasch genug aus dem Sichtbereich ranghöherer Gruppenmitglieder entfernen konnte.

Ich beobachtete die Gruppe, wie sie gemächlich ihr übliches Morgenritual an einem Termitenhügel absolvierte, den ich Oktopus getauft hatte, weil er von einem Kranz abgestorbener Äste überragt wurde, den Resten des Cassiabaumes, um den er errichtet worden war. Fleck hielt oben im Zweiggestrüpp Wache. Plötzlich sah ich, wie er unverwandt auf einen Ast unmittelbar unter sich starrte und mit einiger Mühe darauf zu abwärts kletterte, wobei er mit wütenden Kratzbewegungen die Borke zu lösen versuchte. Moja und M'bili – stets rasch zur Stelle, wenn es darum ging, Vorteile einzuheimsen – hatten mitbekommen, daß irgend etwas im Gange war, und begaben sich unter Flecks Hochsitz, wobei sie ständig nach oben guckten. Bis jetzt war noch nichts zu erkennen. Fleck verrenkte sich förmlich, als er versuchte, mit den Hinterbeinen an den dünnen Zweigen Halt zu finden und gleichzeitig beide Vorderpfoten zu benutzen, um die Borke hochzuheben und das, was sich darunter verbarg, hervorzuziehen. Ihm wäre dieses Kunststück auch gelungen, wenn er noch eine weitere Pfote zur Verfügung gehabt hätte. Doch kaum hatte er es geschafft, die Borke mit einem Ruck nach oben zu zerren, als das bisher verborgene Geschöpf aus seinem Versteck torkelte und sich durch die Äste fallen ließ. Fleck nahm mit gesenktem Kopf, so rasch es eben ging, die

Verfolgung auf, verlor aber die Balance und landete kopfüber auf der Spitze des Termitenbaus, wobei er Moja und M'bili wie Kegel umwarf. Alles, was ich erkennen konnte, waren drei ineinander verschlungene Körper, umgeben von einem Kreis neugieriger Gesichter. Der Rest der Gruppe und auch ich selber versuchten herauszufinden, was eigentlich los war! Es ertönte anhaltendes Protestgeschrei und wütendes Knurren. Schließlich begab sich Diana höchstpersönlich zum Schauplatz des Geschehens. Genau in diesem Augenblick tauchte ein Kopf – er sah aus wie der von Fleck – aus dem verknäulten Felldickicht mit einem großen Holzbohrerkäfer auf, der quer zwischen den Zähnen lag. Der Mungokopf blickte in die Runde, sah Diana und versuchte, sich wieder in die allgemeine Rauferei zu stürzen. Aber es war zu spät ... Diana machte einen Satz, stieß einen unwirschen Knurrlaut aus und war schon wieder auf und davon, den Käfer fest zwischen ihre Kiefer geklemmt. Die drei Rivalen lösten sich voneinander, blickten ziemlich verdutzt in die Gegend und begannen, ihr Fell in Ordnung zu bringen, während Diana unmittelbar vor ihnen schmatzend ihren Raub verzehrte und, wie mir schien, an ihren Artgenossen vorbeisah. Den ranghöheren Tieren gebührt eben die Beute.

Dies war nur eine der zahlreichen Beobachtungen, die ich über die Beuteverteilung innerhalb der Gruppe machen konnte. Ein kameradschaftliches Teilen größerer Beutetiere fand nicht statt. Ranghöhere Mungos nahmen sich, was sie wollten, wenn sie eine Möglichkeit dazu hatten, wogegen Tiere niederen Ranges sich einfach mit der Situation abfinden oder darauf achten mußten, ihre schwerverdiente Mahlzeit vor den anderen in Sicherheit zu bringen, um sie ungestört verzehren zu können. Dieser Sachverhalt mag mit der Tatsache zusammenhängen, daß die meisten der von den Mungos erbeuteten Tiere so klein sind, daß sie für den erfolgreichen Jäger kaum ein Maulvoll ausmachen. Infolgedessen dürfte in der Evolution keine Auslese für das Teilen von Beute stattgefunden haben, da Beute, die geteilt werden konnte, nur einen kleinen Anteil an der Gesamtnahrung ausmachte. Eine andere Erklärung für dieses anscheinend egoistische Verhalten, das angesichts der sonst hohen Kooperationsbereitschaft innerhalb der Gruppe besonders auffällig ist, liegt darin, daß die Mungos sich für eine Lebensweise in der Gruppe aus anderen Gründen entschieden haben als die Mehrheit der in Gruppen lebenden Raubtiere. Die meisten geselligen Fleischfresser jagen im Rudel, da sich bei ihnen das Gruppenleben wahrscheinlich als Mittel zur Bewältigung größerer Beutetiere herausgebildet hat. Ein einzelner Wolf würde Schwierigkeiten haben, einen Elch zur Strecke zu bringen und zu töten, ein ganzes Rudel von Wölfen dagegen kann das viel zügiger und gründlicher besorgen. Das gleiche gilt für Löwen und Tüpfelhyänen. In Gemeinschaftsarbeit vermögen sie Tiere zu töten, die um vieles größer sind als sie selber. Doch Bestandteil dieses Systems ist und bleibt, daß jeder in der Gruppe je nach Alter und Rang seinen Anteil an der Beute erhält. Bei den Mungos verhielt es sich ganz anders. Allmählich kristallisierte sich meine Vermutung heraus, daß für sie die Lebensweise in der Gruppe eher ein Schutz gegen Feinde war als ein Instrument zum Erlegen größerer Beute, da sie ihre alten Ernährungsgewohnheiten ganz offensichtlich beibehalten hatten.

Das warf nun die weitere Frage auf: Warum waren sie nicht noch einen Schritt weitergegangen und jagten größere Beute im Rudel? Das größte Tier, das ich Mungos je erbeuten sah, war ein Vielzitzen-Rattenweibchen, und das war halb so groß wie der Mungo selber. Die Situation, in der ich zum erstenmal miterlebte, wie in Dianas Gruppe eine Ratte erbeutet wurde, muß in den Annalen der Tierbeobachtung wohl einmalig sein, denn die Sache ereignete sich am 16. Februar 1980, jenem Tag, an dem in der Umgegend, wo ich beobachtete und wo das Lager war, um elf Uhr vormittags eine totale Sonnenfinsternis stattfinden sollte, ein Naturphänomen, das sich in den nächsten 360 Jahren nicht wiederholen wird.

Ich war der Gruppe vom sogenannten Fächerhügel aus in südlicher Richtung gefolgt und blickte gelegentlich zum Himmel empor, falls sich dort schon etwas Sehenswertes andeuten sollte. Die Mungos kümmerten sich nicht im geringsten um etwaige Anzeichen des großen Naturereignisses. Ich war gespannt darauf, wie sie reagieren würden, wenn die Sonne am hellichten Vormittag erlosch. Die Minuten verrannen. Aber die Mungos setzten ihre Furagiertätigkeit ganz normal fort, stocherten im Gras herum, scharrten unter den Wurzeln kleine Löcher aus, um Käfer, die sich ins Erdreich verkrochen hatten, herauszuholen, und langten mit ihren Pfoten in jede Ritze und jeden Spalt. Es war fast 10.30 Uhr, und das Licht begann eine bläuliche Färbung anzunehmen. Ich sah nach oben. Die Sonne schien noch immer strahlend hell an einem Himmel voller Schäfchenwolken. Soweit ich es beurteilen konnte, hatte die Verfinsterung noch nicht begonnen. Da ich kein dunkel gefärbtes Glas bei mir trug, war es mir mit bloßem Auge nicht möglich, Einzelheiten zu erkennen. Die Mungos setzten ihren Weg fort und nahmen von den sich verändernden Lichtverhältnissen um sie herum keinerlei Notiz. Inzwischen war die ganze Buschlandschaft in einen geisterhaft bläulichen Farbton getaucht. Blackie machte sich am Rande eines flachen Erdwalls zu schaffen, der die Überreste eines ausgewaschenen Termitenbaus umgab, und begann, im Boden am Fuße eines vertrockneten Strauches zu scharren. Seine Wühltätigkeit nahm an Heftigkeit zu, Staubwolken stiegen zwischen seinen Hinterbeinen auf, während er die gelockerte Erde nach hinten schleuderte und auf diese Weise fortschaffte. Er hatte offensichtlich etwas entdeckt. Ich war mir nicht schlüssig, ob ich Blackie oder den Himmel beobachten sollte. Obwohl das Licht immer schwächer wurde, konnte ich ihn noch sehen, wie er eifrig weitergrub und nur noch sein Hinterteil und der Schwanz aus dem Loch herausragten. Inzwischen hatte der Mond die Sonne nahezu verdeckt. Die letzten Lichtstrahlen ließen die Schäfchenwolken aufleuchten und verwandelten sie in Gold: Mitten am Himmel fand ein totaler Sonnenuntergang statt! Ich war von der atemberaubenden Schönheit des Ganzen so überwältigt, daß ich mir wünschte, ich hätte ein Fischaugenobjektiv bei mir, um eine Panoramaaufnahme zu machen. Alles um mich herum strahlte in einem kalten, unheimlichen, blauen Schimmer. Es herrschte völlige Stille – nicht ein Vogel, nicht ein Insekt waren zu hören. Die Stille war überwältigend. Ich starrte durch das Dämmerlicht, ob ich Blackie noch sehen konnte. Tatsächlich, er wühlte noch immer in seinem Loch und kümmerte sich nicht im mindesten um das, was um ihn herum geschah. Die Gruppe gab sich ebenfalls völlig gelassen: Weder stürzten sie zum nächstgelegenen Termitenhügel, um sich in Sicherheit zu bringen, noch taten sie so, als sei dies ein besonders kurzer Tag und als müßten sie bereits schlafengehen. Die meisten von ihnen trieben sich noch im Busch herum. Als die Mondscheibe den allerletzten Sonnenstrahl ausgelöscht hatte, konnte ich Diana sehen, wie sie mit erhobener Vorderpfote mitten auf einer freien Fläche stand, die allgegenwärtige Tatu hinter ihr. Blackie hatte sich nicht einmal die Mühe gemacht, den Kopf aus seinem Loch zu ziehen, um zu sehen, was passierte. Und dann war alles dunkel.

Minute um Minute verstrich. Überall absolute Stille. Ich glaube, ich habe mich in meinem ganzen Leben nie so völlig isoliert gefühlt. Plötzlich war das Licht wieder da. Ich blickte zu der Stelle hinüber, wo ich die Mungos zuletzt gesehen hatte, in der Annahme, sie hätten sich beim Schwächerwerden des Lichts in einen nahen Hügel geflüchtet, und war sehr erstaunt, daß sie nichts dergleichen unternommen hatten. Diana stand mit Tatu genauso da, wie ich sie zuletzt gesehen hatte, sogar mit der erhobenen Vorderpfote. Dann machte sie weiter, als sei nichts geschehen. Blackie hockte in der Nähe seines Loches. Er sah sich einmal kurz um und setzte seine Grabtätigkeit fort. Die übrige Gruppe zigeunerte noch immer durch Gras und Büsche, so, als seien totale Sonnenfinsternisse alltägliche Ereignisse in ihrem Leben. Ich fröstelte etwas, da sich mit dem Verschwinden der Sonne die Luft abgekühlt hatte. Ebenso plötzlich begann das Leben im Busch sich wieder zu regen, Vögel sangen und zwitscherten, Grillen und Zikaden nahmen ihr Zirpkonzert wieder auf.

Mittlerweile hatte Blackie sich so tief in das Loch hineingewühlt, daß nur noch Schwanz und ein Stück Hinterteil herausragten. Noch immer spritzten zwischen seinen Hinterbeinen wahre Erdfontänen in die Höhe. Dann

Blackie, mit der aus seinem Maul hängenden Ratte, stellte sich auf die Hinterbeine, um zu sehen, wo die anderen Gruppenmitglieder waren.

zwängte er sich noch tiefer hinein und kam im Bruchteil einer Sekunde aus dem Loch rückwärts wieder herausgeschossen. Zwischen den Kiefern hielt er eine quiekende und sich sträubende Vielzitzenratte *(Mastomys)* im Genick. Blackie ließ sie kurz los, stürzte sich erneut auf sie mit beiden Vorderpfoten und versetzte ihr dann einen Biß durch den Kopf. Seine nächste Reaktion war: Nichts wie weg, und zwar möglichst schnell! Und so machte er sich schleunigst mit der aus seinem Maul hängenden Ratte durch das Gras davon. Ab und zu hielt er inne und stellte sich auf die Hinterbeine, um zu sehen, wo die anderen Gruppenmitglieder waren. Aber offenbar hatte niemand bemerkt, daß es ihm gelungen war, einen derart fetten Bissen zu erbeuten. Daher blieb er unbehelligt. Nachdem er etwa 20 Meter weit gerannt war, machte er schließlich am Fuße eines Commiphorenbaumes halt und ging daran, seine Beute zu verzehren. Ich beobachtete mehrere Male, daß Mungos, wenn sie etwas für sie zu Großes erbeutet hatten, dazu neigten, ihre Nahrung an eine Stelle zu bringen, wo sie sie verteidigen konnten, also entweder in einen Termitenbau oder zu irgendeinem Gegenstand, wo sie die Beute mit ihrem Körper schützen und somit verhindern konnten, daß andere Tiere sich ihr von vorn näherten. Von meinem Ausguck im Wagen hatte ich einen guten Überblick, der mir gestattete, im einzelnen zu verfolgen, wie Blackie sich an die Zerlegung der Ratte machte, die ein großes erwachsenes Exemplar und fast halb so groß wie Blackie selber war.

Zunächst hielt er ihren Kopf aufrecht zwischen seinen Vorderpfoten und fraß mit seinen scharfen Backenzähnen das Maul, wobei er den eigenen Kopf zur Seite drehte. Bald war vom Kopf der Ratte nichts mehr übrig, und Blackie machte sich über den Rumpf her. Er hielt den Körper der Ratte noch immer aufrecht, hakte seine Krallen in das Fell in der Halsgegend und zog es nach unten. Gleichzeitig nahm er das Genick der Ratte ins Maul und zog kräftig nach oben. Die Haut begann sich zu lösen und stülpte sich von innen nach außen wie der Finger eines Handschuhs, den man verkehrt herum abzieht. Blackie wiederholte diesen Vorgang mehrere Male, biß das freiliegende Fleisch ab und zog, als er die Eingeweide erreichte, diese vorsichtig heraus und warf sie zur Seite. Er arbeitete dabei so rationell, daß nichts von dem kostbaren Fleisch verlorenging. Sogar die Beine wurden bis zu den Krallen säuberlich abgenagt und die Schwanzwurzel aus ihrer Hautumhüllung gezogen. Endlich war Blackie fertig. Von der Ratte waren nur ein sorgsam abgezogener Balg mit nach innen gestülptem Fell und ein Häufchen Eingeweide übriggeblieben. Blackie, den Bauch prall gefüllt, leckte sich die Lippen, beknabberte das Fell an seinen Pfoten und trabte dann los, um die anderen einzuholen, die sich mittlerweile ein gutes Stück entfernt hatten. Als er fort war, holte ich mir die Überreste seiner Mahlzeit, um sie für meine Unterlagen zu zeichnen. Es war verblüffend, wie säuberlich und zweckmäßig Blackie beim Verzehren der Ratte zu Werke gegangen war. Es lag auf der Hand, daß in einem sehr frühen Stadium der Evolution kleine Säuger die Beute der Vorfahren des Mungos gewesen sein müssen. Sonst hätte sich ein derart fortgeschrittenes Verhalten wohl kaum entwickelt. Es war zu spezialisiert, als daß es hätte entstehen können, nur um mit gelegentlich erbeuteten Tieren fertig zu werden. Allmählich zeichnete sich ein festeres Fundament für meine Theorie ab, daß die Zwergmungos zum Vertilgen von Insekten zurückgekehrt waren, *nachdem* ihnen im früheren Stadium ihrer Entwicklung größere Tiere als Nahrung gedient hatten.

Ein weiterer interessanter Punkt in der Beobachtungsreihe an Blackie und der Ratte war, daß Blackie zwar die Ratte zunächst im Genick gepackt hatte, dann aber, um sie zu töten, nicht den für die meisten Raubtiere so typischen

Nackenbiß anwandte, obwohl seine Zähne in genau der richtigen Stellung standen, um einen tödlichen Biß anzubringen. Erst ließ Blackie seine Beute los, drückte sie dann mit den Vorderpfoten zu Boden und tötete sie mit einem Biß durch den Kopf. Diese Gewohnheit hatte mir schon bei meinen zahmen Mungos einiges Kopfzerbrechen verursacht. Daher beschloß ich, eine Reihe von Experimenten durchzuführen, um herauszufinden, warum statt des Nackenbisses der Kopfbiß angewendet wurde.

Meine zahme Mungogruppe bekam als Nahrung oft lebende Mäuse, denn sie konnten sie viel schneller und wirksamer töten als ich. Ein Sprung, ein Biß, und die Beute war tot, ohne auch nur einmal zu quieken. Nach einigem Gerangel mit den Mungos, bei dem ich ziemlich oft gebissen wurde, gelang es mir schließlich, ihnen frisch getötete Mäuse zu entwinden und mir genau die Stelle anzusehen, wo der tödliche Biß plaziert worden war. Es zeigte sich etwas sehr Merkwürdiges. Das Zwergmungomaul schien auf Mäuseschädel regelrecht zugeschnitten zu sein, denn das obere und das untere Paar der langen Eckzähne waren sauber durch die Augen und Ohren der Maus gedrungen und hatten ihr Schädeldach augenblicklich eingedrückt. Ich begann mich zu fragen, wie die Mungos es fertigbrachten, ihre tödlichen Bisse so genau auszurichten, und beschloß daher, meine Hypothese, daß sie die Augen der Beutetiere als Anhaltspunkte benutzten, an einer Reihe von Modellen zu testen. Diese Modelle bestanden aus kleinen zusammengerollten Würsten aus Mäusefell, in die nachgebildete Mäuseohren und Glaskopfstecknadeln, die als Augen dienten, an verschiedenen Stellen hineingesteckt werden konnten. Bald erwiesen sich die Ohren als völlig unwichtig, da die Mungos sie beim Biß in ihre Pseudobeute, wenn ich sie an einer Schnur auf dem Fußboden entlangzog, überhaupt nicht beachteten, gleichgültig, wo ich sie befestigte. Bei den Augen lagen die Dinge ganz anders. Wenn ich die Glaskopfstecknadeln längs der Körperachse versetzte, verlagerten die Mungos ihre tödlichen Bisse bis in die Mitte der Mäuseattrappe. Bei weiterer Verschiebung schenkten sie den Augen keine weitere Beachtung mehr und richteten ihre Bisse wieder auf den vorderen augenlosen Bereich des Modells. Diese Entdeckung war in zweierlei Hinsicht von Bedeutung. Erstens dürfte es für ein Tier, dessen Beute nicht nur aus Mäusen besteht, wichtig sein, ein generelles Tötungsschema zu entwickeln – ein Biß in die Nähe der Stirnhöhle. Die meisten Beutetiere, von denen Mungos sich ernähren, besitzen keine Augen, die man als solche erkennen kann, dafür liegen bei allen die Hauptnervenzentren im vorderen Bereich des Körpers, so daß sich zur schnellen Tötung ein spezielles Tötungsschema herausbilden mußte, und zwar unabhängig von der äußeren Gestalt des Beutetieres. Bei größeren Beutetieren wie Mäusen dürften die Augen als Anhaltspunkte für den ungefähren Sitz des

Die Maus wird mit einem sauberen Kopfbiß getötet; sie quiekt nicht einmal.

Nervenzentrums, des Gehirns, auch zur Verbesserung der Tötungseffizienz dienen. Aber die Mungos konnten solche Anhaltspunkte ebensogut außer acht lassen, wenn sie gar zu falsch plaziert waren, beispielsweise die Augen hinter der Körpermitte des Beutetiermodells.

Die zweite wichtige Schlußfolgerung, die sich aus dieser Entdeckung ergab, war vermutlich noch wertvoller, da sie die Frage beantworten half, warum die Mungos nie das Jagen in Gruppen entwickelt hatten. Sie waren einfach nicht imstande, ein Beutetier zu erlegen, das die ganze Gruppe ernähren konnte. Das Maul eines Zwergmungos läßt sich eben nur bis zu einer bestimmten Weite aufsperren, und die Größe des Beutetiers, das er zu töten fähig ist, wird durch die Größe seines Schädels bestimmt. Sobald für einen Zwergmungo ein Schädel zum Zerdrücken zu groß ist, dürfte nach meiner Theorie der Mungo außerstande sein, das dazugehörige Beutetier zu töten. Ich beschloß, das mit meiner zahmen Gruppe zu testen, und gab den Mungos eine stattliche Laborratte, die fast so groß war wie sie selber. Alle stürzten sich auf die Ratte und versuchten, sie mit den Vorderpfoten zu Boden zu drücken, was sich als absoluter Fehlschlag erwies, da die Ratte sich auf Grund ihrer überlegenen Körperkräfte mit einem Ruck herumwarf. Schließlich gelang es den Mungos, ihr nur noch ein paar unwirksame Bisse im Kopfbereich zu versetzen.

Die Ratte strampelte sich frei und begann nun ihrerseits, auf die Mungos loszugehen und sie zu beißen. Es gab nicht das geringste Anzeichen, daß sie nun zu einem tödlichen Biß in den Hals ansetzten etwa wie ein Wiesel oder eine Katze! Nach ein paar fruchtlosen Versuchen, bei denen die Mungos offensichtlich schlechter abschnitten als die Ratte, gaben sie auf und ließen die Kreatur in Ruhe.

Bei einem anderen Versuch beschaffte ich ihnen ein Beutetier mit einem möglichst langen Hals, um sie zu einem Biß in den Hals zu zwingen. Ich ließ ein drei Wochen altes Hühnchen in ihr Gehege. Im Nu hatte sich der männliche Leitmungo darüber hergemacht – aufstiebende Federn, ein rascher Biß, und das Küken war tot. Ich verscheuchte den Mungo, um zu sehen, wo er diesmal zugebissen hatte. Wieder am Kopf! Keine Spur eines Bisses in den Hals, obwohl in diesem Fall der Hals des Beutetiers sehr viel länger war als der Kopf und das Töten durch Zerdrücken des Schädels weitaus schwieriger gewesen sein dürfte als durch bloßes Brechen der Halswirbel.

Diese Tatsachen überzeugten mich allmählich davon, daß das gesellige Leben der Mungos in Gruppen tatsächlich eine Schutzanpassung gegen Räuber darstellt und nur wenig mit wirksamerem Jagen zu tun hatte, obwohl gelegentlich Beute, die ein Gruppenmitglied aufgescheucht hatte, von einem anderen Mungo gefressen wurde, wobei das freilich mehr aus Zufall denn aus Absicht geschah. Lediglich wenn es um das Töten einer Schlange ging, sah ich die Mungos als Gruppe zusammenarbeiten. Aber das ist eine andere Geschichte, die mit Nahrungserwerb und Freßverhalten wenig zu tun hat.

Zu den häufigsten Beutearten, die zwischen Mitgliedern der Mungofamilie und ihren gefiederten Freunden unbeabsichtigt geteilt wurden, gehören Grashüpfer. Meistens waren es große Heuschrecken mit einer Flügelspannweite von zehn Zentimetern und mehr sowie kräftigen Sprungbeinen, die sie befähigten, sich in die Luft emporzuschnellen, um dann zu einem sicheren Platz viele Meter von ihrem Ausgangspunkt entfernt im Gleitflug hinabzuschweben. Gewöhnlich hatten die Mungos kaum Aussichten, selber eine aufgescheuchte Heuschrecke zu fangen, denn die Vögel fielen blitzschnell über das Insekt her. Doch manchmal landete die Heuschrecke in der Nähe eines der anderen furagierenden Gruppenmitglieder, das sich dann auf sie zu stürzen versuchte. Schlug dieser erste Versuch fehl, wurde das flüchtende Insekt in der Regel von seinem bepelzten Möchtegernerbeuter verfolgt, der ihm mit aufgesperrtem Maul nachsetzte in dem Bemühen, die Flugbahn der Heuschrecke abzuschätzen und seinen zweiten Angriff so abzustimmen, daß er zeitlich und räumlich mit der Bodenberührung der Heuschrecke zusammenfiel. Falls die Vögel nicht eingriffen, zeigten sich die Mungos darin sehr geschickt, indem sie das durch die Luft gleitende Insekt im Auge behielten und es unmittelbar nach seiner Landung mit beiden Vorderfüßen festhielten. Daß die Mungos mit aufgesperrtem Maul auf Insekten Jagd machten, so als wollten sie sie zuerst beißen, erschien mir wie ein merkwürdiger Anachronismus. Ich habe nie einen Mungo gesehen, der tatsächlich eine fliegende Heuschrecke mit dem Maul erbeutet hätte. Zuerst wurde die Beute festgehalten, dann folgte der Biß – nie umgekehrt.

Ein anderer Leckerbissen, mit dem die Mungos ebenfalls sehr geschickt umzugehen wußten, waren Eier. Diese waren eine ausgesuchte Spezialität, die nur beschränkt zur Verfügung stand, da die meisten buschbewohnenden Vögel ihre Brutzeit in die Regenzeit verlegen oder ihre Eier so raffiniert verstecken, daß Mungos sie kaum finden können. Mungos sind aber berüchtigte Nesträuber. Eines Tages wurde meine Aufmerksamkeit auf das Kreischen und Flattern einer Baumklapperlerche gelenkt, einer kleineren bodenbewohnenden Vogelart des trockenen Buschlandes. Der Angreifer war unter einem niedrigen Busch verborgen. Daher stieg ich auf das Wagendach, um besser sehen zu können. Ein brauner Körper kauerte über etwas auf dem Boden. Als ich meinen Feldstecher scharfgestellt hatte, erkannte ich, daß es ein Mungo war, der etwas in den Vorderpfoten hielt. Er wandte mir den Kopf zu. Plötzlich sah ich mich den Blicken von Twin ausgesetzt, der sich gerade sorgfältig die Lippen ableckte. Er ließ fallen, was er in den Pfoten hielt, drehte sich um und griff sich etwas Neues, das er aufrecht zwischen den Vorderpfoten hielt, wie etwa ein Kind einen großen Trinkbecher Milch zu halten pflegt. Auf Grund der glatten Form nahm ich an, daß es sich um ein Ei handelte. Außerdem brachte mich das wütende Gezeter der Vogelmutter zu dem naheliegenden Schluß, daß es das Ei einer Baumklapperlerche war und daß Twin das Nest plünderte.

Sobald er das Ei mit dem spitzen Ende nach oben in eine aufrechte Stellung gebracht hatte, neigte er den Kopf nach einer Seite, biß mit den Backenzähnen kurz zu, und das Ei war geköpft. Dann ging Twin daran, den Inhalt auszulecken, wobei er das Ei noch immer wie eine kleine Schüssel zwischen den Pfoten hielt. Die leere Schale warf er mit einem Schlenker der einen Vorderpfote hinter sich und wandte sich dem nächsten Ei zu. Während des ganzen Vorgangs war nicht ein einziger Tropfen verlorengegangen!

Mit größeren Eiern verfuhren die Mungos allerdings ganz anders. Eines Tages stießen sie zufällig auf ein Nest von Schopffrankolinen, bodenbewohnenden Vögeln etwa von der Größe eines Bantamhuhns. Der brütende Vogel mußte irgendwo unterwegs sein. Mungos drängten sich knurrend gegenseitig von irgend etwas weg. Die schwächeren Tiere ließen durchdringende Protestschreie ertönen. Dann tauchte George mit dem Hinterteil zuerst aus der allgemeinen Balgerei auf und ging langsam rückwärts, während er mit den Vorderbeinen etwas umklammerte. Er setzte seine ziemlich gespreizt wirkende Gangart fort, warf gelegentlich einen Blick über die Schulter und glich die unregelmäßigen Bewegungen des Gegenstandes, den er mit sich schleppte, dadurch aus, daß er die Pfoten abwechselnd rechts und links auf der glatten Oberfläche verschob. Es war ein Frankolinei, etwa so groß wie das einer Bantamhenne. Jetzt konnte ich auch andere Mitglieder der Gruppe erkennen, die ebenfalls rückwärts liefen und jeweils ein Ei umklammert hielten, so als trügen sie einen Korb, den sie mit ihren Armen nicht ganz zu umspannen vermochten. Diejenigen Gruppenmitglieder, die weniger Glück gehabt hatten, rannten von einem Eibesitzer zum anderen und versuchten, ihnen das Ei aus den Pfoten zu stoßen. Gewöhnlich wurden sie mit Geknurr und Hüftstößen empfangen, was mitunter dazu führte, daß der Eibesitzer seine Beute loslassen mußte und sein Rivale die Chance hatte, den begehrten Leckerbissen zu ergattern. Manchmal gingen die Eibesitzer auch mit aufgesperrtem Maul auf ihre angreifenden Artgenossen los. Die drei Jungtiere flitzten aufgeregt hin und her. Aber nicht einem von ihnen gelang es, ein Ei zu stibitzen.

George war jetzt fast drei Meter von der übrigen Gruppe entfernt und bewegte sich langsam rückwärts auf den Stamm eines Commiphorenbaumes zu. Als er nur noch einen halben Meter von ihm entfernt war, schleuderte er das Ei plötzlich mit einem kraftvollen Stoß beider Vorderbeine nach hinten unter seinen Körper und sprang unmittelbar danach in die Höhe, so daß das Ei im Bogen rückwärts flog und in einem Grasbüschel landete. Er knurrte Vanessa und Fleck an, die herbeigeeilt waren, und machte einen erneuten Versuch. Diesmal verfehlte das Ei wieder den Baumstamm und landete in den welken Blättern am Fuße eines kleinen Busches. Immer noch knurrend versuchte es George ein drittes Mal, indem er seinen Körper um die eigene Achse drehte, damit das Ei wieder dem Commiphorenstamm zugekehrt war. Diesmal hatten Georges Bemühungen Erfolg. Mit hörbarem Aufschlag flog das Ei gegen den Baumstamm und blieb an dessen Fuß liegen. Wie ein geölter Blitz war George zur Stelle und leckte den wohlschmeckenden Inhalt auf. Dann merkte ich, daß Diana kein Ei hatte. Gleichzeitig war mir klar, daß sie eigentlich gar keines brauchte ... sie hatte einen offiziellen Eieraufschläger: George! Diana trottete zu der Stelle hinüber, wo er sich das Ei, so schnell es eben ging, zu Gemüte führen wollte, und knurrte ihn einmal an. Darauf wandte George den Kopf weg und räumte langsam das Feld, während Diana, wie üblich mit Tatu im Schlepptau, in der aufgebrochenen Schale mit der Vorderpfote herumrührte und diese dann von der klebrigen Masse sauberleckte. Der arme Rusty, dem es gelungen war, ein Ei für sich allein zu ergattern und auch die Schale zu zertrümmern, kreuzte ausgerechnet Georges Weg, so daß der keine Pfote krumm zu machen brauchte! Mit einem schwachen Protestschrei, einer raschen Drehung seines Körpers und nur Sekunden währender absoluter Bewegungslosigkeit überließ Rusty das Ei seinem Vater, der sich, noch immer unter drohendem Knurren, daranmachte, es zu auszulecken.

Diana angelte mit der Vorderpfote in ihrem Ei herum, während Tatu dicht hinter ihr stand und sich an ihr vorbeizudrücken versuchte, um wenigstens etwas von dem köstlichen Leckerbissen abzubekommen. Aber sie wurde von ihrer Mutter mit Hüftschwingern und Knurrlauten zurückgejagt. Im Gegensatz zu George, der den Inhalt des Eis direkt vom Boden aufgeleckt hatte, bediente sich Diana in fast damenhafter Art ihrer Pfote. Sie benutzte sie freilich nicht als Schöpflöffel, wie Goldie es getan hatte, als sie sich Wasser aus der Astgabel holte, sondern fuhr mit ihr einfach in das Ei hinein und leckte sie hinterher sauber. Endlich hatte Diana ihre Mahlzeit beendet und entfernte sich ein Stück, um sich die Barthaare zu putzen und die Pfote gründlich zu säubern. Das war Tatus Chance! Blitzschnell machte sie sich über die zurückgelassene Eierschale her, steckte ihr kleines Maul in das offene Ende und leckte fieberhaft an den kargen Resten, die ihre Mutter ihr übriggelassen hatte. Sie zwängte den Kopf immer weiter in die Schale hinein, und dann geschah das Unvermeidliche. Tatu saß fest! Als erste Reaktion auf ihr Mißgeschick schüttelte sie den Kopf und kratzte mit den Vorderpfoten an der Schale. Aber das nützte nichts. Das Ding schien wirklich festzukleben. Dann hob Tatu den Kopf, machte zögernd ein paar Schritte nach vorn und blieb wieder stehen, wobei sie aussah wie ein vorsintflutliches Ungeheuer und die groteske Kopfbedeckung hin und her schwenkte. Sie vollführte Bewegungen wie in einem Zeitlupentanz. Da sie absolut nichts sah, konnte sie kaum einen

Der große Käfer wird nach Umklammerung

... und Stoß

... durch einen Wurf gegen den Stein zertrümmert.

110

Fuß vor den anderen setzen. Dann senkte Tatu wieder den Kopf und kratzte wie rasend an der glatten Schale, bis es ihr endlich gelang, sich aus ihrem Gefängnis zu befreien. Ich erwartete nun, daß sie sich verdutzt davonmachen würde. Aber nichts dergleichen geschah. Nachdem sie rasch ein paarmal an der Kante der zerbrochenen Eierschale geschnuppert hatte, tat sie genau das, was ihre Mutter schon zuvor getan hatte. Sie fischte mit einer Vorderpfote darin herum und leckte sie hinterher sauber. Ich fragte mich, ob Tatu tatsächlich ihre Mutter nachahmte oder ob das unangenehme Erlebnis mit der Eierschale sie veranlaßt hatte, eine Alternativstrategie zur Erreichung des Inhalts anzuwenden. Auf jeden Fall hatte sie ihr Verhalten nach einem einzigen negativen Erlebnis geändert, denn als die Frankoline das letzte Mal gebrütet hatten, war Tatu noch gar nicht geboren.

Ich war gespannt, welche Eigröße Zwergmungos bevorzugen. So beschloß ich, mit meiner zahmen Gruppe ein kleines Experiment durchzuführen und ihnen eine Auswahl verschiedener Eier anzubieten: ein Kanarienvogelei, ein Taubenei, ein Hühnerei und ein Gänseei. Das einzige größere Ei, das ich auftreiben konnte, stammte von einem Nandu, einem großen straußähnlichen, in Südamerika lebenden Laufvogel. Dem Besitzer des Eis, der mir sein Schmuckstück für das seines Erachtens riskante Experiment, bei dem das kostbare Ei entzweigehen konnte, nur ungern überließ, versicherte ich, daß es größer sei als die Mungos selber und daß die Möglichkeit, es zu zerbrechen, praktisch Null sei, da das Ei wenigstens zwei Pfund wog. Ich war sogar mehr oder weniger sicher, daß die Mungos das Gebilde zunächst gar nicht als Ei erkennen würden, und ordnete meine Versuchsobjekte im Innengehege meiner Mungobehausung in einer Reihe an, wobei ich die Bewohner, bis ich fertig war, aussperrte. Ich konnte sehen, wie sie außerhalb der geschlossenen Fenster hin und her trabten und es kaum erwarten konnten, bis ich sie wieder hereinließ. Schließlich öffnete ich die Glastür. Das männliche Leittier kam hereingestürzt, blickte einmal flüchtig in die Runde, flitzte dann zu dem Nanduei und versuchte, es mit seinen Vorderpfoten zu umklammern.

Eins stand zumindest fest: Der Mungo wußte ganz genau, daß es sich um ein Ei handelte! Nach einem erfolglosen Versuch, das Ei unter seinem Körper hindurch rückwärts zu schleudern – ein Versuch, der damit endete, daß der Mungo, alle viere von sich gestreckt, bäuchlings auf dem ovalen Gebilde lag –, schien er einen Augenblick innezuhalten, um sich die Sache durch den Kopf gehen zu lassen. Dann warf er sich, ohne zu zögern, auf die Seite, umfaßte die Spitze des Eis mit den Armen und versetzte ihm einen so gewaltigen Stoß, daß es taumelnd auf die Wand zu rollte. Im Nu flitzte er hinterher und wiederholte den Vorgang. Schließlich prallte das Ei nicht eben sanft gegen die Wand. Ich fuhr von meinem Sitz hoch und befürchtete schon, daß ich dem Besitzer des Nandueis nur noch ein paar Schalenreste zurückgeben konnte, scheuchte den Mungo fort und hob das Ei auf. Eine hübsche kleine Delle mit einer Reihe radial verlaufender feiner Haarrisse zeugten von der Kraft des kleinen Geschöpfs. Das Experiment hatte seinen Zweck mehr als erfüllt. Ich hatte herausgefunden, was ich mir vorgenommen hatte, daß selbst Straußeneier vor diesem kleinen Raubtier nicht sicher sind!

Allerdings habe ich Mungos in freier Wildbahn nie ein Straußennest ausplündern sehen, obwohl die Riesenvögel in der umliegenden Buschlandschaft zahlreich vertreten waren. Vielleicht hielt sie die Tatsache, daß der Hahn seine Brut verteidigte, von dem Versuch ab, ein Straußennest zu plündern. Aber allem Anschein nach waren die Mungos, wenn sie auf ein unbewachtes Nest stießen, imstande, sich dessen Inhalt zu Gemüte zu führen, und zwar trotz der Tatsache, daß die Schale eines Straußeneis mehr als einen Millimeter dick ist und die Eier jeweils weit mehr wiegen als die Nesträuber!

Ein weiterer verblüffender Umstand war die Anpassungsfähigkeit, die der Mungo in seinem Verhalten gegenüber dem Nanduei an den Tag legte. Im Gegensatz zum Kopfbiß, der im Beuteverhalten des Tieres eindeutig vorprogrammiert zu sein scheint, war das komplizierte System von Eiumklammerung, Stoß und Luftsprung, dessen sich die Mungos zur Zertrümmerung kleinerer Eier und großer Käfer bedienten, nicht in der gleichen Weise fixiert. Das Mungomännchen hatte praktisch keinen Augenblick gezögert, sich von der Strategie des Vertikalstoßes auf den seitlichen Stoß umzustellen. Das konnte auf einen hohen Intelligenzgrad hinweisen oder einfach bedeuten, daß die zur Eizertrümmerung angewandten Verhaltensmuster genetisch nicht so eindeutig fixiert waren wie die für das Töten von Mäusen und Eidechsen.

Nicht nur Vogeleier wurden von den kleinen Jägern als Leckerbissen geschätzt. Auch Eidechseneier standen auf dem Speisezettel. Ich habe Mungos nie ein Warannest plündern sehen, denn genau wie Krokodile und Pythonschlangen bewacht die Waranmutter ihr Nest, so daß Mungos wohl kaum Gelegenheit haben dürften, ein Ei zu stehlen. Im Falle der Geckos, der kleinen, mit Haftzehen versehenen Eidechsen, die in den Commiphorenbäumen lebten und sich von deren Hintergrund kaum abhoben, verhielt es sich anders. Sie legten ihre zähschaligen Eier in Klumpen zu fünf oder sechs Stück unter loser Borke an morschen Bäumen wie in allen möglichen Spalten ab. Zum Zeitpunkt der Eiablage sind die Schalen weich und klebrig und haften aneinander, bis sie schließlich zu einem spröden Häufchen kleiner, weißer, eiförmiger Gebilde von etwa einem Zentimeter Länge eintrocknen.

Einmal beobachtete ich Victoria, wie sie in einem morschen Baumstamm herumsuchte, den krümeligen Inhalt hinausbeförderte und ihn sorgfältig nach kleinen Insekten durchsuchte, die ihrer Aufmerksamkeit möglicherweise entgangen waren. Plötzlich wurde ihr Wühlen und Scharren immer heftiger. Victoria steckte den Kopf in das von ihr gegrabene Loch, beroch es lange und gründlich und versuchte dann, sich hineinzuzwängen, wobei sie ihren Körper geschickt hin und her drehte, um sich tiefer in die Öffnung hineinzuwinden. Schließlich kam sie rückwärts wieder herausgekrochen und hielt etwas mit den Vorderpfoten umklammert. Zuerst nahm ich an, Victoria habe einen Skorpion oder einen Hundertfüßer aufgestöbert. Doch bei näherem Hinsehen erkannte ich, daß der Gegenstand, den sie hielt, weiß war. Es war ein Gelege von Geckoeiern, die an einem Stück morschen Holzes klebten. Sie hielt das Holzstück fest, indem sie es an beiden Enden mit den Pfoten zu Boden drückte, und machte sich dann daran, ihren Fund zu verspeisen, indem sie die Geckoeier von ihrer Unterlage abriß, sie zerkaute und die leeren Schalen seitlich aus dem Maul beförderte. Als sie mit der Mahlzeit fertig war, säuberte sie sich mit der einen Vorderpfote die Zähne, um die Schalenreste, die dort noch festsaßen, zu entfernen.

Nicht nur die Eier, auch die Geckos selber dienten den Mungos als Nahrung. Gegen die rauhe Borke der Bäume und in den abgeschuppten Ästen der umgestürzten, dornenbewehrten Riesen waren die kleinen Eidechsen praktisch unsichtbar. Gewöhnlich verließen sie sich auf ihre ausgezeichnete Tarnung: reglos verharrend preßten sie sich flach gegen den Untergrund, bis sie beim Nahen ihrer Feinde mit einer schlängelnden Bewegung schleunigst ein sicheres Versteck aufsuchten.

Heute ging die Gruppe neben dem Wagen gemächlich ihrer Furagiertätigkeit nach. Als die Tiere etwa fünf Meter von mir entfernt an einem Commiphorenbaum vorbeikamen, sah ich etwas in die Höhe flitzen und sich flach gegen einen Ast pressen, der von meinem Gesicht höchstens zwei Meter weg war. Obwohl es dem Gecko – denn um einen solchen handelte es sich – gelungen war, aus der Sichtlinie der Mungos am Boden zu verschwinden, schien er deren gefiederte Begleiter nicht bemerkt zu haben. Ein scharfäugiger Kopf mit einem langen gelben Schnabel spähte von einem Baum gegenüber durch die Zweige. Der Gelbschnabeltoko, der dort gewartet und die zukkende Bewegung trotz der Entfernung von rund zehn Metern wahrgenommen hatte, kam herübergeflogen, um sich den fetten Bissen nicht entgehen zu lassen. Gerade als er nach der Eidechse schnappen wollte, sah er mich – und meine Nähe schien ihn zu irritieren. Unter heftigem Flügelschlagen bremste er scharf und wollte dem Gecko einen Schnabelhieb versetzen, verfehlte ihn jedoch, so daß die kleine Eidechse vom Baum auf den Boden fiel, wo sie, sich hin und her windend, liegenblieb. Die Mungos hatten alles mit angesehen und kamen nun eilig zur Absturzstelle, aber nicht ganz so schnell wie das Deckenstokomännchen, das ihnen die Beute wegschnappte. Es schleuderte den Kopf in die Höhe, klappte den Schnabel auf – und der Gecko war verschwunden. Der Gelbschnabeltoko legte den Kopf schief und lugte von seinem Baum nach unten, so als wollte er mit einem Schulterzucken sagen: »Pech gehabt!« Die Mungos dagegen hatten offenbar noch gar nicht begriffen, daß der Gecko sich bereits im Kropf eines Tokos befand. Sie durchstöberten den Boden wie kleine Spürhunde, beschnupperten emsig jedes Grasbüschel und versuchten herauszufinden, wo der Besitzer der köstlichen Witterung geblieben war.

Die meisten Vogelarten, die in der Gegend lebten, waren vor den kleinen Jägern mehr oder weniger sicher, da sie entweder zu groß oder zu flink waren, um als mögliche Beute in Frage zu kommen. Der kleine Zug von Mungos mit seinem Gefolge von Tokos verscheuchte alle Vögel, die als Beute in Betracht kamen, ehe er sie überhaupt erreichte. Nur einmal sah ich einen Mungo, der mit dem Maul einen kleinen Rotscheitelzistensänger gepackt hielt, den er auf seinem Nest im Innern eines hohlen Baumstamms überrascht hatte. Es war Weißhals, der den Vogel erbeutet hatte. Aber ich sah nicht, wie er ihn tötete, da ihm, als er aus dem Baumstamm auftauchte, das tote kleine Federbündel schon schlaff aus dem Maul hing und er wegen Narbes Anstrengungen, ihm die Beute abzujagen, sich auf die Rückseite eines nahegelegenen Termitenbaus flüchtete, um den Vogel in Ruhe zu verspeisen. Da ich Weißhals von meiner Position aus nicht sah, konnte ich auch nicht erkennen, ob er seine Beute vom Kopf abwärts wie eine Maus fraß. Nachdem die Gruppe weitergezogen war, ging ich hinüber, um mir die Überreste der Mahlzeit anzusehen. Aber es war nur noch erstaunlich wenig übrig: ein paar größere Schwungfedern und ein paar Schwanzfedern.

Zahlreiche Tiere, die die Mungos erbeuteten, wären von anderen Raubtieren gemieden worden, weil sie entweder giftig waren, unangenehm schmeckten oder beides zusammen. Praktisch alle Tiere, die im trockenen Busch beheimatet sind, besitzen besonders ausgebildete Mittel, sich zu verteidigen, und das in Erdlöchern und Spalten lauernde Krabbelgetier war darin besonders geschickt. Ich würde es mir reiflich überlegen, in Löchern und umgestürzten Bäumen herumzustöbern, wie es die Mungos taten. Wahrscheinlich würde ich im Krankenhaus landen, denn es wimmelte hier von Skorpionen, Hundertfüßern und anderen Geschöpfen, deren Stachel oder Bisse überaus wirksame Abschreckungsmittel gegen Angriffe darstellten. Den Mungos jedoch waren all diese giftigen Tiere eben recht. Sie verspeisten sie mit sichtlichem Genuß, sooft sie eines erbeuteten.

Nach einem besonders heftigen Unwetter während der Nacht hatten sich die freien Flächen im Busch in riesige Lachen aus trocknendem Schlamm verwandelt. Ich konnte erkennen, wo an abschüssig verlaufenden Strecken

der Wildpfade sich durch die nach unten stürzenden Wassermassen Minia-
tursandbänke gebildet hatten. Zwischen den Grasbüscheln waren kleine
Häufchen frisch aufgeworfener Erde, die unter den Sonnenstrahlen bereits
steinhart einzutrocknen begannen. Die Mungos hatten ihren Abmarsch vom
Hügel aufgeschoben, bis die Erde etwas getrocknet war. Sobald ihre Füße
beim Gehen nicht mehr einsanken, machten sie sich auf den Weg. Ich sah, daß
Goldie an einem der Erdhäufchen stehenblieb und wie wild am Boden zu
graben anfing. Bald steckte sie bis zu den Schultern in dem Loch, machte dann
plötzlich eine ruckartige Bewegung, schnappte offenbar nach etwas und
schoß rückwärts aus dem Loch hervor, wobei sie gleichzeitig ihren Fang über
die Schulter schleuderte, so daß er auf einem unbewachsenen Stück Erde
landete. Goldie drehte sich rasch um, um ihre Beute in Augenschein zu
nehmen, die mit hocherhobenen Zangen in Kampfposition dastand, den
Giftstachel bogenförmig emporgekrümmt. Es war ein riesiger schwarzer
Skorpion *(Pandinus)*, vom Kopf bis zur Schwanzspitze gute 15 Zentimeter
lang, einer von jenen, den die Buschmenschen Ingi nennen und dessen Stich
mich mit hohem Fieber ins Krankenhaus gebracht oder mir zumindest
tagelang Schmerzen verursacht hätte.

Der Skorpion schwankte mit geöffneten Scheren hin und her wie ein
Preisboxer und vollführte mit dem Schwanz mehrere Stechbewegungen ins
Leere. Ich erwartete, daß Goldie sich jeden Augenblick auf ihn stürzen und
ihm den Giftstachel abzwicken würde, aber nichts dergleichen geschah. Es
sah so aus, als ob für sie die Scheren viel schrecklichere Waffen waren als der
Stachel. Mit einem kraftvollen Sprung nach vorn stürzte sie sich auf den
Skorpion, schnappte einmal kurz zu, schüttelte sich und machte wieder einen
Satz zurück: Eine der Scheren hing nur noch am Vorderbein. Dann ein
erneuter Ausfall Goldies, erneutes Zubeißen, und auch die zweite Schere
büßte ihre Funktion ein. Jetzt, dachte ich, nimmt sie sich den Schwanz vor.
Weit gefehlt! Goldie pirschte sich an den wehrlosen Skorpion heran –
wehrlos, soweit es die Mungodame betraf –, biß ihn in den Kopf und trug ihn
weg, wobei er ihr im Todeskampf mehrmals den Stachel in den Kopf stieß.
Goldie merkte es nicht einmal! Sie trug den Skorpion in eine sichere Ecke und
verspeiste wie gewöhnlich zuerst den Kopf, wobei sie ihn aufrecht zwischen
den Vorderpfoten hielt. Als sie mit ihrer Mahlzeit beim Schwanz gelangt war,
nahm sie das ganze Gebilde in ihr Maul und zerkaute es bis auf den letzten
Segmentring mit den Giftdrüsen und dem zurückgebogenen Stechapparat,
den sie seitlich fallen ließ. Dann drehte sie sich um, schnüffelte daran herum,
nieste, rieb sich mit einer Pfote die Nase und trottete hinter den anderen her.
Ich hatte den Eindruck, daß sie den Geruch des Giftes nicht mochte. Das war
auch der Grund, warum sie das Segment mit den Giftdrüsen verschmäht

hatte, nicht etwa, weil sie, wenn sie es gefressen hätte, krank geworden wäre. Auf Grund meiner Untersuchungen von Kotproben wußte ich nämlich, daß die kleinen braunen Skorpione *(Buthus)*, die giftiger sind als ihre größeren schwarzen Artgenossen, von den Mungos mit Stumpf und Stachel gefressen wurden.

Für die Mungos gab es an diesem Morgen ein richtiges Festessen. Der heftige Gewitterregen hatte in der Nacht zuvor die Ingi aus ihren ovalen Löchern mit den langen abschüssigen Gängen und den kleinen runden Kammern am Ende hinausgeschwemmt, oder sie waren während des Regens im Freien überrascht worden und konnten, sobald die Sonne aufging, nicht mehr ihre inzwischen unter Wasser stehenden Schlupflöcher erreichen. Sie waren daher gezwungen, neue Löcher zu graben, hatten diese aber in der verfügbaren Zeit nicht tief genug ausheben können, um den Streifzügen der beutegierigen Mungos zu entgehen. Überall stocherten kleine Pfoten emsig in Löchern, so daß ich das gleiche Tötungsverhalten, das Goldie mir an dem großen Skorpion demonstriert hatte, immer und immer wieder beobachten konnte, bis die Mungogruppe schließlich so weit weg war, daß sie im Gras und Buschwerk untertauchte.

Durch den Regen waren aber nicht nur die Skorpione aus ihren Bauten hervorgespült worden, auch andere in Erdlöchern hausende Buschbewohner waren vorübergehend obdachlos geworden und mußten mit einer ungenügenden, behelfsmäßigen Bleibe vorliebnehmen. Riesige Pavianspinnen, Verwandte der südamerikanischen Vogelspinnen, zwar nicht ganz so groß wie letztere, aber immerhin gute zehn Zentimeter lang, wurden von den Mungos aus ihren verschlammten Schlupflöchern herausgeholt, durch einen Biß in das Kopfbruststück getötet und verspeist. Die Giftklauen bei einigen dieser Riesenspinnen waren ein bis anderthalb Zentimeter lang und konnten einen kleinen Vogel oder eine Maus töten. Doch für die Mungos stellten die Spinnen eine lammfromme Beute dar, die leicht zu überwältigen war.

Dann sah ich, wie Vanessa mit einer Vorderpfote in einem Grasbüschel herumstöberte und schließlich ihre Beute auf ein Stück kahle Erde zerrte, um besser damit fertig zu werden. Sie glich einem fetten schwarzen Wurm von etwa 20 Zentimeter Länge, der seitlich einen karminroten Saum aufwies. Das Tier rollte sich wie eine Uhrfeder zusammen, und ich erkannte, daß es sich um einen jener Riesenvielfüßer aus der Familie der Schnurfüßler *(Julidae)* handelte, die unter dem Namen Songololos oder Mombasa-Züge in Kenia bekannt sind und bei hinreichend feuchter Witterung aus ihren Schlupflöchern hervorkommen, um faulende Pflanzenteile zu fressen. Ich wußte, daß diese Tiere aus besonderen Poren oberhalb der Beine ein rötliches, sehr bitter schmeckendes, ätzendes Sekret absondern können, weshalb sie von den

Goldie stürzt sich mit Schlitzaugen und hochgezogenen Lefzen auf den Skorpion, der ihr mit erhobenen Zangen in Kampfposition gegenübersteht.

meisten der im Busch lebenden Insektenfresser in Ruhe gelassen werden. Ich fragte mich, ob dies auch auf die Mungos zutraf, und beobachtete durch das Fernglas, was Vanessa mit diesem gut geschützten Buschbewohner anstellte. Zunächst beschnüffelte sie ihn vorsichtig, schüttelte den Kopf, sperrte das Maul weit auf, nieste und tat dann etwas, was ich bei meiner zahmen Mungogruppe nie erlebt hatte. Wie ein Waschbär, der seine Beute im Wasser wäscht, begann Vanessa den Vielfuß im Schmutz zu waschen. Auf beiden Seiten rieb sie ihn gründlich mit der trocknenden Erde ein, wobei sie mit den Pfoten kleine schrubbende Bewegungen ausführte und in ihrem Tun ab und zu innehielt, um ihn zu beschnüffeln, als wolle sie kontrollieren, ob das unangenehm schmeckende Sekret schon verschwunden war. Nachdem sie den Schnurfüßler nahezu eine Minute lang tüchtig mit Erde eingerieben hatte, schien sie mit dem Ergebnis zufrieden und begann, ihre Beute von einem Ende an zu verspeisen, so wie ein Kind ein Stück von einer Lakritzenstange abbeißt. Es mußte freilich noch immer ziemlich unangenehm schmecken, denn Vanessa legte ihre Nase in Falten und zog die Oberlippe hoch, um sie mit dem

Vielfuß nicht in Berührung zu bringen. Aber bald war von ihm nichts mehr übrig, und Vanessa setzte ihre Jagd fort.

Was mich am meisten faszinierte, waren nicht nur die verschiedenen Möglichkeiten, die den Mungos zur Behandlung der unterschiedlichsten Beutearten zur Verfügung standen – an sich bereits ein interessanter Tatbestand, wenn man die Mungos mit den höher entwickelten Raubtieren verglich, bei denen sich im Laufe des Evolutionsprozesses eine einzige Tötungsmethode herausgebildet hatte, an der sie mehr oder minder festhielten –, sondern war die Tatsache, daß diese kleinen Geschöpfe offenbar unempfindlich waren gegen nahezu alle Arten von giftigen Schutzmitteln, die die Natur ihren Geschöpfen verliehen hatte.

Es war geradezu verblüffend, wie viele verschiedene Gifte den Mungos nichts anzuhaben vermochten. Ob das betreffende Lebewesen zu seiner Verteidigung oder um seine Beute kampfunfähig zu machen, Nervengifte entwickelt hatte (welche die Nervenzellen des Opfers lähmen und so relativ schnell dessen Tod herbeiführen) oder hämolytische Gifte (die die roten Blutkörperchen zerstören und zu einem durch Sauerstoffmangel bedingten Absterben der Körpergewebe führen, ein gegenüber dem vorigen langsamer verlaufender Prozeß) oder gar eiweißverdauende Flüssigkeiten ausschied wie die Pavianspinnen oder extrem starke Säuren wie die Schnurfüßler – für die Mungos war das alles einerlei. Sie schienen gegen alles unempfindlich zu sein. Bis heute ist der Wissenschaft nichts über das Immunsystem der Zwergmungos bekannt. Aber es muß ein äußerst wandlungsfähiges und wirksames System sein, wahrscheinlich das am besten funktionierende im ganzen Tierreich.

5 Freunde und Feinde

Meine Taktik, Tag für Tag möglichst bewegungslos im Wagen zu sitzen, begann sich auszuzahlen. Die Buschtiere hatten sich an die Anwesenheit des Autos gewöhnt und fürchteten sich nicht mehr vor ihm, so daß ich ihr Verhalten den Mungos gegenüber ungestört beobachten konnte, wozu ich, wäre ich ständig in der Gegend herumgefahren, nie Gelegenheit gehabt hätte.

Zunächst fiel mir das Stillsitzen sehr schwer, und ich hätte das Projekt fast aufgegeben; denn mein Körper war an die Hitze nicht gewöhnt, und mir ging es dementsprechend schlecht. Zweimal in den ersten Wochen wankte ich abends bei der Rückkehr ins Lager leichenblaß und mit hohem Fieber aus dem Wagen. Mir war speiübel, und ich fühlte mich schwach und hundeelend: Erschöpfung durch Hitzeeinwirkung. Eine Dosis Aspirin, ein Glas Salzwasser schlückchenweise getrunken, und eine Nacht, die ich in ein nasses Laken gehüllt verbrachte, halfen mir gewöhnlich wieder auf die Beine, so daß ich die täglichen Besuche bei meinen Mungos fortsetzen konnte. In den ersten drei Wochen entzündete sich jeder noch so geringe Kratzer auf der Haut. Aber ich dachte mir, daß der Körper schon bald eine Widerstandsfähigkeit gegen die neue Bakterienwelt entwickeln werde. Daher behandelte ich derartige Wunden nie mit antibiotischen Salben, und es dauerte nicht lange, bis ich Hautkratzern ebensowenig Beachtung schenkte wie vergleichbaren Verletzungen, die ich mir unter anderen klimatischen Verhältnissen zugezogen hätte. Sie heilten rasch von allein ab. Die einzige Reizung, die sich hartnäckig hielt, war ein Hautausschlag, der sich entwickelte, nachdem ich Tag für Tag stundenlang in meinem eigenen Schweiß hatte sitzen müssen, und gegen den offenbar keine Salbe und kein Puder halfen. Augenlider, Rücken und Gesäß sahen wie rohes Schabefleisch aus. Aber ich durfte dem keine Beachtung schenken, da ich mit meiner Arbeit vorankommen wollte. Ich merkte auch sehr bald den Unterschied, ob ich im Wagen umherfuhr und so ständig dem Gegenwind ausgesetzt war, oder ob ich mucksmäuschenstill auf einem Fleck saß und die einzige spürbare Brise die natürliche, aber völlig unberechenbare Luftbewegung war.

Es dauerte fast einen Monat, bis sich meine Physiologie dem Klimawechsel angepaßt hatte. Meine Haut begann nicht nur wie gut gegerbtes Leder auszusehen, sondern fühlte sich auch so an, obwohl ich sie reichlich mit Feuchtigkeitscremes und Öl einrieb. Doch vor allem legte sich das fast unlöschbare Durstgefühl, das mich bis jetzt gequält hatte. Ich war imstande, mit einer Thermosflasche Zitronensaft den ganzen Tag lang ohne nachteilige Folgen auszukommen.

An einem Morgen war ich den Mungos von ihrem Schlafhügel aus gefolgt und beschloß, da ich sie während ihrer Nahrungssuche fast aus den Augen verloren hatte, in einem großen Bogen um sie herumzufahren und an einer Stelle, an der sie vorbeikommen würden, falls sie ihre Wanderungen in der gleichen Richtung fortsetzten, in Position zu gehen. Gerade als ich den Wagen zum Stillstand brachte, sah ich etwas Schwarzweißes, das am Fuße eines Busches, nur wenige Meter entfernt, wie wild umherflatterte. Zuerst konnte ich nicht erkennen, was es war. Doch als ich das Fernglas darauf richtete, sah ich zu meinem Erstaunen ein Deckenstokoweibchen auf und nieder hüpfen und heftig mit den Flügeln schlagen. Ein derartiges Verhalten hatte ich bei Tokos noch nie zuvor erlebt. Während ich mir noch den Kopf darüber zerbrach, was es damit wohl auf sich haben könnte, drehte sich der Vogel herum: Eine riesige Puffotter hatte sich an der Brust des Vogels festgebissen. Die Abwehrbewegungen des Tokoweibchens wurden immer schwächer. Schließlich sank das Tier mit aufgesperrtem Schnabel und ausgebreiteten Schwingen leblos zusammen. Das Ganze hatte kaum zwei Minuten gedauert!

Die Schlange versuchte nun, durch rasches Zurückschnellen ihre Beute in den schützenden Busch zu zerren. Aber der Vogel ließ sich wegen seiner Größe nicht durch die Zweige ziehen. Ich sah, wie die Puffotter sich von ihrem Opfer löste, den Toko am Kopf packte und sich daranmachte, ihn zu verschlingen, indem sie ihre Kiefer aus den Gelenken ausrenkte, um die Mundöffnung zu vergrößern. Langsam schien der Schlangenkörper den Vogel regelrecht zu überziehen, bis es am Schultergürtel plötzlich nicht mehr weiterging. Die Schlange konnte den Vogel samt Flügeln und allem Drum und Dran nicht schlucken! Reglos lag sie da, den toten Vogel wie ein Bündel Federn im Maul, arbeitete sich dann aber langsam zurück und würgte ihre Beute wieder aus, die am Kopfende völlig mit Speichel überzogen war. Die Schlange bewegte sich seitwärts, dann schoß der Kopf blitzschnell vor und packte den Vogel an der Seite. Wieder die merkwürdige, fast marionettenhafte Bewegung der Kiefer, um sie auszurenken. Die Schlange unternahm einen erneuten Versuch, verschlang zuerst einen Flügel, scheiterte jedoch am Bürzel. Abermaliger Rückzug. Dann probierte sie es zum dritten Mal, diesmal von hinten, konnte auch fast den gesamten Rumpf des Vogel in ihr Maul ziehen, mußte dann aber am Flügelansatz ihre Bemühungen aufgeben. Fast

Eine riesige Puffotter hat sich an der Brust des Deckenstokoweibchens festgebissen. Kurz darauf sinkt das Tier leblos zusammen.

eine Stunde lang lag die Puffotter in dieser Stellung, bis sie wohl einsah, daß die Situation aussichtslos war. Sie begann, sich von ihrer Beute zu trennen, wobei sie die Kiefer von einer Seite zur anderen bewegte, um die Gelenke wieder einzurenken. Dann blieb sie neben dem jetzt speichelbeschmierten Tokokadaver liegen. Sie züngelte noch ein paarmal über ihre sperrige Beute, doch ohne zuzubeißen. Schließlich kroch sie durch die Büsche und das Unterholz davon.

Ich hatte die Mungos falsch eingeschätzt. Während ich die Schlange beobachtete, waren sie fast im rechten Winkel zu der Stelle, wo ich das Auto geparkt hatte, in entgegengesetzter Richtung weitergezogen, so daß die

Aussicht, der Puffotter zu begegnen, sehr gering war. Meine Chance, die Mungos zu beobachten, wie sie mit diesen Reptilien fertig wurden, sollte ich freilich ein paar Wochen später noch erhalten.

Der Tag versprach heiß zu werden. Die Gruppe war bereits um 7.00 Uhr auf Nahrungssuche. Sie hatten sich kaum 15 Meter vom Termitenhügel entfernt, als ich Weißhals mit dem Kopf auf und nieder wippen sah, wobei er angestrengt auf das silberweiß gebleichte Gras und das welke Laub am Fuße eines Grewiabusches starrte. Tsiiiiii, »Kommt rasch!« – der durchdringende Ruf hallte im Busch wider. Alle Köpfe fuhren hoch, und gemeinsam trottete die Gruppe hinter Weißhals her, wobei die Tiere unterwegs dicht aufrückten, bis sie wie eine kleine Truppe auf dem Marsch wirkten. Ich spähte durch das Licht-und-Schatten-Muster am Fuß des Busches, konnte aber nichts erkennen. Da begann das, was ich für einen Haufen toter Blätter gehalten hatte, sich plötzlich zu winden und zu krümmen und zu einem Knäuel zusammenzuziehen. Mit einem zischenden Geräusch, als lasse eine Lokomotive Dampf ab, fuhr ein vor und zurück schwingendes Gebilde empor. Wegen der tiefen Schatten ließen sich Einzelheiten immer noch schwer ausmachen. Dennoch konnte ich erkennen, daß einer Puffotter offenbar klargeworden war, daß sie sich in Gefahr befand. Sie schützte nun ihren verwundbarsten Körperteil, den Hals, indem sie ihn mit dem Kopf nach unten in einer Windung ihres Oberkörpers zurückbog. Das Ganze sah aus wie ein Fragezeichen, dessen gekrümmter Teil verlängert und parallel dazu noch einmal umgebogen worden war, so daß der Kopf der Schlange in der Mitte des Knäuels zu liegen kam. Inzwischen hatten die Mungos das Reptil umringt und gingen mit offenen Mäulern zum Angriff über. Die Schlange mußte wenigstens einen Meter lang und so dick wie mein Arm sein.

Die Puffotter verharrte in ihrer schildartigen Abwehrstellung, drehte sich noch immer laut zischend um, sobald einer ihrer kleinen Peiniger sie in den Rücken zwickte, und fuhr blitzschnell auf die braunen Gestalten los, die wie Gummibälle aus der erbitterten Rauferei vorgeschossen kamen, um sich alsbald wieder hineinzustürzen. Dann lösten sich George und Diana von der Gruppe und stellten sich etwa einen Meter entfernt von den übrigen Mitgliedern der Familie auf. George begann, den Boden und ein kleines Grasbüschel mit dem Wangensekret zu markieren, und verfiel dann in das heftigste Drohkratzen, das ich bisher erlebt hatte. Während zerfetztes Gras nach hinten flog, behielt er die Schlange ständig im Auge und steigerte sich in einen regelrechten Wutanfall hinein. Diana stand still daneben und beobachtete das Ganze. Dann trabte sie plötzlich in das Kampfgetümmel. Ich sah, wie sie Tatu aus dem Gewühl von Leibern so zielstrebig und erfolgreich herausholte, wie ein Schäferhund ein bestimmtes Muttertier aus einer Schafherde aussondert.

Es sah so aus, als ob Diana verhindern wollte, daß Tatu zusammen mit den anderen die Schlange weiterhin piesackte. Sooft die kleine Mungodame versuchte, sich wieder zu der übrigen Familie zu gesellen, rannte Diana hinterher, versperrte ihr den Weg und schob sie weg.

George war noch immer mit Drohkratzen und Markieren beschäftigt, unternahm kleine Ausfälle auf die um die Schlange gescharte Gruppe, hielt dann aber auf halbem Weg inne und verfiel wieder in sein Drohkratzen. Die Mungos, die die Schlange umringten, setzten ihr weiter zu, stürzten sich auf sie, sobald sie sich von ihnen abwandte, bissen sie und sprangen wieder zurück, noch ehe das Reptil herumfahren und seine Giftzähne in sie schlagen konnte.

Twin, Narbe und Weißhals schienen die Hauptangreifer zu sein. Sie wahrten fast den gleichen Abstand voneinander und setzten der Schlange sozusagen mit verteilten Rollen zu. Die Weibchen und die jüngeren Tiere füllten die Lücken und bissen, sobald sich eine Gelegenheit bot, ebenfalls zu. Das Reptil machte mit offenem Maul, wobei Ober- und Unterkiefer sich in nahezu waagerechter Lage befanden, ständig stoßende Bewegungen und zischte wütend. Allem Anschein nach versuchte die Schlange, sich von den Mungos zu befreien, denn sie schleuderte mehrere Male ihren Leib fast völlig ausgestreckt empor, rollte sich aber ebenso schnell wieder zusammen, als es einem ihrer bepelzten Peiniger schließlich gelang, sie von hinten in den Schwanz zu beißen. Ab und zu mischte sich nun auch George in das Gewühl, versetzte der Schlange einen Biß und widmete sich dann wieder seinem Drohkratzen.

Schließlich riß sich das Reptil von den Mungos los und schlängelte sich davon, so schnell seine Rippen es trugen. Geschlossen nahmen die Mungos die Verfolgung auf und zwickten die Schlange in den Schwanz, worauf sie ruckartig herumfuhr, mit geöffnetem Maul auf sie losging und dann wieder eilig davonglitt. Allmählich gaben einzelne Mungos die Jagd auf, bis am Ende nur noch Weißhals, Narbe und Twin die Puffotter weiterhetzten. Diese suchte offenbar nach einem Versteck, da sie in jedes Loch und jeden Spalt zu schlüpfen versuchte, aber keine Öffnung finden konnte, die für sie groß genug war. Die Mungos gaben keine Ruhe. Endlich erreichte die Schlange einen umgestürzten Baum, unter dem sie verschwand. Die drei Mungos kletterten über den Stamm, spähten nach unten, rannten neben ihm hin und her, wippten mit den Köpfen auf und nieder und untersuchten auch die schattigen Stellen unter dem Stamm. Schließlich waren sie offenbar davon überzeugt, daß das Reptil sich endgültig aus dem Staube gemacht hatte, und kamen in großen Sätzen zur Gruppe zurück. Dann folgte eine wahre Begrüßungsorgie mit gegenseitigem Beknabbern des Nackenfells und ausgiebiger Analmarkierung, was mich an das Schulterklopfen und Umarmen von Spielern einer Fußballmannschaft nach einem Torschuß erinnerte.

Auch in diesem Fall hatte ich den Eindruck gewonnen, daß die Mungos die Schlange nicht zu töten beabsichtigten. Vielmehr sah es so aus, als wollten sie sie nur nicht in ihrer Nähe haben. Sie begnügten sich damit, sie aus ihrem Bereich zu verscheuchen. Die Puffotter war jedoch ein sehr großes und kräftiges Exemplar, ein wie eine Stahlfeder zusammengerollter Muskel von einem Meter Länge, den unter Kontrolle zu halten schon einem Menschen zu schaffen gemacht hätte. Den Mungos mußte es besonders schwerfallen, mit

Die Mungos umringen die Puffotter und bedrohen sie; schließlich entschließt sie sich zu fliehen, und die Mungogruppe verstellt ihr den Fluchtweg.

ihren Kiefern den Hals der Schlange zu umspannen, der fast so dick wie mein Handgelenk war, selbst wenn das Reptil ihnen dazu Gelegenheit geboten hätte.

Was ich an dem ganzen Kampf besonders merkwürdig fand, war die Tatsache, daß George und Diana, nachdem sie sich überzeugt hatten, worum es ging, das Piesacken der Schlange ihren älteren Kindern überlassen und die kleine Tatu an einer aktiven Beteiligung gehindert hatten. Ich war mir noch immer nicht sicher, was das heftige Drohkratzen von George bedeutete, das heißt, ob er es für sich selber tat, um sich in die richtige Angriffslust zu steigern, oder ob es nur ein Ausdruck seines augenblicklichen emotionalen Zustandes war. Diana dagegen verhielt sich allem Anschein nach so, als lasse der Kampf gegen die Schlange sie völlig kalt. Solange Tatu sich nicht daran beteiligte und in Sicherheit war, saß sie da und beobachtete die anderen, wie sie vorankamen.

Ich war nun sehr gespannt, wie die Mungos mit einer kleineren Schlange fertig werden würden, falls ihnen eine über den Weg lief. Mein Wunsch ging schließlich eines Nachmittags in Erfüllung, als die Gruppe an einem alleinstehenden Termitenhügel vorbeizog, den ich Peak getauft hatte. Diesmal ließ Goldie den Tsiiii-Ruf ertönen. Wieder kam die ganze Schar wie eine Meute Jagdhunde angestürmt. Goldie machte sich über etwas her, was sich im Gras unmittelbar neben dem Termitenbau befand. Ich kletterte auf den Wagen, um besser sehen zu können, während die Gruppe einen Kreis um das gebildet hatte, was sich noch versteckt hielt. Durch den Feldstecher konnte ich erkennen, daß sich eine Puffotter hin und her wand; sie war aber viel kleiner als die erste, etwa einen halben Meter lang. Sie mußte wohl ein Sonnenbad genommen haben, als Goldie zufällig auf sie stieß. Wieder begann das Vorspringen und Sichzurückziehen der kleinen braunen Gesellen, während die Schlange sich vergeblich bemühte, in den sicheren Hügel zu gelangen, indem sie die Böschung hinaufkroch, bis sie oben auf kahlem Boden lag, so daß ich alles, was vor sich ging, genau beobachten konnte.

Erneut gingen George und Diana zur Seite. Aber diesmal versuchte Diana nicht, Tatu von der Rauferei fernzuhalten. Ich konnte die Schlange vor lauter Mungos, die sich dicht um sie drängten, kaum sehen. Wie oft sie angriff, konnte ich lediglich an den Fellkugeln ablesen, die plötzlich einen Satz rückwärts machten. Die Mungos schubsten und drängelten sich, da jeder dem gemeinsamen Feind einen tüchtigen Biß zu verpassen suchte. Ich sah Rusty, wie er sich ins Getümmel stürzte und zubiß. Die Schlange stieß blitzschnell in seine Richtung, während er mit einem geschickten Sprung auswich – und dann passierte es: Beim Zurückspringen stieß er mit Twin zusammen. Ich hörte, wie die Kiefer der Schlange mit deutlich vernehmbarem Knacken

Rustys Körper trafen. Rusty gab einen zaghaften Tsiep-Laut von sich und war schon wieder mitten im Kampfgetümmel, als sei nichts geschehen. Ich erinnerte mich aber, wie schnell das Tokoweibchen dem blutzerstörenden Gift der Puffotter erlegen war, und nahm an, Rusty werde bald schwächer werden und wenigstens *einige* Symptome nach dem Schlangenbiß zeigen. Aber nichts dergleichen geschah. Nach wie vor war er mit seinen Artgenossen dabei, die Schlange zu zwicken!

George hatte inzwischen das Grasbüschel, das ihm zum Drohkratzen gedient hatte, völlig zerfetzt. Dann wandte er sich plötzlich um und war mit zwei Sätzen inmitten seiner Familie. Was anschließend geschah, ereignete sich so schnell, daß ich nur winzige Szenen registrierte, so als sei das Ganze von einem Blitzlichtstroboskop beleuchtet gewesen: Georges ausgestreckter Körper, sein aufgesperrtes Maul; George in Hockstellung, den Hals der Schlange im Maul; George schleudert den Kopf nach hinten und schüttelt ihn hin und her wie ein Terrier; die Schlange windet sich mit weitgeöffnetem Maul und peitscht durch die Luft; George springt zur Seite und schleudert die Schlange weit von sich, so daß sie als wirres, sich windendes Knäuel außerhalb des Kreises angespannt beobachtender Mungogesichter landet... Dann war alles vorbei. George der Schlangentöter hatte dem Reptil den Garaus gemacht.

Die Mungos liefen geschlossen zur Puffotter, betasteten sie mit den Pfoten und versuchten, sich an ihr festzukrallen, wobei die schüchterneren Tiere, besonders die Jungen, vorschossen, um dem sich noch immer windenden Körper einen raschen Biß zu versetzen und gleich wieder zurückzuflitzen. George saß da und beobachtete nur. Diana gesellte sich zu ihm und beknabberte flüchtig sein Nackenfell, bevor sie sich wieder den übrigen Familienmitgliedern widmete, die noch immer das Reptil untersuchten. Allmählich ließen die Muskelreflexbewegungen des Schlangenkörpers nach, und die Mungos zerrten das noch zuckende Knäuel mit den Pfoten auseinander. Mit Hilfe meines Fernglases versuchte ich die genaue Stelle zu bestimmen, wo George der Puffotter den tödlichen Biß versetzt hatte. Die Bißstelle lag am Hals etwa fünf Zentimeter hinter dem Kopf. Entweder sahen Mungos Schlangen nicht als Beute an oder sie wandten bei diesen Reptilien eine andere Tötungstechnik an als bei Eidechsen. Ich wußte, wie blitzschnell eine Puffotter ihren Kopf vor- und zurückschnellen lassen konnte und daß George kaum Zeit geblieben war, die Schlange festzuhalten und den Biß exakt zu plazieren. Um so erstaunter war ich, daß er das mit solcher Präzision auf Anhieb zuwege gebracht hatte. Sobald die Schlange bewegungslos blieb, ging George zu ihr hinüber, beschnupperte vorsichtig ihr offenes Maul, nieste, rieb sich die Nase mit der Pfote und schlenderte davon.

Ich vermutete nun, die Gruppe werde sich darum streiten, wer als erster fressen dürfe. Aber nicht eines der Tiere versuchte, auch nur einen Bissen zu ergattern. Die kleine Gruppe zog weiter und ließ das Reptil auf der Böschung des Termitenbaus zurück, nicht ohne Widerstreben der Jungtiere, die immer wieder zu dem Schlangenkadaver zurückflitzten, ihn bissen und mit den Krallen bearbeiteten. Schließlich zogen auch sie ab. Ich überlegte mir gerade, ob ich aussteigen und mir die tote Schlange holen sollte, um vom Sitz der tödlichen Bißwunde eine genaue Zeichnung anzufertigen, als ich plötzlich Flügelschlagen und gleich darauf einen dumpfen Aufschlag hörte. Ein junger Gaukleradler, der noch sein braunes Babygefieder trug, kam aus dem Himmel herabgestürzt, schnappte mir mein zoologisch wertvolles Exemplar vor der Nase weg und war mit einigen Flügelschlägen schon wieder verschwunden.

Die Plazierung des tödlichen Mungobisses ließ mir keine Ruhe. Hatte George das Ziel verfehlt? Hatte sein Biß in Wirklichkeit dem Kopf der Schlange gegolten? Als ich wieder in Europa war, beschloß ich, mit meiner zahmen Gruppe ein Experiment zu versuchen, und brachte eine naturgetreue Gummischlange in ihr Gehege. Die Mungos reagierten, als sei sie lebendig, und zeigten alle Verhaltensmuster, die ich bei Diana & Co. in der freien Natur hatte registrieren können. Dann passierte das, worauf ich gewartet hatte: der tödliche Biß, der der Gummischlange den Garaus machen sollte und diesmal von einem der niedriger stehenden erwachsenen Männchen kam. Ich stürzte in das Gehege, um mir die Spielzeugschlange zu schnappen, bevor weitere Bisse das Ergebnis unkenntlich machten, und mußte zu meiner Überraschung feststellen, daß selbst bei dieser reglosen Nachbildung der Biß nicht durch den Kopf, sondern sieben Zentimeter hinter ihm erfolgt war. Ich wiederholte das Experiment mehrere Male, die Resultate waren immer die gleichen. In der Folgezeit rätselte ich über dieses Verhalten, bis mir eines Tages klar wurde, warum es so wichtig war, die Schlange *nicht* in den Kopf zu beißen. Eine Ringelnatter war aus ihrem Käfig im Labor entwichen und hatte sich hinter einem Bein meines Schreibtischs versteckt. Meine Hand reichte nur bis zu ihrem Kopf, den ich zwischen den Fingern zu fassen bekam. Noch ehe ich recht wußte, was geschah, hatte sich der Körper der Schlange wie ein riesiges Armband um meinen Arm gewickelt. Als ich jedoch meinen Griff zum Hals hin verlagerte, hing sie plötzlich schlaff herab und wand sich in meiner Hand lediglich hin und her. Allem Anschein nach war im Kopf das Auslösezentrum für den Wickelvorgang. Falls das zutraf, dürfte das Tier, das eine Schlange in den Kopf biß, sich höchstwahrscheinlich in den Windungen ihres Körpers verfangen, selbst wenn es ihm gelang, sie zu töten. Durch die reflektorische Nerventätigkeit werden die Bewegungen des Körpers auch noch einige Zeit nach Eintritt des Todes aufrechterhalten. Erstaunlich, wie Evolutionsprozesse dazu geführt haben, daß die Mungos ihre Tötungstaktik in Anpassung an ihre Beute zu ändern vermochten!

Im Laufe der nächsten Tage behielt ich Rusty scharf im Auge, um zu sehen, ob sich irgendwelche Nachwirkungen des Schlangenbisses zeigten. Doch abgesehen von leicht aufgedunsenen Partien um die Augen machte er einen völlig normalen Eindruck. Sein Appetit war gut wie eh und je. Er sah alles andere als krank aus, auch wenn er nicht ganz so aktiv war wie sonst. Schon nach drei Tagen war er wieder ganz der alte. Ein Biß, der mir furchtbare Schmerzen verursacht hätte, ja mich sogar umbringen konnte, wäre er in der Nähe eines lebenswichtigen Körperteils erfolgt, wurde von den Mungos gewissermaßen mit einem Achselzucken abgetan. Es gab nicht einmal Anzeichen für eine Nekrose, die auf ein Absterben der Gewebe um die Wunde hingedeutet hätte, obwohl doch beim Menschen der Biß einer Puffotter leicht zu einem Gangrän führen und die Amputation des erkrankten Gliedes erforderlich machen kann, falls das Schlangenserum nicht schnell genug appliziert wird. Mungos scheinen mehr oder weniger unverwüstlich zu sein!

Die einzige Schlange, die von einem Mungo in meinem Beisein verspeist wurde, war ein schlankes kleines Exemplar mit dunkelrotem Leib und einem schwarzen Streifen um den Hals, fast wie eine Miniaturspeikobra, aber nur etwa 20 Zentimeter lang. Obwohl es sich für einen einzelnen Mungo um eine leicht zu überwältigende Beute handelte, mußte erst eine Zeremonie, die im Reizen der Schlange bestand, zu Ende gebracht werden, ehe Weißhals sich auf sie stürzte und ihr den tödlichen Biß versetzte. Kaum hatte er das kleine Reptil fallen lassen, das sich zu einem Knäuel zusammengerollt hatte, als Diana unter schrecklichem Knurren mitten in die Gruppe stürmte. Sie nahm die sich noch windende Schlange ins Maul und trottete zu einem Busch am Fuße eines Termitenbaus. Hier ließ sie das Tier fallen, zerrte es mit den Vorderpfoten auseinander, löste den Kopf aus dem Knäuel der Körperwindungen und machte sich daran, die Schlange vom Kopf her wie einen Tausendfüßer zu fressen. Die übrige Gruppe beschnüffelte noch immer die Stelle, wo die Schlange gelegen hatte, und verriet dabei große Erregung, denn die Schwänze der Tiere sahen noch immer wie Flaschenbürsten aus. Schließlich folgten sie Diana zu dem Busch, unter dem diese ihre Beute verspeiste. Sie bildeten einen Kreis um sie im Abstand von rund einem Meter, weil Dianas Knurren und ihre wütenden Blicke zwischen sich und ihren Artgenossen eine unsichtbare Schranke errichteten. Außerhalb dieses Bannkreises wuselten sie, vor Erregung zwitschernd, umher, markierten sich gegenseitig und beknabberten sich flüchtig das Nackenfell. Endlich war die kleine Schlange aufgefressen, und Diana zog mit prallgefülltem Bauch ab. Im Nu stürzten sich die anderen

Mungos zu der Stelle, wo Diana das Reptil verspeist hatte, und berochen emsig den Erdboden, als ob sie sich den Geruch des Reptils für künftige Gelegenheiten einprägen wollten.

Bisher hatte ich die Mungos nur Schlangen töten sehen, die ihre Feinde beißen, um sie durch Gift kampfunfähig zu machen. Als sich mir die Gelegenheit bot, den Kadaver einer frisch getöteten Speikobra zu bekommen, beschloß ich herauszufinden, was die Mungos tun würden, wenn sie auf eines dieser Reptilien stießen, die auf Grund ihrer im Maul nach vorn schwenkbaren hohlen Giftzähne ihr Gift mit ziemlicher Genauigkeit über eine Entfernung von vier bis fünf Metern oder mehr verspritzen können und dabei angeblich auf die Augen des Opfers zielen. Die Speischlange war ein prächtiges Exemplar, über einen Meter lang und so dick wie ein Besenstiel. Früher als sonst fuhr ich zum Schlafhügel der Mungos, um alles für mein Experiment vorzubereiten. Ich legte die Kobra in die Nähe des Hügels, wobei ich den Kadaver sorgfältig zusammenrollte, um ihn möglichst lebensecht wirken zu lassen, setzte mich dann in den Wagen und wartete. Mein Hauptinteresse galt der Frage, ob die Mungos erkennen konnten, daß es sich um einen Gegner handelte, der imstande war, sie schon aus einiger Entfernung zu verletzen, und ob sie folglich einen Bogen um die Kobra machen würden. Langsam wurde es hell. Narbe kroch aus einer Öffnung des Termitenbaus und hockte sich oben auf die Spitze, wobei er sein Fell flaschenbürstenartig sträubte, da es noch kühl war. Er blickte in die Runde, wandte den Kopf hierhin und dorthin, und jedesmal, wenn er in die Richtung der Schlange sah, dachte ich: Jetzt! Aber nein, Narbe schien sie noch nicht zu bemerken. Nach und nach tauchten die anderen Mitglieder der Gruppe auf und setzten sich zu ihm. Die Minuten verrannen, und allmählich begann ich zu glauben, daß in freier Natur lebende Mungos eben nicht so leicht reinzulegen waren wie zahme. Wußten sie, daß die Schlange bereits tot war, und schenkten ihr daher keine Beachtung? Dann begab sich George zur Toilette. Jetzt merkte ich erst, daß ich den Schlangenkadaver im Dunkeln versehentlich direkt neben den Kotplatz gelegt hatte. George hockte da und sah sich um, als sein Blick auf die roten Windungen im Gras fiel. Ich hatte den Eindruck, daß der arme Kerl tatsächlich nicht wußte, was er tun sollte: weiter in Hockstellung verharren, bis er sein Geschäft beendet hatte, oder die anderen rufen oder zur Schlange hinrennen oder den Hügel hinaufflitzen.

Schließlich ließ er, immer noch in Hockstellung, ein nahezu jähzorniges Tsiii ertönen, worauf alle Köpfe sich in seine Richtung reckten. Dann sahen auch die übrigen Mungos die Kobra und kamen mit wippenden Köpfen zögernd den Hügel herunter. George war inzwischen zur Anschlagtafel gerannt und markierte dort mit wütenden Gebärden, wobei er seine Wangendrüsen auf dem Erdboden und an den Zweigen eines kleinen Busches entlangrieb und diese Tätigkeit ab und zu unterbrach, um einem heftigen Anfall von Drohkratzen nachzugeben. Die übrigen Gruppenmitglieder rannten in großer Aufregung zwischen der Schlange und der Anschlagtafel hin und her. Sie hielten zwischen sich und dem toten Reptil keinen Sicherheitsabstand ein. Die älteren Gruppenmitglieder umstanden den Kadaver in der üblichen Weise. Nur die Jungtiere konnten sich nicht entscheiden, ob sie die Schlange zwicken oder ob sie markieren sollten, und taten am Ende nichts von beidem. George steigerte sich in immer wilderes Drohkratzen, während die Schlangenbeißer gelegentlich vorschnellten, um den reglosen Kadaver zu zwicken. Sie reagierten also genau so, als handle es sich um eine ganz gewöhnliche Schlangenart und nicht um eine, die sie blind machen konnte, falls es ihr gelang, ihnen ihr Gift in die Augen zu spritzen! Als die Dinge sich zuzuspitzen begannen und ich jeden Augenblick erwartete, daß blitzschnell der tödliche Biß erfolgen müßte, rauschte es wieder einmal durch die Luft, und etwas landete mitten in dem Kreis aus braunen Mungoleibern, die wie die Funken eines Feuerrades nach allen Richtungen davonstoben. Der ganze Busch hallte von den erregten Tschiii-Rufen der Mungos wider, die sich schleunigst in Sicherheit zu bringen suchten. Ich starrte auf einen riesigen Gauklerradler, der mit aufgesperrtem Schnabel die tote Kobra mit seiner einen Klaue festhielt und war tief beeindruckt, als ich diesen schönsten aller afrikanischen Raubvögel so nahe vor mir sah. Die rote Haut des Kopfes, der von einem weichen, lockeren Schopf blauschwarzer Federn gekrönt war, zeichnete sich deutlich vor dem silbergrauen Hintergrund ab. Dann sah er, daß ich ihn vom Wagen aus beobachtete, und schwang sich nach ein paar Hopsern, die Schlange noch immer von einem der hellroten Fänge umklammert, mit ein paar kräftigen Flügelschlägen über die Wipfel der Dornbäume empor.

Allem Anschein nach war das für die Mungos etwas zuviel gewesen; denn es dauerte fast eine halbe Stunde, bis sie aus dem Termitenhügel wieder auftauchten, vorsichtig die Flanken des Hügels hinabkrochen und alles ringsum sorgsam untersuchten, ehe sie sich an die Stelle zurückwagten, wo die Schlange gelegen hatte. Wieder das sehr gewissenhafte Beriechen. George hörte mittendrin auf und lief zur Anschlagtafel, hinterließ dort seine Markierung und machte ein paar flüchtige Drohkratzbewegungen. Dann ließ Diana den Ruf zum Ausrücken ertönen. Die ganze Gruppe folgte ihr auf der anderen Seite des Hügels nach unten und ins Gras hinein.

Nicht nur, daß die Mungos keinen Sicherheitsabstand zwischen sich und der Speikobra erkennen ließen, sie hatten auf die tote Schlange auch so reagiert, als sei sie lebendig. Das brachte mich auf die Frage, ob die Mungos wirklich besonders intelligent waren. Falls sie erkennen konnten, daß die

Schlange tot war, warum griffen sie sie dann an, als sei sie noch am Leben? Ich wußte ja, daß nicht alle Schlangen aktive Lebewesen sind. Einige liegen reglos da und lauern auf Beute, während viele Arten sich sehr wirksam totstellen können, indem sie sich mit geöffnetem Maul auf die Seite rollen und ganz schlaff wie tot daliegen, um mögliche Angreifer zu täuschen. Es würde von schlechter Anpassung zeugen, wenn ein Mungo sich durch ein derartiges Tarnverhalten hereinlegen ließe. Warum aber Schlangen *wirklich* als Feinde angesehen wurden, war mir noch immer nicht klar.

Ich hatte mich schon des öfteren gefragt, warum bestimmte Hügel von den kleinen Jägern gemieden wurden. Unmittelbar vor Beginn der Regenzeit erhielt ich die Antwort. Aus einem Hügel, den ich wegen seiner besonderen Form den Kegelhügel nannte und der einem Vulkan mit einer großen Krateröffnung glich, die von dem spärlichen Laub des Baumes, um den er errichtet worden war, fast verdeckt wurde – aus diesem Hügel lugte etwas hervor, was auf den ersten Blick wie eine hellblaue Schlange aussah, die mit rhythmischer Regelmäßigkeit auftauchte und wieder verschwand. Die zuckende Bewegung erregte meine Aufmerksamkeit, aber ich konnte nicht ausmachen, um was es sich handelte, da die Schattenpartien unter dem Laub zu dunkel waren, um irgend etwas zu erkennen. Die Gruppe der Mungos ging etwa zehn Meter vom Kegelhügel entfernt ihrer Furagiertätigkeit nach. Aber dann geschah das Übliche: Ein grauer Strich schoß durch die Luft, die Tokos flogen fast senkrecht auf die Bäume, und die Mungos flitzten in Deckung. Zwei von ihnen, Weißhals und Victoria, landeten auf dem Kegelhügel, während die anderen sich unter Baumstämmen und Büschen versteckten. Der Singhabicht, der die Aufregung ausgelöst hatte, hockte auf einem Baum, der fast in der Mitte der Gruppe stand. Vom Hügel her hörte ich ein wütendes Fauchen und sah Weißhals und Victoria, wie sie mit gesträubtem Fell auf etwas im Schatten losgingen und dabei ein Geräusch wie gereizte Katzen machten. Dann bewegte sich ein riesiger Schattenfleck, und mir wurde klar, was ich erblickte: Es war eine gewaltige Steppen-Waranechse, deren hin und her schnellende Zunge zuerst meine Aufmerksamkeit erregt hatte. Die Mitglieder dieser größten landbewohnenden Reptilienfamilie können furchterregende Ausmaße haben und eine Länge von 1,80 Meter und mehr erreichen. Das Exemplar, das ich vor mir sah und das Weißhals und Victoria attackierten, mußte ein Großvater (oder eine Großmutter) sein, nach der Breite des

Georges Blick fiel plötzlich auf die roten Windungen der Speikobra.
Dann begann er mit wütenden Gebärden seine Wangendrüsen auf dem
Erdboden entlang zu reiben.

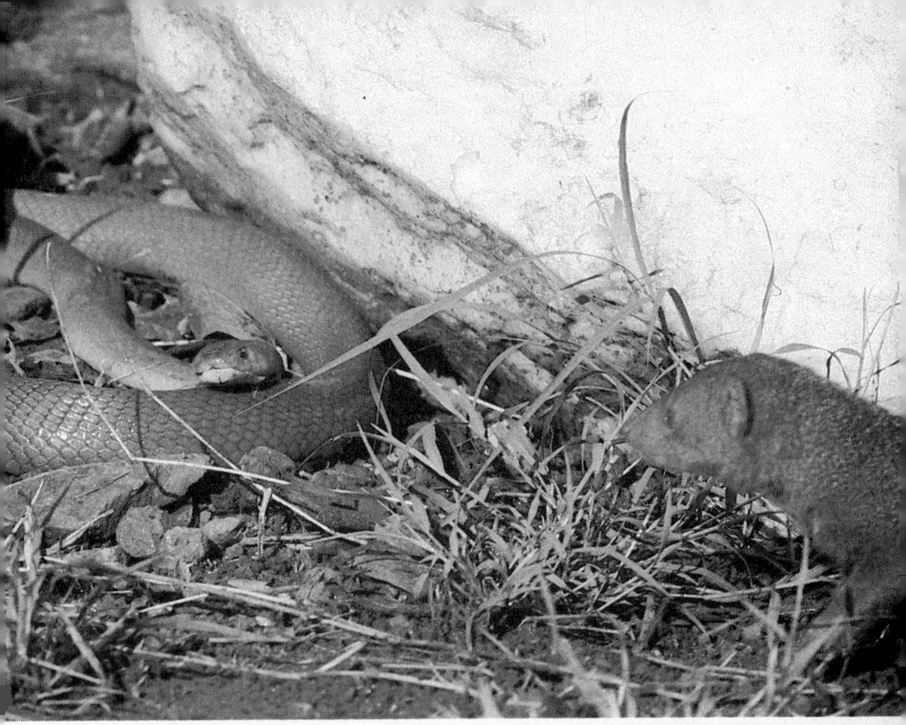

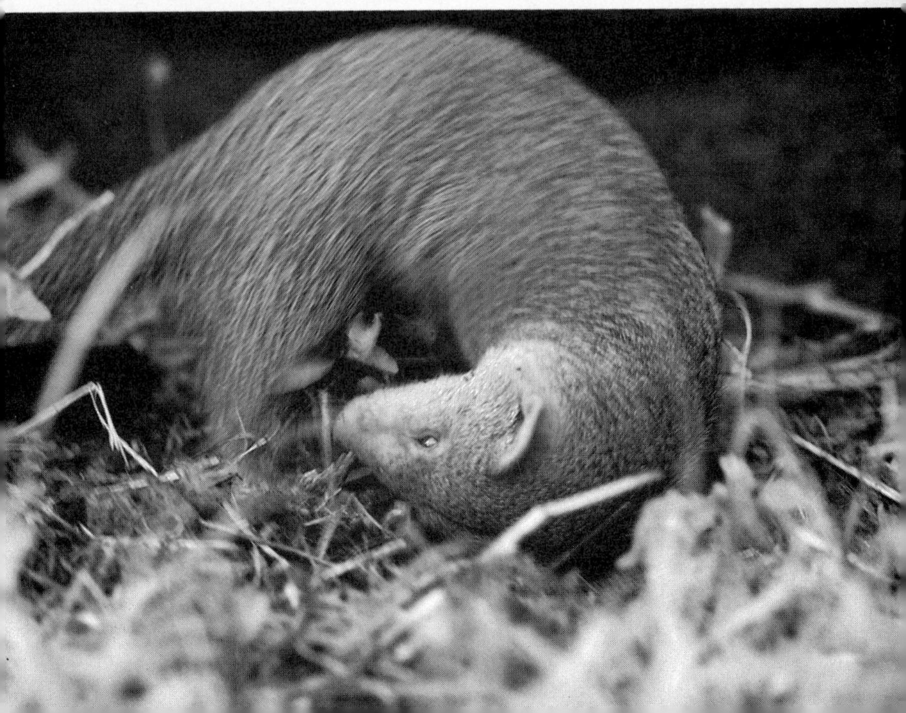

Kopfes und der Schultern zu urteilen, das einzige, was ich von dem Waran sehen konnte, da der übrige Körper im Hügel verborgen war. Die Mungos fauchten dem Riesenreptil ins Gesicht und schossen auf seine Augen zu, während die Echse den Kopf langsam hin und her wandte in dem Bemühen, den Angreifern zu entgehen. Dann verschwand sie ruckartig wieder im Hügel, und Victoria und Weißhals spähten lange in den Krater, wohl um sich zu vergewissern, daß der Waran sich endgültig zurückgezogen hatte, ehe sie sich abwandten und den Singhabicht auf dem Baum beschimpften.

Selbst wenn die Warane ganz aus ihren Termitenhügeln herausgekrochen kamen, was sie oft unmittelbar vor Beginn der Regenzeit taten, und mühsam durch den Busch watschelten, da ihre dicken Beine den massigen Leib kaum tragen konnten, hatten die Mungos vor ihnen keine Angst und gingen geschlossen auf sie los, indem sie gegen den Kopf der Echse sprangen und dabei fauchten und knurrten. Entweder trottete nun der Waran etwas schneller, um den Mungos aus dem Weg zu gehen, oder aber die Riesenechse senkte den Kopf, wenn die Gruppe sich unmittelbar vor sie gestellt hatte und machte die Augen zu, während die Mungos hin und her sprangen, dem Waran ins schuppige Maul bissen und es besonders auf seine Augen abgesehen hatten. Ich habe nur einmal beobachtet, wie sich ein Waran mit einem gewaltigen Schlag seines riesigen Schwanzes verteidigte. Die Mungos piesackten ihn gerade an einem Hinterbein, als plötzlich eine Bewegung erfolgte, Zweige knackten und eine Staubwolke sich erhob. Die kleinen braunen Geschöpfe sprangen fast senkrecht in die Luft oder jagten auseinander, nur um sich neu zu gruppieren und wieder anzugreifen. Die Bewegung des Echsenschwanzes war so schnell erfolgt, daß ich kaum glauben konnte, daß das normalerweise schwerfällige Tier einer solchen Bewegung fähig war. Dann verschwand der Waran und bahnte sich krachend seinen Weg durch Gras und Buschwerk, wobei die Mungos ausgelassen hinter ihm herflitzten und dem Reptil gelegentlich in den Schwanz oder in die Flanken bissen, um ihm Beine zu machen.

Die Mungos bedienten sich der gleichen Taktik auch gegen andere große Buschräuber, denen sie auf ihren täglichen Ausflügen begegneten. Eines Morgens in der Frühe bemerkte ich, daß sie und ein Schabrackenschakal sich auf einem der Wildpfade gleichsam auf Kollisionskurs befanden. Die Mungos merkten offenbar erst in der letzten Minute, daß der Schakal sich ihnen näherte, und versteckten sich unter einem Grewiabusch neben dem Pfad. Als der Schakal auf gleicher Höhe war, blieb er stehen und schnupperte an dem Busch, wo er mit heftigem Fauchen und Knurren empfangen wurde. Er fuhr zusammen, spitzte die Ohren und begann dann, den Busch zu umkreisen und ihn näher zu beäugen. Das Fauchen und Knurren wurde heftiger. Da sah ich, wie einer der Mungos – es war wohl Weißhals – herausgeschossen kam, dem Schakal ins Bein biß und wieder zurückflitzte. Der Schakal jaulte auf und sprang zurück, war jedoch im Nu wieder am Busch, den er jetzt noch emsiger als zuvor beäugte und beschnüffelte. Abermals sah er sich dem Gefauche der Mungos ausgesetzt, während die Blätter des Busches durch die umherspringenden Mungos in heftige Bewegung gerieten. Der Schakal wich nach hinten aus, so daß er fast auf seinem Hinterteil gelandet wäre, doch merkwürdigerweise unternahm er mit aufgerichteten Ohren einen erneuten Annäherungsversuch. Wieder das Fauchen und Knurren der Mungos. Diesmal gab der Schakal seine Bemühungen endgültig auf, da er wahrscheinlich einsah, daß es aussichtslos war, eines dieser wütend fauchenden Fellbündel habhaft zu werden. Nach einem letzten Beschnuppern wandte er sich ab und trottete weiter, nicht ohne noch ab und zu stehen zu bleiben und dem Knurren der Mungos zu lauschen, die sich noch immer im Busch versteckt hielten.

Der einzige andere bodenbewohnende Feind, den ich die Zwergmungos angreifen sah, war ihr entfernter Verwandter, das Schmal-Ichneumon mit schwarzer Schwanzspitze, das im Trockenbusch relativ häufig anzutreffen war. Die Schmal-Ichneumons sind ebenfalls tagaktive Jäger, und manchmal benutzten sie für ihre Streifzüge die gleichen Wege wie die Zwergmungos. Deren Reaktionen auf den größeren Rivalen schwankten, abhängig von ihrer eigenen zahlenmäßigen Stärke. Einmal war Vanessa allein auf Nahrungssuche am Rande eines der schmalen Wildpfade, die kreuz und quer durch das Gras der Buschlandschaft führen. Ich sah, wie sich etwas in dem trockenen Gras bewegte, das durch die Zweige eines umgestürzten Commiphorenbaumes hindurchgewachsen war. Dieses Etwas sah zuerst aus wie ein kleiner schwarzer Klecks. Nur mit Mühe konnte ich die schlanke, glänzende Körperform erkennen, zu der der schwarze Klecks – die Schwanzspitze – gehörte. So hervorragend war das Schmal-Ichneumon durch die silbern schimmernden Grashalme getarnt. Vanessa schien den größeren Verwandten noch nicht bemerkt zu haben, hob den Kopf aus dem Grasbüschel, in dem sie herumgestöbert hatte, und ging direkt auf das Schmal-Ichneumon zu, das jetzt völlig reglos verharrte und sie unverwandt anstarrte. Plötzlich machte es einen Satz nach vorn. Vanessa erkannte die Gefahr und flüchtete mit aufgerichtetem, gesträubtem Schwanz, so schnell sie konnte, zur Gruppe. Das Schmal-Ichneumon war ihr hart auf den Fersen. Kaum hatte es aber erkannt, daß die anderen Mungos genau vor ihm waren, erfolgte ein Rollenwechsel. Das Schmal-Ichneumon nahm jetzt Reißaus und verschwand im Gras.

Ein anderes Schmal-Ichneumon, auf das die Mungogruppe zufällig stieß, hatte kein solches Glück. Es war von den Zwergmungos in einem der Termitenhügel überrascht worden. Während ein Teil der Gruppe auf der

Das Schmal-Ichneumon verharrt völlig regungslos
und starrt Vanessa unverwandt an.

einen Seite des Hügels geschlossen zum Angriff überging, kam das Schmal-Ichneumon auf der anderen Seite herausgeschossen, und zwar direkt in die Arme der restlichen Gruppenmitglieder, die draußen warteten. Unter fürchterlichem Knurren stürzten sich alle Tiere gleichzeitig auf den Rivalen. Ich hörte das Schmal-Ichneumon nur einmal aufschreien, dann war es verschwunden. Sein Aussehen kam mir etwas merkwürdig vor, aber zuerst wußte ich nicht, warum. Dann merkte ich, daß dem Tier die schwarze Schwanzquaste fehlte! Narbe hatte sie im Maul und rannte damit in den Termitenhügel.

Nachdem ich gesehen hatte, wie die Mungos mit verschiedenen bodenbewohnenden Feinden fertig wurden, gelangte ich allmählich zu der Überzeugung, daß die kleinen Geschöpfe praktisch vor nichts Angst hatten, was auf vier Beinen lief, solange sie als Gruppe auftraten. Ihr defensives Verhalten war wirksam genug, um andere kleinere Raubtiere, die im Busch lebten, zu besiegen. Wie sie jedoch auf größere Raubtiere wie Löwen oder Leoparden reagieren würden, blieb mir unbekannt, da ich eine solche Begegnung nie erlebt habe. Auf Geparde reagierten sie mit Flucht in die Sicherheit des Termitenhügels. Aber die Geparde hatten an den Mungos als Beute kaum Interesse gezeigt, und die Mungos waren auch nicht im Freien überrascht worden. Ein Bekannter hatte mir berichtet, daß die Verwandten der Zwergmungos, die Zebramangusten, die häufiger offene Ebenen bewohnen als dichte Buschgebiete und die um einiges größer sind, durchaus imstande seien, Löwen zu verjagen, was mich nicht überraschte. Er hatte einmal beobachtet, wie drei junge Löwenmännchen sich einer Gruppe von Zebramangusten näherten, die schleunigst in einem Busch Schutz suchten. Die Löwen rannten ihnen nach und wurden nicht nur mit einem wahren Knurr- und Fauchkonzert überschüttet, sondern auch so lange attackiert und gebissen, bis sie ihr Vorhaben aufgaben und sich forttrollten.

Die einzigen Räuber, vor denen die Mungos wirklich Angst hatten, waren die gefiederten. Es besteht ein ziemlich großer Unterschied zwischen einem Feind, der auf dem Erdboden läuft und durch gemeinsame Anstrengungen verjagt werden kann, und einem, der plötzlich vom Himmel herabschießt und ein einzelnes Tier ergreift, ohne daß der Rest der Gruppe etwas unternehmen kann. Raubvögel stellten im Lebensraum des Buschlandes eine ständige Gefahr dar, wobei die Zahl der dort vorkommenden Arten weitaus größer ist als in gemäßigteren Klimazonen und vom riesigen Kampfadler mit seiner gewaltigen Flügelspannweite bis zum Halsband-Zwergfalken reicht, der nicht größer ist als ein Sperling. Nicht alle diese Raubvögel stellen für erwachsene Mungos eine wirkliche Gefahr dar. Manche sind zu klein und zu schwach, um mit einem ausgewachsenen Tier fertig zu werden. Doch selbst die Hellen Singhabichte waren durchaus imstande, einen jungen Mungo zu erbeuten und erst recht Mungobabys. Wenn die Mungogruppe auf der Wanderung war, mußte sie ständig damit rechnen, von irgendeinem Raubvogel angegriffen zu werden.

Die am häufigsten vorkommenden und für die Mungos besonders gefährlichen Adlerarten – kleine Säuger bilden einen Teil ihrer Nahrung – waren der Raubadler und seine nahen Verwandten, der Steppenadler, der Silberadler sowie der Heuschreckenbussard. Obwohl zahlreiche andere Adlerarten, wie der Schopfadler, der Braune Schlangenadler und der Gaukleradler, in der Gegend heimisch waren, handelte es sich bei ihnen entweder um Nahrungsspezialisten, die sich in der Hauptsache von Reptilien ernährten, oder sie tauchten so selten auf, daß sie für die Mungos keine ständige Bedrohung darstellten. Von den Greifvögeln war der Helle Singhabicht der bei weitem gefährlichste Feind, nicht nur, weil er in dem Gebiet häufig vorkommt (in einigen Jahreszeiten, besonders während ihres Frühjahrszuges zwischen Dezember und März, lag der Durchschnitt bei sechs Tieren pro Quadratkilometer), sondern weil er sich nicht wie die Adler aus der Höhe auf seine Beute stürzt, sondern mit erheblicher Geschwindigkeit durch die Äste der Dornbäume dahinschießt. Sein überfallartiges Niederstoßen erkannte ich meist erst, wenn er sich dem Wagen näherte. Die Tokos und die Mungos dagegen erkannten ihn schon von weitem, so daß sie sich meist in Sicherheit gebracht hatten, bevor er sich auf einen von ihnen stürzen konnte.

Nachdem ich sowohl Adler als auch Habichte dutzendemal hatte angreifen sehen, kam ich zu dem Schluß, daß sie zwei Strategien anwandten. Einige Vögel stießen auf ihre Beute nieder und flogen, sobald sie merkten, daß es zu spät war und sie erkannt worden waren, ziemlich schnell wieder davon, wobei die Habichte zuvor fast immer im Sturzflug auf die kleine Gruppe von Mungos losschossen, die sich auf dem Termitenhügel zusammendrängten. Ich konnte nie ergründen, was dieses Verhalten bedeutete. Es handelte sich *nicht* um einen ernstgemeinten Angriff. Auch bemaß der Vogel beim Anfliegen seinen Schwung stets so, daß er nur wenige Zentimeter über den Köpfen der schimpfenden Mungos dahinstrich.

Die zweite Strategie lautete Abwarten. Statt davonzufliegen, blieb der Vogel auf einem Baum in der Nähe sitzen, mitunter stundenlang. Nachdem ich diese Strategie oft genug beobachtet hatte, schien sie mir nicht so verrückt zu sein, wie es zunächst aussah. Eines Nachmittags hatten Diana & Co. sich gerade von ihrer Siesta erhoben und gingen wieder ihrer Futtersuche nach oder saßen noch auf dem Hügel, wo sie sich einer flüchtigen Fellpflege widmeten, ehe sie hinabkletterten, um sich ihren Artgenossen im Gras anzuschließen.

Die Tokos waren bereits zur Stelle und trotteten hinter ihren kleinen Spürhunden her. Plötzlich brach eine Panik aus. Die Tokos flogen senkrecht in die Bäume, und die Mungos stürzten zurück zum Hügel, wo sie sich auf der Spitze dicht aneinanderdrängten. Ich hörte ein schwerfälliges Flügelschlagen. Da landete auch schon ein riesiger Raubadler auf den Zweigen eines Dornbaumes keine 50 Meter entfernt und schlug wild mit den Flügeln, um im Gleichgewicht zu bleiben. Er mußte im Tiefflug über die Baumwipfel geflogen sein, denn ich hatte ihn vorher nicht über mir gesehen, erst durch das Verhalten der Vögel und Mungos war ich auf ihn aufmerksam geworden. Das Drongopärchen, das in dem Gebiet wohnte, begann sofort, den um ein Vielfaches größeren Feind anzugreifen, indem es sich von oben auf ihn stürzte und ihm mit Schnabelhieben in den Rücken zusetzte. Federn, die gelegentlich zur Erde niederschwebten, zeigten eindeutig, daß es sich um keinen fingierten Angriff handelte. Die kleinen schwarzen Vögel hackten tatsächlich auf den

Riesige braune Schwingen flattern durch die Luft:
Der Raubadler versucht im Geäst eines der Dornbäume zu landen.

Adler ein. Sooft sie zustießen, duckte er sich, dachte aber offenbar nicht daran, das Weite zu suchen, sondern bewegte den Kopf auf und nieder, um Diana und ihre Gruppe, die noch immer auf dem Termitenhügel kauerten, scharf ins Auge zu fassen. Einer nach dem anderen zogen sich die Mungos ins Innere zurück, bis nur Twin, Narbe und Weißhals zusammen mit Rusty und Blackie zurückblieben, um den unwillkommenen Besucher im Auge zu behalten. Die Minuten zogen sich hin. Aber der riesige Vogel rührte sich nicht von der Stelle, sondern thronte zu Häupten seiner geringen Beute wie ein düsteres Verhängnis. Jedesmal, wenn der Vogel den Kopf auf und nieder bewegte, um die Beute neu zu fixieren, brachen die Mungos auf dem Hügel in aufgeregtes Gezwitscher aus und ließen eine Salve von Tschii-Lauten ertönen. Die Tokos hockten alle auf Bäumen in der Nähe, entweder dicht gegen die Stämme gedrückt oder unter einem schützenden Dickicht aus Dornenzweigen. Die Minuten wurden zu Stunden, aber der Raubadler verharrte reglos auf seinem Ast. Die Wachsamkeit auf dem Hügel schien nachgelassen zu haben. Der Rest der Gruppe kam aus dem Innern herausgekrochen und gesellte sich zu den zurückgelassenen Beobachtungsposten. Minutenlange Fellpflege und ein allgemeines Hinundhergetrabe lockerten die stocksteife und gespannte Körperhaltung, die die Wächter anfangs eingenommen hatten. Die Drongos hatten ihre Sturzflugattacken längst aufgegeben und waren in den Dornbüschen verschwunden. Bald sah es so aus, als werde der große Vogel nur von Blackie und Narbe ständig beobachtet, da die restlichen Gruppenmitglieder jetzt mit anderen Dingen beschäftigt waren und nur mitten in ihrem Tun und Treiben erstarrten, sich zusammendrängten oder in die Löcher des Termitenhügels flüchteten, wenn einer der Wächter seine Artgenossen davon verständigte, daß der Adler sich bewegt hatte. Nach annähernd dreistündigem Warten hatte ich fast vergessen, daß der Raubvogel noch immer dasaß. Konzentriert schrieb ich an meinen Aufzeichnungen über soziale Interaktionen zwischen Mitgliedern aus Dianas Familie. Moja und M'bili begannen zu spielen, bis sie auf einer ebenen Fläche des Termitenbaus einen regelrechten Ringkampf austrugen. Die Rauferei nahm immer hektischere Formen an. Schließlich jagten sie sich gegenseitig rund um die Spitze des Hügels. Dann sauste Moja hinab, M'bili hinterher, während der Rest der Gruppe ihnen zusah. Dies mußte der Augenblick sein, auf den der Adler gewartet hatte. Knackende Zweige, ein Schlagen mit den Flügeln, und schon stieß er herab – freilich um den Bruchteil einer Sekunde zu spät. Narbe hatte seine allererste Bewegung registriert und die beiden Spielgefährten gewarnt, die ihr ausgelassenes Herumtollen sofort unterbrochen und sich schleunigst in die Sicherheit des Termitenbaus geflüchtet hatten. Der Adler breitete die Flügel aus, so daß die Landung abgebremst wurde, und schwang sich, kurz bevor er den Boden berührte, wieder empor, um über den Baumwipfeln in der Ferne zu verschwinden. Ich hatte den Eindruck, daß Moja und M'bili sich der Gefahr, in der sie sich befunden hatten, durchaus bewußt waren. Noch kurz danach saßen die beiden mit gesträubten Schwänzen dicht aneinandergekuschelt auf der Spitze des Termitenbaus. Als der Raubadler zum Angriff ansetzte, war der Hügel leergefegt, da die Mungos sich blitzschnell ins Innere geflüchtet hatten. Kaum war der Adler jedoch fort, schossen sie auch schon wie kleine Springteufel aus ihren Löchern hervor. Als die Tokos von ihren Bäumen auf die Erde zurückflatterten, zog der Trupp weiter und ging erneut seiner Furagiertätigkeit nach.

Auf Grund dieser und ähnlicher Beobachtungen hatte ich den Eindruck, daß die Taktik des Raubvogels etwa dem Verhalten einer Katze glich, die ein Mauseloch beobachtet. Selbst ich war – wie die meisten Mungos – in die Falle gegangen und hatte fast vergessen, daß der Adler nur auf einen günstigen Augenblick wartete. Hätte Narbe mit seinen scharfblickenden Augen nicht sofort einen Warnruf ertönen lassen, wären Moja oder M'bili mit Sicherheit im Magen des Adlers gelandet.

Obwohl das Verhalten der Mungos im Falle echter Räuber wie beispielsweise der größeren Greifvögel leicht zu verstehen war, erwies sich ihr Verhalten gegenüber dem Grautoko, dem Turmfalken und der Schikra als weniger verständlich. Grautokos kamen in dem Busch, durch den die Mungogruppe ihre Wanderungen unternahm, häufig vor. Ich wußte, daß sie Insektenfresser waren, auch andere kleine Lebewesen bis zur Größe von Eidechsen nicht verschmähten, und fragte mich, warum sie sich nicht wie die anderen Nashornvogelarten an den Streifzügen der Mungos zur Nahrungsbeschaffung beteiligten. Der Name des Vogels deutet auf die Farbe seines Gefieders hin. Im Gegensatz zu dem leuchtenden Schwarzweiß der drei Arten, die als ständige Begleiter der Mungos auftraten, zeichnen sie sich durch ein gesprenkeltes und grobgestreiftes Federkleid aus. Auch die Stimme war anders, nicht Variationen über ein Uok-uok-Thema, sondern ein hohes tremolierendes Miauen, fast wie das einer Katze – oder das eines Habichts. Der Grund, warum der Grautoko sich am Furagieren der Mungos nicht beteiligte, wurde mir eines Tages sehr deutlich vor Augen geführt.

Diana & Co. sowie ihre Tokofreunde waren eines Morgens längs einer Baumreihe friedlich mit der Futtersuche beschäftigt, als ein Paar Grautokos in den Ästen über ihnen landete. Die furagierenden Tokos flogen senkrecht in die Höhe, die Mungos gingen schleunigst in Deckung, dann trat eine kurze Pause ein. Ich sah, wie die Gelbschnabeltokos, die sich den Neuankömmlingen am nächsten niedergelassen hatten, die Hälse reckten, sie genau betrachteten und wieder nach unten auf die Erde flogen. Sie hatten sich geirrt! Es hatte freilich einige Zeit gedauert, bis sie erkannten, daß die Grautokos keine Raubvögel, sondern nahe Verwandte waren. Ich konnte häufig erleben, daß Grautokos sich der furagierenden Gruppe anzuschließen versuchten, aber das Ergebnis war immer das gleiche: Sie wurden wie Raubvögel behandelt, und kein Mungo wagte, sich zu bewegen, solange sie in der Nähe waren, obwohl die anderen Tokos ihnen mehr oder weniger erzählten, daß ihre Besucher ungefährlich waren. Ich hatte einen Grautoko ein gut 15 Zentimeter langes Chamäleon fressen sehen, und ein Zwergmungobaby war, wenn es das erste Mal mit der Gruppe auf Nahrungssuche ging, nicht viel größer! Vielleicht waren die Mungos klüger als ihre gefiederten Gefährten. Wenn die Tokos auch keine Gefahr für sie darstellten, so *konnten* sie doch den Mungos gefährlich werden, wenn sie Jungtiere bei sich hatten. Warum der Grautoko von allen Nashornvogelarten im Busch in Färbung und Stimme einen Habicht nachahmt, konnte ich mir nicht erklären. Es gab keinerlei Vorteile für den Vogel, wenn er einen derart gefährlichen Räuber imitierte, es sei denn, um von den Raubvögeln selber fälschlich für einen Räuber gehalten zu werden und so ihren Nachstellungen zu entgehen.

Bei dem kleinen Schikra-Habicht und dem europäischen Turmfalken lagen die Dinge jedoch noch weitaus komplizierter. Beide Arten sind im Busch vorzugsweise Insektenfresser und mögen besonders gern Heuschrecken. Ein Schikra-Pärchen lebte in der Nähe des Drachenhügels und versuchte, als die Mungos beim Furagieren durch dieses Gebiet zogen, mehrere Male, sich ihnen anzuschließen, doch ohne Erfolg. Sooft eine dieser freilich mit kurzen Beinen und ohne weißen Bürzel ausgestatteten Miniaturausgaben des Hellen Singhabichts auftauchte, flüchteten Vögel und Mungos gleichermaßen, obwohl die Schikra viel kleiner war als die Tokos! Zweimal sah ich, wie der kleine Habicht frühmorgens zum Fuße des Hügels flog und zu den Mungos hinaufäugte, die mit gereckten Hälsen und wippenden Köpfen auf den ungewöhnlichen Besucher starrten. Einmal landete die Schikra auf einem liegenden Baumstamm nur ein paar Schritte vom Fuße des Hügels entfernt. Nachdem sie den Vogel einige Sekunden lang betrachtet hatten, rannten Blackie, Rusty, Victoria und Narbe mit vorgestreckten Köpfen hinüber, Moja, M'bili und Twin dicht hinterher. Kurz bevor sie nur noch Zentimeter von ihrem gefiederten Besucher trennten, spreizte die Schikra plötzlich die Flügel und den Schwanz, stellte sich fast aufrecht hin, sperrte den Schnabel auf, um die orangefarbene Auskleidung ihres Rachens zu zeigen, und flog mit ein paar Flügelschlägen hinauf auf den Baum. Die Mungos nahmen Reißaus, blieben dann aber stehen und flitzten geschlossen wieder zum Baumstamm, den sie wie Heuschrecken belagerten. Dabei berochen sie sorgfältig die Stelle, wo die Schikra gehockt hatte, und blickten zu ihr hinauf, wie sie hoch über ihren Köpfen thronte und auf sie hinabsah. Die Situation blieb einige Sekunden unverändert. Ich hatte den Eindruck, daß die Mungos nicht so recht wußten, wie sie auf den kleinen Vogel reagieren sollten, denn es ertönten keine Warnrufe. Doch dann flog der kleine Habicht davon.

Nach der kurzen Regenzeit beginnen zahlreiche Raubvögel, die in Afrika überwintern, mit ihrem Rückflug nach Europa, auch der Turmfalke. Ich war erstaunt, als eines Tages sechs dieser Vögel plötzlich auftauchten und sich dem Mungotrupp bei der Nahrungssuche anschlossen. Als erste Reaktion sowohl der Tokos wie der Mungos setzte eine panische Flucht ein. Doch nach und nach flogen die Tokos wieder auf die Erde zurück, und die Mungos schlossen sich ihnen an, ohne die Turmfalken weiter zu beachten, die sich rechts und links auf die von den Mungos aufgescheuchten Heuschrecken stürzten. Allmählich fing ich an zu begreifen. Die Turmfalken waren viel größer als die Schikra. Da sie Raubvögel waren, hätte man eine ebenso heftige Reaktion auf ihr Erscheinen wie auf einen Feind erwarten können. Hier lag jedoch der Beweis auf der Hand, daß sie eben keine Feinde waren – sechs Turmfalken, die mitten zwischen die Tokos und Mungos flogen, als seien sie schon immer dabeigewesen! Dann fiel mir die Situation mit den Gabelracken ein. Die einheimische Art nahm an der Furagiertätigkeit der Mungos teil, der Wintergast dagegen nicht. Es sah fast so aus, als würden sie, weil sie Wintergäste waren und nicht zu den dauernden Buschbewohnern gehörten, während der kurzen Zeit ihres dortigen Aufenthaltes nicht in das bestehende System passen. Bei der europäischen Blauracke konnte ich dies noch verstehen. Als schwieriger erwies es sich schon herauszufinden, auf welche Weise es den Mungos und Tokos möglich war, zwischen dem Turmfalken und ähnlichen einheimischen Vögeln wie dem Heuschreckenbussard zu unterscheiden, der stets als Feind angesehen wurde. Falls es so etwas wie ein angeborenes Erkennen der Raubvogelform gab, warum galt dann für den Turmfalken eine Ausnahme? Vielleicht lernten die Mungos und Tokos wirklich, wer gefährlich war und wer nicht, freilich mehr unter dem Aspekt, welche Art mit ihnen das ganze Jahr zusammenlebte, wobei sie für kurzfristige Besucher Ausnahmen machten, solange sie sich nicht als gefährlich erwiesen. Vertraute Raubvögel wurden sämtlich als gefährlich eingestuft, ungewohnte, fremde dagegen nicht unbedingt. Der Heuschreckenbussard und die Schikra waren da, wenn die Mungos Babys hatten – die einzige Zeit im Jahr, in der sie als Art verwundbar waren. Dagegen trafen die Turmfalken viel später ein, wenn die Jungen der Mungos bereits halb erwachsen waren und nicht mehr Gefahr liefen, von den Greifvögeln als Beute angesehen zu werden. Dies bedeutete, daß die Mungos imstande sein mußten, Raubvögel nach Arten auseinanderzuhalten, denn der Heuschreckenbussard, der ebenso groß wie der Turmfalke war, aber eine etwas größere Flügelspannweite und auch breitere Schwingen besaß, wurde stets als Feind angesehen, während die Schikra, die ebenfalls als Feind galt, viel kleiner war als der Turmfalke. Merkwürdig fand ich, daß die Tokos, obgleich sie sehr viel größer waren als die Schikra und der Heuschreckenbussard, diese Vögel stets als Feinde ansahen, ungeachtet der Tatsache, daß sie ihnen oder ihren Jungen nie gefährlich werden konnten.

Nashornvögelweibchen mauern sich in hohlen Bäumen mit Lehm und Erde ein und werden durch einen schmalen Schlitz den sie in der Wand lassen, von ihren Männchen gefüttert. Auf diese Weise verhindern sie, daß Schlangen, vor allem Kobras, ihnen gefährlich werden. Die Jungen, die sich eines nach dem anderen entwickeln, da das Weibchen unmittelbar nach dem Errichten der Mauer mit dem Brüten beginnt und nur in ziemlich langen Abständen Eier legt, mauern sich wieder ein, nachdem sie alle ausgeschlüpft sind und ihre Mutter die Nisthöhle verlassen hat, um dem Männchen bei der Nahrungsbeschaffung für die Nestlinge zu helfen. Die Jungvögel bleiben im Nest, bis der älteste von ihnen etwa anderthalb Monate alt ist. Dann zerstört er die Wand und unterstützt seine Eltern bei der Futterversorgung der restlichen Brut, die sich abermals sorgfältig einmauert. So geht es weiter, bis auch das letzte Junge das Nest verlassen hat. Das bedeutet aber, daß kleine Raubvögel nie die Möglichkeit haben, einen Toko zu sehen, der klein genug wäre, um ihn anzugreifen oder zu überwältigen. Doch weil die Mungos durch ihre Warnrufe behaupteten »Diese Raubvögel sind gefährlich«, wurden sie von den Nashornvögeln als gefährlich angesehen, während die Turmfalken, die den Mungos nicht gefährlich waren, auch von den Nashornvögeln als nicht gefährlich angesehen wurden – eine interspezifische Traditionsbildung!

Die Annahme eines einfachen und starren angeborenen Erkennungssystems für Raubvögel bei Mungos und Tokos schien unter diesen Umständen recht fragwürdig. Ich hatte eher den Eindruck, daß die Informationsübertragung auf Überlieferung beruhte, so als werde sie von einer Generation der nächsten weitergegeben. Das heißt: Die Jungen beobachten die Reaktionen der älteren Tiere, denen wiederum ihre eigene Erfahrung oder die ihrer Eltern zugrunde liegen kann, und ahmen sie einfach nach. Meine Bewunderung für die Intelligenz der Mungos nahm weiter zu. Aber hier beruhte ja alles auf Anpassung. Wenn die Mungos vor jedem Raubvogel Reißaus nehmen und sich in Sicherheit bringen müßten, würde das in dem Buschland bedeuten, daß sie sich den größten Teil des Tages versteckt halten müßten, falls sie nicht imstande wären, Freunde von Feinden zu unterscheiden. Das Merkwürdige war, daß man, war man erst einmal als Feind abgestempelt, auch ein Feind blieb. Die Schikra und der Heuschreckenbussard konnten ja keine Gefahr mehr darstellen, nachdem sich die Jungtiere der Mungos entwickelt hatten.

Ich hatte diese Unterscheidung von Feinden auch in meiner zahmen Mungogruppe beobachtet. Einmal mußte ich eines der Tiere, das am Hals einen Abszeß hatte, einfangen und zum Tierarzt bringen. Die übrigen Gruppenmitglieder verziehen mir das nie. Es brauchte wochenlange geduldige Freundlichkeit, ehe sie ihre Warnrufe bei meinem Auftauchen einstellten. Den Vorfall ließ ich mir zur Lehre dienen. Falls ich wieder gezwungen sein sollte, aus dem einen oder anderen Grund ein Tier aus der Gruppe zu entfernen, werde ich das Einfangen von jemand anderem besorgen lassen! Diese Person wird dann, sooft sie auftaucht, von den Mungos regelrecht beschimpft, und ich gelte weiterhin als Freund.

Während die Mungos die Nacht im sogenannten Türmchen-Hügel verbrachten, erlebte ich etwas, was es mir als Zoologin sehr schwermachte, an die Intelligenz (oder Nicht-Intelligenz?) von Echsen zu glauben. Im Türmchen-Hügel lebte eine Schildechse, die, nachdem sie am Morgen den Kot der Mungos verzehrt und ein kurzes Sonnenbad genommen hatte, plötzlich den Vorderteil ihres Körpers aufrichtete und in das Gras am Fuße des Hügels starrte. Dann setzte sie sich halb watschelnd, halb gleitend in Bewegung, so schnell sie ihre Beine tragen konnten, wobei sie von den Mungos interessiert beobachtet wurde. Ich sah, wie die Schildechse nach etwas im Grase schnappte, dann wieder auftauchte und mit einer Heuschrecke im Maul zum Hügel zurückwatschelte. M'bili, die das Reptil weiter im Auge behalten hatte, erkannte sofort, was die Echse im Maul hielt, trippelte eilends den Hügel hinab und blieb direkt vor ihr stehen. Beide Tiere schienen eine Sekunde lang zu zögern. Dann begann M'bili zu meiner Verwunderung an der Heuschrecke, die der Echse aus dem Maul hing, zu knabbern – und die ließ sie gewähren! Sie wandte zunächst den Kopf hin und her, um der kleinen Mungodame zu entgehen. Aber M'bili nahm keine Notiz davon und folgte den Bewegungen der Echse mit ihren eigenen. Dann stand die Echse reglos da, während M'bili alle aus dem Maul herausragenden Teile der Heuschrecke vorsichtig abknabberte. Die arme Echse legte ein nahezu stoisches Verhalten an den Tag. M'bili setzte ihrer Frechheit die Krone auf, indem sie nach gründlichem Abknabbern alles Eßbaren das schuppige Maul der Schildechse gehörig ableckte, ehe sie zum Termitenhügel zurücktrottete. Die Schildechse schluckte einmal kräftig, und das wenige, was von ihrer Beute übriggeblieben war, verschwand in ihrem Rachen.

Als Verhaltensforscherin hätte ich den Vorfall objektiver sehen sollen. M'bili war jung und noch nicht lange dem Stadium entwachsen, wo sie ihren Eltern Nahrung abzubetteln pflegte. So mochte der Anblick der Heuschrecke im Maul der Schildechse ein Reizfaktor gewesen sein, der das Jungtieren eigentümliche Bettelverhalten auslöste, wobei M'bili sich der Echse gegen-

M'bilis Spielgefährtin, die Schildechse, ist fast doppelt so lang wie sie selbst.

über genauso verhielt, als sei diese ein Mungo, der ihr Futter brachte. Die Echse dagegen verfügte in ihrem Verhaltensinventar über keinerlei Verhaltensmuster, um mit einem Tier fertig zu werden, das ihr die Beute aus dem Maul wegfraß, und stand lediglich reglos da, unfähig, irgend etwas zu tun.

Ein weiterer Bewohner der Termitenhügel des Buschlandes war das kleine Afrikanische Erdhörnchen, das auf den ersten Blick für einen Mungo gehalten werden konnte, aber einen plumperen Körper, einen runderen Kopf und einen Schwanz mit langem Haar und weißem Saum aufweist. Diese kleinen Geschöpfe leben in den Termitenhügeln häufig paarweise, ernähren sich von allerlei Wurzeln, Beeren und Samen und können, obwohl sie strenggenommen Bodenbewohner sind, ganz gut in den Dornbäumen klettern.

Die Erdhörnchen zeigten gewöhnlich ihre größte Aktivität, wenn die Mungos schliefen, also um die Mittagszeit. Manchmal kamen sie in ihrer zögernden und dann wieder rennenden Gangart zum Siestahügel der Mungos, riskierten einen Blick hinein und krochen gelegentlich sogar ins Innere.

Die älteren Mungos schenkten ihnen keinerlei Beachtung. Aber für die Jungtiere waren die Erdhörnchen etwas Neues und Fremdes. So kamen sie ihnen ein wenig unsicher und mit wippenden Köpfen entgegengehoppelt. Bisweilen gaben die Mungos mit vorsichtig ausgestreckter Vorderpfote den Erdhörnchen auch einen leichten Klaps auf ihre runde Nase. Aber das war auch schon alles. Nach meinem Dafürhalten waren diese Geschöpfe völlig neutral. Die Mungos hatten vom Standpunkt der Interaktion nichts mit ihnen zu schaffen. Sooft die Mungogruppe sich einem Erdhörnchenhügel näherte, verließen ihn die Tiere in aller Ruhe und trabten wieder zurück, sobald die Mungos weitergezogen waren. Letztere schliefen nie in Termitenbauten, die von Erdhörnchen bewohnt wurden, wenn sie auch manchmal hineinkrochen, um sie zu erkunden. Ob die Erdhörnchen freilich auch so unbekümmert abziehen würden, wenn sie Babys im Hügel hatten, wußte ich natürlich nicht. Ich habe nie gesehen, daß Mungos, während die Erdhörnchen Junge hatten, von diesen bewohnte Termitenbauten aufsuchten.

Eines Nachmittags, als die Mungos sich auf dem Hügel einer kurzen Fellpflege widmeten, ehe sie zu ihrer Furagiertätigkeit ausrückten, kam ein Erdhörnchen zum Fuße des Hügels gehoppelt und begann dort, in den wenigen trockenen Bosciafrüchten zu scharren, die der verkümmerte, den Hügel überragende Baum hervorgebracht hatte. Moja und Tatu tollten miteinander umher. Das Erdhörnchen hatte offenbar eine Nuß gefunden, die noch einen Kern enthielt, stellte sich auf die Hinterbeine, hielt die Nuß zwischen den Vorderpfoten fest und bearbeitete die harte Schale mit den Zähnen. Plötzlich rannte Moja den Hügel hinab auf das Erdhörnchen zu und stellte sich ebenfalls auf die Hinterbeine. Und nun begannen die beiden etwas, was man als eine sehr schwerfällige Version des Wiener Walzers bezeichnen könnte, bei dem das Erdhörnchen seine Nuß weiterhin fest zwischen den Pfoten hielt. Moja drehte seinen Partner in diese und jene Richtung, und das Erdhörnchen, das ziemlich verstört dreinblickte, folgte gehorsam. Bei den Mungos endete dieses Spielverhalten gewöhnlich damit, daß alle Beteiligten mit aufgesperrten Mäulern sich in spielerischen Scheinangriffen gegenseitig an die Hälse fuhren, bis das Ganze schließlich in eine wilde Balgerei ausartete. Moja versuchte, seinen Spielgefährten zum weiteren Mitmachen zu animieren. Aber das Erdhörnchen wußte offensichtlich nicht viel über die Spiele der Mungos und stand noch immer passiv da, während der kleine Mungo mit offenem Maul seinem Kontrahenten in den Nacken stieß und ihm sogar aus lauter Übermut ins Fell biß. Das Erdhörnchen, das unerschütterlich seine Nuß festhielt, behauptete seine aufrechte Stellung, während Moja den Schwanz des Erdhörnchens mit einer Pfote beklopfte und es schließlich fertigbrachte, diesen ruckartig hin und her peitschenden Gegenstand mit beiden Pfoten zu Boden zu drücken, ehe er mutwillig hineinbiß. Jetzt reichte es dem Erdhörnchen! Es nahm die Nuß ins Maul und hoppelte ein paar Schritte weiter, bevor es sich wieder hinhockte und die mühevolle Arbeit des Aufknackens fortsetzte. Der Mungo beobachtete das Erdhörnchen gespannt, bis er wohl einsah, daß sein Spielgefährte wirklich nicht zum Spielen aufgelegt war. Moja attackierte nun einen im Winde schaukelnden Zweig.

Die meisten der gelegentlichen Beziehungen, die sich zwischen den Mungos und anderen buschbewohnenden Tieren entwickelten, kamen beim Spielen zustande. Die Mungos waren mit Ausnahme von Diana, die sich zurückhielt, durch und durch verspielte Geschöpfe, die mit Gegenständen der näheren Umgebung oder mit anderen Lebewesen im Busch spielten, wann immer sie dazu aufgelegt waren. Nach der Art und Weise zu urteilen, wie die anderen Tiere des Buschlandes reagierten, hatte es ganz den Anschein, als ob zwischen ihnen eine Art von Metakommunikation bestand, also Kommunikation auf einer höheren Ebene weit über die Signale hinaus, die nur von der eigenen Art verstanden werden konnten. Ich habe beobachtet, wie Mungos inmitten kleiner Gruppen von Büffelwebervögeln herumtollten, indem sie auf die Vögel zu und wieder von ihnen weg sprangen und dabei mit Höchstgeschwindigkeit ihren zwitschernden Spielruf ertönen ließen, während die Büffelweber lediglich ein Stückchen davonhüpften und, sobald der Wirbelwind der Mungos sich verzogen hatte, ihre alte Tätigkeit wieder aufnahmen, die gewöhnlich darin bestand, daß sie Samen und Insekten vom Erdboden aufpickten. Ich gewann den Eindruck, daß sie vor den Mungos überhaupt keine Angst hatten. Für die Vögel waren sie nicht gefährlich. Einmal jagte Tatu einen Büffelweber fast drei Minuten lang von Busch zu Busch, ehe sie das Spiel aufgab. Während dieser Zeit hob der Vogel nicht mehr als einen Fußbreit vom Boden ab. Er mußte erkannt haben, daß Tatus ausgelassene Sprünge nicht gefährlich waren, denn er machte keinen Versuch wegzufliegen, ja er schoß sogar dicht über dem Kopf des kleinen Mungos dahin, um auf einem Zweig hinter ihm zu landen. So ging die Verfolgungsjagd weiter, bis Tatu schließlich das Interesse verlor und sich mit etwas anderem vergnügte.

Aber nicht alle Tiere im Busch fanden Gefallen daran, den Mungos als passives Spielobjekt zu dienen. Auf einer meiner ersten Reisen zu den Mungos nach Kenia brachte ich einige Zeit mit dem Beobachten einer Mungogruppe im Tsavo-West-Nationalpark zu. Eines Abends traf eines der Jungtiere aus der Gruppe beim Spielen auf eine Familie von Gelbkehlfrankolinen, die zu den größeren bodenbewohnenden Vögeln des Buschlandes gehören, aber in der Taru-Wüste nicht vorkommen. Der Mungo und die Frankoline begegneten sich auf einem schmalen, durch das Gras führenden Wildpfad. Kaum hatte der Braunbepelzte die Vögel entdeckt, als er sich auch schon mit einem

Satz in die Gruppe stürzte, hin und her sprang, sich mit beiden Vorderpfoten gegen sie stemmte, bevor er wie ein Gummiball zurückschnellte, um dem nächsten Frankolin einen Schubs zu versetzen. Die Vögel machten lange Hälse und starrten dieses kleine Geschöpf an, das munter draufloszwitschernd zwischen ihnen wie ein Derwisch herumwirbelte und federnd von einem zum anderen hüpfte. Die Gelbkehlfrankoline blieben mit gereckten Hälsen mucksmäuschenstill, während der kleine Mungo inmitten der Fünfergruppe sich wie toll gebärdete. Dann kam ein imposanter Frankolinmann hinter seinem Harem auf dem Pfad entlangstolziert. Der Mungo rannte ihm entgegen – und hielt plötzlich inne, als sei er an den Erdboden gefesselt, streckte alle viere von sich und sträubte sein Schwanzfell. Der Frankolinhahn hatte zu singen begonnen! Mit schiefgehaltenem Kopf und den Blick starr auf das kleine braune Geschöpf zu seinen Füßen gerichtet, ließ das Frankolinmännchen seine Stimme ertönen, den ohrenbetäubendsten, entnervendsten Ruf, den ich je aus einer Vogelkehle dringen hörte, von einer Lautstärke, die die Stimme der Weißbauchtrappe vergleichsweise schwach erscheinen ließ. Ich hielt mir mit den Händen die Ohren zu. Es besteht durchaus ein Unterschied zwischen dem weit entfernten Ruf eines Gelbkehlfrankolins und der Stimme eines Gelbkehlfrankolins, der nur fünf Meter entfernt ist. Aber auf Grund seiner Reaktionen nach dem Schrei konnte ich mir sehr gut vorstellen, was der arme kleine Mungo, der wie tot dalag, von der ganzen Sache hielt. Mit gesträubtem Fell rannte das kleine Wesen, so schnell es nur irgend ging, zum nächsten Termitenhügel, in dem es augenblicklich verschwand. Der Gelbkehlfrankolin sah sich um und setzte seinen Weg fort, bis er, seine Weibchen im Gefolge, im hohen Gras untertauchte.

Eine der komischsten Spielbegebenheiten, die ich je erlebte, trug sich ebenfalls in dieser Gruppe zu. Aber sie begann keineswegs als Spiel! Ich beobachtete eines der erwachsenen Männchen niederen Ranges, wie es mit der Pfote in einem Loch an der Seite eines Termitenhügels herumfischte. Der Mungo mußte dort etwas entdeckt haben, denn seine Angelbewegungen wurden immer heftiger, bis er schließlich die Aufmerksamkeit einer seiner Schwestern auf sich lenkte, die prompt herübergetrottet kam, ihn knurrend mit der Schulter abdrängte und nun selber in dem Loch herumzufischen begann. Das lockte wiederum einen der jüngeren Mungomänner herbei, der seinerseits herausfinden wollte, was los war. Nachdem er seine ältere Schwester weggeschubst hatte, steckte er *seine* Pfote ebenfalls in das Loch, wobei er flach auf dem Boden lag, so daß die Pfote bis zur Schulter im Loch steckte. Die Inbesitznahme des Lochs durchlief die gesamte Hierarchie der Mungofamilie, bis schließlich die Matriarchin selber den Schatz hob, der im Loch verborgen lag – das leere, von der Witterung gebleichte und mit roter Erde fest ausgefüllte Gehäuse einer afrikanischen Riesenschnecke *(Achatina)*! Nachdem die Mungodame die Öffnung mehrere Male berochen und die Pfote hineingesteckt hatte, verlor sie das Interesse und trottete davon. Das war der Augenblick, auf den die Jungtiere gewartet hatten. Im Nu drängten sie sich um das Schneckengehäuse und schubsten sich gegenseitig unter lautem Knurren so lange, bis sie ihre weiteren Bemühungen aufgaben. Nur einer, der die Schale jetzt in Besitz hatte, versuchte sie vor seinen Konkurrenten in Sicherheit zu bringen, indem er sie nach der Eiertragemethode wegschleppte. Aber das Gehäuse einer afrikanischen Riesenschnecke ist noch unhandlicher zu transportieren als ein Ei, zumal dieses Exemplar besonders groß und gut 20 Zentimeter lang war. Schließlich gab der Mungo sein Vorhaben auf und begann mit dem Schneckengehäuse zu spielen, indem er kleine Luftsprünge vollführte, es betastete und die Erde aus der Öffnung herauskratzte. Dieses Treiben war anscheinend anregend für seine Geschwister, die von der Seite zugesehen hatten und sich jetzt zu ihm gesellten, um beim Spielen mitzumachen. Der kleine Mungo schien davon nicht gerade entzückt, warf ihnen knurrend wütende Blicke zu und versuchte erneut, seinen Fund fortzutragen, diesmal jedoch im Maul. Er packte die Spindel des Schneckengehäuses mit den Kiefern und hob es vom Boden hoch. Doch als er es gerade im Gleichgewicht hielt, kippte das Ding um, so daß die Gehäuseöffnung sich ihm wie eine Falle über den Kopf stülpte und er, genau wie Tatu mit der Eierschale, nichts mehr sehen konnte! Der Mungo schien entschlossen, seine Trophäe, jetzt wo er sie endlich besaß, um keinen Preis loszulassen, und bemühte sich, mit ihr das Weite zu suchen. Ich mußte mir auf die Lippen beißen, um nicht laut loszulachen, denn es sah wirklich sehr komisch aus, wie jemand, der mit einem riesigen Kissenbezug über dem Kopf Blindekuh spielt: zwei Schritte vorwärts, einer zurück, wobei das Schneckengehäuse hin und her wackelte. Der Träger nahm einen raschen Anlauf von fünf Schritt und stieß mit einem Busch zusammen, blieb sofort stehen und ging dann mit äußerster Vorsicht ein Stück rückwärts, um nun ein paar zögernde Trippelschritte nach der Seite zu wagen, bis es ihm endlich gelang, das Hindernis zu überwinden. Die beiden anderen Jungtiere standen Schulter an Schulter da und beobachteten diese seltsame Vorstellung. Dann verschwand der kleine Mungo, mit der noch immer hoch gehaltenen Schneckenschale unsicher hin und her torkelnd, hinter dem Termitenhügel. Später ließ er sie dann an der Böschung fallen. Als die Gruppe weitergezogen war, holte ich mir das Schneckengehäuse; ich bewahre es noch heute auf als Andenken an eine der erheiterndsten Episoden mit einem in freier Natur lebenden Geschöpf.

6 Die Sprache der Mungos

Obwohl ich einige der Rufe, die Mungos hervorbrachten, schon kannte, gelangte ich erst im Laufe meines Zusammenlebens mit ihnen in ihrer Buschheimat zu der Erkenntnis, daß Sprache für sie äußerst wichtig war. Im Laufe der Evolution sahen sich die Mungos offenbar vor ein schwerwiegendes Problem gestellt, das sie zu lösen gezwungen waren, wenn sie überleben wollten: nämlich wie sie sich untereinander verständigen sollten, ohne Feinde anzulocken. In dem Buschland mit seinen zahlreichen Raubtieren (ich zählte an einem einzigen Tag 23 Raubvögel, die zehn verschiedenen Arten angehörten!) käme es einem Todesurteil gleich, wenn ein kleines tagaktives Tier, das seine Nahrung im Freien suchen muß, prächtige Farben und auffällige Körperhaltungen entwickeln würde. Einige Tiere in anderen Lebensräumen haben das getan, wie beispielsweise der leuchtend gefärbte Korallenfisch oder die waldbewohnenden fasanartigen Vögel. Aber diese Arten sind in Lebensräumen zu Hause, wo sie sich jederzeit leicht verstecken können und nicht wie die Mungos ständig Gefahr laufen, durch den vom Himmel auf ausgebreiteten Schwingen herabschwebenden Tod aus ihrem Leben herausgerissen zu werden. *Sie* könnten sich nicht einmal eine laute, rauhe Stimme leisten wie viele der größeren Tiere, vor allem Affen und Menschenaffen, denn dadurch würden sie ebenfalls Räuber anlocken. Statt dessen legten sie sich eine ausgeklügelte und komplizierte Sprache zu, die zwar weittragende und alles in der Umgebung alarmierende Vokalisationen wie zum Beispiel die Warnrufe enthielt, aber in der Hauptsache doch aus leisen Rufen bestand, die dieTiere untereinander verwendeten, um anderen Gruppenmitgliedern nicht nur die Stimmung mitzuteilen, in der sie sich gerade befanden, sondern auch Informationen darüber, in welche Richtung sie zu gehen beabsichtigten oder was sie gefunden hatten.

Selbst die Körperhaltungen der Mungos waren gedämpfter und subtilerer Natur, so daß ich lange brauchte, um diese Körpersprache deuten zu können. Wieder waren sie, um keine Feinde anzulocken, gezwungen, eine unauffällige Kommunikationsmöglichkeit auszubilden. Auch wenn die Gebärden, deren sie sich bedienten, nicht ins Auge sprangen, so verrieten sie doch eine ganze

Geschichte, sofern man lesen konnte, was sie besagten. Dann war da noch der Geruchssinn. Für mich als Menschen, der ich durch die Evolution darauf ausgerichtet bin, vor allem auf visuelle und akustische Reize zu reagieren, gehörte die Witterung der Mungos zu den schwierigsten Sprachen, die sie benutzten. Oft hatte ich mir gewünscht, eine Nase wie die Mungos zu haben, um die Bedeutung der Markierungen, die sie an Gegenständen und an sich selber hinterließen, wirklich zu erfassen, denn ich konnte deren Sinn und Zweck lediglich daraus ableiten, daß ich ständig beobachtete, wie die Mungos auf solche Duftmarken reagierten. Die übliche Reaktion bestand darin, daß sie sie beschnüffelten und dann weiterzogen. Aber ich hatte keine Ahnung, was im Gehirn des schnuppernden Mungos vor sich ging, kurz, was die Markierung ihm mitgeteilt hatte. Nur selten zeigten sie Reaktionen, Verhaltensmuster, die einen Schluß auf die Bedeutung der Markierung zuließen. Ich hatte versuchsweise die Anschlagtafeln der Mungos berochen, um herauszufinden, ob zwischen frischmarkierten Örtlichkeiten und alten ein wesentlicher Unterschied bestand. Aber mein Geruchsorgan war dafür nicht fein genug entwickelt, so daß ich nicht viel erfuhr. Nach einer gründlichen Markierung waren die Anschlagtafeln mit einer wachsartigen Substanz überzogen, die beinahe wie Lack aussah und intensiv nach Moschus roch. Ältere Anschlagtafeln hatten nur noch schwache Wachsspuren, und der Moschusgeruch war nahezu verschwunden. Freilich enthielten auch sie noch eine Botschaft für Besucher; denn die Mungos wußten stets genau, wo an einem bestimmten Termitenhügel sich die traditionelle Anschlagtafel befand, und suchten sie nach ihrem Eintreffen auch gleich auf, um sie zu markieren.

Eines Tages beschloß ich, ein kleines Experiment durchzuführen, um zu sehen, ob ich die Mungos verwirren konnte. Von einem entfernten Termitenbau holte ich mir eine fremde Anschlagtafel und stellte sie unmittelbar neben ihrem Schlafhügel auf, allerdings auf der ihrer gewohnten Anschlagtafel gegenüberliegenden Seite. Dann setzte ich mich ins Auto und wartete. Sobald sie die neue Tafel entdeckt hatten, markierten sie diese wie wild. Die alte wurde überhaupt nicht beachtet. Nicht einmal George trabte hinüber, um sie zu beschnüffeln. Nachdem die Mungos die fremden Sekrete mit ihren eigenen überdeckt hatten, beschloß ich, die Tafel dort zu lassen und abzuwarten, was künftig passieren würde.

Ich mußte wochenlang warten, bevor die Mungos wieder in jene Richtung zogen, und war sehr aufgeregt, als ich eines Abends feststellte, daß sie in das Gebiet zogen, wo ich Wochen zuvor mein Experiment begonnen hatte. Vielleicht würde ich jetzt eine Antwort auf meine Frage erhalten.

Die Gruppe bewegte sich bei der Nahrungssuche auf den sogenannten Vulkanhügel zu. Es hatte den Anschein, als ob die Tiere beabsichtigten, dort

*Sobald die Mungos die neue Anschlagtafel entdeckt hatten,
markierten sie diese wie wild.*

ihre mittägliche Siesta zu halten. Die Vorhut der Gruppe trottete schließlich
die Böschung des Termitenhügels hinauf. Die Mungos hatten noch nichts
unternommen, um die Anschlagtafeln zu markieren oder auch nur aufzusuchen. Daher mußte ich mich in Geduld fassen. Dann schlenderte George den
Hügel hinab und lief direkt auf die neue Tafel zu, beroch sie und begann mit
der Markierung. Nicht ein einziges Tier schenkte der alten, gewohnten
Anschlagtafel Beachtung. Es sah so aus, als ob der Vulkanhügel jetzt eine
neue Tradition hatte. Dadurch wurde mir klar, was die Mungos als Anschlagtafeln bevorzugten, nämlich Orte und Stellen, an denen die stärksten Duftspuren haftengeblieben waren. Ob während der Abwesenheit von Diana &
Co. eine fremde Gruppe durchgezogen war und die Markierungen, weil sie
frisch waren, übermarkiert hatte oder ob George und seine Gruppe ihre alten
Markierungen lediglich auffrischten, wußte ich natürlich nicht. Aber es war

bezeichnend, daß die alte Anschlagtafel nicht einmal flüchtig beschnüffelt wurde.

Im ganzen jedoch war und blieb die Geruchssprache der Mungos für mich ein Buch mit sieben Siegeln. Ich versuchte, an Gegenständen zu riechen, die George gründlich mit seinem Wangensekret markiert hatte, konnte aber nichts entdecken. Aber die Mungos konnten seine Botschaft deutlich lesen. Im Vergleich zu ihnen kam ich mir wie ein Wesen mit verkrüppelten Sinnesorganen vor. Nicht nur, daß sie viel besser riechen konnten als ich, sie sahen und hörten auch, lange bevor meine Augen und Ohren irgend etwas wahrnahmen. Jedes Lebewesen ist jedoch den Bedingungen, unter denen es existiert, so gut wie möglich angepaßt und muß wichtige Sinnesorgane und Verhaltensmuster bis zu ausgesprochenen Spitzenleistungen entwickeln, um überleben zu können. Nur der Mensch als einziges Geschöpf hat es fertiggebracht, seine Umwelt nach seinem Belieben radikal zu verändern, und benötigt anscheinend kein so hoch entwickeltes sensorisches Instrumentarium, um zu überleben.

Mungos reden immer. Dieses kontinuierliche Geschnatter beginnt am Tage ihrer Geburt mit dem ersten Atemzug. Ich habe genug Mungobabys von ihrer Geburt an aufgezogen, um zu wissen, welche Zerreißprobe für die Nerven es bedeuten kann, eine Gruppe mißvergnügter und hellwacher Babys (obwohl die Augen in diesem Entwicklungsstadium noch nicht geöffnet sind) Tag und Nacht in unmittelbarer Nähe um sich zu haben. Wenn diese Mungobabys nicht ständigen Kontakt zu etwas haben, was ihnen das Gefühl der Sicherheit vermittelt, hält dieses piepsende Nestgezwitscher unvermindert an, das einen menschlichen Babysitter zur Raserei treiben kann, besonders nachts! Ich löste das Problem, sie zum Schweigen zu bringen, indem ich ihre Kiste mitsamt dem Heizkissen an das Kopfende meines Bettes stellte und eine Hand hineinhängen ließ. Die Jungen waren damit offenbar zufrieden und kuschelten sich unter meinen Fingern aneinander, so daß ich die Nacht durchschlafen konnte. Freilich mußte ich am nächsten Morgen dafür mit einem völlig gefühllosen Arm büßen, den ich zur Belebung des Blutkreislaufs erst tüchtig massieren mußte.

Das Geräusch nahm an Lautstärke noch zu, wenn eines der Jungen den Körperkontakt mit seinen Artgenossen aus dem gleichen Wurf oder mit mir, der Ersatzmutter, gelegentlich verloren hatte. Dann setzte der klagende und sehr durchdringende Ruf »Baby verirrt!« ein, eine Fistelstimmenversion des Wo-bist-du?-Rufs der erwachsenen Tiere, doch mit einer Lautstärke, die in gar keinem Verhältnis stand zu dem winzigen Körper, der diesen Wehklageruf hervorbrachte. Das verirrte Baby taumelte solange umher, bis es endlich etwas fand, bei dem es sich wieder sicher fühlte. Erst dann ging das ohrenbetäubende Quicken in ein schnurrendes Grunzen über. Merkwürdigerweise schnurrten nur einige der Tiere, die ich aufzog, ähnlich wie Katzen, andere dagegen nie. Irgendeinen Grund dafür konnte ich nicht feststellen. Vielleicht handelte es sich bloß um individuelle Unterschiede.

Ich fragte mich, welche Vorgänge in der Evolution dieses merkwürdige stimmliche Verhalten der Mungojungen geprägt hatten. Die meisten Nestlinge sind sehr ruhig, sobald ihre Mütter sie verlassen haben, und liegen bis zu deren Rückkehr da, ohne einen Laut von sich zu geben. Nicht so die Mungos! Sie waren offensichtlich das genaue Gegenteil und begannen, kaum daß sie allein waren, einen Heidenlärm zu machen. Dies bedeutete, daß sie jedes Raubtier in Hörweite anlocken würden, wenn die Gruppe weit entfernt vom Wurf im Termitenhügel ihrer Furagiertätigkeit nachging. Obwohl die Mungos ihr soziales Verhalten so angepaßt hatten, daß sie auch mit dieser Notsituation fertig wurden – Babysitter blieben bei den Jungen, wenn die Mutter fort war –, erklärte dies noch nicht, warum die Babys so laut waren.

Ich habe ziemlich viel Zeit damit verbracht, über dieses Problem nachzudenken, und gelangte zu der Überzeugung, daß es sich um einen adaptiven Vorgang in zweierlei Hinsicht handeln könnte. Da die Mungos über eine so komplizierte Sprache verfügen, müssen sie für die Vokalisationen irgendeinen Ausgangspunkt haben, so etwas wie die menschliche Babysprache, die einer späteren Entwicklung von Wörtern den Weg bahnt. Die Nestlingssprache der Mungos konnte nun in der gleichen Weise funktionieren, indem sie als Vorläuferin der erwachsenen Vokalisationen diente, von denen viele unmittelbar daraus entwickelt wurden. Des weiteren fiel mir auf, daß die Mungos sehr gern kleine Säugetiere fressen und sie fangen und töten, sooft sie Gelegenheit dazu haben. Ein Mungobaby hat gerade die richtige Größe, um mit einer Maus oder einem Erdhörnchenbaby verwechselt zu werden. So bedeutete das ständige Geschrei der Babys vielleicht nur »Ich bin ein Mungobaby« und verhinderte, daß sie gefressen wurden.

Bei den meisten Tiersozietäten ist es die Mutter, die gewöhnlich engen Kontakt mit ihren Jungen hat und von der Natur darauf vorbereitet ist, sie als ihre Jungen zu akzeptieren und sich um sie zu kümmern. Die meisten der gesellig lebenden Raubtiere halten ihren Wurf in einer Höhle, wo die Mutter bei den Jungen bleibt, bis sie die Augen öffnen. Erst dann kommen sie heraus, um die übrige Familie zu begrüßen. Bei den Mungos verhielt es sich jedoch ganz anders. Die Sozietät kam mit den Jungen vom Tage ihrer Geburt an in Berührung. Daher mußte es eine Art von Signal geben, das der restlichen Gruppe, die nicht über den angeborenen Bemutterungsinstinkt der wirklichen Mutter verfügte, den Hinweis gab, daß das, was da lag, nicht etwa Nahrung, sondern ein Wurf Jungtiere war. Ich vermutete, daß das Nestgezwitscher der Babys das Kommunikationsmedium für diese Informationen sein könnte, und beschloß daher, einen Versuch anzustellen, um meine Hypothese zu erproben.

Ich hatte einen Wurf neugeborener Mungobabys aufzuziehen und wollte herausfinden, ob ein junges Mungomännchen, das nie zuvor ein Mungobaby gesehen hatte, erkannte, daß das, was ich ihm zeigen wollte, ein Artgenosse war. Ich nahm eines der Jungen, setzte es auf meine Hand und umschloß es mit den Fingern, während ich in der anderen Hand eine graue Maus von etwa gleicher Größe hielt. Dann rief ich mein Versuchsexemplar. Als der kleine Kerl angetrabt kam, öffnete ich beide Hände vor ihm, so daß er sehen konnte, was sie enthielten. Das Mungobaby begann zu schreien, die Maus saß ruhig da. Er war sehr aufgeregt und fing zu zwitschern an, wobei er unsicher von einem zum anderen blickte, dann aber mit einem Satz auf die Maus zusprang und sie mit einem sauberen Kopfbiß tötete, sie jedoch fallen ließ und seine Aufmerksamkeit dem kleinen grauen Geschöpf zuwandte, das sich auf meiner Handfläche im Kreis drehte und noch immer aus vollem Halse schrie. Er beschnüffelte das Kleine vorsichtig, packte es dann am Genick und hob es auf. Das Junge verfiel sofort in die typische Tragstarre, das heißt, es rollte alle Gliedmaßen und den Schwanz zu einem transportierbaren Bündel ein. Ich beobachtete das Männchen die ganze Zeit über aufmerksam, bereit, sofort einzugreifen und das Experiment zu unterbrechen, falls der weitere Verlauf sich als zu gefährlich für das Baby erweisen sollte. Aber der Mungomann hatte tatsächlich keine Hintergedanken. Er trug das Baby ein paar Schritte fort, ließ es dann los, beschnupperte es noch einmal und machte sich schließlich daran, es mit seinem Analsekret zu markieren, indem er sich über das Jungtier hockte und diesem seine Analdrüsen immer wieder über den Rücken rieb. Von jetzt an war mir klar: er wußte, was er da vor sich hatte – ein Mungobaby; er markierte es mit seinem Geruch, um anzudeuten, daß er es als solches akzeptiert hatte. Das Verhalten des Mungomannes schien meine Auffassung zu bestätigen, daß das Schreien der Mungobabys sie als Mungos auswies. Dabei war es interessant zu beobachten, daß selbst für dieses völlig fremde männliche Tier ein Mungobaby tabu war und nicht als Nahrung angesehen wurde.

Meine Beobachtung der jungen Mungos, die mit mir zusammen in meinem Haus lebten, zeigte, daß die grundlegenden Vokalisationen angeboren waren. Sie erschienen vollständig in bestimmten Entwicklungsstadien, sobald der richtige Reiz auftrat. Doch die Form einiger dieser sogenannten auslösenden Reize unterschied sich erheblich von allem, worauf eines der kleinen Geschöpfe im Busch gestoßen wäre. Das brachte mich zu der Überzeugung, daß die Tiere im Anfang nur sehr allgemein umrissene Vorstellungen für verschiedene Kategorien unter den sie umgebenden Gegenständen und Lebewesen hatten, aber dennoch besaßen sie Unterscheidungsvermögen.

Das wurde mir eines Tages, als ich Besuch hatte, sehr deutlich zum Bewußtsein gebracht. Ich war gerade dabei, ein Mungobaby aus einem Fünferwurf, den ich großzog, mit Milch aus einer Pipette zu füttern. Die Jungtiere waren jetzt zwölf Tage alt und begannen eben die Augen zu öffnen – kleine Schlitze, in denen das Babyblau der Iris deutlich zu erkennen war – und von dem, was um sie herum vorging, Notiz zu nehmen. Während ich das Junge fütterte, klingelte es an der Tür. Ich reichte das Mungobaby, ohne zu überlegen, meinem Freund, der neben mir saß, und stand auf, um die Tür aufzumachen. Womit ich nicht gerechnet hatte, das war die Reaktion des kleinen Mungos auf die plötzliche Konfrontation mit einem Fremden. Ein Blick in das unbekannte Gesicht, das auf ihn hinabsah, genügte, und schon warf sich der kleine Kerl auf den Rücken, streckte alle vier Pfoten von sich und begann in den höchsten Tönen ein wütendes Fauchkonzert. Die Augen des kleinen Geschöpfs waren erst einen Tag lang offen, und schon wußte es zwischen mir, seiner Mutter, und einem Fremden zu unterscheiden. Es reagierte auf das ihm nicht vertraute Gesicht wie auf einen Feind! Mir wurde klar, daß Mungobabys schon sehr früh imstande sind, Dinge visuell zu unterscheiden. Zunächst dachte ich, der Grund für das Verhalten des Mungobabys könnte sein, daß die Hand meines Freundes anders roch als meine. Doch bei genauerem Hinsehen konnte ich erkennen, daß die Augen jeder Bewegung des fremden Gesichts folgten. Der angeborene Bodenfeind-Ruf, das katzenartige Fauchen, war demnach programmiert und wurde hörbar, sobald das Mungobaby Freund und Feind unterscheiden konnte.

Ein anderer dieser angeborenen Rufe, der unter ziemlich ungewöhnlichen Umständen ausgelöst wurde, war der Luftfeind-Warnruf. Ihm vor allem verdanke ich die Erkenntnis, daß die kleinen Geschöpfe zunächst nur sehr verschwommene Vorstellungen von einem Luftfeind haben. Wenn man sie mit den erwachsenen Mungos verglich, die jederzeit genau wußten, wie gefährlich ein bestimmter Raubvogel für sie war, dann bedeutete das, daß Raubvögel als solche »gelernt« werden mußten.

Der fragliche Vorfall ereignete sich, als ich eines Tages zur Arbeit fuhr, eines der Mungobabys, das jetzt fünf Wochen alt war, neben mir auf dem Beifahrersitz. Unterwegs fing es an zu regnen, und ich schaltete die Scheibenwischer ein. Mein kleiner Reisegefährte wurde sofort von panischem Schrecken erfaßt, versteckte sich hinter meinem Rücken und begann, die Scheibenwischer in den höchsten Tönen mit dem Erwachsenenruf Tschiii zu beschimpfen! Etwas bewegte sich am Himmel, und Dinge, die sich am Himmel bewegen, sind nun einmal gefährlich! Aus meiner Sicht hatten die

Scheibenwischer nicht die geringste Ähnlichkeit mit einem Raubvogel. Aber der kleine Mungo war davon überzeugt, daß es einer sein mußte! Das einzige, was sie mit einem fliegenden Vogel gemein hatten, war die Bewegung vor einem hellen Hintergrund. Das bestärkte mich in meiner Auffassung, daß ein Großteil des Verhaltens der Mungos erlernt werden muß, und zwar entweder durch eigene Erfahrung oder durch Nachahmen anderer Gruppenmitglieder, was für einen hohen Intelligenzgrad sprach, den ich freilich nie bezweifelt hatte.

Eine weitere den Mungobabys eigene Vokalisation, die im Laufe der Entwicklung schon ziemlich früh auftrat und wiederum unter recht ungewöhnlichen Umständen, war das Futterknurren. Auch hier hatte ich es wieder einem unvorhergesehenen Zwischenfall zu verdanken, daß ich etwas entdeckte, was für das Verhalten der Mungos von grundlegender Bedeutung war. Erwachsene Mungos äußern das Futterknurren, wenn sie ein größeres Tier, zum Beispiel einen Käfer, eine Grille oder eine Maus, erbeutet haben. Aber sie benutzen das gleiche Geräusch auch, wenn sie sich mit einem Gruppenmitglied um ein – eßbares oder nicht eßbares – Objekt zanken, und auch, falls sie sich in einer Lage befinden, in der sie jeden Augenblick zum Angriff übergehen können. Auf Grund meiner Beobachtungen zahmer wie auch in freier Natur lebender Tiere war ich zu der Überzeugung gekommen, daß das tiefe Knurren, das in all diesen Situationen zu hören war, mit einem Aggressionsvorhaben, der Signalisierung eines Bisses oder zumindest einer Beißabsicht, zusammenhängen mußte. Aber ich sollte mich irren. Das Verhalten wurzelte in etwas ganz anderem und entwickelte sich mit zunehmendem Alter der Tiere zu differenzierten Anwendungen in verschiedenen Situationen.

Ich war gerade dabei, die tägliche Mahlzeit für meine zahme Mungogruppe vorzubereiten, die kleingehacktes Herz als Hauptfutter bekommen sollte. Ich hatte das Fleisch eben fertig geschnitten, als ich bemerkte, daß eines der erst zehn Tage alten Mungobabys aus seiner Kiste, die auf dem Tisch stand, geklettert war und jetzt auf die Kante zutorkelte. Ich ließ sofort alles fallen und rannte hinüber, um den Kleinen, der auf unsicheren Beinchen blind dem Rand zusteuerte, noch zu erwischen, ehe er einen Meter tief auf den Fußboden fiel. Ich fing ihn buchstäblich in der Luft auf, und war über das, was als nächstes geschah, sehr erstaunt. Statt eines kläglich piepsenden Lebewesens, dem der Schreck in die Glieder gefahren war, hielt ich einen wütend knurrenden Mini-Mungo in der Hand, der seinen blinden Kopf an meinen Fingern hin und her rieb, diese schließlich mit den Vorderpfoten ergriff und sie mit seinen scharfen Schneidezähnen zu beknabbern anfing! Zunächst konnte ich überhaupt nicht verstehen, was das zu bedeuten hatte. Plötzlich dämmerte es mir jedoch, was diese spezielle Verhaltensweise ausgelöst hatte ... es war Blut! Das Mungobaby hatte an meinen Fingern das Blut vom kleingehackten Herzen geschmeckt und verhielt sich nun wie ein erwachsener Mungo, der gerade etwas erbeutet hat! Ich beschloß, die Reizfaktoren, die dieses – ziemlich unpassende – Verhalten ausgelöst hatten, eingehend zu untersuchen, da Mungobabys in diesem Alter sich ausschließlich von Milch ernähren.

Ich war mir nicht sicher, ob nur das Blut oder meine Finger in Verbindung mit dem Blutgeruch dieses kleine Geschöpf in den schwachen Abklatsch eines erwachsenen Mungos verwandelt hatten, der seine Beute zu schützen versucht. Durch ein Experiment wollte ich der Sache auf den Grund gehen. Aus einer dünnen Pipette ließ ich einen einzelnen Tropfen Blut auf die Zunge des Mungobabys fallen. Das ganze Verhaltensmuster wiederholte sich: Der aufgeregte kleine Mungo tastete auf der Tischfläsche umher, zog mühselig Kreisbahnen und ließ ein lautes Knurren vernehmen, obwohl überhaupt nichts vorhanden war. Es sah so aus, als reiche der Geschmack von Blut völlig aus, um eine ganze Reihe von Verhaltensweisen in Gang zu setzen. Dann probierte ich es mit etwas zerquetschtem Mehlwurm, aber ohne die geringste Wirkung. Obwohl erwachsene Mungos in der Hauptsache Insekten erbeuten, besitzen die Babys bereits, bevor sie die Augen öffnen und Zähne zum Beißen und Töten haben, ein angeborenes Wissen von der Beute ihres Stammvaters, noch ehe sie etwas töten konnten, geschweige denn etwas von der Größe einer Maus, des einzigen Tieres mit Säugetierblut, das sie im Busch aufstöbern und töten können! Das muß bedeuten, daß das gesamte Spektrum von Verhaltensmustern, bei denen das erwachsene Tier knurrt, sich von einem grundlegenden und sehr einfachen Reiz ableitet, nämlich vom Geschmack warmblütiger Beutetiere. Erneut wurde mir deutlich, daß die Mungos alles andere als kleine Maschinen sind, die, einmal in Gang gesetzt, das gleiche Verhalten ständig wiederholen. Sie müssen imstande sein, ihr Verhalten entsprechend den Bedürfnissen des Augenblicks zu modifizieren, so daß aus einer zunächst sehr primitiven Reaktion sich völlig neue Bedeutungskomplexe entwickeln können.

Die Grundbedeutung war »Ich habe Nahrung gefunden«. Als die Tiere älter wurden, blieb dieser Knurrlaut aber nicht mehr auf Warmblüter beschränkt, sondern umfaßte alle Beutetiere von Insekten bis zu Echsen und Mäusen. Da die Mungos aber großen Futterneid zeigen, war es schwierig, die einfache Botschaft der Nahrungsfindung von dem Versuch zu unterscheiden, Rivalen fernzuhalten. Während *mein* Gehör auf derart differenzierte Knurrlaute nicht abgestimmt war, wußten die Mungos offenbar genau, was der knurrende Artgenosse mitzuteilen hatte. Ein eindeutiges Beispiel dafür beobachtete ich in meiner zahmen Gruppe.

Das ranghöchste weibliche Tier hatte gerade Junge geworfen, die ich der Mutter einen Tag nach der Geburt wegnahm, um sie mit der Flasche aufzuziehen und handzahm zu machen. Auf den Boden des Geheges hatte ich etliche Mehlwürmer geschüttet und beobachtete nun, wie die Mungos sich an ihnen gütlich taten. Die Mungofrau klaubte einen dieser Mehlwürmer heraus und hielt ihn im Maul, wobei sie ein leises Knurren ertönen ließ. Zu meiner Verblüffung kam ihre jüngste Tochter, die inzwischen fast ein Jahr alt war, angerannt, äußerte den Ruf, mit dem Jungtiere Nahrung zu erbetteln pflegen, und versuchte, den Mehlwurm der Mutter aus dem Maul zu nehmen. Mindestens neun Monate war es her, seit dieses Mungojunge von seiner Mutter Nahrung erbettelt hatte, so daß ich das Verhalten zum jetzigen Zeitpunkt zuerst nicht begriff. Die Mutter stand da und sah etwas verdutzt drein. Dann wandte sie sich ihrer Tochter zu, die mittlerweile über ihr ungewöhnliches Verhalten ebenso perplex schien, schluckte gelassen den Mehlwurm hinunter und trottete davon.

Später wurde mir klar, daß die Mutter, die gerade Junge geworfen hatte, sich so verhielt, als seien sie noch da. Auf die eine oder andere Weise mußten die Drähte sich gekreuzt haben, und sie hatte den leisen Spezialknurrlaut von sich gegeben, der bedeutete »Ich habe Nahrung gefunden«, um ihre nicht vorhandenen Jungen herbeizulocken, damit sie das Futter von ihr entgegennahmen. Der Mutter war es aber lediglich gelungen, die Aufmerksamkeit ihrer älteren Tochter zu erregen, weshalb ich den Eindruck hatte, daß beide Tiere über das Vorgefallene verwirrt waren – ihre Reaktionen waren automatisch erfolgt!

Als ich meine kleine Familie von Mungobabys aufwachsen sah, wurde mir auch klar, wie dicht zwei zunächst scheinbar völlig verschiedene Dinge nebeneinanderlagen: Blutgeschmack und Abstraktion eines Feindes. Zunächst aus Futterneid, wurde das Knurren nach und nach bei aggressiven Begegnungen eingesetzt. Wenn eines der Tiere etwas Eßbares gefunden hatte und damit weggerannt war, wurde es fast immer von einem aus dem gleichen Wurf stammenden Artgenossen verfolgt, der ihm die Beute abzujagen versuchte. Der Mungo mit dem Futter knurrte dann. Doch sobald der Artgenosse sich an ihn heranzudrängen versuchte, stellte sich das Tier, das seine Beute verteidigte, ihm in den Weg, und das Knurren wurde lauter. Damit fand eine Bedeutungserweiterung statt von »Ich habe Nahrung gefunden« zu »Ich habe Nahrung gefunden – komm mir nicht zu nahe«. Diese Mitteilung wurde noch erweitert, wenn es zu Streitereien um Spielobjekte kam, die in jedem Fall ungenießbar waren. Einem Tier, das einem anderen einen Gegenstand wegzunehmen versuchte, widerfuhr die gleiche Behandlung, als sei das betreffende Spielzeug ein begehrenswerter Leckerbissen. Jetzt bedeutete der gleiche

Knurrlaut »Das gehört mir – komm mir nicht zu nahe«, wobei der Futter oder Nahrung umfassende Bedeutungsgehalt in diesem Fall abhanden gekommen war und die Vokalisationen fast ausschließlich Drohcharakter hatten. Von da war es wiederum nur ein kleiner Sprung bis zur nächsten Sprosse der Leiter: dem Angriff gegen Fremde. Meine zahmen Mungobabys waren auf Menschen geprägt und glaubten, daß Mungos und Menschen zu ein und derselben Art gehörten, etwas, was mich seinerzeit überraschte und mich bis heute immer wieder verblüfft, denn abgesehen davon, daß Mungos wie Menschen Säuger sind, besteht doch zwischen uns sehr wenig Ähnlichkeit. Besucher lösten ein lautstarkes und gereiztes Zwitschern aus, in das sich gelegentlich Knurren mischte, das bei den dreisteren Mitgliedern meiner kleinen Gruppe sogar damit enden konnte, daß der Besucher empfindlich in den Knöchel gezwickt wurde. Der Knurrlaut »Komm mir nicht zu nahe« richtete sich hier gegen gruppenfremde Individuen. Doch als die Mungos, jedesmal wenn es klingelte, knurrend zur Tür rannten, war mir klar, daß sie auch die Fähigkeit zu abstrahieren besaßen. Das Läuten der Türglocke wurde fortan mit dem Auftauchen eines Feindes gleichgesetzt, den es anzugreifen galt. Langsam dämmerte mir die Erkenntnis, daß die kleinen Geschöpfe zumindest ebenso klug wie Hunde sind und daß sie über eine hochentwickelte Lernfähigkeit verfügen.

Ich habe junge Mungobabys nie den Protestschrei erwachsener Tiere äußern hören. Dafür brachten sie eine ganze Reihe von Geräuschen hervor, die gleichsam seine Vorläufer waren: kurze, hohe Quieklaute, die wiederholt oder ausgedehnt werden konnten, so daß sie je nach dem Ernst der Lage eine ganze Skala von Bedeutungsunterschieden annahmen. Von den längeren dieser Quieklaute war es kein großer Schritt bis zum eigentlichen Protestgeschrei, das ich bei den Jungtieren aber erst hörte, als sie fast drei Monate alt waren. Einer der kleinen Kerle hatte seinem größeren und stärkeren Bruder einen Ball weggenommen, mit dem die Gruppe besonders gern spielte. Der bestohlene Artgenosse rannte zu dem Dieb, um sein Eigentum zurückzufordern. Der aber hockte sich über den Ball, wandte den Kopf zur Seite und begann laut zu protestieren, wobei er mehr babyartig quiekte, vermischt gelegentlich mit einem tieferen Schrei erwachsener Tiere – eine in der Tat höchst seltsame Mischung!

Das bei weitem komplizierteste System sozialer Rufe beruht auf dem Nestgezwitscher der Mungobabys, einer Reihe von schwachen Stakkato-Piepsern, die sich innerhalb der ersten zehn Tage rasch zu den voller klingenden Lauten des Erwachsenen-Kontaktrufs entwickelten. Jedes Tier hat seine eigene Spezialfrequenz, auf der es sendet, wobei der Kontaktruf der erwachsenen Tiere genau wie das Nestgezwitscher der Babys fast ununterbrochen erklingt, und zwar beschleunigt, wenn die Tiere durch das Gelände streifen, dagegen nur in Abständen, wenn sie sich irgendwo ausruhen. Aus diesem ursprünglich einzigen Ton, einem kurzen »Piep« mit einer Frequenz von etwa 2 kHz, entwickelt sich eine ganze Sprache.

Zunächst nahm selbst mein in den Feinheiten der Mungosprache ungeschultes Gehör wahr, daß jeder Mungo einen etwas anderen Kontaktruf hatte. Teils differierte die Sendefrequenz, teils die Länge des Pieptones. Ich vermutete daher, daß es sich lediglich um angeborene individuelle Unterschiede handelte. Aber wieder einmal bewiesen mir die Mungos, daß ich unrecht hatte. Ich versuchte genau herauszufinden, in welcher Weise die Stimmen der verschiedenen Tiere voneinander abwichen. Zu diesem Zweck nahm ich die Stimmen auf Tonband auf, so daß ich mit Hilfe eines Tonfrequenzspektrometers – ein Gerät, das Schallvorgänge in Bilder umwandelt – die Tonfrequenz genau messen konnte. Ich zeichnete die Stimmen aller Mitglieder meiner zahmen Gruppe auf und stellte fest, daß sie praktisch keine Abweichung in der Tonfrequenz für jedes Individuum zeigten und daß es zwischen den Tieren nur sehr geringfügige Überschneidungen gab. Jedes Tier hatte seinen Ton und blieb bei ihm. Dann beschäftigte ich mich eingehender mit den Rufen meiner mit der Hand aufgezogenen Jungtiere, von denen einige in Gruppen und einige allein aufgewachsen waren. Und hier erlebte ich nun eine Überraschung, vor allem bei jenen Jungtieren, die aus dem einen oder anderen Grund isoliert von ihren übrigen Artgenossen aufgezogen wurden. Sie hatten keinen eigenen Spezialton, sondern riefen über den gesamten Frequenzbereich, den die Gruppe als Ganzes benutzte! Als ich später diese isoliert aufgewachsenen Jungtiere mit Gruppen zusammenbrachte, dachte ich über diesen Sachverhalt nicht weiter nach. Doch als ich nach ein paar Monaten ihre Stimmen erneut aufzeichnete, hatten sich die Dinge zu meinem Erstaunen grundlegend geändert. Statt über den gesamten Bereich zu rufen, hatte jedes Tier ein bestimmtes schmales Frequenzband, auf·dem es sich bemerkbar machte und von dem es kaum abwich.

Als ich nun die Rufe der übrigen Tiere in ihrer Gruppe näher untersuchte, stellte ich fest, daß jedes Tier genau wie in meiner ursprünglich untersuchten zahmen Gruppe ein anderes Lied sang. Irgendwann zwischen dem Zeitpunkt, als ich die handzahmen Jungmungos mit der Gruppe zusammenbrachte, und der späteren Aufzeichnung ihrer Stimmen hatten sie sich für eine ganz bestimmte Frequenz entschieden, bei der sie dann blieben. Dies bedeutet wieder, daß die Mungos über einen hohen Intelligenzgrad verfügen müssen, mit anderen Worten: Sie müssen den gesamten Stimmenbereich lernen und sich dann eine unbesetzte Frequenz heraussuchen, auf der sie ihre Stimme ertönen lassen können. Wie dieser Lernprozeß vor sich geht, weiß ich allerdings nicht. Für die Gruppe war es von größter Wichtigkeit, Individuen allein nach der Stimme unterscheiden zu können, wie ich es oft bei der Familie von Diana & Co. beobachtet hatte, denn beim Furagieren blieben sie füreinander nahezu unsichtbar. Auf diese Weise vermochten sie aber zu erkennen, ob die Stimmen, die sie wahrnahmen, zu ihrer Familie gehörten. Sie konnten aber auch genau feststellen, wo sich jedes Familienmitglied zu einem beliebigen Zeitpunkt befand. Das konnte in der Tat sehr dienlich sein, wie ich später noch sehen sollte!

Ein einzelner, kurzer Piepser ist ein sehr nützlicher Ton. Es gibt zahlreiche Möglichkeiten für ein Tier, diesen Ton zu variieren, um die darin enthaltene Nachricht zu ändern. Es kann den Piepton schneller oder langsamer wiederholen, ihn verlängern oder verkürzen, ihn auf einer Höhe aushalten oder ihn modulieren, indem es die Tonhöhe während des Pieplautes verändert, so daß der Ton entweder steigt oder fällt. Der Anstieg oder Fall der Tonhöhe kann langsam oder so schnell erfolgen, daß das menschliche Ohr ihn im einzelnen nicht analysieren kann. Schließlich kann das Tier Pieplaute zusammenfügen, so daß ein einziger Ton entsteht, und diesen noch mit einem Geräusch überlagern, damit der Ton rauh und laut klingt. Die Mungos ließen keine dieser Möglichkeiten aus! Der sonore Ruf »Ausrücken!« war beispielsweise lediglich ein Kontaktruf, der so schnell wiederholt wurde, daß die einzelnen Piepser nicht mehr erkennbar waren. Sie verschmolzen alle zu einem Ruf, der viel länger war als der eigentliche Kontaktruf. Seine Bedeutung war »Ich gehe fort – kommt mit!« Aber interessanterweise nahmen es die Mungos sehr genau damit, welchem der Gruppenmitglieder, die eine solche Absicht kundtaten, sie sich anschlossen. Wenn eines der rangtiefen Gruppenmitglieder fortgehen wollte, die ranghohen dagegen nicht, dann blieb die Gruppe, wo sie war!

Eines Abends konnte ich ein schönes Beispiel dafür beobachten. Diana war mit ihrer Familie auf Nahrungssuche gewesen, wobei sie sich auf den sogenannten Pyramidenhügel zu bewegt hatten, wo sie allem Anschein nach die Nacht verbringen wollten, denn sie erreichten ihn gerade, als die Sonne unterging. Diana spähte in die Löcher des Hügels, war aber offenbar ziemlich ängstlich, denn sie rannte von einem Loch zum anderen, ohne in eines hineinzuschlüpfen. Die restliche Gruppe ahmte Dianas Verhalten nach. Endlich entschloß sie sich für ein bestimmtes Loch und kroch hinein. Ich nahm an, daß die anderen Familienmitglieder ihrem Beispiel folgen würden. Aber sie waren noch immer sehr aufgeregt. Mir kam es so vor, als ob dort etwas lebte oder gelebt hatte, über das die Mungos nicht gerade erfreut waren. Dann rannte Notch den Pyramidenhügel hinab und auf den nur wenig entfernten Kuchenhügel zu. Einige der jüngeren Tiere – Rusty, Goldie und Vanessa – schlossen sich ihr an. Der Rest der Gruppe blieb auf der Pyramide hocken und sah Notch und ihrer kleinen Schar zu, die piepend den Ruf »Ausrücken!« von sich gaben, während sie durch das Gras trotteten. Aber niemand sonst rührte sich. Notch hielt inne, lauschte – der Rest der Familie war nicht gefolgt! Sie machte kehrt und führte ihren kleinen Trupp wieder zum Pyramidenhügel zurück, wuselte eifrig um ihre Anhänger herum und beknabberte sie flüchtig im Nacken. Dann stimmte sie erneut den Ruf »Ausrücken!« an und trottete noch einige Male um die Spitze des Hügels herum, ehe sie sich zum zweiten Mal in Richtung des Kuchenhügels auf den Weg machte. Diesmal folgte ihr überhaupt niemand. Notch merkte es aber erst, nachdem sie etwa 15 Meter gelaufen war, und rannte in großen Sätzen zum Hügel zurück. Dann versuchte sie es noch ein drittes Mal, aber wieder ohne Erfolg. Die Familie rührte sich nicht von der Stelle! Endlich tauchte Diana aus dem Loch auf, in dem sie verschwunden war, und steuerte, ohne die restliche Gruppe auch nur eines Blickes zu würdigen, zielstrebig den Hügel hinab. Als sie piepend »Ausrücken!« kommandierte, stand die Gruppe geschlossen auf und folgte ihr! Befehle wurden offenbar nur vom Boss entgegengenommen!

Der Spielruf gehört zu den kompliziertesten und vielgestaltigsten, die sich vom einfachen Piep ableiten. Entweder war es ein kurzer Pieplaut, der sehr schnell wiederholt wurde – die am wenigsten intensive Form –, oder die Mungos ließen den Piepton, sobald das Spielgeschehen richtig in Gang kam, die Tonleiter hinauf- und hinunterspringen oder modulierten ihn so rasch, daß er wie ein prasselndes Stakkato klang. Nach bisherigen Beobachtungen sind Zwergmungos offenbar die einzigen bekannten Tiere, die über einen solchen Spezialruf mit der Bedeutung »Ich spiele jetzt!« verfügen, ein Ruf, der ständig erklingt, wenn das Tier mit einem Artgenossen oder mit einem Gegenstand spielt. Ich fragte mich, wie sich ein derartiger Ruf entwickelt haben mochte. Mir fiel zweierlei ein: Erstens mußten die Mungos darauf bedacht sein, keine Feinde anzulocken, und zweitens mußten sie auf Grund ihrer Angriffslust Mittel und Wege finden, anderen Gruppenmitgliedern klar und deutlich mitzuteilen »Was ich jetzt tue, ist im Spaß gemeint, nimm es nicht ernst!« Da ihre Gesichtsmuskulatur nicht so dehnbar ist wie die der Affen und Menschenaffen, bei denen ein Spielgesicht oder ein Lächeln die Absichten des Tieres andeuten kann, mußten die Mungos sich einer anderen Methode bedienen, um das gleiche auszudrücken, eben des Spielrufs, der hinsichtlich der Absichten des Tieres keinen Zweifel aufkommen ließ. Sobald der Spielruf ertönte, konnte das Tier fast alles machen, was es wollte. Ja, es durfte sogar seinem Spielgefährten in den Nacken beißen, ohne einen Angriff des gebissenen Mungos zu riskieren! Was nie vorkommen würde, wenn der Biß schweigend erfolgt.

Das Erregungsgezwitscher war lediglich ein rasch wiederholter Kontakt-ruf, der die Skala hinauf- und hinabjagte und sich leicht in das Panikgezwit-scher verwandeln konnte, eine rasch absteigende Folge von Pieplauten, die so miteinander verschmolzen, daß sie fast wie ein einziger Schrei klangen, bei dem ich die einzelnen Piepser nur mit Mühe zu unterscheiden vermochte. Zwischen den beiden Zwitscherarten lagen alle möglichen Abstufungen, so daß ich genau angeben konnte, ob die Tiere nur etwas Interessantes entdeckt hatten und dies den anderen mitteilen wollten, oder ob sie entschieden hatten, daß ihre Entdeckung wahrscheinlich gefährlich und deshalb unverzüglich zu meiden war. Falls das beobachtete Objekt auf Grund früherer Erfahrungen als gefährlich *bekannt* war, erfolgten die absteigenden Zwitscherlaute so schnell nacheinander, daß sie als solche kaum erkennbar waren. Sie wurden durch ein Explosivgeräusch eingeleitet, das Aufmerksamkeit gebot, woraus sich das warnende Tschiii ergab. Falls das fragliche Objekt *sehr* gefährlich war und alle Tiere darauf hingewiesen werden sollten, drückten die Mungos das dadurch aus, daß sie den Tschiii-Ruf mit einer Geräuschkomponente überlagerten – dem lärmenden Tschrrr. Das vokale Warnsystem war mehr als wirksam, da es den Mungos ermöglichte, sich gegenseitig genau mitzuteilen, was um sie herum passierte, was sie beobachtet hatten und wie gefährlich der beobachtete Gegenstand war. Mit der Zeit war ich imstande, mit geschlosse-nen Augen dem, was sie sich erzählten, zu lauschen, und wußte sofort, worüber sie sprachen, was für ein Tier sie gesehen hatten, wie weit entfernt es war und ob es sich in der Luft, auf einem Baum oder auf dem Erdboden befand. Ich hatte Jahre dazu gebraucht, um Mungonesisch zu lernen. Aber das Problem blieb, daß ich von der Natur nicht ausgerüstet war, um es auch sprechen zu können, obwohl ich jedes Wort, das sie sagten, verstehen konnte!

Im Gegensatz zur Sprache des Menschen, in der sich Feinheiten durch verschiedene Wörter ausdrücken lassen und Handlungen von untergeordne-ter Bedeutung sind, war bei den Mungos, das, was sie taten, während sie etwas äußerten, ebenso wichtig wie das, was sie sagten. Das wurde sehr deutlich beim Begrüßungsruf, der sich wiederum vom grundlegenden Piep ableitete und darin bestand, daß der Pieplaut sehr rasch auf einer höheren Tonstufe wiederholt wurde. Obwohl er oberflächlich wie der Ruf »Wo bist du?« klang, ließen die Bewegungen, die die Mungos dabei machten, keinen Zweifel hinsichtlich seiner Bedeutung zu. Der gegen den Boden gepreßte Körper und eine ausgestreckte Vorderpfote räumte von vornherein alle Mißverständnisse aus: Das Tier, das diesen Ruf äußerte, war unterwürfig und sehr freundlich. Der Ruf war die weiße Waffenstillstandsflagge der Mungos. Ich war oft erstaunt darüber, wie potentiell gefährliche Situationen durch ein einziges Tier, das diesen Laut von sich gab, völlig entschärft wurden, ein Ruf, dem ich die Bedeutung beilegte »Greif mich bitte nicht an. Ich bin's, und ich hab's nicht so gemeint!«

Die Jungtiere ergingen sich mehr als andere Gruppenmitglieder in Begrüßungszeremonien. Abgesehen davon, daß sie den Ruf benutzten, um sich selber vor Angriffen zu schützen, setzten sie ihn auch gezielt ein, um Raufereien und Streitigkeiten zwischen Gruppenmitgliedern zu beenden. Auf diese Weise fungierten sie als Friedensstifter. Offenbar schalteten sie auf dieses Verhalten um, sobald sie erkannten, daß zwischen zwei Artgenossen innerhalb der Gruppe ein Streit auszubrechen drohte. Bei zahlreichen Gelegenheiten konnte ich beobachten, wie ein möglicherweise blutiger Kampf zwischen zwei Tieren durch das vokale Eingreifen von Mungokindern augenblicklich eingestellt wurde.

Ein solcher Fall ist mir im Gedächtnis geblieben, da er sich leicht zu einer gefährlichen Situation hätte ausweiten können. Das Weibchen meiner zahmen Gruppe, dem die Führung oblag, war im Begriff, brünstig zu werden, aber noch nicht soweit, daß es die Aufmerksamkeiten seines Gatten uneingeschränkt akzeptierte. Der dachte jedoch anders darüber. Er lief ständig hinter seiner Frau her und versuchte, sich mit ihr zu paaren, bis sie in einen der Brutkästen flüchtete und mit aufgesperrtem Maul und lautem Protestgeschrei den Eingang blockierte. Nach mehreren erfolglosen Versuchen, in den Brutkasten zu dem Weibchen einzudringen, das die Tür noch immer mit weit aufgerissenem Maul versperrte und offensichtlich bereit war, auf den Mungomann loszugehen, falls er zu nahe kommen sollte, verfiel dieser unmittelbar vor seiner Frau in eine wahre Drohkratzorgie. Sie hörte sofort auf zu protestieren, aber sein Drohkratzen ging wohl – an der Art, wie sie ihn ansah, leicht erkennbar – entschieden zu weit. Jeden Augenblick mußte er mit einem Angriff rechnen und ich fragte mich, wie dieser Kampf wohl enden werde; denn ich hatte zwischen dem ranghöchsten Paar nie zuvor Aggressionen beobachtet, da der Mungomann sich dem Wunsch der Mungofrau stets fügte, wenn sie ihm, mit ihrer Rangstellung imponierend, Futter wegnahm oder ihn aus einem bevorzugten Ruheplatz verdrängte. Ich brauchte mir allerdings nicht den Kopf darüber zu zerbrechen, denn die Mungos wurden mit solchen Problemen auf ihre Art fertig. Bevor er richtig wußte, wie ihm geschah, sah sich der Mungomann von mehreren flach an den Boden gepreßten, jugendlichen Artgenossen umgeben, die herbeigeeilt waren und ihn nun wie wild begrüßten, indem sie ihm mit den Vorderpfoten derart auf dem Kopf herumtrommelten, daß er die Augen zumachen und den Rückzug antreten mußte. Die Kinder erlaubten keine Streitereien innerhalb der Familie! Danach gab er es auf, seine Frau zu belästigen, bis sie bereit war, ihn zu akzeptieren.

Die Begrüßungsgebärde der Jungtiere: »Greif mich bitte nicht an!«
entschärfte jede gefährliche Situation.

Die Körpersprache, deren sich die Mungos in Verbindung mit den Vokalisationen bedienten, verlieh den einzelnen Lauten eine tiefere Bedeutung. Zwischen einem Protestquieken mit abgewendetem Kopf und dem gleichen Quieken mit gesenktem Kopf, wobei der Blick auf den Gegner gerichtet wurde, bestand ein großer Unterschied. Im ersten Fall bedeutete es »Schön, du hast gewonnen!«, im zweiten dagegen hieß es »Falls du näher kommst, greif' ich dich an!« Schon eine geringfügige Drehung des Kopfes oder eine erhobene Vorderpfote oder ein zusammengekauerter Körper verwandelten ein und dasselbe Geräusch in eine jeweils andere Mitteilung. Einige dieser Körpersprachensymbole waren so subtil, daß ich Jahre benötigt habe, um herauszufinden, was sie vermittelten, denn im Gegensatz zu den Mungos war ich auf diese Feinheiten in der Kommunikation nicht abgestimmt. Schon das Heben des Kopfes aus der horizontalen Lage um etwa 15 Grad reichte, sofern das Alphamännchen die Kopfbewegung ausführte, beispielsweise aus, um jegliches Tun und Treiben der anderen Gruppenmitglieder zu unterbrechen. Auch wurden ziemlich viele Informationen lediglich durch Blicke übermittelt.

Von Anfang an fielen mir die Mungos als Augentiere auf. Aber ein Blick ist schwer meßbar. Dennoch besteht ein gewaltiger Unterschied zwischen einem streng blickenden Tier und einem, das seine Augen über den Partner lediglich sanft hinweggleiten läßt. Im Laufe der Zeit wurde mir immer klarer, daß die Mungos wie viele der großen Menschenaffen mit ihren Augen Bände sprachen. Ein zorniger Blick – und der Übeltäter senkte den Kopf und wandte sich ab; ein sanfter Ausdruck – und der Partner kam herbei und begann das Tier zu putzen, das vor Wonne die Augen halb zukniff. Mit ihren lebhaften, intelligenten Blicken erfaßten sie die jeweilige Situation sofort. Es gab um sie herum offenbar nichts, was ihnen entging. Ich hatte oft große Mühe, mit dem, was in der Gruppe vor sich ging, Schritt zu halten, denn ich verpaßte viel von der Augensprache, durch die, hätte ich sie sehen und deuten können, verwirrende Situationen sehr viel leichter zu verstehen gewesen wären. Einmal spielten zwei Jungtiere mit einem kleinen Kieselstein, den sie abwechselnd wie ein Ei hinter sich schossen und hinter dem sie dann herrannten, um an der Stelle, wo der Kiesel landete, erster zu sein. Das führte schließlich zu einer Kabbelei um den Besitz des Steins. In die Protestschreie mischten sich gelegentliche Knurrlaute. Dann brachen die beiden Streithammel – aus keinem ersichtlichen Grund – ihr gegenseitiges Geknurre unvermittelt ab und trotteten mit gesenkten Köpfen und niedergeschlagenen Blicken zum Hügel zurück. Ich betrachtete flüchtig die anderen Mungos und sah gerade noch, wie das männliche Leittier sich von einem offensichtlich angestrengten Starrblick entspannte. Lediglich sein zorniger Blick hatte den Streitenden Einhalt geboten! Derartige Fälle kamen häufig vor. Bald gelangte ich zu der Überzeugung, daß das alte Sprichwort »Ein Blick sagt mehr als tausend Worte« gleichermaßen für Mungos wie für Menschen galt!

Nahezu alle Tiersprachen befassen sich jedoch nur mit Dingen des Augenblicks – in welcher Stimmung sich das Tier gegenwärtig befindet, was es gefunden hat, was es innerhalb der nächsten Minuten zu tun beabsichtigt. Soweit wir wissen, sind Tiere nicht imstande, anderen mitzuteilen, was früher geschehen ist – sie haben keine Geschichte in unserem Sinn des Wortes. Frühere Erfahrungen können nicht unmittelbar von einem Individuum auf das andere übertragen werden. Oder doch? Die Mungos ließen mich mitunter im Zweifel!

Es war gegen Abend, und Diana führte ihre Familie zum Schlafhügel. Dem kleinen Rusty war die Aufgabe der Nachhut zugewiesen, er saß auf einem umgestürzten Baumstamm, der quer über einem der Wildpfade lag. Seine Familie hatte schon fast 60 Meter zurückgelegt. Nur Goldie, die etwa 15 Meter von Rustys Standort entfernt eifrig in den Wurzeln eines Busches scharrte, war noch zu sehen. Ich beobachtete, wie der Vortrupp von Dianas

Familie die steilen Flanken des Termitenhügels erklomm, und nahm aus dem Augenwinkel auch eine flüchtige Bewegung von einem Hügel zu meiner Linken wahr. Ich wandte mich um und erblickte Kopf und Schultern eines prachtvollen Schmal-Ichneumon-Mannes, der aus der Öffnung hervorlugte und den ich wegen seiner schwarzen Schwanzspitze der Einfachheit halber Blacktip nennen will. Hinter ihm kamen seine Frau und ein halberwachsenes Jungtier zum Vorschein. Die drei saßen da und putzten sich gegenseitig in den letzten Strahlen der untergehenden Sonne. Rusty harrte noch immer auf seinem Posten aus, während Goldie weiter wie wild in der Erde herumstocherte – sie mußte etwas sehr Gutes entdeckt haben!

Plötzlich stutzte der Blacktip und starrte unverwandt zu Rusty hin. Seine Flanken glänzten wie flüssiges Silber. Im Nu war er den Hügel hinabgetrottet und verschwand im ausgebleichten Gras, so daß ich ihn einen Augenblick lang aus den Augen verlor. Doch dann tauchte im Gras wie eine kleine Signalfahne seine auf und nieder wippende schwarze Schwanzspitze auf. Der Blacktip rannte weiter, hielt inne, rannte erneut ein Stück, und dann erkannte ich, daß er Rusty entdeckt hatte und sich an ihn heranpirschte, wobei er geschickt jede verfügbare Deckung ausnutzte, um ihm möglichst nahe auf den Pelz zu rücken.

Der Blacktip war jetzt nur noch ein paar Schritte von dem kleinen Mungo entfernt, der noch immer nichts von dessen Anwesenheit ahnte und Goldie zusah, deren Buddelei nunmehr den Grad wilder Verzückung erreicht hatte – die Beute, wahrscheinlich eine Maus, konnte nur noch Zentimeter weit weg sein! Aber noch ehe Rusty so recht wußte, was geschah, war der Blacktip plötzlich über ihm. Was danach passierte, spielte sich so schnell ab, daß ich Mühe hatte, alles zu sehen! Was als Angriff des Blacktips begonnen hatte, endete damit, daß der Blacktip seinerseits angegriffen wurde! Bevor sich ihm die Möglichkeit der Feindberührung bot, hatte Rusty ihn erspäht und nahm Reißaus. Goldie blickte von ihrer Buddelei auf, sah, was los war, und eilte dem bedrängten Rusty zu Hilfe. Als nächstes registrierte ich, daß der Blacktip von zwei wütenden goldbraunen Fellbündeln ständig im Kreis herumgejagt wurde. Unter fürchterlichem Knurren rannten sie hinter dem Blacktip her, der sich durch die Büsche hindurchwand in dem Bemühen, seine Verfolger abzuschütteln.

Schließlich waren die beiden Zwergmungos der Meinung, daß sie den Angreifer weit genug weggejagt hatten, und trotteten, laut piepend, den Wildpfad entlang zum Termitenhügel zurück, wo der Rest der Familie im Begriff war, schlafen zu gehen. Nur ein Tier hielt noch Wache, das aber offensichtlich nicht bemerkt hatte, was zwischen Rusty, Goldie und dem Blacktip vorgefallen war.

Das wäre nun lediglich ein interessanter Beweis gewesen für die zwischen Blacktips und Zwergmungos bestehende Feindschaft, wenn die Geschehnisse am nächsten Morgen nicht ein völlig neues Licht auf die Kommunikation zwischen den Zwergmungos geworfen hätten. Twin war früh wach, setzte sich auf die Spitze des Hügels und blickte in die Runde. Aber schon nach einer kurzen Weile hatten sich sämtliche Familienmitglieder dort versammelt und benahmen sich ziemlich aufgeregt. Nachdem sie sich gegenseitig markiert und flüchtig das Nackenfell beknabbert hatten, zogen sie unter der Führung Dianas los. Die ganze Gruppe marschierte dicht aufgeschlossen im Gänsemarsch hinter ihr her. Zu meiner Überraschung bemerkte ich, daß Diana direkt auf den Hügel zusteuerte, aus dem am Abend zuvor die Blacktips aufgetaucht waren, ein Hügel, um den die Zwergmungos, wenn sie in dieser Richtung auf Nahrungssuche waren, gewöhnlich einen Bogen machten. Der kleine Trupp machte den Eindruck, als habe er etwas ganz Bestimmtes vor, denn die Mungos gingen nicht wie sonst gemächlich ihrer Furagiertätigkeit nach, vielmehr furagierten sie überhaupt nicht. Sozusagen Nase bei Schwanz zogen sie durch das Gras, bis sie den Fuß des Blacktip-Hügels erreichten, wo sie haltmachten.

Dann schwärmte die Gruppe aus. Twin, Weißhals und Narbe näherten sich mit buschig gesträubtem Schwanz und langgestrecktem Körper der Öffnung des Termitenbaus, aus der am Abend zuvor die Blacktips herausgekommen waren. Mit wippenden Köpfen krochen die Mungos Schritt für Schritt voran. Endlich hatte Narbe das bewußte Loch erreicht und spähte hinein. Ganz langsam kroch er voran, und Twin und Weißhals folgten ihm. Ich erwartete, aus dem Inneren des Hügels Kampfgeräusche zu hören. Aber alles blieb ruhig. Nach geraumer Zeit, die mir wie eine Ewigkeit vorkam, tauchte Narbes Kopf wieder in der Öffnung auf. An der Art, wie er dastand, konnte ich ablesen, daß die Luft rein war: Die Blacktips waren ganz offensichtlich nicht zu Hause. Nach erfolgter Entwarnung stürmte die restliche Gruppe den Hügel hinauf. Nun folgte eine höchst verblüffende Episode, die ich mir nur als pure Rache zu deuten wußte. George begann zunächst mit wildem Drohkratzen und ging dann dazu über, die Seiten des Eingangslochs zu markieren, woran sich schließlich auch die übrigen Familienmitglieder beteiligten. Sie schmierten ihr Analsekret über den ganzen Hügel, besonders aber um die Eingangsöffnung sowie auf alle Zweige in der Nähe, während sie den Erdboden gründlich mit Wangensekret markierten. Dann folgte die abschließende Entwürdigung. Diana hockte sich unmittelbar vor das Loch und setzte ihre Exkremente ab, was prompt von allen anderen nachgemacht wurde, bis die Türschwelle zur Behausung der Blacktips über und über mit dem Kot der Zwergmungos bedeckt war! Nachdem Diana die Markierungen noch einmal überprüft hatte, gab sie das Signal »Abrücken!« Die ganze Gesellschaft marschierte zurück ins Gras, wo alle sich wie gewohnt ihrer morgendlichen Furagiertätigkeit widmeten.

Erst später wurde mir klar, daß das, was ich erlebt hatte, etwas Außergewöhnliches war. Interessanterweise hatten die Zwergmungos den Angriff auf zwei ihrer Artgenossen zum Anlaß einer wohldurchdachten Racheaktion genommen. Ich wäre nicht überrascht gewesen, wenn sie sich nach Rustys und Goldies Rückkehr zum Hügel am Abend zuvor gerächt hätten – doch sie hatten es nicht getan. Der Vergeltungsangriff erfolgte erst am nächsten Morgen, was schon höchst ungewöhnlich war. Aber die Frage, die mir ständig durch den Kopf ging und auf die ich keine Antwort fand, war: Wie hatte Diana es *erfahren*?! *Sie* war es doch, die die Gruppe anführte, und nicht Rusty oder Goldie, die den Angriff des Blacktips selber erlebt hatten. Diana konnte am Abend zuvor auch nichts gesehen haben, denn sie befand sich zur Zeit des Vorfalls bereits im Schlafhügel. Rusty und Goldie waren am Termitenbau in großer Erregung eingetroffen, die der Gruppe zwar möglicherweise verriet, *daß* etwas geschehen war, aber nicht genau *was*. Diana standen für ihr Verhalten dagegen Informationen zur Verfügung – *wer* ihre beiden Kinder angegriffen hatte und *aus welcher Richtung*! Die Antwort auf die Frage nach dem Woher des Angriffs konnte nur lauten: Diana wußte, daß die Blacktips gewöhnlich diesen speziellen Termitenhügel aufsuchten. Aber damit war ich noch immer nicht hinter das Problem des Wer gekommen! Zwischen Rusty, Goldie und dem Blacktip hatte keinerlei Körperkontakt stattgefunden. Sie hatten den Blacktip lediglich verjagt, so daß dessen Geruch unmöglich an ihren Leibern haftengeblieben sein konnte und Diana einen Hinweis auf die Identität des Angreifers gab, indem sie aus dieser Duftspur etwa auf Blacktip schloß und dann auf: »Blacktip, der in diesem bestimmten Hügel haust.« Das war alles sehr merkwürdig, und mich beschlich die undeutliche Vermutung, daß es vielleicht doch so etwas wie eine abstrakte Kommunikation zwischen Tieren gibt – oder zumindest zwischen Mungos!

Auf jeden Fall gehört die Mungosprache zu den kompliziertesten der bis heute bekannten Tiersprachen.

7 Familienleben und seine Intrigen

Aus der Sicht der Mungos war das wichtigste Verhaltensmuster wahrscheinlich gegenseitiges Putzen und intensive Fellpflege. Man bediente sich dessen in praktisch jeder sozialen Situation, beispielsweise wenn zwei Familienmitglieder sich trafen oder nebeneinandersaßen. Es gab drei Arten des Putzens, die leicht zu unterscheiden waren und jeweils eine andere Bedeutung hatten. Am häufigsten war das Nackenknabbern. Ein Tier stellte sich dann unter das Kinn eines anderen, drehte den Kopf und beknabberte das Nackenfell seines Partners, wobei der eigene Nacken direkt unter der Nase des anderen Tieres lag und dann als Gegenleistung ebenfalls beknabbert wurde. Seltener wurde das Fell des Partners abgeleckt, was besonderen Anlässen vorbehalten zu sein schien.

Dafür kam die dritte Art der Körperpflege ebenfalls recht häufig vor: das Putzen im Analbereich, dem die Mungos, sofern es gestattet wurde, mit Vorliebe frönten. Dazu wurde der Anogenitalbereich des Tieres vom Partner geleckt, wobei es auf eine Ausstülpung der Analdrüse anzukommen schien; denn oft sah ich Tiere, die die Afterdrüse ihrer Putzpartner kratzten, um sie zu öffnen. Vielleicht geschah dies, um den Geruch des Partners möglichst unvermischt aufzunehmen. Das Putzen der Aftergegend war aber offensichtlich ein Privileg, das nur wenigen zugestanden wurde. Nicht jedes Tier, das zur Einleitung eines solchen Verhaltens seine Nase unter das Hinterbein eines anderen steckte, wurde akzeptiert. Falls dem Putzwilligen das Putzen erlaubt wurde, pflegte der Partner sein Hinterteil herumzuwälzen, halb auf dem Rücken liegenzubleiben und die Hinterbeine zu spreizen, um die Analdrüse zu entblößen. Wenn derartige Aufmerksamkeiten nicht erwünscht waren, rührte sich der betreffende Mungo nicht von der Stelle oder setzte sich hin, um weitere Annäherungsversuche des auf Putzen im Analbereich erpichten Artgenossen zu verhindern. Dieses Verhalten stand ganz im Gegensatz zum Beknabbern des Nackens, wo jeder jedem jederzeit seine Pflege angedeihen lassen konnte, obwohl es auch hier Unterschiede gab, denn enge Freunde putzten sich viel häufiger als andere Tiere.

Anales Putzen war demnach fast so etwas wie ein Statussymbol, denn alle

Tiere wollten George und Diana putzen, aber nur einige durften immer, andere dagegen nie. Natürlich heimsten George und Diana auch beim Putzen den Löwenanteil ein. Wenn sie sich nicht gegenseitig putzten, was sie die meiste Zeit über taten, putzte sie jemand anderes. Merkwürdig war, daß auf Grund dieser sehr stilisierten Putzhaltung immer nur zwei Tiere sich gegenseitig zur gleichen Zeit den Nacken beknabbern konnten und daß nie Ketten von Putzern entstanden, wie sie in zahlreichen Affen- und Menschenaffensozietäten vorkommen.

Dann gab es noch das Spielverhalten. Mungos spielen, wann immer sie können, und falls sie niemand aus der Gruppe finden können, der mit ihnen spielt, spielen sie mit anderen Tieren oder Gegenständen. Wer mit wem am meisten spielte, das gab mir ebenfalls Aufschluß darüber, was in der Gruppe hinter dem Rücken von George und Diana vor sich ging.

Als erstes fiel mir die Freundschaft zwischen Rusty und Moja sowie zwischen Narbe und Notch auf, obwohl die Beziehungen völlig verschieden waren. Rusty sah fast genau ein Jahr älter als Moja aus, der wahrscheinlich aus Dianas Wurf im Vorjahr stammte. Von Anfang an bemerkte ich, daß die beiden oft beieinandersaßen und sich gegenseitig putzten. Ihrer Freundschaft lag das gemeinsame Spielen zugrunde. Beide Tiere waren recht ausgelassene Exemplare und stets und überall zur Stelle. Aber das galt auch für Blackie. Nach seiner Körpergröße und der Dicke seines Nackenfells zu urteilen, war er um ein Jahr älter als Rusty. Obwohl er manchmal mit den beiden spielte, hatte er bereits andere Dinge vor, was aber erst später verständlich wird. Die Freundschaft zwischen Rusty und Moja kam mir besonders merkwürdig vor, da M'bili, Mojas Schwester, gleichfalls ausgelassen war. Aber sie wurde nie zum Mitmachen aufgefordert, wenn es lustig zu werden begann. Sie saß, als sie älter wurde, nur noch selten mit ihrem Bruder auf dem Hügel. Als sie kleiner waren — etwa vier Monate alt —, erwiesen sich die beiden als unzertrennlich, doch während der letzten beiden Monate (sie waren zu dieser Zeit beinahe acht Monate alt) lockerten sich ihre freundschaftlichen Beziehungen und vertiefte sich das Verhältnis zwischen Rusty und Moja. M'bili neigte jetzt dazu, mehr Zeit mit Goldie zu verbringen, mit der sie ebenfalls spielte. Wenn die Gruppe eine Ruhepause einlegte, saß sie oft neben ihr und putzte sie. Die einzige Ausnahme von der Regel bildete Tatu, die sich nach wie vor eng an die Mutter anschloß und ihr auch auf Schritt und Tritt folgte, wenn die Gruppe beim Furagieren war. Sie saß neben ihr, wann immer sich dazu Gelegenheit bot. Abgesehen von spielerischen Kämpfen und den gelegentlichen Putzaktionen, die sie ihren Artgenossen aus dem gleichen Wurf angedeihen ließ, hatte Tatu offenbar geringen Kontakt zu den übrigen Familienmitgliedern. Sie war auch noch immer viel kleiner als ihre Geschwister. Wegen ihrer Magerkeit und des schlechten Fellzustandes vermutete ich, daß sie von irgendwelchen Darmparasiten befallen sein könnte, was ihr geringeres Wachstum und den Mangel an Vitalität erklärt hätte. Von Diana wurde sie anscheinend akzeptiert. Ich habe nie beobachtet, daß sie Tatu oder ihre Geschwister verjagte. Ich hatte allerdings auch den Eindruck, daß die jüngeren Kinder, wenn sie ein bestimmtes Alter erreichten, sich allmählich von der Mutter lösten und Freundschaften mit anderen Gruppenmitgliedern eingingen. Bezeichnenderweise war Mojas bester Freund ein Männchen, das nur wenig älter war, während M'bilis Lieblingsspielgefährte ein Weibchen war, ebenfalls nicht älter als zwei Jahre.

Tatu interessierte mich besonders, weil sie die sprichwörtliche Ausnahme von der Regel bildete. Während der Monate, in denen die Jungtiere im Sozialverhalten flügge zu werden begannen, behielt ich Tatu genau im Auge. Sie hing zwar an Diana wie eine Klette. Aber es gab innerhalb der Gruppe andere Tiere, die tastende Annäherungsversuche an sie unternahmen, und Tatu wies sie nicht zurück. Solche Annäherungen beschränkten sich jedoch auf bloßes Nackenbeknabbern und gelegentliches Putzen im Analbereich. Bei Moja und M'bili schloß die Freundschaft auch Aufreiten und Spielen ein. Aber Tatu spielte selten, es sei denn mit ihren Geschwistern aus dem gleichen Wurf. Aus der Art, wie sie ein Spiel mit einem von ihnen plötzlich abbrach, sobald sich eines der älteren Geschwister zu ihnen gesellte, und zu ihrer Mutter rannte, gewann ich den Eindruck, daß sie vor ihren älteren Geschwistern etwas Angst hatte. Das spiegelte sich auch in Tatus Begrüßungsverhalten. Während Moja und M'bili praktisch nur ihre Eltern begrüßten, pflegte Tatu auch Twin, Narbe, Blackie und Rusty zu begrüßen, falls sie sich von ihnen erschreckt oder in die Enge getrieben fühlte. Einmal beobachtete ich, wie sie unmittelbar neben Blackie eine Grille erbeutete, während die Gruppe frühmorgens nahe am Fuße des Hügels furagierte. Auf ihr Knurren hin wandte sich Blackie zu ihr. Statt nun mit ihrer Beute Reißaus zu nehmen, ließ sie sie los, rannte auf ihn zu und begrüßte ihn aus voller Kehle. Blackie schien darüber etwas verdutzt, um nicht zu sagen verlegen zu sein; denn er drehte sich um und machte sich davon. Tatu begrüßte in ähnlichen Situationen auch die anderen Männchen. Auf Grund ihres schmächtigen Wuchses kam sie sich wohl unterlegen vor. Sie war dem Alter kindlicher Futterbettelei längst entwachsen und konnte sich nicht mehr ungestraft an ihre Geschwister heranmachen. Während M'bili oder Moja, wären sie in der gleichen Situation wie Tatu und Blackie gewesen, nur ihr Knurren verstärkt und Hüftschwinger ausgeteilt hätten, wollte Tatu offenbar kein Risiko eingehen und zeigte sofort unterwürfiges Gebaren. Es war der einzige Fall, den ich je erlebt habe, daß ein Junges sich seinen älteren Geschwistern gegenüber unterwürfig verhielt.

Diana, die »Königin« der Gruppe.

George, ihr Prinzgemahl.

Vanessa, die »Chefbabysitterin«.

Twin, das Ebenbild seines Vaters.

Goldie, die Hübscheste der Familie.

Blackies Vertrauen gewann ich zuerst.

Moja war immer zum Spielen aufgelegt.

Zwei aus der Gruppe – Fleck und Notch – behandelten Tatu freundschaftlich. Obgleich die Freundschaft nie so innig war wie die zwischen ihrem Bruder und Rusty, beziehungsweise zwischen ihrer Schwester und Goldie, bestand doch eine gewisse Sympathie, die sich darin äußerte, daß Fleck und Notch sich eng an sie kuschelten, wenn Diana nicht in der Nähe war, und sie putzten, was Tatu sich nicht nur gefallen ließ, sondern auch erwiderte. Merkwürdig, daß das älteste Weibchen in der Gruppe nach Diana dem Jungtier soviel Beachtung schenkte. Notch hatte sich schon besonders intensiv um Tatu gekümmert, als sie jünger war. Jetzt hatte ich den Eindruck, daß Notch Tatu mehr oder weniger als Mittel zum Zweck benutzte, und dieser Zweck hieß George! Wo Tatu war, war auch Diana irgendwo in der Nähe, und wo Diana war, konnte George nicht weit weg sein. Ich beobachtete häufig, daß Notch, sobald George auftauchte, mit der Putzarbeit an Tatu aufhörte, ihm entgegenrannte und ihn nach einem flüchtigen Beknabbern des Nackens aufforderte, sie im Analbereich zu putzen, was George nur sehr selten ablehnte! Diana lag dann nur da und sah Notch, der Nebenbuhlerin, zu. Sie verhielt sich ihr gegenüber nie aggressiv.

Die Freundschaft, die Fleck Tatu entgegenbrachte, war schwieriger zu erklären. Offensichtlich benutzte er sie nicht, um in die Nähe Dianas oder eines anderen Gruppenmitglieds zu gelangen. Aber ihr Verhältnis konnte auch nicht einfach als Teenager-Freundschaft angesehen werden. Fleck und Tatu waren, abgesehen davon, daß zwischen ihnen ein Altersunterschied von einigen Jahren bestand, auch verschiedenen Geschlechts. Fleck pflegte neben ihr zu sitzen, putzte sie und leckte ihr das Gesicht, forderte sie manchmal auch zum Spielen auf, obwohl sie nur selten mitmachte. Anscheinend bestand in diesem Fall wirklich eine individuelle Beziehung zwischen den beiden Tieren. Aber worauf sie beruhte, wußte ich nicht.

Flecks andere Freundschaft in der Gruppe war ebenfalls atypisch, wenn man die übliche Konstellation von Freundschaften zwischen Männchen und Weibchen betrachtete: Sein engster Freund war Blackie. Die beiden hatten das gleiche Alter und entstammten vermutlich demselben Wurf. Die Freundschaft, die zwischen ihnen als Mungobabys existiert hatte, dauerte wohl bis in die subadulte Entwicklungsphase. In der übrigen Familie gab es keine ähnlichen Freundschaften zwischen Angehörigen des gleichen Geschlechts, obwohl Narbe und Twin mehr Zuneigung zueinander bekundeten als zu Weißhals, dem zweiten erwachsenen Männchen des Trios. Es schien durchaus möglich, daß zwischen Tieren gleichen Geschlechts, die aus dem gleichen Wurf stammten, ein spezielles Zusammengehörigkeitsgefühl fortbestand, auch wenn sie bereits erwachsen waren. Aber bevor ich das mit Sicherheit wußte, mußte ich noch jahrelang Mungogruppen beobachten, in denen ich die Beziehungen zwischen einzelnen Tieren kannte.

Fleck und Blackie waren nahezu unzertrennlich und machten vieles gemeinsam. So hielten sie gleichzeitig Wache oder lösten sich im Wachdienst ab. Auch verbrachten sie viel Zeit damit, aneinandergeschmiegt auszuruhen, sich gegenseitig zu putzen und zu spielen. Was mich überraschte, war ihr Aufreiten, denn sie bestiegen sich lieber gegenseitig als eines der rangtiefen Weibchen, selbst wenn letztere bereit waren.

Wenn Notch ein Mensch gewesen wäre, hätte man sie wohl als Nymphomanin bezeichnet. Sie schien keine Gelegenheit auszulassen, die Aufmerksamkeit der Männchen in der Gruppe auf sich zu lenken, sogar die von George. So lief sie zu Narbe, auf den sie es besonders abgesehen hatte, warf sich auf den Rücken und spreizte die Beine, um sich im Analbereich putzen zu lassen, wobei sie den Kopf ihres Putzpartners mit den Vorderpfoten umklammerte und ihn, während er beschäftigt war, ableckte und beknabberte. Falls George gerade nicht da war, pflegte sie Narbe oder ihren jeweiligen Auserwählten kurz zu besteigen, stellte sich anschließend unmittelbar vor das Männchen hin und wollte nun selber bestiegen werden. Sie hatte sich offenbar auch in Blackie vergafft; denn sie machte sich heimlich an ihn heran und begann auch mit ihm zu flirten. Aber ich habe nie beobachtet, daß Fleck eifersüchtig war. Obwohl er die Annäherungsversuche von Notch zu erwidern pflegte, tat er nichts, um sie zu ermutigen.

Blackie dagegen zeigte weitaus größere Bereitwilligkeit. Wenn er eine Gelegenheit sah, machte er sich an Notch heran, sofern sie sich nicht schon an ihn herangemacht hatte, und begann, sie abzulecken und zu putzen, was unweigerlich damit endete, daß er sie bestieg — wenn Vater George nicht gerade hinsah. Ich kannte den Moralkodex der Mungos auf Grund von Beobachtungen meiner zahmen Gruppe — sexuelle Beziehungen zwischen rangtiefen Tieren waren nicht gestattet — und wußte, daß das Alphamännchen der Gruppe diesen Kodex auch durchsetzte. Das gleiche schien auch für Diana & Co. zu gelten. Sobald George auftauchte, wurde jegliches unerlaubte Treiben sofort eingestellt. Dadurch entstanden die gespannten Verhältnisse innerhalb der Gruppe, indem Weibchen wie Männchen spezielle Freundschaften nur im geheimen einzugehen versuchten. Nur Notch setzte sich über alle Grenzen allgemeiner Anstandsregeln hinweg und probierte es bei mehr oder weniger jedem Männchen, das sich zu Gegendiensten bereit zeigte. In diesem Punkt war sie grundverschieden von ihrer jüngeren Schwester Vanessa.

Vanessa hatte einen Partner in Twin gefunden, wenn auch die Beziehung subtilerer Natur und keineswegs so offenkundig war wie die krampfhaften

Bemühungen von Notch. Oft fand es sich, daß Vanessa und Twin zusammensaßen und sich gegenseitig putzten. Obwohl Vanessa meist mit den Jungen
und ihren etwa gleichaltrigen Geschwistern Victoria und Goldie spielte, war
Twin der einzige Mungomann der Gruppe, den sie aufforderte, mit ihr zu
spielen. Das bedeutete nicht, daß sie nicht auch mit anderen Männchen
spielte. Sofern männliche Tiere sie dazu aufforderten, machte sie mit. Aber
bei Twin ergriff *sie* die Initiative. Vanessa ließ sich genau wie Notch von Twin
im Analbereich putzen und gelegentlich besteigen, während sie das den
anderen Männchen der Gruppe nicht erlaubte.

Obwohl Spielen und Putzen Anhaltspunkte dafür lieferten, welche aktiven
Beziehungen zwischen den Gruppenmitgliedern bestanden, erhielt ich den
nützlichsten Hinweis auf derartige Freundschaften durch das bloße Zusammensitzen der Tiere. Spielen und Putzen waren Aktivitäten, die von einem
Individuum begonnen wurden und deren Erwiderung in den meisten Fällen
automatisch erfolgte, während Verweigerung der entsprechenden Gegenleistung selten vorkam. Dagegen konnte ein Tier beim Zusammensitzen einfach
weglaufen und den Partner allein lassen. Daher beobachtete ich genau, wer
mit wem zusammensaß. Das war vielfach schwierig, da die Mungos Ruhegruppen von sechs bis acht Tieren bildeten, deren besondere Zusammensetzung ich herausfinden mußte. Wer setzte sich als erster zu wem und wer
schloß sich der Gruppe erst später an?

Zunächst fiel mir auf, daß mit Ausnahme von M'bili und Goldie weibliche
Tiere sich fast nie zusammensetzten. Hier gab es offensichtlich keine Freundschaften, nicht einmal zwischen Victoria und Vanessa, die wie Schwestern
aus demselben Wurf aussahen. Notch schien fast zu jeder Ruhegruppe zu
gehören. Aber hier zeigte sorgfältige Beobachtung, daß sie sich ungebeten
dazwischendrängte. Im Laufe der Zeit wurde mir klar, daß die Mungoweibchen, wann immer es möglich war, sich neben ihr jeweils bevorzugtes
Männchen zu setzen versuchten. Erst nachdem ich herausgefunden hatte, wer
mit wem zu sitzen pflegte, kam die äußerst subtile Freundschaft zwischen
Rusty und Victoria an den Tag, bei der Victoria allem Anschein nach die
Initiative ergriff. Das Problem war nur, daß Rustys Freundschaft mit Moja
die ganze Angelegenheit unklar erscheinen ließ. Moja setzte sich manchmal
auch neben seinen älteren Bruder. Rusty war auch der einzige männliche
Mungo der Gruppe, den ich einmal Moja im Analbereich markieren sah,
wobei ich mir nicht sicher war, ob sein Verhalten als Eifersucht anzusehen
war.

Die beiden hatten eng aneinandergekuschelt dagesessen und ihren Wachdienst verrichtet, als Victoria unauffällig herangeschlichen kam, sich zwischen die beiden Freunde drängte und Rustys Nackenfell zu putzen begann.

Schließlich drehte sie sich auf den Rücken, um ihre Analdrüse darzubieten. Die Aufforderung hätte nicht eindeutiger sein können, und Rusty kam der Bitte Victorias auch prompt nach. Moja beobachtete die beiden einen Augenblick lang, stand dann auf und lief auf seinen Freund zu. Während er an ihm vorüberging, hob er sein Hinterbein und rieb seine hervorgestülpte Analdrüse dreimal hintereinander an den Flanken seines Bruders. Dann beschnupperte er die Markierung und zwängte sich zwischen Rusty und Victoria, wodurch er deren gegenseitige Putztätigkeit unterbrach. Victoria stand auf und machte sich davon. Hatte sie versucht, mit Rusty eine Freundschaft einzugehen? Es sah so aus. Sie und Goldie hatten unter den männlichen Tieren der Gruppe zur Zeit keine besonderen Freunde. Aber ihr erster schüchterner Versuch, sich einem männlichen Partner zu nähern, war durch einen anscheinend eifersüchtigen jüngeren Bruder jäh unterbrochen worden. Victoria versuchte danach noch dreimal, mit Rusty in engen Körperkontakt zu kommen. Aber jedesmal war Moja zugegen und mischte sich ein, bis sie ihre Bemühungen schließlich aufgab.

Obwohl Notch oft mit Narbe zusammenlag, war ihr bevorzugter Schlafpartner Blackie. Sooft sie ihn irgendwo sitzen sah, gewöhnlich bei Fleck, gesellte sie sich zu den beiden und begann ihre recht aufdringlichen Bemühungen, mit Blackie anzubandeln. Sie machte das auch, wenn Narbe und Twin zusammen waren, und drängte sich in beiden Fällen zwischen die Freunde. Da sie zuerst ihre speziellen Freunde mit ihrer Putztätigkeit bedachte, war klar, daß sie Blackie und Narbe bevorzugte, obwohl auch jeweils der andere flüchtig beknabbert wurde. Offenbar wollte Notch von jemandem geliebt werden. Doch hatte sie bisher keinen Mungomann gefunden, der sich genügend für sie interessierte, um eine enge Partnerschaft einzugehen. Aber sie versuchte es weiter.

Weißhals war ein Rätsel. Offenbar hatte er keine besonderen Freunde unter den anderen Gruppenmitgliedern, nicht einmal unter seinen Altersgenossen Narbe und Twin. Keines der Weibchen beachtete ihn sonderlich. Auch er ignorierte sie mehr oder weniger. Es gab jedoch eine Mungofrau in der Gruppe, die ihm aufgefallen war, und das mochte auch der Grund dafür sein, daß die anderen Weibchen sich fernhielten. Seine Busenfreundin war nämlich Diana, auch wenn die Freundschaft recht einseitig war, denn Diana suchte ihn nie auf, ließ sich aber seine Annäherungsversuche gefallen. Weißhals wollte in der Tat hoch hinaus! Nicht nur, daß er neben ihr saß, wann immer sich die Gelegenheit dazu bot, er war auch – außer George – das einzige erwachsene Männchen, das sie zu besteigen versuchte. Aus der Sicht Dianas ging das aber zu weit, so daß sie lautstark protestierte, gewöhnlich Grund genug für Weißhals, um von ihr abzusteigen und sie mit einem sanften

Beknabbern des Nackens versöhnlich zu stimmen. Es sah fast so aus, als habe er es auf Georges Position abgesehen, für den Fall, daß dem alten Herrn etwas zustoßen sollte, und als versuche er, mit Diana eine Art Zusammengehörigkeitsgefühl zu entwickeln.

Nur sehr gewissenhafte Beobachtungen über Monate förderten zutage, was sich in der Gruppe wirklich abspielte. Unter normalen Verhältnissen wachte George streng über alles, was in der Gruppe vorging, wogegen Diana gegen alles buchstäblich blind zu sein schien und den Dingen mehr oder weniger ihren Lauf ließ. Ihr einziges Interesse galt George. Von allen Beziehungen in der Gruppe konnte nur die zwischen Diana und George als wirklich eng bezeichnet werden. Im Gegensatz zu den untergeordneten Männchen und Weibchen, die George ständig im Auge behalten mußte, wenn sie gegen die Regeln verstießen, gab es niemanden, der den beiden ranghöchsten Mungos Einhalt gebot oder gar etwas verbot. Meines Erachtens ließ sich deren Beziehung am besten als Liebesheirat bezeichnen, wobei die meiste Liebe von George ausging. Die Art, wie er ihr den Hof machte und dienstbeflissen um sie herumtanzte, würde die meisten Ehegatten der Spezies Mensch beschämen. Sie war die einzige Mungofrau in seinem Leben. Wann immer er konnte, saß er neben ihr und putzte sie. Diana ließ sich diese Aufmerksamkeiten bereitwillig gefallen und erwiderte sie auch. Aber sie war an ihm nie so interessiert wie an ihr. Wenn er in Ausübung seiner Pflichten fort gewesen war, beispielsweise um gelegentlichen Wachdienst zu versehen oder irgendwelche Vorgänge zwischen den übrigen Familienmitgliedern zu klären, lief er unmittelbar nach seiner Rückkehr zu Diana, setzte sich neben sie und putzte sie. Wenn sie auf dem Termitenhügel ihren Standort veränderte, zog auch er um, nur um in ihrer Nähe zu sein. Dieses Zusammengehörigkeitsgefühl war aber, wie ich bei zahlreichen Gelegenheiten beobachten konnte, nicht ausschließlich einseitig. Auch Diana empfand eine echte Zuneigung zu George und hielt nach ihm Ausschau, wenn er lange fortblieb.

George und Diana bildeten sozusagen die Nabe, um die sich der Rest der Gruppe drehte, denn es wurde mir bald klar, daß jedes Gruppenmitglied ständig zu den Eltern hinblickte, diese bei ihren Aktivitäten beobachtete und sich danach richtete. Wenn George schlechte Laune hatte, was mitunter der Fall war, wenn er morgens aus dem Termitenhügel herauskam, verhielten sich alle äußerst zuvorkommend und nett zu ihm. Der Grad seiner schlechten Laune ließ sich an der Heftigkeit seines Drohkratzens ablesen. Wenn George wirklich wütend dreinblickte, liefen die Jungen zu ihm und ergingen sich in Begrüßungsgebärden, worauf er sich wieder beruhigte. Die jüngeren Tiere verhielten sich ihren Eltern gegenüber besonders folgsam und versuchten, sooft sie die Möglichkeit hatten, sich eng an sie anzukuscheln und sie zu putzen.

Victoria, Goldie, Vanessa und natürlich Notch putzten George sehr gern im Analbereich. Bisweilen betätigten sich alle vier gleichzeitig, wobei George auf dem Rücken lag und ihre Aufmerksamkeiten sichtlich genoß, aber nur selten sich auf gleiche Weise erkenntlich zeigte. Wenn die ganze Gruppe so um George versammelt war, blieb Diana sitzen, sah dem Treiben zu und machte keine Anstalten einzugreifen. Allem Anschein nach war sie von seiner Standfestigkeit so überzeugt, daß sie in den Bemühungen der anderen Weibchen, sich ihrer Position zu bemächtigen, offenbar nur Zeitverschwendung sah.

Darin unterschied sie sich jedoch völlig von Georges Verhalten, der Verbindungen zwischen seiner Frau und anderen Mitgliedern der Familie so gut wie nie duldete. Weißhals, Dianas heimlicher Verehrer, wußte offenbar davon, so daß es nur selten zu einer Konfrontation zwischen den beiden Männchen kam. Sobald Weißhals George kommen sah, stahl er sich davon. Nicht minder genoß es Diana, sich von der übrigen Gruppe im Analbereich putzen zu lassen, besonders von Blackie, Fleck und Rusty. Gelegentlich waren zwei oder sogar drei eifrig dabei, Diana abzulecken. Sobald aber George sich näherte oder sie ungehalten anstarrte, ließen sie von ihrem Treiben ab und schlichen sich mit flach an den Boden gepreßten Körpern davon. Blackie wurde durch Georges Auftauchen jedoch weniger eingeschüchtert als seine beiden anderen Artgenossen. Er wandte sich ab und ging ganz normal fort, als sei alles in bester Ordnung. Narbe und Twin waren, obwohl sie Diana häufig putzten, nicht so aktiv bei der Sache wie die jüngeren Männchen. Auch saßen sie nicht so oft bei ihr. Von beiden war es ganz offensichtlich Twin, der die engsten Beziehungen zu dem Alphapaar unterhielt, merkwürdigerweise nicht zu Diana, sondern zu George. Twin und George saßen viel häufiger zusammen als Narbe und Weißhals. Aber sie putzten sich nicht sonderlich. Von den männlichen Tieren waren es Blackie und Fleck, die sich Twin als hauptsächliche Putzpartner auserkoren hatte, wogegen Narbe diese beiden überhaupt nie putzte. Das einzige ältere Männchen, dem Narbe seine Putztätigkeit angedeihen ließ, war Weißhals. Dieser komplizierte Sachverhalt erwies sich als verwirrend, sah es doch beinahe so aus, als versuchten alle Männchen, nett zu Vater zu sein. Einige von ihnen saßen bei ihm weitaus häufiger als bei Diana, aber dafür wurde Diana am meisten geputzt. Ob besonders bei Twin und Blackie – obwohl Twin doch eine spezielle Freundin in Vanessa hatte – diese Freundlichkeit ihrem Vater gegenüber lediglich ein Mittel war, um nahe an Diana heranzukommen und *sie* als Freundin zu gewinnen? Aber Diana spielte nicht mit.

Die Beziehungen der Jungtiere zu ihren Eltern waren besonders interessant. Tatu mit ihrer starken Bindung an die Mutter bildete eine Ausnahme. Die beiden anderen Jungen, Moja und M'bili, gaben sich beiden Eltern gegenüber

mehr als freundlich, wobei ich den Eindruck hatte, daß sie ihre Zuneigung auf beide Eltern gleichmäßig verteilten im Gegensatz zu ihren älteren Geschwistern, die ganz offensichtlich den Elternteil des jeweils anderen Geschlechts bevorzugten. Nicht nur, daß sie neben den Eltern saßen
und sie putzten, die beiden markierten sie auch ziemlich oft mit den
Analdrüsen, versuchten in diesem Stadium ihrer Entwicklung aber weder
die Mutter noch den Vater zu besteigen. Ich war mir nicht sicher, was
das Markieren hier zu bedeuten hatte: ob es die gleiche Bedeutung hatte
wie für George, wenn er seine Frau markierte, also etwa »sie gehört
mir«, oder ob die Jungtiere, die im allgemeinen sehr häufig markierten,
lediglich versuchten, das Zusammengehörigkeitsgefühl zwischen ihnen
und ihren Eltern zu festigen und ihren persönlichen Geruch dem Fami-
liengeruch aufzudrücken.

Die Freundschaft zwischen M'bili und Blackie nahm eine plötzliche
Wendung, als M'bili fast neun Monate alt war. Bis jetzt hatten die beiden
meistens zusammen gespielt und sich gegenseitig geputzt. Blackie und
Fleck jedoch vergnügten sich oft damit, daß sie sich gegenseitig bestiegen,
wobei George geflissentlich ein Auge zudrückte, was er aber nie tat, wenn
die beiden die Weibchen in der Gruppe zu besteigen versuchten. M'bili
lief auf ihren Freund zu, der auch unverzüglich von Fleck herunterstieg
und nun statt dessen sie bestieg. M'bili wurde wohl zum ersten Mal
bestiegen. Sie stand starr und steif da, den Blick geradeaus gerichtet, und
wußte offenbar nicht, was sie tun sollte. Als Blackie von ihr herunterstieg, stand sie noch immer da und blickte verdutzt drein, während Blak-
kie sich erneut daranmachte, Fleck zu besteigen. M'bili rührte sich fast
vier Minuten lang nicht von der Stelle, als habe sie der Schlag getroffen.
Danach ging sie Blackie einige Wochen lang aus dem Weg, und es
bedurfte einiger Anstrengung seinerseits, sich bei ihr wieder in Gunst zu
setzen.

Da George das, was in der Gruppe erlaubt war und was nicht, streng
kontrollierte, fanden die Gruppenmitglieder ein Betätigungsfeld für unerlaubte Kontakte im Spiel. Die auffälligsten Spieler waren die Weibchen.
Die erwachsenen Männchen, Narbe, Twin und Weißhals, pflegten auch
häufig zu spielen, doch selten miteinander, gewöhnlich mit einer der
Mungodamen. Interessant war die unterschiedliche Aufforderung zum
Spielen bei den älteren Spielern und den Jungtieren. Die Jungen bekundeten ihre Spielabsicht meist dadurch, daß sie mit ausgestreckter Vorderpfote gegen den Kopf ihres Partners stupsten. Für die älteren Artgenossen
entwickelte sich die Spielsituation normalerweise aus gegenseitigem Putzen oder Besteigen. Nachdem ich das Spielen der Tiere lange beobachtet

hatte, war ich überzeugt, daß es sich dabei nicht bloß um den Ausdruck gehobener Stimmung oder guter Laune handelte, wie es unter den jüngeren Tieren der Fall war, sondern daß mehr dahintersteckte.

Etwas, was zwischen Vanessa und Twin geschah, brachte mich auf die Spur dessen, was sich wirklich abspielte. Die beiden saßen auf der Rückseite des Hügels, wo sie von George nicht gesehen werden konnten, und widmeten sich intensiver Putztätigkeit. Vanessa lag mit gespreizten Beinen da und ließ sich von Twin ihre Analdrüse bearbeiten. Daraus entwickelte sich der nächste Schritt, nämlich daß Twin Vanessa bestieg. Während er ihre Flanken fest umklammert hielt, tauchte George plötzlich auf. An der Art, wie er dastand und die beiden anstarrte, konnte ich erkennen, daß er über den Vorfall keineswegs erfreut war. Statt sich nun heimlich davonzumachen, tat Twin etwas, was mich überraschte. Er stieg nicht von Vanessa herunter, sondern begann den Spielruf zu piepen und Vanessa mit seinen noch um ihre Flanken geschlossenen Vorderbeinen von einer Seite zur anderen zu schubsen, wobei er sie ausgelassen in den Nacken zu beißen versuchte. Vanessa paßte sich der neuen Situation sofort an, warf sich, nun ebenfalls piepend, auf den Rücken und begann mit ihrem Partner einen regelrechten Ringkampf. Twin boxte tüchtig zurück. Dann riß sich Vanessa, noch immer laut den Spielruf piepend, los und lief davon, Twin ihr dicht auf den Fersen. Seit dem Ertönen des Spielrufs hatte George sich beruhigt. Als er die beiden sich herumbalgen sah, machte er kehrt und ging zu Diana zurück. Es sah fast so aus, als hätten ihm die Übeltäter zu verstehen gegeben: »Schau her, wir spielen nur!« Da ich künftig auf derartige Vorkommnisse besonders achtgab, stellte ich fest, daß sie nichts Außergewöhnliches waren, nur hatte ich ihnen anfangs keine Aufmerksamkeit geschenkt. Die rangtiefen Männchen und Weibchen benutzten ihr ausgelassenes Herumbalgen mehr oder weniger als Vorwand, um mit ihren Freunden in engen Kontakt zu kommen, der, solange gespielt zu werden schien, offensichtlich von ihrem Vater gestattet wurde. Er griff nur ein, wenn sie es im Eifer des Spiels zu toll trieben oder sich vom Hügel zu weit entfernten. Dann gingen George oder ein anderes Familienmitglied dazwischen und machten dem Treiben ein Ende. Allem Anschein nach handelte es sich um ein ausgeklügeltes Täuschungsmanöver. Sie benutzten jugendliches Verhalten für einen völlig anderen Zweck. Sobald George durch ihr scheinbar harmloses Spiel besänftigt war, hielten die Mungos mitten im Spielen inne und begannen erneut, sich gegenseitig zu besteigen und zu putzen.

Nicht nur *diese* Verhaltensweisen gestatteten einen Einblick in das soziale Funktionieren der Gruppe. Das häufigste Gruppenamt – der Wachdienst –, an dem sich alle Gruppenmitglieder in größerem oder geringerem Maße beteiligten, zeigte, daß sich auch hier Beziehungen herausgebildet hatten.

Einige der Gruppenmitglieder waren aufs Wacheschieben mehr versessen als andere. Hier übernahmen die jungen Männchen eindeutig die Hauptlast der Arbeit. Von diesen waren es wiederum Blackie und Fleck, die mehr Wachdienst versahen als der Rest der Gruppe. Die älteren Männchen, Narbe und Twin, gingen anscheinend nur dann häufig auf Wache, wenn in Sichtweite irgendeine Gefahr drohte. Als ich mich das erste Mal der Gruppe anschloß und die Mungos nicht ganz sicher waren, ob sie mich als Freund oder Feind einstufen sollten, blieben Narbe und Twin gewöhnlich in meiner Nähe und beobachteten, was ich tat. Als ihre Angst vor mir allmählich schwand, übernahmen Blackie und Fleck wieder den Wachdienst. Von den erwachsenen Männchen war es nur Weißhals, der annähernd soviel Wache schob wie Blackie und Fleck. Rusty, ihr jüngerer Bruder, war, obwohl auch er oft Wache stand, darauf nicht so erpicht wie diese beiden. Warum von den erwachsenen Männchen Weißhals seinen sehr häufigen Wachdienst beibehielt, wußte ich nicht. Aber vielleicht hing es damit zusammen, daß er ungebunden war. Bisweilen hatte ich das unbestimmte Gefühl, daß er es nur tat, um Diana zu beeindrucken. Er pflegte seinen Wachposten ziemlich auffällig einzunehmen, wenn die Gruppe am Morgen oder Spätnachmittag ihren Schlafhügel verließ, sozusagen unmittelbar vor Dianas Nase. Aber so etwas wie Angeberei ließ sich Weißhals praktisch nicht nachsagen!

Wenn die Gruppe auf Nahrungssuche war, blieb fast immer eine Wache zurück. Doch bestand die Neigung, sobald sich eine große Schar von Vögeln zu den Mungos gesellte, weniger Wachen zu postieren und sie – anders als bei einer geringeren Zahl gefiederter Begleiter – nicht so lange an ihren Standorten zu belassen. Es schien so, als seien in diesem Fall die Mungos von ihren Vogelfreunden abhängig. Blackie und Fleck pflegten, während die Gruppe vorbeizog, über Hügel und Aussichtspunkte im Bocksprung hinwegzusetzen. Wenn Blackie Wache hatte, stieg Fleck auf einen vor ihm liegenden Hügel und übernahm den Wachdienst, bis die Gruppe und Blackie vorbei waren, worauf Blackie einen Wachposten vor Fleck bezog, der nun dienstfrei hatte. Diese gegenseitige Gefälligkeit wurde ein ums andere Mal wiederholt, falls sich keiner fand, der in der Zwischenzeit den Wachdienst übernahm. Seltsamerweise lösten die meisten anderen Tiere dabei immer Fleck ab. Offenbar war er der Hauptwachposten, während Blackies Ablösung entweder sein Bruder und Freund oder Weißhals war. Ich fragte mich, ob die Freundschaft zwischen Fleck und Blackie mit ihrer gemeinsamen Beteiligung am Wachdienst – eine der wichtigsten Aufgaben innerhalb der Gruppe – zusammenhing, ob sie in diese Vereinbarung lediglich hineingewachsen waren oder ob sie absichtlich zustande gekommen war.

Mein erster Eindruck von der innerhalb der Gruppe existierenden Rang-

Rusty hält Wache, während die anderen Gruppenmitglieder sich sonnen und die Jungtiere spielen.

ordnung, daß nämlich die jüngeren Tiere einen höheren Rang einnahmen als ihre älteren Geschwister, bestätigte sich auch, wenn es um wichtige Vorrechte ging, zum Beispiel beim Nahrungserwerb. Aber ich erkannte jetzt, da ich die Gruppe und die Intrigen, die sich in ihr abspielten, besser verstehen gelernt hatte, daß zu einer Rangordnung mehr gehörte als das, was das Auge wahrnimmt.

So etwas wie die Prioritätenrangordnung mußte sich zwangsläufig entwickelt haben, um die Jungen in den Mittelpunkt des Interesses der Gruppe zu rücken und damit sicherzustellen, daß ihnen ein hohes Maß an Schutz gewährt wurde und sie das meiste Futter erhielten. Wenn es jedoch um subtilere Dinge ging wie etwa: Wer mag wen? Wer ist der sozial Aktivste?, ergab sich ein ganz anderes Bild.

Da viele soziale Aktivitäten der Mungos wie Putzen und Spielen auf Gegenseitigkeit beruhten, also ein Tier die Initiative ergriff und das andere darauf reagierte, mußte ich sorgfältig unterscheiden, wer eine Begegnung in die Wege leitete und auf wen die soziale Aktion gerichtet war. Als ich all diese sozialen Punkte zusammenzuzählen begann, kam ich zu einem ziemlich überraschenden Ergebnis, das mir ein völlig neues Bild von der Mungogesellschaft und ihrer Funktionsweise vermittelte.

Wenn es um soziale Aktivitäten ging wie Putzen, Spielen und das Ruhen in Körperkontakt mit anderen Artgenossen, errangen Fleck und Blackie überraschenderweise gleichsam den ersten Preis, während Notch den zweiten Platz belegte. Erst dann kamen die Jungtiere Moja und M'bili, anschließend George und Diana, dann die älteren Männchen und zuallerletzt die Weibchen der Gruppe. Das bedeutete, daß es die jungen Männchen waren, die die meiste Zeit in Interaktionen mit anderen Gruppenmitgliedern verbrachten und nicht ihre Schwestern. Ich hatte aber den Eindruck, daß einer Interaktion sozial viel mehr Gewicht zukam, *wenn* ihre Schwestern sie begannen. Als ich mir genau ansah, welchen Gruppenmitgliedern die meiste Aufmerksamkeit entgegengebracht wurde, war es erwartungsgemäß Diana. George lag vor den anderen mit großem Vorsprung in Führung. Dann kamen Vanessa, Victoria und Notch, hinter ihnen wiederum Fleck und Blackie. Erst dann folgten die Jungen, und ihre ältesten Brüder bildeten den Schluß der Liste. Nicht nur, daß sie sozial nicht sehr aktiv waren, sie galten offenbar auch für den Rest der Familie als nicht sehr attraktiv.

Das brachte mich auf einen Gedanken. Vielleicht beeinflußte der Grad sozialer Aktivität eines Tieres auch das Ausmaß seiner Attraktivität für die anderen Gruppenmitglieder: ein System nach der Devise »Eine Hand wäscht die andere«. Ich gelangte zu der Überzeugung, daß ich die für soziale Aktivität verliehenen sozialen Punkte von denen abziehen sollte, die Hinweise auf die Attraktivität des Tieres lieferten, also wie oft andere Gruppenmitglieder mit ihm Kontakt aufnahmen. Auf diese Weise konnte ich den Restbetrag ermitteln: wie oft nämlich eine soziale Interaktion mit einem Tier begonnen wurde über das hinaus, was das betreffende Tier durch seine eigenen Aktionen auslöste. Dadurch erhielt ich weit genauere Einblicke in das, was in der Gruppe wirklich vor sich ging. Die Ergebnisse wichen von der einfachen Prioritätenrangordnung völlig ab und vermittelten mir ein tieferes Verständnis für die soziale Bedeutung verschiedener Individuen.

Ganz oben auf der Liste rangierte, wie erwartet, Diana, dicht hinter ihr George. Der nächste in der Reihe war überraschenderweise Twin. Nach ihm kam Vanessa, und Notch erreichte knapp den vierten Platz. Danach erfreuten sich Narbe und Weißhals offensichtlich der größten Beliebtheit. Ihnen folgten die Jungtiere, und ganz am Ende der Liste standen Rusty, Blackie und Fleck. Also fast eine Umkehrung der Prioritätenrangordnung wie auch der nach der sozialen Aktivität bewerteten Rangordnung. Objektiv betrachtet sah es ganz so aus, als ob die jüngeren Tiere ihre ganze Zeit damit verbrachten, herumzulaufen und zu den älteren Artgenossen nett zu sein. Die ließen sich diese

Nettigkeiten zwar gern gefallen, erwiderten sie aber nur wenig. Ich hatte erlebt, wie die Jungen den Begrüßungsruf benutzten, um innerhalb der Gruppe ausbrechende Aggressionen zu verhindern. Diese Beobachtungen führten mich zu der Überlegung, ob nicht die jüngeren Tiere, vor allem die subadulten Männchen, für den Zusammenhalt der Gruppe verantwortlich waren. Sie waren auf aktive Weise nützlich und nett, und vielleicht hielten sie dadurch die Gruppe tatsächlich zusammen.

Besonders erstaunt war ich, daß Twin und Vanessa auf der Liste ganz oben unmittelbar hinter ihren Eltern rangierten. Ich fragte mich, ob ihre dauerhafte Freundschaft etwas damit zu tun hatte, daß sie mehr oder weniger Prinz und Prinzessin waren, die sich darauf vorbereiteten, die Alphaposition zu übernehmen, falls ihren Eltern etwas zustieß. Der Rest der Gruppe war sich offenbar der Stellung Twins und Vanessas als hoher Tiere durchaus bewußt. Es hatte fast den Anschein, als würden die übrigen Gruppenmitglieder sich bei ihnen anzubiedern versuchen. Die hohe Stellung von Notch schrieb ich der Tatsache zu, daß sie sozusagen in voller Breite vorging, insbesondere unter den noch nicht mit Beschlag belegten Männchen. Angesichts der Stellung Narbes unmittelbar hinter Notch fragte ich mich, ob ihre Freundschaft mit ihm die soziale Position der beiden in ähnlicher Weise beeinflußt hatte wie bei Vanessa und Twin. Veronica und Goldie waren als potentielle Partnerinnen ebenfalls wichtig. Aber da keine von ihnen bisher eine enge Verbindung mit einem der Männchen eingegangen war, blieb ihre Position offen. Auf Grund der Tatsache, daß Rusty, Fleck und Blackie einen so niedrigen Rang bekleideten, sah es so aus, als wäre ihre hochgradige soziale Aktivität lediglich darauf gerichtet, eines dieser noch ungebundenen Weibchen zu gewinnen und gleichzeitig die ranghöheren Tiere, vor allem die Eltern, versöhnlich zu stimmen. Die Dinge blieben recht kompliziert!

Was nun die Attraktivität betraf, so galten die Jungtiere im Augenblick anscheinend nicht viel. Dennoch standen sie über ihren älteren Brüdern, den subadulten Männchen, wahrscheinlich weil viele Gruppenmitglieder mit ihnen spielten und sie putzten. Ein schwacher Abglanz ihres Mungobaby-Reizes war noch vorhanden. Aber wie würden sich die Dinge wohl entwickeln, wenn Diana einen neuen Wurf zur Welt brachte? Standen dann die neuen Babys im Mittelpunkt des Interesses oder würden sie einen ebenso tiefen Rang einnehmen wie ihre älteren Geschwister? Die Zukunft sollte es zeigen.

8 Liebe, Ehe und der Lohn der Sünde

Die Commiphorenbäume spürten es im voraus. Obwohl für mich zwischen dem Wetter in der letzten Woche und dem in dieser kein Unterschied bestand – in beiden Wochen war es ebenso heiß wie trocken –, kündigten die Commiphoren Regen an, denn jeder Dornenzweig zeigte jetzt einen schwachen hellgrünen Schimmer. Die Knospen brachen auf. Davon unberührt nahm das Leben in der Mungofamilie seinen gewohnten Gang. Ein täglicher Streifzug von einem Termitenhügel zum nächsten auf der Suche nach Nahrung, Auffrischen von Markierungen an Anschlagtafeln, kleine Familienkabbeleien sowie gelegentliche Duelle mit verschiedenen Feinden, um in das Einerlei etwas Schwung zu bringen, kurz: der übliche Betrieb. Die Jungtiere waren jetzt fast neun Monate alt und fingen an, sich an den Gruppenpflichten zu beteiligen. So übernahmen sie bereits abwechselnd den Wachdienst, wenn die Gruppe auf Nahrungssuche war. Ich hatte vermutet, daß etwas in seiner Organisation so Kompliziertes wie der Wachdienst der Mungos vorprogrammiert wäre, aber wieder bewiesen mir die kleinen Geschöpfe, daß ich unrecht hatte.

Alles begann, als Moja und seine Geschwister etwa sechs Monate alt waren, ein Alter, in dem Mungokinder außer Rand und Band sind und an ein ungestörtes Leben der übrigen Familienmitglieder nicht zu denken ist. Wenn die Kleinen nicht gerade miteinander spielten, erwiesen sie sich als unermüdliche Plagegeister oder sie trabten unbekümmert davon, verirrten sich und steckten ihre Köpfe überall dort hinein, wo sie sie nicht hineinstecken sollten. Moja – von den dreien der frühreifste – hatte sogar versucht, in meinen Wagen zu klettern, um mich besser mustern zu können. Ich beobachtete ihn, wie er sich mühsam an der Seite des Reifens emporzog, um sich mit wackligen Beinen auf seinem nicht ganz ungefährlichen Hochsitz niederzulassen. Von hier aus guckte er mich mit seinen Knopfaugen, die um den Kotflügel lugten, neugierig an. Von der Unterseite des Wagens drangen gelegentlich Kratzgeräusche, wenn kleine Krallen emsig an interessanten Dingen wie am Differentialgetriebe und an den Benzinleitungen herumarbeiteten. Öfter vergnügte sich eines der drei Mungokinder wippend auf der Vorderachse meines

Wagens. Ich hatte große Lust, mich mit ihnen anzufreunden und sie zu locken, indem ich ihnen Leckerbissen reichte, entschloß mich dann aber, es nicht zu tun. Ich wollte zwar, daß sie mich akzeptierten, aber nicht, daß sie meinetwegen ihr Verhalten änderten. Schon das regelmäßige Bereitstellen beziehungsweise Anbieten von Nahrung kann die normalen Gewohnheiten eines Tieres vollständig verändern. So kann es in Situationen geraten, die unter ungestörten Verhältnissen, wenn überhaupt, nur selten eintreten und die infolgedessen einem Beobachter ein falsches Bild vom normalen Leben des Tiers vermitteln. Ich begnügte mich also damit, zu beobachten, abzuwarten und der Natur ihren Lauf zu lassen.

Etwa um diese Zeit bemerkte ich, daß vor allem Moja nicht immer bei der Familie war, wenn sie auf Nahrungssuche ging. Häufig blieb er zurück bei dem jeweiligen Wachposten. Doch als ich zu zählen begann, wie oft er bei verschiedenen Wachhabenden saß, stellte sich heraus, daß er einen ganz speziellen Lieblingswächter hatte, nämlich Rusty. Moja saß dann dicht neben ihm, so daß sich ihre Körper berührten, und starrte ernst und bedeutsam in den Busch. Aber er hielt es dabei nie lange aus. Nach ein oder zwei Minuten machte er sich davon, um an einem dürren Blatt zu scharren, das seine Aufmerksamkeit erregt hatte, oder Nase und Krallen in einen Spalt in der Rinde eines Baumes zu stecken. Aber allmählich wurden die Phasen gewissenhaften Wachens länger, bis er es tatsächlich fertigbrachte, ganze drei Minuten still dazusitzen und in die Runde zu spähen. Dann begann das wirkliche Training. Eines Tages, als Moja eng an Rustys Flanke gepreßt dasaß und mit ihm gemeinsam in den Busch starrte, stand Rusty auf und ließ Moja allein, spazierte den Hügel hinunter und begann auf irgend etwas im Gras Jagd zu machen. Moja wußte nicht recht, wie er darauf reagieren sollte. Er spähte zu Rusty hinab, bewegte sich rasch auf ihn zu, warf einen kurzen Blick in die Runde – niemand anderes hatte den Wachdienst übernommen! Der Konflikt spiegelte sich förmlich auf Mojas Gesicht – sollte er gehen oder sollte er bleiben? Moja blieb. Ich weiß nicht, worin dieser Ehrenkodex der Mungos gegenüber dem Wächteramt seinen Ursprung hat. Aber er ist bereits den jungen Tieren eingeimpft: »Wenn du auf Wache bist, bleibst du auf Wache, bis dich jemand ablöst!« In diesem Fall war niemand da, und Moja blieb auf seinem Posten.

Rusty ließ ihn freilich nicht lange allein. Nach einer Minute war er schon wieder den Hügel hinaufgeklettert und hockte sich neben Moja nieder, der mit sichtbarer Erleichterung herumzutollen begann. Später, als Victoria das Wächteramt auf einem der vorausliegenden Hügel übernahm, sausten die beiden davon, die Schwänze emporgerichtet wie kleine Feuerhaken, Rusty vorneweg und Moja dicht hinterher. Das wurde bald zu einem täglichen Bild, da sich Moja nun bei Rusty häufiger aufhielt, wenn dieser Wache hatte. Auch weiterhin ließ Rusty Moja gelegentlich auf sich selbst gestellt zurück, doch immer nur für einige Minuten.

Im Laufe der Wochen stellte ich fest, daß Rusty seinen jungen Artgenossen immer länger auf dem Hügel allein zurückließ. Moja schien seine Aufgabe sehr ernst zu nehmen, denn er war noch eifriger und aufmerksamer als die wachdiensterfahrenen Tiere und ließ den Warnruf ertönen, sooft sich etwas bewegte, ganz gleich, ob es sich um einen Fliegenschnäpper oder einen Adler handelte. Auch vergaß er nicht, ab und zu die andere Seite des Hügels zu kontrollieren. Zuerst reagierte die Gruppe auf Mojas fast ständige Warnungen, indem sie schleunigst in Deckung ging. Doch dann bemerkte ich, daß sie mit der Zeit als erstes den Himmel absuchten und dann selber entschieden, ob das, was Moja gesehen hatte, für sie eine Gefahr bedeutete oder nicht. Bei jedem Warnruf Mojas flitzte Rusty zum Hügel zurück und blickte aufgeregt in die Runde, um den Feind auszumachen. Meistens gab es aber gar keinen, und die ganze Aufregung war umsonst gewesen.

Als Moja schließlich soweit war, daß er bis zu zehn Minuten den Wachdienst allein versehen konnte, wobei Rusty ihn scharf im Auge behielt, kam die Feuertaufe. Statt zum Hügel zurückzutrotten, um Moja abzuholen und sich mit ihm der restlichen Gruppe anzuschließen, ging Rusty seinen Weg weiter. Moja war zum ersten Mal ganz auf sich selbst gestellt. Als er erkannte, daß Rusty ihn verließ, begann er hin und her zu laufen, ließ das Erregungsgezwitscher ertönen, machte aber keine Anstalten, Rusty zu folgen. Er setzte sich wieder hin und wartete, wobei er gewissenhaft die umliegende Buschlandschaft beobachtete. Ich mußte plötzlich niesen, und schon war Moja auf der mir zugekehrten Seite des Termitenhügels. Dicht an den Boden gepreßt, sah er mich starr an, als habe er mich nie zuvor gesehen! Dann blickte er zu seiner Familie im Gras hinüber und suchte die Umgebung nach der geringsten Kleinigkeit ab, die möglicherweise nicht ganz geheuer war. Aber alles war ruhig. Endlich löste Fleck ihn auf einem Baumstamm ab, der der furagierenden Gruppe gegenüberlag. Für Moja bedurfte es keiner zweiten Aufforderung! Mit gesträubtem Fell rannte er auf seine Familie zu. Es war das erste Mal, daß er ganz allein offenes Gelände durchqueren mußte. Er war sehr verschüchtert, aber nichts stürzte sich von oben auf ihn hinab, und seine Angst erwies sich als unbegründet. Nachdem er die Gruppe erreicht hatte, rannte er zuerst zu Diana und beknabberte ihr kurz das Nackenfell, was sie erwiderte – ein nahezu beispielloser Vorfall, denn Mungos auf Nahrungssuche konzentrieren sich voll und ganz darauf, eßbare Dinge zu finden. Zwischen ihnen besteht dann nur ein sehr geringer sozialer Kontakt. Aber Moja brauchte wohl eine Beruhigung nach der schweren Bewährungsprobe, die er soeben hinter sich hatte.

Nach ein paar Tagen war seine Ängstlichkeit verflogen. Er rannte hinter der Gruppe her wie die anderen Tiere, die ihren Wachdienst versehen hatten. Rusty ließ ihn jetzt regelmäßig allein, und Moja fügte sich ohne weiteres in das bestehende System ein. Der endgültige Schritt erfolgte rund zwei Monate, nachdem er mit seinem Wachdienst begonnen hatte. Sobald die Gruppe den Hügel verlassen hatte, blieb Rusty nur einen Augenblick bei Moja sitzen, der dann eine ganze Schicht lang allein Wache schieben mußte. Inzwischen war er schon abgehärtet und praxiserfahren. Auch warnte er seine Artgenossen nicht mehr bei allem und jedem, was sich bewegte, und beschränkte seine Rufe auf Dinge und Tiere, die er nicht kannte, oder auf solche, von denen er wußte, daß sie Gefahr bedeuteten. Moja meldete sich jetzt sogar freiwillig für den Wachdienst, indem er einfach zurückblieb, wenn die Gruppe weiterzog. Er wurde also langsam erwachsen!

Etwa um diese Zeit bemerkte ich auch eine Änderung in Georges Verhalten. Seine Putztätigkeit im Analbereich seiner Frau fiel auf, sowohl was die Häufigkeit als auch die Dauer betraf, sofern Diana es ihm gestattete. Mitunter war sie nicht in Stimmung, stand auf und entfernte sich. Falls George in seinen Bemühungen fortfuhr, wies sie ihn mit einem schwachen Quieklaut und einem Schubs der Vorderpfoten ab. Merkwürdig kam mir Blackies Verhalten vor. Er benutzte offenbar jede Gelegenheit, die sich ihm bot, nahe bei Diana zu sitzen, wenn George nicht da war, und ihr den Nacken zu beknabbern, was ausgiebig erwidert wurde. Ich hatte den Eindruck, daß Blackie zu Dianas Lieblingen gehörte. Dann folgten die ersten schüchternen Besteigungsversuche, indem Blackie eine Vorderpfote vorsichtig auf Dianas Rücken legte. Sie warf ihm einen flüchtigen Blick zu, erhob sich und zog ab. Doch diese sanften Zurückweisungen hielten Blackie nicht davon ab, es immer wieder zu versuchen. Diana mußte wohl brünstig werden; denn selbst George versuchte, sie zu besteigen, nachdem sie sich eine Weile lang geputzt hatten. Doch ihm wurde die gleiche Behandlung zuteil wie Blackie. Diana war noch nicht bereit.

Bald wurde das Verhältnis zwischen George und Blackie immer gespannter. Es war komisch, zu beobachten, wie die drei um den Hügel herummarschierten, wenn die übrige Gruppe ausruhte: Diana vorneweg, dann George und nur einen Schritt hinter ihm Blackie. Die Blicke, die George seinem Sohn ab und zu entgegenschleuderte, hätten ausgereicht, ihn das große Fürchten zu lehren. Blackie war jedoch nicht so leicht einzuschüchtern und fuhr in seinen Bemühungen fort, in die Nähe seiner Mutter zu gelangen. Je näher Dianas

Brunstzyklus rückte, desto aufmerksamer wurde Blackies und Georges Verhalten ihr gegenüber. Schließlich erlaubte Diana ihrem Sohn sogar, sie zu besteigen, zuerst protestierend – was sie auch bei George tat –, später aber ohne einen Laut von sich zu geben.

Blackie vermied jeden Augenkontakt mit seinem Vater, so daß der arme George mit seiner aufgestauten Wut allein blieb. Schließlich spitzten sich die Dinge zu, und Blackies Kampfansage gegen die Vorherrschaft seines Vaters wurde beantwortet. Diana war gerade den Hügel hinabgetrottet und scharrte unten im Gras. Kaum hatte Blackie sie gesehen, als er ebenfalls hinunterlief und unmittelbar neben ihr im Gras herumzustöbern begann. George entdeckte seinen Nebenbuhler, flitzte den Hügel hinab und stellte sich parallel zu Blackie hin, doch auf der anderen Seite war Diana. Jetzt erkannte Blackie wohl, daß er zu weit gegangen war, denn er hielt plötzlich inne, senkte den Kopf, so als fixiere er etwas auf dem Boden, und scharrte mit einer Vorderpfote in der Erde. Er betrachtete seinen Vater verstohlen von der Seite, während dieser ihn anstarrte. Blackie hätte sich umdrehen und weglaufen sollen, aber er tat es nicht. Er blieb stehen und setzte mit gesenktem Kopf seine Kratztätigkeit fort. Nun stellte George sich seitlich vor ihn hin, so daß Blackie der Weg versperrt wurde. Einen Augenblick lang herrschte Stille. Während ich die Spannung zwischen den beiden Kontrahenten förmlich spüren konnte, nahm Diana wie üblich gar keine Notiz von dem, was um sie herum vorging. Plötzlich ging Blackie mit einem ohrenzerreißenden Protestschrei auf seinen Vater los und verpaßte ihm mit beiden ausgestreckten Vorderpfoten einen kräftigen Stoß in die Seite. Blitzschnell drehte sich George um und stand im Nu über Blackie, der mit dem Rücken auf dem Boden lag und zetermordio schreiend mit allen vieren Georges Körper von sich wegzustemmen versuchte! Nie zuvor habe ich derart fürchterliche Protestschreie aus der Kehle eines Mungos gehört. George schenkte ihnen nicht die geringste Beachtung. Er stand lediglich erhobenen Hauptes da und drückte seinen aufsässigen Sohn zu Boden, so daß der sich nicht bewegen konnte. Blackies Geschrei hörte und hörte nicht auf, während die übrigen Gruppenmitglieder sich von oben das Geschehen besahen. Aber kein Tier kam Blackie zu Hilfe. Nach fast 30 Sekunden ließ George Blackie los, der mit gesträubtem Fell schnurstracks in ein Loch im Termitenhügel flitzte und erst lange danach wieder auftauchte.

George hätte sich mit Blackie mühelos in einen Kampf einlassen und ihm böse Bißwunden beibringen können. Er war viel älter, stärker und erfahrener als sein Sohn, der auf sein zweites Lebensjahr zusteuerte. Trotz seiner Überlegenheit hatte George nichts dergleichen unternommen, sondern seinem vorwitzigen Sprößling nur mit einer sehr strengen Form der Bestrafung gedroht, einer Bestrafung, die man als psychologische Prügel bezeichnen könnte. Er hatte sich bemüht, Blackie nicht weh zu tun, aber ihm gleichzeitig unmißverständlich klargemacht, wer den Ton angab – und er mußte wohl sein Ziel erreicht haben, denn Blackie ließ Diana nach diesem Zwischenfall in Ruhe.

In den folgenden Tagen stand der arme George die reinsten Folterqualen aus. Erst jetzt wurde mir klar, daß er in der Gruppe nicht nur das Amt des Friedenshüters und Schlachtenlenkers innehatte. Er war auch für den Moral-kodex der Mungos allein verantwortlich! Offensichtlich näherte sich Dianas Brunst ihrem Höhepunkt, denn sie ließ sich Georges zärtliche Annäherungen inzwischen mit nur geringem oder ohne allen Protest gefallen und erlaubte ihm, sie zu besteigen. Doch meines Erachtens hatte noch keine Paarung stattgefunden.

Mir fiel auf, daß Notch hinter der übrigen Gruppe, wenn diese auf Nahrungssuche war, immer häufiger zurückblieb. Aber sie blieb selten allein zurück! Schon nach wenigen Minuten entschloß sich eines der älteren Männchen – gewöhnlich Twin oder Narbe –, ihr Gesellschaft zu leisten. Die beiden suchten sich ein geschütztes Plätzchen. Dann machte sich Notch an den Mungomann heran, rieb sich an ihm und beknabberte sein Nackenfell, bis er dazu überging, ihre Analgegend zu putzen, und sie schließlich bestieg. Im Gegensatz zu Diana äußerte Notch nie Protest.

Während sich das abspielte, pflegte George seiner Diana treu und ergeben zu folgen und blieb ihr buchstäblich auf den Fersen. Andere Tiere in der Gruppe hielt er durch zornige Blicke auf Distanz. Bei einem der ersten Male, als ich beobachtete, daß Notch zurückblieb und Narbe sich zu ihr gesellt hatte, war George plötzlich wie aus dem Nichts aufgetaucht und starrte die beiden Übeltäter finster an, die ihre Tätigkeit sofort unterbrachen. Narbe wandte den Kopf ab, preßte den Körper dicht an den Boden und gab schwache Protestschreie von sich. Notch dagegen verhielt sich völlig unbe-kümmert, warf George lediglich einen Blick zu und trottete dann, nicht im mindesten eingeschüchtert, an ihm vorbei, um sich der Gruppe anzuschlie-ßen. Narbe hockte noch immer zusammengekauert und ergeben unter einem Busch. Nachdem George ihm noch einmal einen wütenden Blick zugeworfen hatte, eilte er leise knurrend seiner Diana nach.

Ich fragte mich, wie George gemerkt hatte, daß Notch und Narbe nicht da waren. Von seiner Position unmittelbar hinter Diana an der Spitze der Gruppe hätte er sie unmöglich sehen können. Andererseits mußte er gemerkt haben, daß etwas nicht stimmte, denn er hatte kehrtgemacht, um nach dem Rechten zu sehen. Aus seinem Verhalten und Narbes Reaktion ging eindeutig hervor, daß unerlaubte sexuelle Aktivitäten in der Gruppe nicht geduldet wurden. Mich interessierte freilich, wie George dahintergekommen war. Er

Dianas Brunst erreicht den Höhepunkt und sie erlaubt George, sie zu besteigen.

war gut 40 Meter entfernt gewesen und konnte nichts gemerkt haben. Ich beschloß, beim nächsten ähnlichen Vorkommnis genau aufzupassen.

Ich brauchte nicht lange zu warten, denn schon innerhalb der nächsten halben Stunde trieb es Notch erneut. Diesmal tat sie so, als habe sie etwas in den Wurzeln eines kleinen Grewiabusches gefunden, und stocherte darin herum, während die übrige Gruppe an ihr vorbeizog. An der Art ihrer Scharrbewegungen konnte ich erkennen, daß das Ganze nur ein Vorwand war. Diesmal erschien Twin und machte sich ohne weitere Umstände daran, sie zu besteigen. Ich behielt George scharf im Auge, der Diana noch immer nicht von den Fersen wich, während die Gruppe langsam weiterzog. Er schien nichts gemerkt zu haben. Doch dann blieb er plötzlich stehen. Ich sah, wie er den Kopf hob, als lausche er. Dann sauste er den Weg, den die Gruppe benutzt hatte, zurück, bis er schließlich die beiden Sünder entdeckte. Etwa einen Meter von ihnen entfernt blieb er stehen und verfiel erneut in sein aggressives Starren. Twin stahl sich um die Rückseite des Grewiabusches davon und schlug um seinen Vater einen großen Bogen, wobei er sich so tief wie möglich niederduckte, bis er endlich hinter ihm war. Erst jetzt rannte er im gestreckten Galopp auf die übrige Familie zu. Statt Unterwürfigkeit zu bekunden, trottete Notch zu George, der sie noch immer anstarrte, und beknabberte sein Nackenfell, als sei überhaupt nichts geschehen! George stand einen Augen-

Während dieser Zeit ließ George Diana
fast keine Sekunde allein.

blick wie benommen da, so als wisse er nicht, wie er darauf reagieren sollte, suchte dann aber das Weite und rannte zu Diana zurück, die beharrlich von Weißhals verfolgt wurde. Kaum sah Weißhals seinen Vater nahen, verdrückte er sich, ehe es zu einer Konfrontation kam.

Als ich mir den Vorfall noch einmal durch den Kopf gehen ließ, nahm ich an, daß George wohl etwas *gehört* und daraus erfahren haben mußte, daß Notch und Twin nichts Gutes im Schilde führten. Ich hatte freilich nicht das geringste gehört und war ziemlich sicher, daß sich die beiden bei ihrem unerlaubten Stelldichein mucksmäuschenstill verhalten hatten. Es dauerte eine ganze Weile, bis ich erkannte, *wie* die Sache funktionierte.

George hatte tatsächlich *nichts* gehört – das war des Rätsels Lösung! Die Kontaktrufe von Notch und Twin *fehlten* im Chor schwacher Pieplaute, die ihn ständig umgaben. Es war also nicht das Vorhandensein, sondern das Fehlen eines Geräusches, das ihn auf die Spur der beiden Missetäter geführt hatte!

Als Dianas Brunst ihren Höhepunkt erreichte, mußte George nicht nur auf seine Frau aufpassen – sobald er nur einen Augenblick von ihrer Seite wich, nahm eines der anderen Männchen seinen Platz ein –, er mußte auch Notch und ihr Treiben im Auge behalten. Notch beschränkte ihre Aktivitäten auf die Zeit, in der die Gruppe auf Nahrungssuche war. Ich hatte den Eindruck, daß

195

keines der Männchen es unmittelbar vor Georges Nase zu treiben wagte, wenn die Familie auf einem der Termitenhügel ausruhte. Narbe und Twin schienen sich bei Anwesenheit der Familie sogar von Notch fernzuhalten. Seltsamerweise bekundete Weißhals nicht das geringste Interesse für Notch. Er interessierte sich nur für Diana und versuchte sich ihr zu nähern, sooft George abwesend war.

Wie George um Diana warb, war geradezu rührend. Er beknabberte ihr Nackenfell, bis es in kleinen, speicheldurchfeuchteten Stacheln hervorstand. Auch markierte er sie ständig, indem er ein Hinterbein hob und seine Duftdrüse an ihren Flanken entlangrieb. Diana erwiderte zwar die Putztätigkeit. Aber ich sah nie, daß sie ihn als Gegenleistung markierte. In dieser Beziehung erschien sie als wahre Königin, die die Huldigungen zwar entgegennahm, sich aber selbst zurückhielt. Georges Besteigungsversuche verliefen nur anfangs ziemlich heftig. Er packte Diana um die Flanken, drehte sie herum und mühte sich ab, sie auf seinen Schoß zu ziehen, wobei er sich nach hinten rollte, so daß er auf dem Steißbein lag und sie auf ihm saß. Dann bewegte er sie mit den Vorderpfoten vorsichtig auf und nieder. Merkwürdigerweise war das nicht das typische Paarungsverhalten, das sich bei den meisten männlichen Säugern findet, wo das Männchen mit dem Becken stoßende Bewegungen ausführt. Der ganze Vorgang wirkte schließlich sanft und zärtlich, und Diana ließ sich jetzt Georges Bemühungen ohne den leisesten Protestlaut gefallen.

George duldete niemanden in seiner Nähe und erst recht nicht in der Nähe seiner Frau. Er jagte alle anderen Familienmitglieder davon, gleichgültig, wie alt sie waren oder welchem Geschlecht sie angehörten. Er befand sich fast ständig im Einsatz: Entweder bestieg er seine Frau oder machte wütend Front gegen die Reihe interessierter kleiner Mungogesichter, die die Vorgänge aus sicherer Entfernung beobachteten. Selbst wenn die Gruppe sich der Nahrungssuche widmete, hatte er keine Ruhe. Er rannte ununterbrochen zwischen Diana und Notch hin und her, sobald er merkte, daß letztere wieder einmal außer Hörweite war. George rieb sich buchstäblich auf und hatte nicht einmal Zeit, sich etwas Freßbares zu suchen. Selbst bei der Nahrungssuche hing er an Diana und blieb stehen, sobald sie stehenblieb, um in Grasbüscheln herumzustochern, wobei er selber nur selten nach Futter suchte – er stand lediglich hinter ihr und schleuderte Gruppenmitgliedern, die er gerade sah, wütende Blicke entgegen. Ja, er ging sogar auf sie los, um sie zu verjagen, wenn sie ihm zu nahe gekommen waren.

War die Mungogruppe auf dem Hügel, lag George fast die ganze Zeit auf seiner Frau, die Vorderbeine fest um Dianas Flanken geklammert. Er löste sich aus der Umarmung nur, wenn es darum ging, ein Gruppenmitglied zu verscheuchen, das sich zu nähern gewagt hatte. Tatu, die stets Mutters Liebling gewesen war, litt besonders unter seinen Attacken, da sie unentwegt versuchte, ihren gewohnten Platz nahe bei Diana einzunehmen. Aber George wollte das nicht dulden und jagte das Mungofräulein davon, sobald es sich in seiner Nähe zeigte. Tatu saß häufig irgendwo allein, möglichst weit von ihren Eltern entfernt, und zeigte wenig Interesse, sich der übrigen Familie anzuschließen. Es war das erste Mal, daß ein Familienmitglied sie ernstlich angegriffen hatte! Die übrigen Familienmitglieder spürten wohl die Spannung, die durch die Brunst von Diana und von Notch unter ihnen ausgelöst worden war. Sie spielten morgens nicht mehr am Fuße des Hügels wie gewöhnlich, sondern hefteten ihre Blicke auf George, um sicherzugehen, daß sie sich ihm nicht versehentlich näherten und eine seiner blitzartigen Attacken auslösten. Am zweiten Tag von Dianas Brunst begann George sichtliche Spuren von Erschöpfung zu zeigen. Seine Ausfälle gegen die anderen Gruppenmitglieder nahmen an Heftigkeit ab. Selbst Notch kam mit ihren unerlaubten Liebesaffären häufiger ungeschoren davon. George folgte Diana zwar noch immer, putzte und markierte sie bei jeder sich bietenden Gelegenheit. Doch begnügte er sich gewöhnlich damit, eine Vorderpfote über ihren Rücken hängen zu lassen, um damit seine Rechte zu demonstrieren.

An diesem Tage hatte ich ein belustigendes Erlebnis – belustigend für mich, aber äußerst peinlich für George! Diana stand da und wartete darauf, daß George sie bestieg, was er auch tat. Er hatte aber wohl nicht bemerkt, daß er mit dem Rücken gegen die Böschung des Termitenhügels stand; denn als er Diana wie üblich in seinen Schoß ziehen wollte, verlor er das Gleichgewicht und kugelte – Diana über ihm – den Abhang des Hügels hinunter, bis beide an seinem Fuße landeten. Sie war wütend, rannte auf George los, der sich, noch etwas benommen, hochrappelte und dann um den Hügel herum davonschoß, Diana ihm dicht auf den Fersen, bis er schließlich in einem Loch verschwand, wo er lauthals Protestrufe ertönen ließ. Diana stolzierte zu dem Loch und steckte den Kopf hinein. Georges Protestgeschrei verstärkte sich. Diana machte wieder kehrt und blieb ein paar Schritte entfernt stehen, während George vorsichtig den Kopf aus dem Loch hob und umherspähte. Er warf einen flüchtigen Blick auf Diana, die mit wild funkelnden Augen erneut auf ihn zugeschossen kam, und zog sich unter heftigem Protest in sein Schlupfloch zurück, wo ihn Diana für die nächste halbe Stunde festhielt. Sobald er seine Nase heraussteckte, kam sie angerannt, und George begann mit seinem Gezeter aufs neue. Dann gab Diana ihr Vorhaben auf und ließ ihn in Ruhe. Aus dem Loch kroch ein sehr gedemütigter George, um sich auf Weißhals zu stürzen, der neben Diana saß und ihr den Nacken putzte. Als Weißhals jedoch seinen Vater kommen sah, suchte er schleunigst das Weite. George nahm nun neben seiner Frau Platz und begann da, wo Weißhals aufgehört hatte, Dianas Nackenfell zu beknabbern. Es dauerte noch eine ganze Weile, bis George bei Diana wieder voll in Gunst stand.

Am dritten Tag ihrer Brunst wäre George um ein Haar erledigt gewesen. Seine Schritte wurden zusehends schleppend. Bisweilen gelang es ihm nur unter Anspannung aller Kräfte, sich auf den Rücken seiner Frau emporzuziehen, wo ihm der Kopf immer tiefer sank, bis er schließlich die Augen zumachte und einschlief. Diana duldete freilich nicht, daß bei der Arbeit getrödelt wurde. Sie riß sich von ihrem schlummernden Liebhaber los, um sich hinter ihn zu stellen, von wo sie ihn temperamentvoll besprang, rannte dann wieder nach vorn und stellte sich genau vor ihn hin. George kam der Aufforderung zwar nach, doch schon nach wenigen Augenblicken nickte er wieder ein und lag dann flach ausgestreckt auf dem Rücken seiner Frau!

Notch nahm unterdessen jede Gelegenheit wahr, sich heimlich mit Twin und Narbe zu treffen. Selbst die Jungtiere schienen sich der veränderten Sachlage anzupassen und bestiegen sich eifrig auf der anderen Seite des Hügels, wo George sie nicht sehen konnte. Doch waren diese Besteigungen keine echten Kopulationen, Weibchen bestiegen Männchen ebenso häufig wie umgekehrt. Georges Herrschaft über seine Familie schien langsam zu zerbröckeln!

Schließlich mehrten sich die Anzeichen, daß Dianas Brunst zu Ende ging; denn oftmals begann sie zu protestieren, wenn George sie zu besteigen versuchte. Auch Notch hatte das Interesse verloren, Narbe und Twin zu heimlichen Treffen zu locken, und hielt sich lieber bei den übrigen Gruppenmitgliedern auf, wenn sie durch das Gelände streiften, statt absichtlich nachzuhinken. Inzwischen waren fünf Tage vergangen, seit bei den beiden Weibchen der Ovulationszyklus eingesetzt hatte – fünf Tage, deren Nachwirkungen sich jetzt bei George immer stärker bemerkbar machten. Er war viel magerer als sonst und nickte bei jeder Gelegenheit ein – gewöhnlich auf Dianas Rücken; denn er ließ andere Männchen noch immer nicht in ihre Nähe. Das Leben als Gemahl der Königin war hart. Als Diana wieder zu protestieren begann, wenn er eine Pfote vorsichtig auf ihren Rücken legte, konnte er endlich nachholen, was er in den vergangenen Tagen so sehr entbehrt hatte – Schlaf! Wo immer er konnte, legte sich George zum Schlafen hin und schlief die nächsten zwei Tage fast ohne Unterbrechung! (Ich hatte mitgezählt, wie oft er Diana in den fünf Tagen ihrer Brunst bestiegen hatte: 2386mal! Etwa zehn Prozent dieser Besteigungen waren Ejakulationen.) Wenn ich all seine anderen Aktivitäten während dieser Zeit berücksichtigte – Familienmitglieder mußten verjagt und Notch im Auge behalten werden – wurde sein Erschöpfungszustand durchaus verständlich. Selbst die Privilegien eines Prinzgemahls bedeuteten Schwerarbeit!

Während der Brunst der beiden Weibchen hatte die Gruppe bei ihren täglichen Streifzügen auf der Suche nach Nahrung keine großen Entfernungen zurückgelegt. Sie zog jeden Tag nur einen oder zwei Hügel weiter. Als sich George jedoch von seinen Anstrengungen erholt hatte, wurden die üblichen Tageswanderungen wieder aufgenommen. Die zwischen den Gruppenmitgliedern herrschende Spannung war offenbar verflogen. Sie begannen erneut mit ihren morgendlichen Spielen am Fuße des Hügels: Ich hatte sogar den Eindruck, daß sie die verlorene Zeit wieder aufzuholen suchten, da manchmal bis zu zehn Mungos gleichzeitig spielten. Nur Diana hielt sich abseits wie gewöhnlich, während George anscheinend noch nicht soviel Energie aufzubringen vermochte, um mitzumachen. Es war entzückend zu beobachten, wie die kleinen Geschöpfe, zwitschernd wie erdgebundene Vögel, umhersprangen, Fangen spielten oder sich Scheingefechte lieferten. Sie vergnügten sich auch damit, daß einer von ihnen auf einen umgestürzten Baumstamm kletterte oder im Loch eines Termitenhügels saß und nun versuchen mußte, die anderen daran zu hindern, sich seiner Position zu bemächtigen. Hatte der Verteidiger verloren, nahm der Gewinner seinen Platz ein, und das Spiel begann von neuem. Manchmal dauerten solche Spiele eine halbe Stunde oder länger, wobei die weiblichen Tiere, vor allem Goldie, Vanessa und Victoria, am aktivsten waren. Sie gingen zu einem der Männchen, gewöhnlich zu Rusty oder Fleck (Blackie war noch nicht zum Spielen aufgelegt, denn die mit seinem Vater unlängst gemachten schlechten Erfahrungen hatten ihm so ziemlich den Wind aus den Segeln genommen!), forderten aber auch Twin, Narbe und Weißhals zum Mitmachen auf. Die Jungen brauchten freilich zum Spielen nicht aufgefordert zu werden. Sie begannen umherzutollen, wann immer sich eine Gelegenheit bot. Manchmal drehten sich in den Strahlen der aufgehenden Sonne bis zu drei Mungopaare, die Vorderbeine umeinander gelegt, im langsamen Zeitmaß eines Wiener Walzers und piepten lauthals den Spielruf. Diana paßte jedoch auf. Wenn sie sah, daß die Spielenden sich zu weit vom Hügel entfernten oder zuviel Lärm machten, eilte sie den Hügel hinab und gebot Einhalt. Obwohl sie, zur Ordnung gerufen, hinter ihr her zurücktrotteten, dauerte es nur Sekunden, bis sie sich erneut ausgelassen vergnügten.

In den folgenden Wochen bemerkte ich eine zwar geringfügige, doch deutliche Veränderung an Dianas normaler schlanker Figur. Sie sah so aus, als ob sie trächtig war. Sie verfügte über einen enormen Appetit. Der arme George hatte darunter zu leiden. Jedesmal wenn er einen Leckerbissen erbeutet hatte, tauchte Diana auf und erleichterte ihn um seine Mahlzeit. Kaum hatte er etwas gefunden, versuchte er damit wegzulaufen. Aber es war meist schon zu spät – Diana hatte ihn entdeckt und er brauchte sich nicht erst in ein ruhiges Eckchen zu verziehen, um seine Jagdbeute zu verzehren!

Die Hitze stieg wieder an, und die Atmosphäre im Busch deutete auf Regen. Die nachmittäglichen Staubwirbel nahmen an Häufigkeit zu und entwickelten sich zu einer wahren Plage. Oft war ich, wenn ich ins Lager zurückkehrte, mit einer zweiten Haut aus rotem Staub und winzigen Fasern trockenen Grases bedeckt, die mit reichlich Schweiß und Staub zu einer fest haftenden Schicht zusammengeklebt waren. Riesige Haufenwolken segelten jetzt immer öfter vorbei und lösten die schneeweißen Schäfchenwolken ab, die bisher als einzige Schattenspender gedient hatten. Manchmal wurde es um die Mittagszeit im Wagen so heiß, daß ich Schwindelgefühle und Brechreiz empfand. Das einzige, was die brütende Hitze erträglich machte, waren die über die Landschaft wandernden Wolkenschatten. Aber noch immer fiel kein Tropfen Regen.

Diana & Co. hatten gerade einen weiteren Rundgang um ihr Wohnrevier gemacht und strebten wieder einmal dem Drachenhügel zu. Diana war inzwischen schon recht rundlich, und Notch sah auch nicht viel anders aus! Anscheinend sollten ihre moralwidrigen Liebschaften jetzt Früchte tragen.

In meiner zahmen Mungogruppe waren in zwei Fällen untergeordnete Weibchen trächtig geworden und hatten geworfen, aber mit schrecklichen Folgen. Beide Weibchen hatten ihre Jungen nicht in einer der Nestboxen zur Welt gebracht, sondern auf dem nackten Boden in einer Ecke des Geheges. Sie verschwanden innerhalb weniger Minuten, und ich habe sie nie wieder gesehen. Es schien also fraglich, ob Notch eine Chance hatte, ihre Jungen aufzuziehen. Die täglichen Streifzüge zur Nahrungsbeschaffung fielen immer kürzer aus. Diana neigte dazu, die Gruppe zum selben Schlafhügel zurückzuführen, den sie bereits am Abend zuvor benutzt hatte. Die Tiere legten dabei nicht einmal die Hälfte ihrer üblichen Strecke zurück. Ich hatte den Eindruck, daß Diana das Tempo schwerfiel. Kaum war der Ruheplatz erreicht, ließ sie sich niederfallen und blieb liegen, wobei sie ihren angeschwollenen Bauch auf dem Boden abstützte und bei jeder sich bietenden Gelegenheit ein Nickerchen machte. Auf Georges Annäherungsversuche legte sie im Augenblick keinen Wert. Kam er zu ihr und versuchte, seine Besitzverhältnisse durch Besteigen zu unterstreichen, äußerte sie Protest. Sie war nicht einmal an häufiger Putztätigkeit interessiert. George dagegen verfiel in eine wahre Orgie, sooft er Gelegenheit hatte, seine Frau im Analbereich zu putzen. Obwohl sie an dieser Aktivität meistens Gefallen fand, kam es auch vor, daß sie mit offenem Maul unversehens einen kurzen Satz auf ihn zu machte, um ihn zu vertreiben.

Als die Gruppe wieder am Drachenhügel angekommen war, vermutete ich, daß es bei Diana bald soweit sein mußte. Bei der Nahrungssuche führte sie ihre Familie zwar immer noch an. Doch blieb sie in unmittelbarer Nähe des Hügels. Eines Morgens führte sie dann sämtliche Gruppenmitglieder vom Drachenhügel nach Log, einem Hügel, der fast 200 Meter weiter südlich lag. Nachdem sie alle Löcher und Spalten gründlich untersucht hatte, ging sie zur Anschlagtafel und markierte. Der Rest der Familie beschnüffelte diese Markierung sorgfältig. Dann folgte eine Markierungsorgie, die für mich völlig neu war. Die Gruppe verbrachte wenigstens eine halbe Stunde damit, die Anschlagtafel zu markieren und noch einmal zu markieren. Inzwischen war Diana in der Tiefe des Termitenhügels verschwunden, und das war das letzte, was ich von ihr bis zum nächsten Morgen sah.

Als sie wieder auftauchte, erkannte ich die wohlbeleibte Dame von gestern in der schlanken Sylphe von heute kaum wieder. Diana hatte ihre Jungen zur Welt gebracht! Jetzt erst begriff ich, was die gestrige Markierungsorgie zu bedeuten hatte. Etwas in Dianas Analsekret mußte sich verändert und ihrer Familie zu verstehen gegeben haben, daß dies der Platz sei, an dem sie ihre Jungen zur Welt bringen wollte. Die Mitglieder der Gruppe reagierten auf das Signal, indem sie gründlich und gewissenhaft ihre Familienunterschrift anbrachten, damit es keinen Irrtum darüber geben konnte, wer den Hügel bewohnte.

Bei näherem Hinsehen entdeckte ich, daß an Dianas sämtlichen sechs Zitzen Feuchtigkeitsspuren hafteten. Daraus schloß ich, daß an ihnen gesaugt worden war und daß sie einen großen Wurf geboren haben mußte, zumindest aber mehr als nur ein oder zwei Junge. George war ebenso aufgeregt wie die übrige Familie. Alle rannten hin und her, spähten in die Löcher des Hügels und verschwanden darin, um ein paar Augenblicke später wieder herauszuflitzen. Aus dem Inneren des Hügels konnte ich Protestgequiek hören. Diana machte einen ziemlich gelassenen Eindruck, aber vielleicht war sie nach dem Werfen auch nur müde. George verwendete ziemlich viel Zeit darauf, seine Frau im Analbereich abzulecken, woran sie jetzt wieder Gefallen zu finden schien. Ich hoffte auf die Mungobabys bald einen flüchtigen Blick werfen zu können, denn ich wußte, wie quicklebendig sie schon unmittelbar nach der Geburt waren. Da Mungos für ihre Jungen kein Nest bauen, war es durchaus möglich, daß eines der Babys aus dem Hügel herausgekrochen kam, wenn gerade keiner aufpaßte. Aber ich sollte enttäuscht werden. Die Gruppe blieb den ganzen Tag über in der Nähe des Hügels. Von den Jungen war nichts zu sehen. Ab und zu konnte ich das schwache Zirpen des Nestgezwitschers hören, aber das auch nur, wenn der Wind schwächer wehte. Schließlich zog sich die Gruppe zu ihrer täglichen Siesta in den Hügel zurück, während ich den Himmel absuchte in der Hoffnung auf irgendwelche Anzeichen, daß es bald regnen werde. Doch abgesehen von den Kumuluswolken war nichts zu entdecken.

Endlich gegen 17.00 Uhr bezog Narbe seinen Posten auf der Spitze des Hügels. Das nächste Tier, das sich zeigte, war Diana, die etwas im Maul hielt. Als ich genauer hinsah, erkannte ich, daß es ein winziges, in Tragestellung verpacktes Mungobaby war. Ich befürchtete, daß Diana sich durch meine Nähe gestört fühlte und deswegen ihr Junges an einen sichereren Ort bringen wollte. Aber statt dessen rannte sie den Hügel hinab zur Anschlagtafel, Victoria, Vanessa und Goldie dicht hinterher, und legte das Baby am Fuße des Hügels auf die Erde.

Die drei Tanten drängten sich um das Baby, und Diana eilte zurück in den Hügel, um einen Augenblick später mit einem zweiten Baby zu erscheinen. Inzwischen herrschte in der Gruppe ein lebhaftes Durcheinander. Alle rannten hierhin und dorthin, so daß ich Mühe hatte zu verfolgen, wer gerade was tat. Einige Tiere umringten die Babys an der Anschlagtafel. Andere hefteten sich an Dianas Fersen, als sie noch einmal ins Innere des Hügels rannte, um kurz darauf mit einem dritten Jungen zu erscheinen, das sie vorsichtig bei den beiden ersten ablegte. Schließlich hatte sie alle Mungobabys aus dem Termitenhügel herausgeschafft: insgesamt fünf mauzende kleine Bündel, die ziellos herumliefen und den Ruf »Baby verirrt« piepten. Vanessa versuchte, sich mit einem der Babys davonzumachen. Aber ihre Mutter stellte sich ihr sogleich in den Weg, nahm ihr das Junge aus dem Maul und brachte es zu den anderen zurück. Dann markierte Diana die Anschlagtafel und anschließend jedes der Babys, indem sie ihre Analdrüse an ihnen entlangrieb. Das war das Signal für den Rest der Gruppe. Nun wurden die Jungen zusammen mit der Anschlagtafel auch von sämtlichen Familienmitgliedern gründlich markiert, wobei einige nicht gerade zart mit ihnen umgingen.

Als die Massenmarkierung vorbei war, hob Diana eines der Babys auf und verschwand mit ihm wieder im Inneren des Hügels. Vanessa griff sich ebenfalls eines und trottete hinter ihr her. Goldie folgte ihrem Beispiel. Als Diana wieder zum Vorschein kam, waren nur noch zwei Junge übrig. Sie blickte von einem zum anderen, nahm eines ins Maul, wurde dann aber durch das jämmerliche Schreien des zweiten Babys abgelenkt, so daß sie den Kleinen, den sie gerade gepackt hatte, wieder fallen ließ und nun das andere Junge aufzuheben versuchte. Mittlerweile war Vanessa da, schnappte sich eines der Babys und lief mit ihm zurück, so daß Dianas Problem gelöst war. Sie griff sich das letzte Baby.

Das Ganze sah fast wie eine öffentliche Vorstellungszeremonie aus, denn die Jungen wurden von ihrer Mutter der vollzähligen Gruppe präsentiert.

Von besonderer Bedeutung war, daß alle Gruppenmitglieder die Babys gründlich markierten und damit dem Nachwuchs gleichsam das Anerkennungssiegel der Familie aufdrückten, was bedeutete: »Sie gehören zu uns!« Die älteren Geschwister brannten offensichtlich darauf, die Kleinen zu bemuttern. Aber Diana wollte das im Augenblick wohl noch verhindern, denn sie hatte Vanessa das Baby weggenommen.

Narbe und Weißhals erschienen etwa eine halbe Stunde später kurz auf dem Hügel, – das war alles, was ich an diesem Tage von der Gruppe zu sehen bekommen hatte. Gelegentlich drang aus dem Inneren des Hügels protestierendes Quieken und Wimmern. Die Mungofamilie war noch mit den Babys beschäftigt.

Notch hatte sich bisher aus allem herausgehalten. Ich hatte sie den ganzen Tag nicht gesehen. Nur am Nachmittag war sie kurz an der Anschlagtafel aufgetaucht. Sie hatte an den neuen Familienmitgliedern Interesse bekundet, schien aber von ihnen nicht so fasziniert zu sein wie die jüngeren Weibchen. Sie war mit der Gruppe im Hügel verschwunden. An ihrem Körperumfang merkte ich, daß es nicht mehr lange dauern konnte, bis auch sie ihre Jungen zur Welt brachte.

Schließlich brach die Abenddämmerung herein, der ganze Himmel leuchtete blutrot. Riesige Wolkengebilde wogten von Norden heran, und die Luft hinterließ auf der Haut feuchte Spuren. Der erste Regen konnte nicht mehr lange auf sich warten lassen. Ich fragte mich, was dann wohl die Mungos unternehmen würden. Twin übernahm die Spätabendwache, und als die letzten Sonnenstrahlen hinter den Dornbäumen verschwanden und die Schatten länger wurden, zog auch er sich in den Hügel zurück, während ich mich auf den Weg ins Lager machte.

In der Nacht wurde ich durch lautes Donnergrollen wach. Dann schlugen die ersten Regentropfen wie Bleischrot auf das Zeltdach. Nach diesem Vorspiel setzte die Sintflut ein. Ich lag hellwach auf meinem Feldbett und lauschte dem Getöse der niedergehenden Wassermassen. Es klang so, als habe jemand einen voll aufgedrehten Feuerwehrschlauch auf das Zelt gerichtet, so daß der Regen auf beiden Seiten des äußeren zweiten Zeltdaches in Wasserfällen zur Erde strömte. Der kurze, aber heftige Guß sollte sich später nur als Einleitung zum Hauptakt erweisen. Bis zum Morgen war der Himmel wieder klar. Von den nächtlichen Wassermassen war lediglich eine dünne Schlammschicht übriggeblieben, während Bäume, Zweige und Gräser in der Morgensonne funkelten, als seien sie mit Diamanten behängt. Ich eilte, so schnell ich konnte, zum Hügel zurück – um zu beobachten, was sich dort ereignete, aber alles war ruhig. Die Mungos waren noch nicht aufgestanden, obwohl die Tokos bereits ihre Posten auf den Bäumen ringsum bezogen hatten und ihr durchnäßtes Gefieder putzten und glätteten.

Ich mußte über eine halbe Stunde warten, ehe das erste Mungoköpfchen aus der Spitze des Log-Hügels hervorlugte und in die Runde blickte. Allem Anschein nach blieb die Familie noch in der Nähe der Jungen. Dann begann das Morgenritual. Ich erwartete voller Ungeduld das Auftauchen von Notch. Als sie endlich als eines der letzten Tiere den Hügel verließ, war sie gertenschlank – sie mußte also während der Nacht oder am frühen Morgen ihre Babys zur Welt gebracht haben! Den ganzen Tag über wartete ich darauf, daß Notch sie ins Freie brachte, damit sie von der Familie markiert wurden. Aber es geschah nichts. Ich wußte nicht einmal, ob die Jungen am Leben waren. Obwohl ich aus dem Inneren des Hügels gelegentliches Nestgezwitscher vernahm, hatte ich keine Ahnung, ob es sich um die Jungen von Diana oder von Notch handelte. Die Gruppe nahm von Notch kaum Notiz. Ich bemühte mich herauszufinden, ob ihre Zitzen die typischen Säugemerkmale aufwiesen, konnte aber nichts entdecken.

Während des ganzen Tages blieb die Gruppe in der Nähe des Hügels. Früh am Morgen marschierten die Mungos den Hügel hinunter, um von den Grashalmen die Regentropfen abzulecken und in der feuchten Erde nach Lebewesen zu suchen, die durch die Wasserfluten herausgespült worden waren. Diana machte sich ebenfalls ans Furagieren. Ihre Babys waren offensichtlich gut aufgehoben, da Vanessa als Babysitter zurückblieb – nach einigem Streit darüber, wem dieses Amt zugestanden werden sollte! Aus einem seitlichen Loch des Hügels hörte ich laute Protestschreie und entdeckte Vanessa und Victoria, die dort mit hochgereckten Köpfen Schulter an Schulter standen und aus vollem Halse Zeter und Mordio schrien. Es dauerte eine Weile, bis ich herausgefunden hatte, worum es ging. Aber dann wurde mir klar, daß sie einen Kampf austrugen – allerdings einen sehr stilisierten. Beide Kontrahentinnen standen starr und steif mit erhobenen Köpfen da und versuchten, sich gegenseitig mit den Schultern wegzuschubsen. Keines der Tiere wich auch nur einen Zollbreit von seiner Position. Nach minutenlangem Schreien und Schubsen gab es Victoria schließlich auf, rannte den Hügel hinab und schloß sich der abziehenden Familie an, während Vanessa in dem Loch verschwand, aus dem ein schrilles Zirpkonzert der Mungobabys zu hören war – endlich konnte ich sie deutlich hören! Rusty blieb bei ihr. Während sie in der Tiefe des Hügels damit beschäftigt war, die Kinder zu beruhigen, saß er oben und hielt Wache. Diana und ihre Gruppe wanderten weiter durch das Gras, bis ich sie aus den Augen verlor.

Vanessa blieb verborgen. Im Hügel war alles ruhig, auch das Gezwitscher der Babys hatte aufgehört. Rusty nahm seine Pflichten offenbar sehr ernst, denn er war ständig auf der Hut. Sobald sich etwas bewegte, ließ er es nicht mehr aus den Augen, gab warnende Knurrlaute von sich und verschwand beim geringsten Anlaß im Hügel. Als im Laufe der Stunden außer Rusty, der oben auf dem Log-Hügel geduldig Wache hielt, noch immer nichts zu sehen war, begann ich mich zu fragen, was wohl jetzt im Innern des Hügels vor sich gehen mochte, denn ich konnte auch nicht den leisesten Quieklaut vernehmen.

Die Sonne brannte von einem klaren Himmel herunter, der durch den Regenguß in der Nacht zuvor vom Staub blankgewaschen worden war, so daß der Tag sehr heiß zu werden versprach. Erst gegen 10.30 Uhr hörte ich piepende Kontaktrufe und sah dann auch Diana, die an der Spitze ihrer kleinen Familie durch das Gras zurück zum Log-Hügel trabte. Rusty rannte auf sie zu und folgte ihr, während sie in einem der Löcher verschwand. Wieder hörte ich aus dem Inneren Protestschreie, hatte aber keine Ahnung, was drinnen geschah, denn der Rest der Familie war hinter Diana ebenfalls in den Hügel gestürzt. Einige der Tiere kamen nach einer Weile wieder heraus und setzten sich noch vor der mittäglichen Siesta oben auf den Hügel, darunter auch Vanessa. Als sie sich umdrehte, um sich zu putzen, bemerkte ich um ihre Zitzen verräterische Saugspuren, obwohl sie doch gar keine Jungen hatte! Das war eine große Überraschung, bedeutete es doch, daß Vanessa die ganze Zeit hingekauert im Inneren des Hügels bei den Babys verbracht hatte und daß die Babys so lange herumgewühlt haben mußten, bis sie Vanessas – wenn auch milchlose – Zitzen gefunden und daran gesaugt hatten. Es ging bei den Mungos schon sehr merkwürdig zu. Aber zumindest hatte Vanessas Verhalten die Jungtiere beruhigt, denn ich hatte die Babys nicht ein einziges Mal schreien hören.

Als ich an diesem Abend ins Camp zurückfuhr, nachdem ich beobachtet hatte, wie Victoria und Twin am Nachmittag, während die übrige Gruppe nicht da war, über das Wohl der Babys wachten, begann ich mich zu fragen, wie so etwas wie Babysitten in der Mungofamilie wohl entstanden sein mochte. Es war, wenn man es objektiv betrachtete, ein äußerst altruistisches Verhalten, denn ein Tier, das Babys hütet, kann nicht fressen und geht somit einer gewissen Energiezufuhr verlustig. Andererseits hatte ich bisher immer den Eindruck gehabt, daß die jeweiligen Babysitter ihre Arbeit keineswegs widerwillig verrichteten. Im Gegenteil, sie warteten nur auf eine Gelegenheit, sich um die Babys zu kümmern. Vanessa und Victoria hatten sich sogar darum gestritten, wer von ihnen als erste die Neugeborenen hüten durfte! Bis jetzt war Notch nicht bei den Babys im Hügel geblieben, sondern hatte sich der Gruppe bei der Nahrungssuche angeschlossen. Ich war mir noch immer nicht im klaren darüber, ob *ihre* Jungen überlebt hatten.

9 Der große Regen

Am nächsten Morgen wurde ich durch ein Geräusch geweckt, das sich anhörte, als krabble etwas vorsichtig auf den Zeltwänden herum. Es war noch dunkel draußen, so daß ich nichts erkennen konnte. Aber ich dachte an Regen. Da ich die Luke im Verdeck des Wagens offen gelassen hatte, beschloß ich, aufzustehen und sie zu schließen, bevor alles naß wurde. Ich nahm meine Taschenlampe, öffnete die Zeltklappe – und ein Strom glänzender schwarzer Gebilde ergoß sich in das Zelt, ein Strom, der sich schließlich in Tausende von riesigen schwarzen Ameisen auflöste – die sogenannten Siafu! Die Treiberameisen hatten das Lager überfallen! Ich versuchte, die gräßlichen Dinger so rasch wie möglich aus dem Zelt zu fegen. Doch gelang es mir lediglich, die Riesenmenge zu zerstreuen, so daß die Tierchen nunmehr überall herumzukrabbeln schienen – an meinen Beinen hinauf, auf dem Boden und in allen Winkeln und Spalten. Ich weckte Danson und Sammy. Mit vereinten Kräften gelang es uns, das Zelt mehr oder weniger insektenfrei zu bekommen. Mein Körper war bereits von Bißstellen übersät. Die Boys sprangen wie toll umher und teilten nach allen Seiten klatschende Schläge aus. Erst als die Sonne aufging, erkannte ich das ganze Ausmaß der Ameisenarmee, gegen die anzukämpfen wir uns bemühten. Die Breitseite meines Zeltes war eine einzige Masse hin und her wogender schwarzer Leiber, während dünne Reihen von Ameisen sich auf den Spannseilen zum zweiten, äußeren Zeltdach hinaufwanden, wo sie sich offenbar an den Tautropfen labten, die dort zu kleinen Lachen zusammengeflossen waren. Ich versuchte, von innen gegen die Zeltwände zu schlagen, um die Ameisen abzuschütteln. Aber dadurch wurde es nur noch schlimmer, denn jetzt irrten sie ziellos herum und drangen überall ein. Möbel und Vorräte wurden schleunigst hinausgeschafft. Bevor ich noch etwas unternehmen konnte, mußte ich mit ansehen, wie ein kleiner Gecko, der auf der Zeltwand über dem Eingang lebte, von der schwarzen Flut förmlich überschwemmt wurde und schließlich zappelnd zu Boden fiel, wo er unter dem Gewoge der schwarz glänzenden Leiber alsbald verschwand. Nachdem wir die ungebetenen Gäste aus dem Zelt vertrieben hatten, wies ich die Boys an, die Ameisen nun in Ruhe zu lassen, da sie das Camp von allen sonstigen Insektenbesuchern säubern würden. Nie zuvor hatte ich so viele Ameisen von solcher Größe auf einer so kleinen Fläche gesehen! Jetzt, da die Sonne aufgegangen war, schienen sie von einer gewissen Lethargie befallen zu sein. Sie blieben an den Zeltwänden hängen und rührten sich nicht mehr. Danson und Sammy wollten das Lager räumen. Aber ich überredete sie, zu bleiben und abzuwarten, bis unsere unwillkommenen Besucher von selber abzogen.

Wegen der Ameisen kam ich an diesem Morgen erst spät zum Hügel und wußte deshalb nicht, wer von den Mungos bei den Babys geblieben war, während die übrige Gruppe auf Nahrungssuche ging. Twin hatte die Wache übernommen und reagierte sehr heftig auf mich, da ich mich erdreistet hatte, am hellichten Tag vorzufahren. Als der Wagen hielt und ich den Motor abstellte, lugte Twin aus einem Loch im Hügel und begann unter raschem Auf- und Niederwippen des Kopfes Warnrufe von sich zu geben. Dann tauchte in einem anderen Loch ein dunkler Kopf auf. Es war Notch! Vermutlich hatte sie für diesen Tag das Amt des Babysitters übernommen. Nachdem sie mich flüchtig beäugt hatte, verschwand sie wieder im Hügel. Twin beruhigte sich bald, setzte sich oben auf die Spitze und blickte in die Runde. Ab und zu verschwand er für ein paar Minuten im Inneren des Hügels, tauchte dann aber wieder auf und setzte seinen Wachdienst fort.

Von Norden her wogte eine blauschwarze Wolkenbank heran, unter der sich ein Regenschleier hinzog. Vor mir breitete sich eine leere Landschaft aus. Hoch über mir zogen Adler südwärts, um dem herannahenden Unwetter aus dem Weg zu gehen: winzige Punkte am azurblauen Himmel. Alles um mich her war still, so als halte die Welt in Erwartung des lebenspendenden Wassers den Atem an. Der Geruch des Regens eilte ihm meilenweit voraus. Der Wind wehte ihn heran, so daß die heiße, metallische Luft der Taru-Wüste allmählich durch den würzigen Duft nach feuchter Erde verdrängt wurde. Die Wolken jagten näher und verdunkelten die Sonne. Ganz plötzlich wurde die Luft kühl. Die ersten unregelmäßigen Ausläufer des Unwetters schoben sich über den Himmel. Rasch schloß ich die Luke des Wagenverdecks, kurbelte die Fenster hoch und wartete. Twin steckte den Kopf aus dem Hügel, sah sich um und tauchte eilig wieder unter. Dann fielen die ersten Tropfen und verursachten beim Auftreffen auf das Metall des Wagens ein scharfes, schepperndes Geräusch. Innerhalb von Sekunden setzte eine wahre Sintflut ein. Meine Sichtweite sank fast auf Null. Diana und ihre Familie waren noch immer nicht zurückgekehrt. Obwohl ich angestrengt durch die an den Fenstern herabrinnenden Wassermassen nach draußen spähte, konnte ich nichts erkennen.

Die Gewalt des Regens war erstaunlich. Innerhalb weniger Minuten hatten sich in jeder Vertiefung Wasserlachen gebildet. Das Orangerot der Erde hatte einen satteren Farbton angenommen. Schon begannen die Wassermassen am Wagen vorbeizuströmen. Diana und ihre Familie mußten einen Unterschlupf gefunden haben, denn sicher würden sie sich bei einem solchen Unwetter nicht im Freien aufhalten, wenn es sich vermeiden ließ. Ich war mit meiner Vermutung allerdings voreilig gewesen. In dem unvermindert heftig niedergehenden Regen erkannte ich eine kleine Gestalt, die gewissermaßen im gestreckten Galopp dem Hügel zustrebte und deren Fell am ganzen Körper in nassen kleinen Haarstacheln abstand, während die Beine beim Laufen regelrechte Miniaturfontänen hochschleuderten. Auf der Spitze des Hügels blieb die Gestalt kurz stehen, blickte hinter sich auf die eben zurückgelegte Wegstrecke, schüttelte vorsichtig eine Vorderpfote und verschwand in der Tiefe des Hügels. Es war Diana. Ich hatte sie zuerst nicht erkannt, da ich sie noch nie zuvor so triefend naß gesehen hatte. Nach wenigen Sekunden folgte ihr eine Schar kleiner Gesellen, die die Augen gegen den niederprasselnden Regen fast geschlossen hatten. Mit pudelnassem Fell und dünnen Schwänzen, wie bei Ratten, verschwanden sie blitzschnell im Log-Hügel und kamen nicht mehr heraus. Der Regen mußte sie überrascht haben. Aber Diana hatte darauf bestanden, trotz des Wetters zu ihren Babys zurückzukommen. Ich hatte Mungos nie zuvor im Regen gesehen, da sie gewöhnlich Schutz in den Termitenhügeln suchten, lange bevor das Unwetter losbrach.

Es regnete so heftig, daß trotz der stark laufenden Scheibenwischer die Sichtweite kaum mehr als zwei bis zweieinhalb Meter betrug. Bei diesem Wetter durch den Busch zu fahren, war zu gefährlich. Ich beschloß zu warten, bis das Unwetter etwas nachgelassen hatte. Während ich so dasaß, fragte ich mich, was wohl geschehen wäre, wenn Diana den Weg nicht zurückgefunden hätte, wenn sie vielleicht in einem anderen Termitenhügel festgesessen hätte. Derart ergiebige Regengüsse dauerten mitunter eine Woche oder noch länger. Dann würde die ganze Gegend überschwemmt sein, und Diana hätte praktisch keine Chance, zum Log-Hügel zurückzugelangen. Plötzlich wurde mir klar, daß es auch in einem solchen Fall den Mungobabys wahrscheinlich gutgegangen wäre, denn Notch war ja bei ihnen. Ich erinnerte mich, gestern Vanessas Zitzen gesehen zu haben, an denen die Babys zu saugen versucht hatten. Bei Vanessa wäre es reine Zeitverschwendung gewesen, aber Notch hatte doch erst am Vortag Junge zur Welt gebracht, die ich allerdings noch nicht gesehen hatte. So mußte es Milch in ihren Zitzen geben. Ich zog daraus meine Schlüsse: Vielleicht war es eine Art Versicherung für die Mungofamilie, daß das inzwischen schon wieder kinderlose Weibchen die Babys säugen konnte, wenn die Königinmutter nicht da war.

Nachdem es zwei Stunden lang wie aus Eimern gegossen hatte und kein

Nachlassen in Sicht war, entschloß ich mich, die Rückfahrt ins Lager zu wagen. Das Wasser stand um den Wagen schon etliche Zoll hoch. Wenn ich noch länger wartete, konnte ich im Schlamm steckenbleiben. Die Räder waren bereits eingesunken und drehten sich wie verrückt. Schließlich gelang es mir, den Wagen mit einem Ruck zu befreien. Ich steuerte vorsichtig in die Richtung, in der ich das Lager vermutete. Alle meine Orientierungspunkte im Gelände waren durch die niedergehenden Wassermassen ausgelöscht. Unversehens tauchten vor der Motorhaube Bäume auf, ich mußte den Rückwärtsgang einlegen, um ihnen auszuweichen. Was einmal eine flache Bodenmulde gewesen war, erwies sich nun als Wasserloch, das mit hoher Geschwindigkeit durchfahren werden mußte, damit der Wagen nicht im Schlamm steckenblieb und der Motor aussetzte. Ich schlängelte und wand mich zwischen den Büschen hindurch. Plötzlich erkannte ich, daß ich mich verirrt hatte! Ich wußte nicht mehr, wo die Straße lag. Der bleifarbene Himmel gab mir keinen Anhaltspunkt für den Stand der Sonne. Ich beschloß, auf Verdacht immer geradeaus zu fahren, so gut es eben ging. Irgendwo würde ich ja wohl auf eine durch den Busch führende Straße stoßen.

Die nächste halbe Stunde war eine Tortur. Ich konnte durch die Scheiben kaum etwas sehen und hatte trotz meiner Bemühungen, möglichst geradeaus zu fahren, das unbestimmte Gefühl, daß ich infolge der häufigen Zurücksetz- und Wendemanöver, um Hindernissen auszuweichen, immer mehr nach der einen oder anderen Seite abgetrieben wurde. Der Regen prasselte noch immer unvermindert. Als ich fast eine Stunde später die Straße endlich erreichte, hätte ich sie beinahe verfehlt. Aus der Straße war ein Fluß geworden. Zuerst wußte ich nicht, ob ich nach rechts oder nach links abbiegen sollte. Mein Richtungssinn erwies sich als völlig nutzlos. Die Wassermassen schossen an mir wie ein reißender Strom vorbei und ließen an den Wagenrädern Schaumgebilde entstehen. Während ich noch nachdachte, fiel mir plötzlich die Lösung ein: Das Camp lag höher als der Lebensbereich der Mungos. Falls ich flußaufwärts fuhr, mußte ich schließlich an einen mir bekannten Punkt gelangen.

Nie zuvor war ich in einem Fluß Auto gefahren. Es war bestimmt keine angenehme Fahrt. Unter der braunen Flut, die mir jetzt die einzige Möglichkeit bot, zurück ins Lager zu gelangen, verbargen sich zahlreiche Schlaglöcher. Ich holperte von einem Loch ins andere. Manchmal kam der Wagen, wenn er über eine schlammige Stelle fuhr und die Räder keinen Halt fanden, ins Rutschen, so daß ich Gefahr lief, zwischen die Bäume geschleudert zu werden. Meter um Meter schlich ich vorwärts und war auf mich selber wütend, daß ich so lange draußen geblieben und nicht schon bei den ersten Anzeichen des Unwetters ins Lager gefahren war. Ich biß die Zähne zusammen und setzte meine Fahrt fort, wobei ich in jeder Richtung nur etwa einen Meter weit sehen konnte. Ich mußte bereits eine Ewigkeit lang gefahren sein, als mir der Gedanke kam, daß meine schlaue, Idee, bergan zu steuern, womöglich falsch gewesen war, da keine Spur von meinem Camp zu sehen war. Dann klopfte etwas gegen die Scheibe. Ich drehte mich um. Zwei angstgeweitete Augen starrten durch das regentrübe Glas. Die Wagentür wurde geöffnet. Ich traute meinen Augen nicht: Draußen stand Sammy, bis auf die Haut durchnäßt! Keuchend warf er sich in den Beifahrersitz und fragte mich, wo ich denn hinwolle. Als ich ihm sagte: »Zurück ins Lager«, begann er zu lachen. Ich war im Regen dicht an ihm vorbeigefahren, ohne es zu bemerken. Die Boys hatten das Geräusch des Wagens gehört. Als sie begriffen, daß ich nicht stoppte, sondern im Schneckentempo weiterfuhr, war Sammy mir nachgerannt.

Im Lager fand ich ein unbeschreibliches Chaos vor. Das Dach der Küche hatte ein Leck bekommen. Alles, aber auch alles stand unter Wasser oder trieb auf dem Wasser. Selbst der kleine Benzinkocher war überflutet und gab nur ein gurgelndes Geräusch von sich, als ich ihn anzuzünden versuchte, um uns eine Tasse Tee zu machen. Ein größeres Feuer anzuzünden, war unmöglich. Unsere Feuerstelle war jetzt Teil eines Wildbachs, der mitten durch das Lager floß. Alles, was der Regen von der Feuerstelle übriggelassen hatte, waren ein paar verkohlte Holzstücke, die gegen die aus dem wirbelnden Wasser herausragenden Zweige und Grasbüschel getrieben worden waren. Ich betrachtete meine letzte Packung Teebeutel und mußte einsehen, daß schon der Gedanke an Tee abwegig war. Die Beutel hatten auf dem Küchenregal gestanden und waren jetzt alle geplatzt unter der Wucht der Wassermassen, die sich über unseren grobgezimmerten Brettertisch ergossen und unter den Seitenwänden der Hütte glucksend hinausströmten. Obgleich wir von Wasser nur so trieften, versuchten Danson, Sammy und ich, im Vorratsraum möglichst viel vom Boden aufzuklauben. Dabei entdeckten wir, daß auch eine ganze Anzahl gräßlicher Krabbeltiere durch die braune Schlammflut, die jetzt ihre Schlupfwinkel überspülte, fortgeschwemmt wurde. Nachdem wir alles, was nur irgend möglich war, in Sicherheit gebracht hatten, ging ich hinüber zu meinem Zelt. Der Regen hatte am Ende wenigstens etwas Gutes bewirkt: Die Treiberameisen waren verschwunden.

Ich hockte unter dem äußeren Zeltdach und besah mir die Überreste eines vormals aufgeräumten und sauberen Lagerplatzes, den ich in seinem jetzigen Zustand nur noch mit einem Reisfeld während des Monsuns vergleichen konnte. Das Wasser stand überall wenigstens 15 Zentimeter hoch. Der Regen hielt nach wie vor unvermindert an. Danson und Sammy krochen in ihr Zelt und legten sich aufs Bett, und ich wollte ihrem Beispiel folgen. Ich öffnete die

Zelttür – und wäre fast in Ohnmacht gefallen! Meine Behausung hatte sich in einen Fluß verwandelt, das Wasser strömte an einem Ende herein und am anderen wieder hinaus! Ich rettete meine Kleider, Bücher, Matten, Vorleger und diverse andere Gegenstände, die entweder an der Rückwand des Zeltes klebten oder dort in einer Reihe auf und nieder schaukelten, alles rotbraun eingefärbt. Ich stapelte die klitschnassen Sachen auf einem Tisch und stürzte hinaus, um unsere Jembe – die breite Hacke der Eingeborenen – zu suchen. Aus meiner Zeit bei den Pfadfinderinnen erinnerte ich mich, daß man bei Regen um das Zelt einen Graben ausheben sollte, um das Wasser abfließen zu lassen. Zehn Minuten später begutachtete ich, triefend von Schweiß und Regenwasser, die Ergebnisse meiner Arbeit, die gerade wieder unter den Fluten versanken. Pfadfinder hatten eben nie während der Regenzeit im afrikanischen Busch gezeltet! Das einzige, was ich zuwege gebracht hatte, war eine langgestreckte Pfütze unmittelbar vor dem Zelt, die das Wasser jetzt offenbar für einen massierten Angriff auf meine Buschbehausung sammelte! Ich ging wieder hinein und setzte mich ziemlich mißmutig im Schneidersitz auf mein Bett. Auch mein Bett war naß, ich hatte nicht einmal trockene Kleider zum Wechseln! Das kleine Gestell, auf dem mein Reisekoffer stand, war durch den Druck des Wassers umgestoßen worden. Der Koffer samt Inhalt hatte sich inzwischen mit Schmutzwasser vollgesogen. Alles war mit einer schmierigen Schicht aus rotbraunem Schlick überzogen. Der Regen trommelte so heftig auf das Zeltdach, daß sich trotz des doppelten Schutzes der beiden Zeltbahnen ein feiner Sprühnebel verbreitete, der sich als feuchter Dunst niederschlug. In die wenigen Plastikbeutel, die ich besaß, schob ich eilig meine wertvollen Aufzeichnungen und Filme. Für die übrigen persönlichen Habseligkeiten blieb kein wasserdichtes Behältnis mehr übrig.

Da ich ohnehin durchnäßt war, beschloß ich, mir wenigstens etwas Eßbares zu holen und rannte hinüber zur Küche. Mit einer Dose Corned beef und ein paar kalten Makkaroni, die vom gestrigen Abendbrot übriggeblieben waren, kam ich zurück. Als ich auf meinem Bett hockte und diesen Fund gierig verschlang, dämmerte es mir plötzlich – es war Weihnachten! Noch nie in meinem Leben hatte ich ein solches Weihnachtsessen unter so trostlosen Umständen verzehrt. Da ich sonst nichts unternehmen konnte und vor Kälte zu zittern begann, hielt ich es für das beste, ins Bett zu gehen und dort zu bleiben, bis der Regen etwas nachgelassen hatte. Doch dann entdeckte ich, daß mir die Tiere im Busch ein Weihnachtsgeschenk hinterlassen hatten. Kaum war ich unter die feuchtkalten Decken gekrochen, als ich auch schon wieder herausschoß und mich wie besessen kratzte. Sechs Treiberameisen waren auf die gleiche Idee verfallen wie ich! Nachdem ich die Insekten von meinem Körper und aus dem Bett entfernt hatte, kroch ich wieder hinein.

Während ich so dalag und fröstelnd dem Trommeln des Regens lauschte, kam ich mir ein bißchen wie Noah in seiner Arche vor. Der rotbraune Schlammstrom strudelte noch immer um die Beine meiner Bettstelle, so daß mitgerissene Zweige, Insektenleichen, Grasbüschel und sonstiger Unrat sich langsam um mich herum aufzutürmen begannen. Aber es kümmerte mich nicht mehr. Irgendwann mußte ich eingeschlafen sein. Als ich aufwachte, war es Morgen.

Der Wolkenbruch hatte sich mittlerweile zu einem Sprühregen abgeschwächt. Während ich durch den glitschigen Unrat watete, der jetzt den Zeltboden bedeckte, fragte ich mich, ob wohl das übrige Lager noch stand.

Ich kroch aus dem Zelt und löste dabei eine unfreiwillige Dusche aus, als sich Regenwasser auf mich ergoß, das sich im durchhängenden äußeren Zeltdach angesammelt hatte. So konnte ich alle Hoffnungen, halbwegs trocken zu bleiben, begraben. Ich entschloß mich, die Schuhe auszuziehen und barfuß zur Küche zu gehen. Ich rutschte, glitt und patschte durch die Pfützen, bis ich endlich mein Ziel erreichte. Der Regen hatte ganze Arbeit geleistet. Die Küche lag unter einer Schlamm- und Unratdecke, aus der sich alle möglichen krabbelnden Buschbewohner langsam zu befreien suchten. Riesenskolopender, Erdgrillen und Käfer wanden sich mühsam aus dem Treibgut, das reihenweise gegen die Küchenwände gespült worden war. Ich versuchte, den kleinen Benzinofen in Gang zu setzen, was mir schließlich auch gelang. Es dauerte nicht lange, bis der Teekessel, den ich inzwischen vom Schlamm und seinen Bewohnern (eine große, halbertrunkene Spinne und ein Tausendfüßer) befreit hatte, fröhlich vor sich hin summte. Ob aufgeplatzt oder nicht, die Teebeutel kamen in den Kessel. Dann saß ich zusammengekauert auf meinem nassen Feldstuhl unter dem äußeren Zeltdach, schlürfte meinen Tee und betrachtete die Verwüstung, die mich umgab. Das Lager sah aus, als sei ein Hurrikan darüber hinweggefegt. Armstarke Äste waren von der Flut hindurchgetrieben worden, und die Dornbuschboma war in die Mitte des Freiplatzes geschwemmt. Ich konnte die Höhe des Wasserstandes vom Abend zuvor an der Pegellinie aus fortgespültem Gras erkennen, das sich in den Ästen verfangen hatte.

Beim Hinausstarren in den grauen Nieselregen sah ich etwas, was ich zunächst für einen grauen Nebel hielt, der jenseits der zerstörten Boma aus dem Boden aufstieg. Der Nebel wurde dichter und stieg durch den tröpfelnden Regen zum Himmel empor. Erst als ich den vermeintlichen Nebel gegen die relative Helligkeit des Himmels betrachtete, erkannte ich, was es war. Die Termiten schwärmten aus! Tausende und aber Tausende der Insekten, die in den Gängen und Schächten ihrer Termitenbauten auf diesen Augenblick gewartet hatten, befanden sich auf ihrem Hochzeitsflug. Beinahe eine Stunde lang beobachtete ich, wie sie auf grauen Gazeflügeln durch den schwächer werdenden Regen zum Himmel hinauf schwirrten – und ausgerechnet am einzigen Tag ihres Lebens, da sie die Sonne sehen sollten, verbarg sie sich hinter dicken grauen Wolken! Sobald der König der Königin begegnete, kehrten beide in einer Spirale zur Erde zurück, um ihre neue Familie zu gründen. Einige Paare waren bereits in meiner Nähe gelandet. Ich beobachtete fasziniert, wie die Begründer einer neuen Termitendynastie in einer merkwürdig ruckartigen seitlichen Bewegung der Flügelmuskeln mit Hilfe der Hinterbeine ihre Flügel abbrachen und dann begannen, sich möglichst schnell in die Erde einzugraben, indem sie kleine Tunnel in das feuchte Erdreich bohrten. Das Weibchen sowie das kleinere Männchen hoben unermüdlich die künftige gemeinsame Behausung aus. Im Nu war das nasse Erdreich mit den irisierend schillernden abgeworfenen Flügeln übersät, deren Besitzer sich inzwischen eingegraben hatten.

Ich wollte versuchen, zum Log-Hügel zurückzufahren, um zu sehen, was die Mungos machten. Aber als ich zu meinem Wagen kam, erkannte ich, daß es aussichtslos war. Die Räder waren in der aufgeweichten Erde bis fast zu den Felgen eingesunken, so daß es eine Mordsarbeit sein mußte, jedes Rad einzeln hochzuwinden und die Löcher auszufüllen. Danson und Sammy hatten sich offenbar eines Besseren besonnen und blieben in ihrem Zelt. Aber ohne ihre Hilfe würde ich Stunden benötigen, um den Wagen flottzubekommen. Ich entschloß mich zu warten, bis der Regen ganz aufhörte, da die Mungos bei diesem Wetter höchstwahrscheinlich nicht im Freien waren. So machte ich mich daran, meine verschmutzten Kleider zu säubern und das Lager aufzuräumen. Nach einem raschen Frühstück aus zerdrückten Crackern, Büchsenmilch und Zucker – eine Art Busch-Müsli – ging ich an die Arbeit.

Am Nachmittag ließ das Nieseln nach, obwohl der Himmel weiteren Regen ankündigte. Mittlerweile waren die Boys aus ihrem Zelt herausgekommen. Gemeinsam wanden wir jedes Rad des Wagens einzeln hoch und stopften Reisig und Gras in die Löcher. Dann versuchte ich, den Motor anzulassen. Aber unter der Motorhaube drang nur ein schwaches Schleifgeräusch hervor. In den Verteilerkopf mußte Wasser gelangt sein! Eine halbe Stunde später, nachdem ich die Kontakte getrocknet und die Vergaseransaugleitung kontrolliert hatte, versuchte ich es noch einmal. Diesmal ging es schon besser. Der Motor antwortete auf meine Bemühungen mit einem Stottern, bis er endlich bei vollgeöffneter Drosselklappe aufheulte und ich langsam die Kupplung einrückte.

Die Fahrt zum Log-Hügel schien eine Ewigkeit zu dauern. Die Räder drehten immer wieder durch. Aber der Nieselregen hatte inzwischen aufgehört. Ich parkte den Wagen auf einer mit Grewiabüschen bestandenen

Stelle, um sicherzugehen, daß er nicht einsank, während ich auf die Mungos wartete. Auf dem Hügel war alles ruhig. Auch auf den Bäumen waren keine Vögel zu sehen. Schließlich entdeckte ich einige, die nicht weit von mir entfernt irgend etwas emsig vom Boden aufpickten. Ein Paar Gelbschnabeltokos landete unmittelbar neben dem Wagen und begann eifrig zu fressen. Die Köpfe bewegten sich im Takt eines Pendels auf und nieder – die Termitenhochzeit hatte für viele der Insekten nur ein paar Stunden gedauert! Hoch über mir kreisten Störche und Reiher, die ebenfalls von den reichlich vorhandenen Leckerbissen ihren Anteil haben wollten. Ich sah zu, wie die großen Vögel mit nach vorn ausgestreckten Beinen und nach rückwärts schlagenden Flügeln an dem nahegelegenen Wasserloch landeten, das erst jetzt seinen Namen wirklich verdiente. Vor dem Regen war dort lediglich eine trockene, mit rissigem Schlick bedeckte Mulde. Jetzt reichte das Wasser bis zum oberen Rand und bot den Buschtieren eine Lebensmöglichkeit für die nächsten Monate.

Ich behielt den Termitenhügel im Auge. Aber nichts rührte sich. Die Mungos mochten das Wetter offensichtlich ebensowenig wie ich und blieben in ihrer geschützten Behausung. Erst eine Stunde später erschien ein kleiner Kopf in einem der Löcher, und eine Pfote begann vorsichtig an der Wand eines der Hügeleingänge zu kratzen. Dann bohrte sich die Nase in das entstandene Loch und war mit dem, was sie dort vorfand, augenscheinlich zufrieden, denn die Krallen der einen Vorderpfote fuhren jetzt geschickt in den Schlitz hinein. Der Mungo – es war Fleck – wartete ein paar Augenblicke und zog dann seine Pfote wieder zurück. Zwischen den Krallen hielt er drei oder vier fette Termiten, die er vorsichtig zwischen die Zähne nahm, bevor er die Pfote erneut in das Loch steckte, um den Vorgang zu wiederholen. Fleck angelte sich Termiten wie ein Schimpanse! Aber er brauchte dazu keinen Grashalm, sondern benutzte seine Krallen, die den gleichen Zweck ebensogut, wenn nicht besser erfüllten! Da der Regen die zementharten Termitenhügel so weit aufgeweicht hatte, daß man in sie eindringen konnte, wurden ihre Bewohner auf die Speisekarte gesetzt. Die Termitenhügel dienten nicht nur als Schutz, sondern auch als Nahrungsquelle.

Obwohl ich wartete, bis es fast dunkel war, kamen die Mungos nicht mehr heraus. Als erneut ein feiner Sprühregen einsetzte, stand eindeutig fest, daß sie heute ihre Behausung nicht mehr verlassen würden. Nun kam wieder die Slalomfahrt zurück zum Lager! Dann trafen wir in großer Eile alle nur denkbaren Vorkehrungen gegen das abermals drohende Unwetter. Die Wolken im Norden waren inzwischen fast schwarz, und ich ahnte, daß uns eine schlimme Nacht mit Sturm und Regen bevorstand.

Die Boys hatten sich zurückgezogen, und nachdem ich mich durch einen raschen Blick in die Runde überzeugt hatte, daß alles, was sich festbinden ließ, auch wirklich festgebunden war, schlüpfte ich, noch immer voll angekleidet, ins Bett in der Hoffnung, der Sturm werde nicht allzuviel Schaden anrichten. Ich lag da, lauschte dem Knattern des äußeren Zeltdaches und dem Ächzen des Windes, der durch die Äste der Dornbäume fuhr. Bei dem unaufhörlichen Trommeln des Regens und dem Heulen des Windes war es fast unmöglich, Schlaf zu finden. Aber irgendwann im Laufe der Nacht mußte ich wohl eingeschlafen sein; denn als ich aufwachte, schien die Sonne, und ich lag auf meinem Bett abermals in einer Schlammpfütze! Der Regen hatte aufgehört, und alles sah zunächst blank und sauber aus – wenn man ein Campgelände, das etwa 30 Zentimeter hoch mit Schlamm bedeckt war, sauber nennen konnte! Die ganze Arbeit des Vortages war umsonst gewesen. Die Gewalt der Naturkräfte hatte alles noch schlimmer gemacht. Die Küchenbaracke stand schief. Das Dach hing auf einer Seite herunter. Überall lagen abgebrochene Äste herum. An jeder Stelle, welche die Strömung blockierte, hatten sich Unrathaufen angesammelt.

Der Unrat erwies sich für einen Zoologen als wahre Fundgrube. Ganz junge Schildkröten, die im Laufe der Nacht beinahe ertrunken waren, mühten sich vergeblich, aus den vom Wasser angeschwemmten Treibguthaufen herauszukrabbeln. Riesige, vom Wasser aufgetriebene Maulwurfsgrillen lagen leblos zwischen vollgesogenen Grasschwaden. Ich entdeckte sogar ein Antilopenbaby – ein kleines Dikdik –, das wohl durch die Strömung fortgerissen worden war. Tausende aufgedunsener Termitenleichen lagen, vermengt mit toten Tausendfüßern, Skorpionen und sogar Riesenskolopendern im Schmutz. Obwohl der Boden sehr naß war, entschloß ich mich, den Wagen zu starten und zum Log-Hügel zu fahren. Jetzt, da die Sonne schien, waren vielleicht auch die Mungos wieder draußen.

Am Log-Hügel war die ganze Mungofamilie schon auf den Beinen und labte sich an der Fülle, die ihnen der Regen sozusagen vor die Türschwelle gespült hatte. Störche und Reiher stelzten durch Morast und Gras und fischten nach ertrunkenen kleineren Buschtieren. Ein Schwarm Marabus schwebte im Gleitflug heran und gesellte sich zu den europäischen Störchen und den Schwarzhalsreihern, die ihre Kröpfe füllten, so schnell sie konnten. Die Mungos hatten die Nase dicht am Boden und schnabulierten gierig. Aber ich konnte beobachten, daß sie die Nässe nicht mochten, denn ab und zu wurde eine Vorderpfote hochgehoben und kräftig geschüttelt, um den zwischen den Krallen sitzenden Schmutz zu lösen. Vanessa stieß auf einen ertrunkenen Skorpion, klemmte ihn sich rasch ins Maul und flitzte damit zurück zum Hügel. Die meisten Gruppenmitglieder labten sich jedoch an den Überresten des Hochzeitsfluges der Termiten. M'bili bohrte in der Öffnung eines kleinen Schildkrötenpanzers herum. Jedesmal, wenn die Schildkröte ein Zischen von sich gab, sprang M'bili zurück, nur um sich gleich wieder an sie heranzumachen und ihre Vorderpfote abermals in die Höhlung des Panzers zu stecken. Schließlich ließ M'bili das arme Ding in Frieden und besann sich auf die schmackhaften Termiten. Nach annähernd zwei Stunden hatten sich die Mungos bis zum Platzen satt gefressen. Man hätte sie bei genauerem Hinsehen allesamt für trächtig halten können! Sie watschelten zum Hügel zurück und begaben sich ins Innere, nachdem sie sich zuvor gegenseitig die am Pelz haftenden Wassertropfen abgeleckt und mit den Zähnen die Schmutzklümpchen von den Vorderpfoten entfernt hatten.

Jetzt begann der Busch in der Sonne zu dampfen. Im Inneren des Wagens fühlte man sich wie in einer Sauna. Scharen von leuchtend gefärbten Königsglanzstaren und Fischerglanzstaren in ihrem hübschen grauen und weißen Federkleid setzten die Arbeit da fort, wo die Mungos aufgehört hatten, untersuchten das angeschwemmte Gras und zogen schmackhafte Insekten hervor. Die Vögel gaben unentwegt ein mißtönendes Gekreisch von sich, und manchmal fand ich es richtig schade, daß ihre Stimmen nicht zu ihrem prächtigen Federkleid paßten! Die Marabus stolzierten wie häßliche alte Männer im Frack umher, pickten mit der Spitze ihrer riesigen Schnäbel geschickt die ertrunkenen Insekten auf und warfen sie nach hinten in ihren Schlund, wobei ihre geschwollenen, unbefiederten Kehlsäcke beim Gehen hin und her schaukelten. Als es heißer wurde, versammelten sie sich am Rand des Wasserlochs und blieben dort mit ausgebreiteten Schwingen und gesenkten Köpfen stehen, wie schwere Kampfflugzeuge, die jeden Augenblick starten konnten. Der Schatten, den ihre Flügel warfen, bedeckte ihre kahlen Kröpfe, während die Kehlsäcke im Winde baumelten. Sie kühlten sich ab!

Die Mittagszeit kam und ging, und der Busch brütete noch immer dampfend vor sich hin. Es war fast vier Uhr, ehe die Mungos wieder auf der Bildfläche erschienen. Aber sie hatten anscheinend keinen großen Hunger, was mich nicht überraschte. Lustlos stocherten sie am Fuße des Hügels herum, gingen auch ein kleines Stück weiter ins Gras, beabsichtigten aber offenbar nicht, einen ausgedehnteren Streifzug zu unternehmen. Diana stand mit George auf dem Hügel. Doch es herrschte ein solches Kommen und Gehen, daß ich im unklaren war, wer bei den Babys geblieben war. Vom Horizont zogen weitere Gewitterwolken heran. Daher vermutete ich, daß es nicht mehr lange dauerte, bis der zweite Teil des Zyklons sich über uns entlud. Ich überlegte gerade, ob ich gehen oder bleiben sollte, als ich den klagenden Tsiii-Ruf hörte. Goldie, die oben auf dem Hügel saß, starrte wie angewurzelt in die Büsche. Im Nu waren die übrigen Gruppenmitglieder zur Stelle – und versperrten mir den Blick. Ich sah, wie Twin und Narbe den Hügel hinab auf etwas zu sausten, was sich aber nicht so leicht aufhalten ließ. Mungos flitzten hin und her, in den Hügel hinein und wieder heraus. Ich stand auf, um zu beobachten, warum die Tiere so aufgeregt waren. In dem Loch am Fuße des Hügels steckte etwas, was wie ein Stück schwarzer Gartenschlauch aussah. Die Mungos schossen wie besessen hinein, um das schwarze Gebilde in die Seite zu zwicken. Der Schlauch zog sich plötzlich zurück. Unversehens starrte ich auf den Kopf einer riesigen schwarzen Mamba! Die Attacken der Mungos bewirkten nur, daß die Schlange sich schneller in den Hügel hineinschob. George erging sich in wildem Drohkratzen, während die anderen Mungos umherrannten.

Die Babys! Ich hatte sie in meinem Erstaunen über das Riesenexemplar von Schlange völlig vergessen. Diana tauchte mit einem kleinen grauen Ball im Maul auf und rannte schnurstracks auf Big zu – einen Termitenhügel, den ich wegen seiner ungewöhnlichen Größe so genannt hatte. Dann folgten Vanessa und Notch, jede ebenfalls mit einem Jungen im Maul. Die drei rannten aus Leibeskräften. Nach kurzer Zeit hatten sie Big erreicht und waren darin verschwunden. Diana tauchte sogleich wieder auf und rannte zurück zum Log-Hügel. Drei der Jungen waren jetzt in Sicherheit, aber wie stand es mit den anderen? Diana stürzte den Hügel hinauf, verschwand im Inneren und erschien Sekunden später mit einem weiteren Baby – Nummer vier! Wieder trabte sie auf Big zu, und ich fragte mich, warum ihr keiner der anderen Familienmitglieder beim Transport der Kleinen half. Die Männchen hielten sich offenbar im Inneren des Hügels auf, mit Ausnahme von Rusty und George, der noch immer mit Wangenmarkieren und Drohkratzen beschäftigt war. Dann tauchte ein kleiner Kopf auf, der Nummer fünf hielt. M'bili war zu Hilfe gekommen! Sie rannte hinter ihrer Mutter her. Das Mungobaby in ihrem Maul nahm sich im Vergleich zu M'bilis eigenem Körper unverhältnismäßig groß aus. Sie konnte höchstens etwa ein Jahr alt sein. Dennoch hatte sie ihr Scherflein beigetragen und sich um die Jungen gekümmert.

Ich wartete darauf, daß Diana wieder zurückkam. Vielleicht waren die Jungen von Notch noch im Hügel. Aber es erschien niemand. Das Fauchen im Hügel nahm an Heftigkeit zu. Die Mungos flitzten aus einem Loch heraus, um in einem anderen zu verschwinden. Noch immer war die Schlange im Inneren des Hügels, und allmählich geriet die Familie in Panik. Die Mungodamen hatten sich mit ihren Schützlingen inzwischen vollzählig nach Big zurückgezogen und das Feld den Kämpfern überlassen. Ich konnte mir noch immer keinen Vers darauf machen, was George eigentlich vorhatte. Statt im Hügel zu verschwinden, wo er sich hätte nützlich machen können, fiel ihm nichts Besseres ein, als durchweichte Grasbüschel auseinanderzuzupfen, wobei er ab und zu eine Pause einlegte, um sich mit den Zähnen den Schmutz zwischen den Krallen herauszuklauben.

Plötzlich erschienen mehrere Mungos auf dem Hügel und lugten vorsichtig in die Löcher. Dann tauchte ein grauschwarzer Schuppenkopf auf, und als Weißhals durch wütende Fauchlaute der Schlange einen gehörigen Schrecken einjagte, trat sie den Rückzug an und machte sich schleunigst davon, sämtliche Mungos dicht hinterher. Ich war erstaunt, wie schnell sich die Schlange vorwärtsbewegen konnte. Sie hielt das erste Drittel ihres Leibes fast im rechten Winkel über dem Erdboden, während kräftige Seitenschläge des Schwanzendes für die Fortbewegung sorgten. Das Tier war gut drei Meter lang und schlängelte sich mit unglaublicher Geschwindigkeit durch Gras und Büsche, die Schar der aufgebrachten kleinen Jäger ihm noch immer dicht auf den Fersen. Die gesträubten Fellhaare der Mungos hatten sich im letzten Licht der untergehenden Sonne in goldene Strahlenkränze verwandelt. Diana, Goldie und Notch standen oben auf Big und sahen ihrer Familie nach, die sich immer weiter entfernte. M'bili und Vanessa hielten sich offensichtlich im Hügel auf und betreuten die Jungen. Endlich kehrten die Krieger zurück, warfen noch einen Blick in die Löcher des Log-Hügels und liefen dann zu den Frauen, die zu ihrer Begrüßung den Hügel hinabbrannten. Anschließend widmeten sich die Mungos einem ausgiebigen gegenseitigen Beknabbern des Nackens, während George seine Diana auch noch anal markierte.

Ich fragte mich, was die Mungos wohl als nächstes unternehmen würden: auf Big bleiben oder zum Log-Hügel umziehen. Wie gewöhnlich hatte ich mit meiner Vermutung unrecht. Sie taten beides nicht. Diana erschien mit einem Baby im Maul und rannte zum Drachenhügel. Ihr folgte die treue Vanessa, die ebenfalls ein Junges transportierte. Notch schloß sich ihnen an, während die Männchen der Gruppe noch immer in höchster Erregung herumliefen. M'bili beteiligte sich diesmal nicht am Babytransport, sondern begnügte sich damit, hinter ihrer Mutter herzulaufen. Kaum hatte Diana das Junge abgelegt, als sie schon wieder zurück war, um ein zweites zu holen. Die Verlegung des restlichen Nachwuchses übernahmen Diana und Goldie gemeinsam. Meines Erachtens hatte die Mehrheit der Gruppenmitglieder keine Ahnung, was vor sich ging. Das schien sie in große Aufregung zu versetzen. Es dauerte fast eine Stunde, bis sich alles beruhigt hatte und die Gruppe endgültig wieder auf dem Drachenhügel gelandet war. Nun folgte eine Putztätigkeit, die intensivste, die ich je erlebt hatte. Die Mungos hatten sie auch wirklich nötig! Die meisten von ihnen waren durchnäßt und schmutzig, saßen jetzt still da und ließen sich von ihren Freunden sauberputzen. Eines stand allerdings fest: den Jungen von Notch mußte etwas zugestoßen sein, denn es gab nicht das geringste Anzeichen von ihnen. Ich wußte noch immer nicht, ob sie gleich nach der Geburt getötet worden waren oder ob die Mamba sie zufällig zuerst aufgestöbert und gefressen hatte. Ich neigte freilich mehr zu der ersteren Annahme. Aber warum hatte Diana sich entschlossen, ihre Jungen von Big wieder wegzubringen? Vielleicht lag dieser Hügel zu nahe an der Stelle, wo die Mamba zuerst gesichtet worden war, oder vielleicht entsprach die Architektur dieses Termitenbaus nicht ihren Vorstellungen von einer Kinderstube. Als nächster Punkt stand das Markieren der Anschlagtafel am Drachenhügel auf der Tagesordnung, dem sich die ganze Gruppe mit Eifer widmete. Im Anschluß an das gegenseitige Putzen hielten sich die Mungos nun wieder an die alten Rituale. Aber kaum waren sie damit fertig, als sich einer nach dem anderen in das Innere des Drachenhügels zurückzog.

Im Westen loderte der Himmel wie ein Feuerbrand. Einer jener wahrhaft großartigen Sonnenuntergänge, wie man sie wohl nur in Afrika erlebt, ließ das Himmelsgewölbe in Rot, Gold und Blau erstrahlen. Besorgt schaute ich hinauf zu den dunklen Regenwolken, die sich von Norden her heranwälzten, und beschloß, zum Lager zurückzufahren, solange es mir noch möglich war.

In den nächsten zwei Tagen war an das weitere Beobachten der Mungos nicht zu denken, denn es goß pausenlos wie aus Kübeln. Wieder verwandelte sich das Lager in ein Reisfeld, so daß ich mich allmählich damit abfand, in triefnassen Kleidern zu leben und in einem ebenso triefnassen Bett zu schlafen. Meine Füße litten durch die ständige Feuchtigkeit. Eines Abends, als ich meine nassen Socken auszog, stellte ich fest, daß sich mit den Socken auch die gesamte Sohlenhaut abpellte! Wochenlang hatte ich auf Regen gehofft. Aber jetzt wünschte ich mir nichts sehnlicher, als daß er aufhörte und die Sonne wieder zu scheinen begann. Trotz aller Vorsichtsmaßnahmen fing unser bescheidener Vorrat an Kartoffeln und anderen haltbaren Gemüsearten an zu faulen. Sogar die Makkaroni waren mit einer dünnen Schimmelschicht überzogen. Schimmel gedieh vornehmlich auf allen Gegenständen aus Leder, die ich besaß, besonders auf meinen Schuhen, die trotz kräftigen Abreibens eine blaugrüne Färbung angenommen hatten.

Ein neuer Morgen dämmerte herauf. Der Zyklon war abgezogen, die Luft schien förmlich zu glänzen. Der ganze Busch war mit Tautropfen wie ein Kristallüster behängt, und überall schimmerte schwaches Grün – das Gras begann zu sprießen! Die Commiphorenbäume sahen wieder wie richtige Bäume aus und erinnerten mich nicht mehr an eine verbrannte Heidelandschaft. An den Grewiabüschen öffneten sich allmählich die Knospen.

Nachdem ich eine Stunde mit Räderhochwinden, Löcherausfüllen und Schieben zugebracht hatte, war der Wagen endlich flott. Ich fuhr im Schnekkentempo zum Drachenhügel. Ein riesiger Waran watschelte durch das Gras. Als er mich sah, hatte er es plötzlich sehr eilig und verschwand in einem

Die Buschlandschaft lag ausgedörrt in der sengenden Hitze und wartete auf das lebenspendende Naß.

Vierzehn Tage nach den Regenfällen hatte sich die Taru-Wüste in ein Blütenmeer verwandelt, das Gras war – wie über Nacht – emporgeschossen.

Die Gewalt des Regens war ungeheuer und die Sichtweite sank fast auf Null.

Termitenhügel in der Nähe. Impalas knabberten an dem frischen Grün. Ich sah eine Herde von Petersgazellen – eine Unterart der überall vorkommenden Grantgazellen –, Antilopen, deren besondere Vorliebe den jungen Grashalmen galt und die ich bisher noch nicht gesehen hatte. Ein Gerenuk-Paar stand auf den Hinterbeinen, die langen, schlanken Hälse bis zum äußersten vorgereckt, und fraß von den aufbrechenden Knospen eines Akazienbusches. Störche und Reiher stolzierten gravitätisch durchs Gelände und bedienten sich bald rechts, bald links, sooft sie einen schmackhaften Leckerbissen gefunden hatten.

Am Drachenhügel waren die Mungos schon auf den Beinen. Auf dem Hügel hielten sich nur Goldie und Blackie auf, während die übrige Familie nach ertrunkenen Insekten stöberte, die auf den überall herumliegenden Grasschwaden zu finden waren. Da hörte ich vom Drachenhügel laut und deutlich den Tsiii-Ruf. Ich sah, wie Rusty und Goldie mit gesträubtem Fell auf einen Schwarzhalsreiher starrten, der mit einer zustoßenden Schnabelbewegung etwas auf dem Boden hinter dem Hügel aufspießte und verschluckte. Erneutes Zustoßen und Schlucken! Als der Schnabel nun das dritte Mal zustieß, stellte ich das Fernglas scharf und mußte mit ansehen, wie im Rachen des Reihers ein Mungobaby verschwand! Goldie rief aus Leibeskräften Tsiii. Nun kam die Gruppe mitten durch den Busch herangepprescht, gerade noch rechtzeitig, um das dritte Baby im Schnabel des Reihers zu sehen. Mit wütendem Knurren ging die Familie zum Angriff über, so daß der Watvogel schleunigst Reißaus nahm und schon während des Laufens auf Touren zu kommen versuchte, um sich in die Lüfte zu schwingen. Die Büsche waren freilich so dicht, daß er kaum die Flügel ausbreiten konnte. Ehe er noch wußte, wie ihm geschah, hatten sich die Mungos an seine Fersen geheftet. Die kleinen braunen Geschöpfe bissen sich mit ihren kräftigen Kiefern an seinen Beinen fest. Mit ihrem gesträubten Fellhaar wirkten sie fast doppelt so groß. Für den Reiher war es höchste Zeit, sich in die Luft zu schwingen, wollte er nicht riskieren, durch die Bisse der wütenden Familie übel zugerichtet zu werden. Er kämpfte sich durch die letzten Büsche und erreichte endlich offenes Gelände. Aber die Mungos verfolgten ihn noch immer, klammerten sich an seine Beine, sooft sie sie zu fassen bekamen, und verbissen sich in ihnen mit einer Intensität, die ich nur allzugut kannte. Mehr als einmal war *ich* im Labor das Ziel solcher Bisse gewesen. Dann konnte ich die Kiefersperre nur mit Hilfe eines Messers gewaltsam öffnen. Ein paar kräftige Flügelschläge, und der Reiher schwebte in der Luft, doch an seinem rechten Bein hing noch immer ein Fellbündel – der letzte Mungo wollte nicht aufgeben! Der Vogel flog schon fast zwei Meter über dem Boden, als der hartnäckige Angreifer endlich von seinem Opfer abließ und herunterfiel. Ich hörte die aufgeregten Tschrrr-Laute der Mungos, während der Reiher über ihnen kreiste und an Höhe gewann. Ein Dutzend Augenpaare beobachteten jede seiner Bewegungen, bis er schließlich außer Sicht war. Dann marschierte die kleine Schar zum Hügel zurück. Sobald Goldie die Familie kommen sah, hatte sie sich ins Innere zu den Jungen begeben. Statt im Inneren bei den Babys zu bleiben, hatte sie sich vorher oben auf der Spitze des Termitenbaus aufgehalten. Während dieser Zeit mußten die Babys aus ihrem Versteck hervorgekrochen und von dem Reiher entdeckt worden sein.

Mir war der Schrecken in die Glieder gefahren. Alles hatte sich so schnell ereignet, daß weder ich noch jemand aus der Mungofamilie irgend etwas hätte unternehmen können. Diana gebärdete sich wie rasend, sauste auf einer Seite des Hügels hinein und auf der anderen wieder heraus, während die anderen, noch immer mit gesträubtem Fell, ziellos hierhin und dorthin rannten, den Erdboden und die Anschlagtafel mit Wangensekret markierten, sich gegenseitig beknabberten und im Analbereich markierten. Dann tauchte Diana mit einem Jungen im Maul auf. Ich konnte deutlich erkennen, daß sein Haarkleid etwas gewachsen war. Ein feiner hellbrauner Flaum bedeckte das Tier. Aber seine Augen waren noch geschlossen. Diana trottete mit dem Baby den Hügel hinauf und hinunter, konnte sich aber offensichtlich nicht entscheiden, was sie tun sollte. Ich vermutete, sie werde in einen anderen Hügel umziehen, wie nach dem Zwischenfall mit der Mamba am Log-Hügel. Aber schließlich verschwand sie, das Junge noch immer fest im Maul, wieder im Hügel. Einen Augenblick später erschien Vanessa mit dem zweiten übriggebliebenen Baby und sauste mit gesträubtem Fell, so schnell sie konnte, in Richtung auf Big zu. Als sie Big erreicht hatte, verschwand sie mit dem Baby im Inneren.

Diana war in der Zwischenzeit wieder herausgekommen und machte den Eindruck, als suche sie nach etwas. Ich wußte nicht, ob sie nach den verschwundenen Babys suchte, die der Reiher gefressen hatte, oder ob sie gemerkt hatte, daß eines der übriggebliebenen Jungen fehlte. Auf Big rührte sich nichts. Diana durchstöberte das Gras, das den Hügel umgab, flitzte ab und zu in ein Loch und tauchte aus einem anderen Loch wieder auf. Dann stand sie still und starrte nach Big hinüber. Plötzlich schoß sie den Hügel hinab, raste auf Big zu und verschwand darin, um einen Augenblick später mit dem fehlenden Baby im Maul wieder aufzutauchen. Vanessa hetzte hinter ihr her und versuchte, ihr das Junge wieder wegzunehmen, indem sie immer wieder nach ihm schnappte. Diana wich Vanessa, so gut es ging, aus, bis die beiden schließlich mitsamt dem Baby in den Tiefen des Drachenhügels verschwanden.

Ich hatte derartige Babydiebstähle durch rangtiefere Weibchen schon in anderen Gruppen beobachtet. Jede kinderlose Tante wollte die Jungen anscheinend für sich selber haben. Vanessa hatte sich von Anfang an in ihrer Fürsorge für Dianas Babys besonders hervorgetan, so daß ich erwartete, sie werde irgendwann eines von ihnen stehlen. Mitunter konnte ein solcher Babydiebstahl tragische Folgen haben. Im Laufe jahrelanger Beobachtungen habe ich in meiner zahmen Gruppe einmal eine Katastrophe erlebt.

Es begann damit, daß ein junges Weibchen eines der Babys stahl und es zu einer Nestbox mit nur einer kleinen Eingangsöffnung trug, die es gegen jeden Versuch der aufgebrachten Mutter, sich ihr Junges zurückzuholen, wirksam verteidigte. Ich nahm an, die Diebin werde das Baby später wieder zurückbringen. Aber ich sollte mich täuschen. Sie blieb, wo sie war, und verbrachte den ganzen Tag in der Box. Am nächsten Tag war das Baby noch immer da, eifersüchtig bewacht von dem Weibchen, das wegen der fehlenden Milch außerstande war, das Junge zu säugen. Sooft das Baby nun zu schreien anfing, kam die Mutter herüber und versuchte, ihr Kind zu erreichen, wurde aber stets durch das drohend aufgesperrte Maul und die heftigen Protestschreie des Weibchens in der Nestkiste zurückgetrieben. Die Mutter setzte ihre Bemühungen bis zum Einbruch der Nacht fort, als die Rufe des Babys immer schwächer wurden. Jetzt entschloß ich mich, einzugreifen und das Junge aus der Box herauszuholen, ehe es verhungerte, denn es hatte inzwischen fast zwei Tage lang keine Nahrung erhalten. Als ich die Box öffnete, sprang das Weibchen, statt zu fliehen, auf mich zu, klammerte sich an meine Hand und verbiß sich darin, so daß ich das Tier nicht abschütteln konnte. Während ich aus dem Gehege lief, die diebische Mungodame noch immer meine Hand gepackt hielt und ich verzweifelt nach einem Gegenstand suchte, mit dem ich ihr die Kiefer auseinanderdrücken konnte, erkannte die Mutter ihre Chance und nahm sie auch sogleich wahr. Im Nu flitzte sie in die Nestbox und trug das Baby zurück zu ihren übrigen Kindern, während ich mich von meinem übereifrigen Babysitter befreite. Kaum hatte ich die Mungodame wieder in das Gehege gebracht, als sie auf die Nestbox losschoß und hineinlugte. Das Junge war fort! Aufgeregt rannte sie zu der Box, in der die Mutter und ihr Wurf untergebracht waren, und kam mit einem anderen Baby zum Vorschein, das sie fest im Maul hielt. Es sah ganz so aus, als werde sich alles wiederholen. Aber diesmal war die Mutter hinter der Diebin her – mit katastrophalen Folgen. Die Mutter schnappte nach dem Hinterteil ihres Kindes, und die junge Mungofrau hielt seinen Kopf fest. Dann veranstalteten die beiden Kontrahentinnen unter schrecklichem Knurren ein Tauziehen, bei dem das kleine Geschöpf hin und her gezerrt wurde. Schließlich ließ das junge Weibchen seinen Raub los, so daß der Kadaver des Babys schlaff im Maul der Mutter hing. Sein Rückgrat war bei dem Kampf gebrochen worden. Die

Mutter trottete mit ihrem toten Jungen zurück zu ihrer Box. Eine Woche später, als die restlichen Jungen herauskamen und ich die Box reinigen wollte, fand sich von dem toten Mungobaby keine Spur. Irgendwann mußte es wohl aufgefressen worden sein.

Derartige Zwischenfälle kamen jedoch nur ganz vereinzelt vor. Gewöhnlich funktionierte das Babysitter-System mit der Präzision eines Uhrwerks, wenn auch das Stehlen von Babys zum bevorzugten Zeitvertreib jüngerer Mungoweibchen gehörte. Darin erinnerten sie mich an zahlreiche Affensozietäten, bei denen die jüngeren Töchter es kaum erwarten können, die neugeborenen Babys zu berühren. Mir wurde klar, daß ohne eine solche Neigung das ganze Babysitter-System nicht funktionieren konnte. Es war wichtig, daß die jungen Weibchen, wenn sie die Rolle von Müttern auf Zeit übernehmen sollten, während die wirkliche Mutter sich auf Nahrungssuche befand, sich für die Jungen interessierten. Ohne Nahrung würde die Mutter keine Milch produzieren, und die Babys müßten in den meisten Fällen sterben. Getreu der Mungotradition versorgt sich die Mutter selbst. Auf diese Weise blieb sie in einem guten Ernährungszustand und konnte sicher sein, daß für ihre Jungen inzwischen gut gesorgt wurde. Nach meiner Vermutung hing das alles auch damit zusammen, daß Mungos kein Nest für ihre Jungen bauen.

Als ich einmal Jungtiere aufzog, hatte ich ein schlimmes Beispiel für die Folgen des Nestbaus erlebt. Um die Mungobabys warm und ruhig zu halten – wenn sie nichts hatten, woran sie sich ankuscheln konnten, liefen sie ständig schreiend umher – machte ich ein Nest aus Papierwatte, das sich leicht auswechseln und sauberhalten ließ. Das betreffende Jungtier war fast drei Wochen alt und fraß bereits Fleisch und Insekten. In seine Box hatte ich eine kleine Schüssel mit kleingehacktem Herz gestellt. Vor lauter Freßgier hatte das Baby die Schüssel umgestoßen und, ehe ich noch eingreifen konnte, das blutgetränkte Papier zusammen mit dem Fleisch verschlungen. Das Kleine war noch nicht imstande gewesen, zwischen wirklichem Futter und einem blutverschmierten Substrat zu unterscheiden. Die Folge war eine Verstopfung der Gedärme, so daß ich das kleine Geschöpf schließlich von seiner Qual erlösen mußte, denn alle Medikamente hatten sich als wirkungslos erwiesen. Der Vorfall diente mir zur Warnung: Von nun an wurden die Mungobabys in ihren Zucht- und Pflegeboxen auf dem kahlen Boden gehalten.

Wie ein solches Babysitter-System im Laufe der Evolution entstanden war, blieb für mich noch immer ein Geheimnis. Aber es war die ideale Lösung des Problems, die Jungen warm und ruhig zu halten und gleichzeitig die Gefahr zu vermeiden, daß sie Nestbaumaterial fraßen. Wie viele tausend Jahre in der Evolution waren wohl erforderlich, um das System zu vervollkommnen? Denn es *war* vollkommen, und Zwischenfälle ereigneten sich nur selten.

10 Aufwachsen in der Taru-Wüste

Innerhalb von vierzehn Tagen nach den Regenfällen verwandelte sich die Taru-Wüste in ein Blütenmeer. Überall gingen die Knospen auf. Gras schien buchstäblich über Nacht emporzuschießen. Viele Tiere, die ich vorher wochenlang kaum gesehen hatte, tauchten plötzlich wieder auf – Zebras, Impalas, Gazellen und Kongonis. Ihre Flanken rundeten sich, und das Fell begann zu glänzen. Gelegentlich zogen auch Scharen von Elefanten vorüber. Aber wir hörten ihr Trompeten und das pistolenschußartige Knacken von Ästen nur nachts aus der Ferne. Mit dem Wild kamen freilich auch die Raubtiere. Das ferne Gebrüll von Löwen war ein fast allnächtlicher Chor, ebenso das unheimliche Huuu-uup ihrer gefleckten Begleiter, der Hyänen. Alle Lebewesen hatten ihre Fortpflanzung zeitlich so abgestimmt, daß sie genau in die jährlich wiederkehrende Periode des Überflusses fiel. So hatte die Schakalfamilie, die in der Nähe des Lagers lebte und die ich oft beobachtete, wenn sie abends unsere Abfallgrube aufsuchte, sich jetzt ein Rudel rundbäuchiger Schakalbabys angeschafft, die den Alten auf Schritt und Tritt folgten und wie kleine beigegraue Welpen mit langen Ohren aussahen.

Störche und Reiher hatten sich längst davongemacht. Sie folgten den Regenwolken, um an der Fülle des Lebens teilzuhaben, die die lebenspendenden Fluten woanders hervorbrachten. Nur ein paar Stelzenläufer und Nilgänse bewohnten jetzt das Wasserloch. Eines Morgens in aller Frühe flogen auch die Gänse in nördlicher Richtung davon. Die weißen Flecken auf ihren Flügeldecken leuchteten in der Sonne, während sie hoch droben ihren Brutplätzen zustrebten.

Mit dem Regen waren leider auch die Insekten gekommen, vor allem die Fliegen, die mich fast zum Wahnsinn brachten, wenn sich Hunderte von ihnen auf mir niederließen und ein so lautes Gesumm verursachten, daß ich kaum hören konnte, worüber sich die Mungos unterhielten. Mit den Insekten tauchten in großen Scharen die kleineren Raubvögel auf. Auf jedem zweiten Baum schien jetzt ein Heuschreckenbussard zu hocken, der nur darauf lauerte, auf alles herabzustoßen, was sich am Boden bewegte.

Inzwischen waren die Augen der Mungobabys offen. Schon nahmen sie mit der den Mungos eigenen Unbezähmbarkeit jede Gelegenheit wahr, um aus dem Termitenhügel herauszukriechen und – sehr zur Bestürzung des jeweiligen Babysitters – selbständig auf Entdeckungsreise zu gehen. Gewöhnlich blieben zu diesem Zeitpunkt drei oder vier Gruppenmitglieder am Hügel zurück, wobei solche Gruppen normalerweise aus einem der älteren Weibchen, einem älteren Männchen sowie einem jüngeren Männchen oder Weibchen oder manchmal allen beiden bestand. Vanessa spielte noch immer ihre Rolle als Chefbabysitter und übernahm diese Aufgabe, wann immer es möglich war. Bis jetzt hatten die Jungen jedoch den Hügel nicht verlassen, um mit der Gruppe auf Nahrungssuche zu gehen. Aber als Diana mit der Familie nach einem ausgedehnten Furagierstreifzug zurückkehrte, rannten die Jungen ihr entgegen, um sie mit Gezwitscher zu begrüßen. Sie stupsten sie mit dem Maul in die Flanken, um an die Milch heranzukommen. Gewöhnlich verschwand sie dann im Hügel, die Babys dicht hinter ihr her. Aber bisweilen legte sie sich auch oben auf ein geschütztes Plätzchen und bot ihnen die Zitzen zum Trinken. Ich beobachtete, wie die kleinen Füße der Babys rhythmisch in dem für fast alle Raubtiere typischen Milchtritt stampften und die Schnäuzchen sich von einer Zitze zur anderen wühlten. Beide Babys sahen sehr gesund und rundlich aus. Ich war mir noch immer nicht sicher, ob sie nicht wenigstens einen Teil der Milch von Notch bezogen, die merkwürdigerweise auf den Babysitterjob nicht so versessen war wie Vanessa. Aber vielleicht hinderte Vanessa auf Grund ihres höheren Ranges gegenüber der älteren Notch diese auch nur daran, nach ihrem Belieben bei den Babys zu bleiben. Die ganze Gruppe schien sich für die Babys lebhaft zu interessieren. Vor allem Moja animierte die beiden immer wieder, mit ihm zu spielen. Mitunter kam Moja übermütig auf die Kleinen zugerannt, ließ den Spielruf ertönen und stupste sie mit einer Vorderpfote an – was meistens dazu führte, daß das Junge seitlich umfiel, da es noch nicht fest auf den Beinen stehen konnte. Einmal landete eines der Mungobabys nach einem Sturz Hals über Kopf zusammengerollt am Fuße des Hügels. Goldie und Vanessa waren im Nu zur Stelle. Ich fürchtete schon, ein Tauziehen könnte die Folge sein, da beide Tanten das Kleine gleichzeitig zu retten versuchten. Aber Goldie hielt im letzten Augenblick inne, Vanessa nahm das Kleine, das laut piepste, vorsichtig ins Maul, worauf es sich zu einer stillen kleinen Fellkugel zusammenrollte, und rannte hinauf auf den Hügel, in dem sie sogleich verschwand.

Die Jungen sahen in diesem Alter wahrhaft häßlich aus, da ihr Fell erst spärlich entwickelt war und die graue Haut hindurchschimmerte. Der Kopf war im Verhältnis zum Körper viel zu groß. Ihre kurzen Beine in Verbindung mit den dicken Bäuchen und den rattenähnlichen Schwänzen – das entsprach kaum der Vorstellung von einem süßen, kleinen Tierbaby. Sobald die Jungen wach waren, hatten die Babysitter mehr als alle Hände voll zu tun, denn plötzlich tauchte ein piepsendes Köpfchen in einem der Löcher auf, das Tierchen kletterte mit Mühe heraus und glitt und rutschte dann die Böschung hinab, wobei es mitunter einen regelrechten Purzelbaum schlug, um unten ziemlich unsanft zu landen, so daß irgend jemand aus der Familie sich hinunterbequemen und es zurückholen mußte. Allmählich wurde mir klar, warum das Babysitterkontingent verdoppelt worden war, und ich fragte mich, wie sie wohl ausgekommen wären, wenn die Attacke des Reihers nicht erfolgreich gewesen wäre. Zwei kleine Energiebündel waren schlimm genug – aber fünf?

Ich hatte immer geglaubt, einer der Hauptgründe für die Erfindung des Babysitter-Systems bei den Mungos sei der Umstand gewesen, daß sie nicht über die angeborene Neigung verfügten, anderen Familienmitgliedern Nahrung zu bringen. Daher war ich sehr erstaunt, als ich eines Tages beobachtete, wie Diana mit etwas, was ihr aus dem Maul hing, auf den Hügel zu gerannt kam. Es war eine junge Ratte. Während Diana den Hügel hinaufstürmte, taumelten die Jungen aus ihren Löchern, um ihre Mutter wie gewöhnlich mit aufgeregtem Zwitschern zu begrüßen. Sie blieb vor ihnen stehen. Kaum hatten sie gewittert, was ihr aus dem Maul hing, verwandelten sich die friedlichen Babys in zwei kleine Furien. Wie besessen stürzten sie sich auf die Ratte, die Diana bereitwillig losließ. Dann setzte sie sich neben sie und sah ihrer Balgerei zu. Die beiden schnappten sich die entgegengesetzten Enden der Ratte, die so groß war wie sie selber, und begannen, unter wütendem Knurren an ihr zu ziehen und zu zerren. Ihre Bemühungen zeigten jedoch keinerlei Wirkung, denn die Babyzähne waren offenbar noch nicht stark genug, um in die Haut der Ratte einzudringen. Die beiden Mungobabys führten bereits sämtliche typischen Verhaltensmuster vor, wie man sie auch bei zwei erwachsenen Tieren, die sich um Beute stritten, beobachten konnte. Bald versuchten sie, die Ratte unter ihren Körper zu ziehen und sich über sie zu stellen, bald bemühten sie sich, das Beutetier totzuschütteln – ziemlich kraftlos, denn ihr Hals war noch nicht stark genug entwickelt, um die Ratte hochzuheben –, wobei sie sich mit den für Mungos typischen Hüftschwingern gegenseitig beiseite schubsten. Schließlich hatten sie genug. Oder vielleicht sahen sie ein, daß sie mit der Ratte nichts anfangen konnten. Was immer der Grund sein mochte, sie ließen die für sie zu große Mahlzeit liegen und trotteten zu ihrer Mutter, die sie sorgfältig beäugt hatte. Ich fragte mich, was als nächstes geschehen werde. Ob Diana die Ratte wohl für ihre Jungen öffnen würde, damit sie an die Eingeweide herankonnten? Doch ehe ich mich's versah, flitzte ein flach gegen den Boden gepreßtes braunes Etwas um den Termitenhügel – ein rasches Zuschnappen, und die Ratte war verschwunden. M'bili

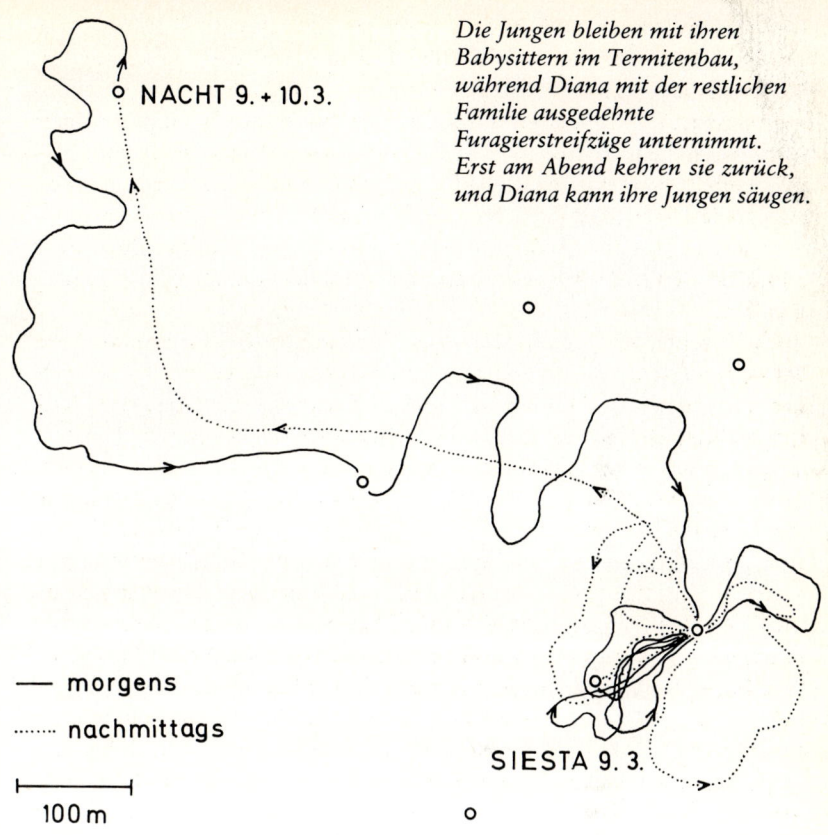

NACHT 9. + 10.3.

Die Jungen bleiben mit ihren Babysittern im Termitenbau, während Diana mit der restlichen Familie ausgedehnte Furagierstreifzüge unternimmt. Erst am Abend kehren sie zurück, und Diana kann ihre Jungen säugen.

—— morgens

······· nachmittags

├───────┤
100 m

SIESTA 9. 3.

hatte Moja mit dem Raub erspäht, und schon sausten die beiden hintereinander in eines der Löcher im Hügel. Nach dem Protestgequiek, das nach draußen drang, zankten sie sich offenbar darum, wem die Ratte gehören sollte. Diana stand auf, lugte in eines der Löcher, beruhigte sich dann aber wieder. Die zwei Kleinen kuschelten sich behaglich an ihre Flanken und begannen genüßlich zu saugen.

Die Mungobabys lockten allem Anschein nach nahezu jedes Raubtier in der Nähe an. Es gehörte schon zu den täglichen Vorkommnissen, daß die Gruppe von einem Heuschreckenbussard oder einer Schikra buchstäblich festgehalten wurde, die zwar außerstande waren, mit einem erwachsenen Mungo fertig zu werden. Sie hatten aber die Babys auf dem Hügel bemerkt und warteten nun von einem Baum in der Nähe darauf, eines von ihnen zu erwischen. Die

Obwohl sie kaum noch gesäugt wurden, verbrachten die Babys die Zeit am liebsten mit ihrer Mutter.

Babysitter mußten die Augen ständig offenhalten, denn mitunter kam ein solcher Raubvogel in Sekundenschnelle durch die Äste geschossen. Da die Tokos gemeinsam mit der Mungogruppe auf Nahrungssuche waren, fiel ihr Frühwarnsystem aus. In den ersten Januarwochen rüsteten sich die Heuschreckenbussarde jedoch für den Abflug. Ihnen folgten wahre Horden von Hellen Singhabichten auf ihrem Zug in nördlicher Richtung zur Somali-Wüste. Mit ihnen kamen die europäischen Rohrweihen, Greifvögel, die den Mungobabys weitaus gefährlicher waren als Heuschreckenbussarde. Der Busch hallte wider von den melodischen Rufen der Singhabichte. Kaum ein Tag verging ohne ihre mörderischen Sturzflugangriffe. Häufig konnte ich auch Rohrweihen beobachten, wie sie unter den Dornbaumzweigen dicht über dem Erdboden mit unglaublicher Geschwindigkeit dahinschossen und sich auf alles stürzten, was ihre Aufmerksamkeit erregte.

Das verirrte Baby wird von den Babysittern im Genick gepackt und in die Sicherheit des Hügels zurückgezogen.

Eines Tages hätte es ein Mungobaby beinahe erwischt. Die Jungen waren jetzt fast drei Wochen alt und verwandelten sich allmählich in richtige kleine Mungos. In diesem Entwicklungsstadium treten zahlreiche der bei erwachsenen Tieren manifesten Verhaltensmuster zutage. Eines der Jungtiere hatte ich auf den Namen Warze getauft, weil es auf der Nase eine kleine warzenähnliche Beule hatte, das zweite hieß Wildfang. Wenn sich irgendwo Unheil zusammenbraute, war Wildfang mit Sicherheit darin verwickelt! Sie war das quirligste und neugierigste Mungobaby, das ich je gesehen hatte. Wildfang steckte ihre Nase buchstäblich in alles, wuselte ständig den Hügel hinab, verschwand und brachte die Babysitter zur Verzweiflung. Während Dianas Abwesenheit verbrachte Vanessa nahezu ihre ganze Zeit mit Wildfang. Doch sobald Diana mit der Familie zurückkehrte, übernahm sie wieder die Verantwortung. Die Babys ließen die Bezugsperson, bei der sie sich gerade aufgehalten hatten, allein und rannten auf ihre vierbeinige Milchquelle zu. Einmal hatte sich Wildfang wieder verirrt, sie begann aus Leibeskräften den Ruf »Baby verirrt!« zu piepsen. Sofort war Vanessa ganz Ohr und starrte angestrengt in die Runde. Aber Wildfang hatte sich hinter einem dicken Grasbüschel verborgen. Plötzlich ein aufgeregtes Flattern blaßroter, schwarzgeränderter Flügel – ein Heuschreckenbussard hatte Wildfang im gleichen Augenblick bemerkt wie Vanessa und ich. Er stieß mit nach vorn gespreizten Krallen herab, während Vanessa, die Fellhaare borstig gesträubt, von der Spitze des Hügels einen gewaltigen Satz machte und auf der nackten Erde landete, die den Hügel umgab. Noch ein Sprung, und schon hatte sie Wildfang gepackt! Gerade als sie mit dem Baby im Maul den Rückweg antrat, landete auch der Bussard unmittelbar hinter ihr, flog aber im Bruchteil einer Sekunde wieder davon und hinterließ nur eine Staubwolke, die mir verriet, daß Wildfang beinahe im Magen des Bussards gelandet wäre. Vanessa zerrte ihren Schützling am Genick zurück zum Hügel. Wildfangs Füße hingen schlaff, und die Augen waren geschlossen, als sie in die angeborene Tragestarre verfiel. Im Nu war die erschreckte Tante in einem der Löcher des Hügels verschwunden, wobei sie den kleinen Körper hinter sich herzog. Aber nur wenige Sekunden vergingen, als Wildfangs Kopf erneut in einer der Öffnungen auftauchte und sie sich zu einem weiteren Streifzug auf den Weg machte. Vanessa trottete geduldig hinter ihr her und versuchte, sie im Genick zu packen und abermals in die Sicherheit des Hügels zurückzuziehen. Wie lange mochte es wohl noch dauern, bis Wildfang einem Räuber zum Opfer fiel, da sie in diesem Entwicklungsstadium der Gefahr, in der sie sich befand, nicht die geringste Beachtung schenkte? Mit ihren blauverschleierten Augen starrte sie selbst die gefährlichsten der gefiederten Räuber an, da sie diese nicht als solche erkannte.

Als die Jungen etwas über drei Wochen alt waren, zeigten sich die ersten Ansätze zu dem Zeitvertreib, den die Mungos am meisten bevorzugten, wenn sie sich nicht gerade den Bauch füllten. Wildfang watschelte auf Warze zu und patschte ihm mit einer Vorderpfote auf die Nase – die uralte Aufforderung zum Spielen. Zunächst umkreisten sich die beiden fast im Zeitlupentempo und piepsten den Spielruf langsam und in höchsten Tönen, wobei sie sich gegenseitig im Nacken festhielten und auf ihren kleinen Stummelbeinen unausgesetzt umeinander drehten. Dies war ihr erster Versuch, miteinander zu spielen. Obwohl sie dabei langsam und bedächtig vorgingen, ließen sich die Elemente des Spiels bereits erkennen. Warze wälzte sich auf den Rücken, und Wildfang, seine Schwester, kletterte auf ihn. Dann lieferten sie sich mit aufgesperrten Schnäuzchen vorsichtige Scheingefechte, wobei sie einander geschickt auswichen, so daß mir das Ganze wie eine Zeitlupenparodie der blitzschnellen Zustoßbewegungen älterer Tiere vorkam. Für Moja, der den beiden zusah, wurde die Versuchung plötzlich zu groß. Laut piepsend sprang er von oben auf sie herab. Aber diese ungelegene Unterbrechung führte lediglich dazu, daß Warze seitlich den Hügel hinabkullerte, Wildfang rückwärts taumelte und Vanessa sich herunterbequemen mußte, um das laut piepsende Baby zurückzuholen.

Schon nach einer Woche konnte ich beobachten, wie Moja sehr sanft mit den Babys spielte, indem er sie ab und zu behutsam mit einer Vorderpfote anstupste, meist aber laut piepsend wie ein kleiner Gummiball um sie herumhüpfte. Die größten Schwierigkeiten hatte Moja, wenn er mit ihnen einen spielerischen Ringkampf beginnen wollte. Sobald er eines der Babys vorsichtig mit den Zähnen im Nacken packen wollte, verwandelte sich der Spielgefährte in ein schlaffes Bündel, das darauf wartete, getragen zu werden. Der Tragestarrereflex funktionierte auch jetzt noch uneingeschränkt und wurde offenbar schon durch die leiseste Berührung in der Nackengegend ausgelöst. Dann hielt Moja in seinem Tun inne, sah etwas verstört drein und ließ das Baby los, worauf es sogleich wieder umherzutorkeln und den Spielruf zu piepen begann. Erst jetzt wurde mir ganz klar, wie automatisch der Tragereflex funktionierte. Sobald der auslösende Reiz des Mauls, das den Nacken des Babys gepackt hielt, aussetzte, machte das Kleine da weiter, wo es zuvor unterbrochen worden war.

Schon als ich die Jungtiere zum ersten Mal auf dem Hügel sah, hatten sie die für Mungos typische Fellpflege durch Beknabbern demonstriert. Doch in dieser Entwicklungsphase wurde ein so grundlegendes und für die Mungos bedeutsames soziales Verhaltensmuster anscheinend vollautomatisch – wie durch Betätigung eines Schalters – ausgelöst. Sobald eines der anderen Tiere ein Junges beknabberte, begannen die Kiefer des Babys zu arbeiten, da es sich freundschaftlich revanchieren und den Artgenossen seinerseits beknabbern wollte. Das Ganze entbehrte nicht einer gewissen Komik, denn vorbeistreifende Familienmitglieder beknabberten die Babys mehr oder minder flüchtig an jedem beliebigen Körperteil, den sie gerade erwischten, manchmal sogar an der Schwanzwurzel, so daß das Junge herumfuhr und nun seinerseits den großen Putzpartner ebenfalls putzen wollte, ihn aber nicht erreichen konnte. Dann knabberten die kleinen Zähne wie wild buchstäblich in der Luft. Warze löste das Problem, indem er seine eigene Vorderpfote beknabberte, wenn jemand *ihn* beknabberte, er aber nicht zurückknabbern konnte. Wildfang dagegen beknabberte noch immer die Luft, sobald der richtige Reiz ausgelöst

Offenbar war George die Aufgabe zugefallen, die Jungen morgens zur Nahrungssuche mitzunehmen. ▷

wurde. Dieses putzende Beknabbern der Mungos schien fast ausschließlich auf den Nacken des Partners vorprogrammiert zu sein. Schon die winzigen Babys wandten den Kopf, wenn sie am Nacken oder an der Schulter beknabbert wurden, und erwiderten die freundschaftliche Geste, auch wenn sie dabei nur bis zum Oberschenkel des eifrigen Putzers reichten.

Meist jedoch wurden die Jungen abgeleckt, wobei Vanessa und Diana als Chefableckerinnen fungierten. Die Babys hatten keine Möglichkeit, sich vor dieser Prozedur zu drücken, wenn eine Säuberung fällig war. Wenn sie nicht freiwillig stillhielten, wurden sie trotz lauten Protestgequieks mit einer Vorderpfote zu Boden gedrückt und festgehalten, bis die Putzerin mit ihnen fertig war. Aber meistens ließen die Jungen sich solche Zuwendung nur allzugern gefallen und genossen es sichtlich, wenn Mutters und Tantchens Zunge ihnen liebevoll das Bäuchlein und den Analbereich massierten. Dann legten sie sich zurück wie kleine Buddhas, spreizten die Hinterbeine, schlugen die Vorderpfoten über ihren prallen Bäuchen ein und überließen alles weitere ihren Aufpasserinnen.

Obwohl George den Kleinen sehr zugetan war und sich neben sie legte, um sie zu putzen, sooft es ihm gelang, durch die vielen Babyhüterinnen bis zu ihnen vorzudringen, gab er sich mit ihnen doch nicht allzusehr ab. Erst als die Babys fast einen Monat alt waren und schon allein den Hügel hinablaufen konnten, begann George eine Hauptrolle in ihrem Leben zu spielen. Eines Morgens sah ich, wie George mit einer großen Heuschrecke im Maul zum Hügel zurückgerannt kam, vor den Jungen stehenblieb und das Fütterungsknurren ertönen ließ. Die Köpfchen der Kleinen wandten sich ihrem Vater zu, Warze und Wildfang waren im Nu neben ihm und fingen mit hoher zwitschernder Stimme zu betteln an. Kaum hatten sie die Beute gepackt, als George sie losließ. Nachdem seine beiden Rangen sich ein paarmal wütend angeknurrt hatten, blieb Wildfang Sieger und sauste, so schnell sie konnte, mit der Heuschrecke davon, um sie in Ruhe zu fressen, während Warze laut quiekend hinter seiner Schwester herrannte. George verschwand wieder im dichten Gras und tauchte sofort mit einem weiteren großen Insekt auf, diesmal einer Grille, die Warze bekam, denn Wildfang war noch mit der Heuschrecke beschäftigt. Obwohl die Jungen ihr bleibendes Gebiß noch nicht bekommen hatten, stellten sie sich beim Zerbeißen des Insektenskeletts sehr geschickt an, wenn auch Wildfang mit den Heuschreckenflügeln nicht ganz zurechtkam, da diese ihr in den Zähnen steckenblieben und es ihr schwerfiel, sie wieder herauszuklauben. Wildfang stand noch keineswegs fest auf den Beinen. Jedesmal, wenn sie eine Vorderpfote hob, um den festsitzenden Flügel zu entfernen, verlor sie das Gleichgewicht, so daß sie seitlich umkippte und noch einmal von vorn beginnen mußte. Endlich gelang es ihr, durch heftiges

Schütteln des Kopfes sich des Flügels zu entledigen, worauf sie mit der mundgerechten Zergliederung der Heuschrecke fortfuhr.

Auch Diana hatte weiterhin größere Beutetiere zum Hügel gebracht, zumeist Mäuse, mit denen die Jungen in diesem Alter noch nicht recht fertig wurden. Nur einmal sah ich, wie Diana einem der erbeuteten Tiere den Kopf abriß und Warze und Wildfang sich wie ein Rudel gieriger Wölfe darauf stürzten. Dabei knurrten sie sich wütend an, versuchten einander wegzuschubsen und saugten, blutbeschmiert, wie sie waren, an allem, dessen sie habhaft werden konnten, einschließlich ihrer eigenen Pfoten. Aus lauter Gier nach frisch geschlagener Beute begann Wildfang auf einmal an der reichlich mit geronnenem Blut verkrusteten Vorderpfote ihres Bruders zu knabbern und zu saugen. Warze hielt plötzlich inne, als wisse er nicht genau, wie er sich verhalten sollte, drängte dann aber seine gefräßige Schwester zur Seite und machte sich schmatzend und schlürfend über den Mäusekadaver her.

Bezeichnenderweise zerkauten die Mungobabys – sie waren jetzt knapp drei Wochen alt – die tote Maus nicht mit ihren Backenzähnen, sondern reagierten lediglich, als handle es sich um Milch, auf das Blut, das sie mit den Lippen unter Beteiligung der Rachenmuskulatur aufschlürften. Erst einige Tage später bemerkte ich Kaubewegungen ähnlich denen der erwachsenen Tiere. Die Blutgier war also schon vorhanden, bevor die Verhaltensmuster zum Zerstückeln eines Tieres, in dessen Adern Blut fließt, manifest wurden.

Von den Insekten, die George zum Hügel brachte, bis zur Nahrungssuche, die die Babys zusammen mit ihm unternahmen, war nur noch ein kleiner Schritt. Ihr erster echter Furagierausflug fand eines Morgens in aller Frühe statt, als sie fast vier Wochen alt waren. George trottete den Hügel hinab, und die Jungen folgten ihm, wobei sie sich dicht an seiner Seite hielten und ihre Mäuler überall da hineinsteckten, wo zuvor George seines hineingesteckt hatte. Sobald er einen saftigen Leckerbissen entdeckte, kündigte er seinen Fund durch Knurren an, dem fast gleichzeitig das Quieken und Winseln der Kleinen folgte. Eines von ihnen schnappte sich dann das Insekt aus Vaters Maul und verspeiste es mit deutlich hörbarem Knirschen der Kiefer. Bei ihrem ersten Ausflug in den Busch gingen sie nicht weit. George führte sie in einem kleinen Bogen wieder zurück zum Hügel.

Die Tokos schienen von den Mungojungen besonders fasziniert zu sein, denn sie hüpften hinter dem Trio her, hielten die Köpfe schief und ließen sie nicht aus den Augen. Tokos sind intelligente Vögel. So dauerte es nicht lange, bis die Gelbschnabeltokos herausgefunden hatten, was auf diesen Futterexkursionen vor sich ging. Ein Mungo erbeutete etwas und hielt seine Mahlzeit im Maul! Etwa eine Woche später sollte ich erleben, wie tief die Freundschaft zwischen Mungos und Tokos ging.

Offenbar war George die Aufgabe zugefallen, die Jungen morgens zur Nahrungssuche mitzunehmen, während Diana das Vorrecht hatte, auf dem Hügel bis spät in den Morgen hinein liegenbleiben zu dürfen. Inzwischen mußte sie die Babys kaum noch säugen. Obwohl sie, wenn sie auf dem Hügel waren, die meiste Zeit am liebsten mit ihrer Mutter verbrachten, war George am frühen Morgen, wenn sie Hunger hatten, ihr erklärter Favorit. Dann gaben sie nicht eher Ruhe, bis er aufstand und sie auf einen kleinen Furagierausflug mitnahm.

Ich beobachtete, wie die kleine Schar sich etwa fünf Meter vom Wagen entfernt durch das Gras arbeitete und wie George gelegentlich einen schmackhaften Käfer oder eine Grille ausgrub und sie knurrend den Jungen mundgerecht hinhielt. Die Gelbschnabeltokos hüpften wie stets hinter dem Trio her und hackten auf flüchtende Heuschrecken ein. Dann steuerte einer der Vögel auf George und seine Kinder zu. Als George wieder ein Insekt fing, schoß ein gelber Schnabel ihm blitzschnell über die Schulter, packte Warze, der wie wild um Futter bettelte, im Genick und schleuderte ihn zur Seite, um sich unmittelbar danach auf das erbeutete Insekt zu stürzen. George warf sich mit seinem Hinterteil und einem prächtigen Hüftschwinger gegen den Vogel und gab dabei ein drohendes Knurren von sich. Mittlerweile hatte Warze sich aus dem Grasbüschel, in dem er gelandet war, befreit und rannte, noch immer wie wild bettelnd, zurück zu seinem Vater.

Als ich über den Vorfall nachdachte, fragte ich mich, was den Gelbschnabeltoko eigentlich davon abgehalten hatte, Warze aufzupicken und zu fressen. Ich hatte Gelbschnabeltokos schon ziemlich große Beutetiere fressen sehen – bis zur Größe erwachsener Vielzitzenratten. Wenn der Vogel Warze festgehalten hätte und mit ihm davongeflogen wäre, hätte George das kaum verhindern können. Aber er reagierte auf den Toko genauso, wie er auf ein erwachsenes Mitglied seiner eigenen Familie, das ihm Futter wegzunehmen versuchte, reagiert hätte – mit einem Hüftschwinger. Hinter der Beziehung zwischen Mungos und Tokos steckte offenbar mehr, als ich zu sehen bekam! Später, als die Babys älter waren und mit der übrigen Gruppe auch in größerer Entfernung vom Hügel furagierten, konnte ich häufig beobachten, daß die Tokos hinter dem Mungo, der die Jungen führte, herhüpften und die Insekten, die er für seine Kinder gefangen hatte, zu stibitzen versuchten. Obwohl ich bei anderen Gelegenheiten erlebte, wie Mungobabys von den gierigen Vögeln, um an das erbeutete Insekt im Maul des erwachsenen Mungos zu gelangen, zurückgeschleudert wurden, habe ich nie gesehen, daß ein Toko mit wirklich gefährlichen Schnabelhieben über eines der Mungobabys hergefallen wäre. Dabei hätte schon ein Stoß ihrer mächtigen Schnäbel ausgereicht, um dem Kleinen den Garaus zu machen oder ihm zumindest schwere

Der junge Mungo schnappt sich aus Vaters Maul ein Insekt
und frißt es unter Georges aufmerksamen Blicken.

Verletzungen zuzufügen. Mungos und Tokos waren anscheinend wirkliche Freunde.

Obwohl ihre Analdrüsen noch nicht entwickelt waren – ebensowenig wie ihre Wangendrüsen –, hielt das Warze und Wildfang keineswegs von dem Versuch ab, sie zu benutzen. Ich erinnere mich noch lebhaft an Wildfangs ersten Versuch, zusammen mit der übrigen Familie zu markieren. Sie drängelte sich durch die Menge ihrer an der Anschlagtafel versammelten Artgenossen, beschnüffelte die Tafel sehr gewissenhaft und verstieg sich sogar zu einer recht wackligen Version des Hochsitzens, um etwas weiter hinaufreichen zu können. Das war schon eine ganz beachtliche Leistung, denn um Wildfang herum sprangen andere Familienmitglieder in den Handstand und rieben ihre Analdrüsen abwärts über die gesamte Länge der Anschlagtafel, die aus einem sonnengebleichten Commiphorenast am Fuße des Hügels bestand. Ein paarmal diente Wildfang ihren Artgenossen als Sitzfläche, und obwohl sie auch noch ziemlich unsanft von Blackie angerempelt und umgestoßen wurde, ließ sie sich nicht beirren.

Nachdem Wildfang den Commiphorenast gründlich untersucht hatte, schickte sie sich an, ihn zu markieren! Sie drehte ihren Körper herum, stellte den Schwanz hoch und hob ein Hinterbein, während sie am unteren Teil des Astes mit ihrem Rücken entlangstrich. Mit einem Ruck fuhr Wildfang wieder herum, um zu prüfen, ob sie mit dem Ast Verbindung gehabt hatte – was nicht der Fall war, denn sie hatte die Anschlagtafel um wenigstens zwei bis drei Zentimeter verfehlt –, und probierte es noch einmal. Abermals ein Mißerfolg. Obgleich Wildfang alle Bewegungen des Analmarkierens, einschließlich des Beinhebens vollführte, hatte sie ihr Ziel wieder verfehlt! Nach drei weiteren Versuchen trottete sie den Hügel hinauf. Ich war mir nicht sicher, ob sie annahm, sie habe richtig markiert, oder ob sie lediglich ihre Bemühungen aufgegeben hatte. Jedenfalls versuchte Wildfang jetzt, der kollektiven Familienunterschrift auch ihren Namen hinzuzufügen!

Auch die Markierung mit den Wangendrüsen erwies sich zunächst als Fehlschlag. Falls die beiden Jungtiere etwas fanden, was auf dem Hügel oder in dessen Nähe aus dem Boden herausragte, watschelten sie darauf zu und versuchten, in der für das Wangenmarkieren typischen Links-Rechts-Bewegung ihre Gesichter daran entlangzureiben. Auch diese Bewegung wurde anscheinend nahezu automatisch ausgelöst. Obwohl die Wangendrüsen ebenfalls noch gar nicht entwickelt waren, waren die Verhaltensmuster des Markierens offenbar bereits wirksam, wenn auch nicht sehr zielgenau. Dreimal konnte ich Warze und Wildfang beobachten, wie sie Grashalme markierten, die sie im Bemühen, möglichst nahe an sie heranzukommen, niedergetreten und umgeknickt hatten. Dennoch setzten sie die Hinundherbewegungen des Kopfes genau an der Stelle fort, wo die Grashalme zuvor aufrecht gestanden hatten.

Eines Morgens in aller Frühe war George mit den beiden Jungen zu dem obligatorischen Babyfrühstück-Suchausflug losgezogen. Die Jungen warteten nur darauf, daß er etwas Gutes ausgrub. Plötzlich stocherte Wildfang in einem Grasbüschel herum, wobei beide Pfoten eine haschende Bewegung ausführten, und förderte schließlich einen großen schwarzen Rüsselkäfer zutage. Der Käfer zappelte heftig. Wildfang schnippte den Käfer mit einem geschickten Schlenker ihrer Pfote immer wieder weg, so daß das Insekt sich neu hochrappeln mußte. Dann ließ Wildfang den Spielruf ertönen und begann, um das Insekt herumzuhüpfen, stieß mit dem Maul nach ihm und schlug es mit den Pfoten spielerisch hin und her. Der Käfer zog die Beine an seinen Körper und lag da wie ein kleiner Stein. Plötzlich sprang Wildfang auf ihn zu und beförderte ihn in der typischen Eischleuder-Bewegung der Mungos mit einem kräftigen Rückwärtsstoß unter ihren Körper. Das Problem dabei war nur, daß sie die Bewegungen der Hinterbeine offenbar noch nicht mit denen ihrer Vorderbeine koordinieren konnte, denn der Käfer prallte gegen Wildfangs Bauch, und erst dann machte sie mit den Hinterbeinen einen kleinen Hopser. Statt den Käfer nach hinten zu schleudern, wie sie es beabsichtigt hatte, war es ihr lediglich gelungen, ihn unter sich zu schieben. Mit einem Ruck drehte sie sich um und suchte den Boden hinter sich nach dem Insekt ab, fand aber natürlich nichts. Der Käfer wollte schon davonrennen, als Wildfang, durch seine Krabbelbewegung mobilisiert, ihn noch einmal unter sich schleuderte. Wieder reagierten ihre Hinterbeine nicht rechtzeitig, denn der Hopser erfolgte erst, nachdem der Käfer unter ihrem Bauch liegengeblieben war. Wieder drehte sie sich um und suchte die Stelle ab, wo der Käfer hätte liegen sollen. Sie begriff offensichtlich nicht ganz, was da permanent schiefging. Es war ganz eindeutig, daß diesem Eischleudern ein Verhaltensmuster zugrunde lag, dessen Koordinationsmechanismen durch Übung erlernt werden mußten.

Schließlich wollte sie es zum dritten Mal probieren, als Warze herangeschossen kam, dem nicht entgangen war, daß Wildfang etwas erbeutet hatte. Wildfang änderte schlagartig ihr Verhalten gegenüber dem Käfer: Sie nahm ihn ins Maul und versuchte, ihrem Bruder unter lautem Knurren den Rücken zuzudrehen. Aber so leicht ließ sich Warze nicht abspeisen. Mit vorgestrecktem Kopf preschte er vorwärts in der Absicht, seiner Schwester den Käfer wegzunehmen. Ein paar Protestpiepser, ein paar Drehungen im Kreise – Wildfang versuchte noch immer, ihre Beute gegen den Bruder zu verteidigen – und dann ein hörbares Knacken. In ihrer Aufregung hatte Wildfang die harte Schale des Käfers durchgebissen: die erste Beute, die ich sie töten sah. Während sie ihren Bruder wütend anknurrte und ihm jedesmal, wenn er ihr zu nahe kam, Hüftschwinger versetzte, kaute sie knirschend und knackend an dem harten Panzer des Rüsselkäfers herum, bis sie das Insekt schließlich verspeist hatte. Dann rannte sie schnell hinter George her, der die Gelegenheit offenbar ausnutzte, um sich selber etwas Freßbares einzuverleiben.

Zum jetzigen Zeitpunkt waren die Mungobabys allem Anschein nach noch nicht imstande, zwischen beweglichen Objekten, die sie im Gras fanden, und Futter eine Beziehung herzustellen. Sie töteten fast immer unabsichtlich, zum Beispiel, wenn der eine etwas gefunden hatte und der andere es ihm wegnehmen wollte. Die Folge war ein stärkeres Zubeißen. Sobald das Insekt tot war, fiel es unter die Kategorie Genießbares und wurde dementsprechend genüßlich verspeist. Sie wußten allerdings genau, daß das, was George im Maul hielt, Nahrung war. Wenn es aber die Geschwisterrivalität zwischen ihnen nicht gegeben hätte, dürften sie zunächst schwerlich imstande gewesen sein, sich selber zu ernähren. Besonders komisch war es, wenn sie einen Grashüpfer aufgestöbert hatten. Sobald sich eine Pfote oder Nase vorstreckte, um ihn näher zu untersuchen, machte das Insekt einen Satz, während das Mungobaby verblüfft in die entgegengesetzte Richtung sprang, ihm dann aber hinterherjagte, um es noch einmal zu versuchen. Gewöhnlich dauerten diese Grashüpferuntersuchungen nicht lange, denn einer der Tokos oder Buschwürger erspähte das Insekt, stieß im Sturzflug auf die Beute und packte sie mit dem Schnabel, so daß das Mungobaby durch den Luftzug der Flügelschläge sich fast überschlug und schleunigst davontrippelte, um in einem geeigneten Grasbüschel zu verschwinden, bis der Dieb fort war. Bis die kleinen Mungos die Beziehung zwischen etwas Beweglichem und Nahrung endlich kapiert zu haben schienen, dauerte es fast eine Woche. Obwohl sie von George und den anderen Mitgliedern der Familie noch immer Futter erbettelten, als sie schon weit über zwei Monate alt waren, begannen sie allmählich, selber auf Jagd zu gehen. Das meiste, was sie erbeuteten, war freilich sehr klein, und nur weil die kleinen Kiefer der Mungobabys emsig kauten, konnte ich erkennen, *daß* sie irgend etwas gefunden hatten.

Bei einem der früheren Furagierausflüge hatte George eine junge Ratte aufgestöbert. Statt sie mit einem wohlgezielten Biß ins Schädeldach zu töten, hielt er das quiekende und zappelnde Bündel im Maul. Im Nu waren Warze und Wildfang zur Stelle. Jetzt ließ George seine Beute los, und die Jungen sausten hinter der flüchtenden Ratte her und versuchten, sie an irgendeinem Körperteil zu packen. Wildfang wurde von ihr empfindlich in die Nase gebissen. Ich konnte deutlich sehen, wie sie stehenblieb und sich mit einer Vorderpfote die Nase rieb. Inzwischen war es Warze geglückt, das Tier im Nacken zu packen. Er klammerte sich an der Ratte fest, alle viere als Bremsen nach vorn gestreckt, und wurde von ihr fortgezerrt. Als Wildfang ihn eingeholt hatte und die Ratte von der anderen Seite packte, ließ Warze seine Beute los und versuchte, seine Schwester mit Knurrlauten wegzudrängen. Während die beiden sich noch darum zankten, entkam die Ratte ins dichte Gras. Die Kleinen starrten unter unablässigem Auf- und Niederwippen der Köpfe in das Dickicht aus Grashalmen. George, der dicht hinter ihnen war, stürzte sich mitten hinein und tauchte nach einem heftigen Kampf, in dessen Verlauf das Gras auf und nieder wogte, erneut mit der Ratte im Maul auf. Wieder machten sich die Jungen über die Beute her. Aber es war unverkennbar, daß es ihnen nie und nimmer gelingen würde, ihr Verletzungen beizubringen, geschweige denn sie zu töten. Ich hatte sogar den Eindruck, daß sie es gar nicht richtig versuchten! George sah aufmerksam zu. Dann gab Warze den Kampf unversehens auf, um die Wurzeln eines Grasbüschels näher zu untersuchen. Kaum war Warze abgezogen, hörte Wildfang auf zu knurren, und plötzlich war der Spielruf zu hören! Wildfang, die die Ratte noch im Nacken gepackt hielt, begann jetzt, sie kräftig hin und her zu schütteln. Schließlich ließ sie von ihr ab und versetzte ihr kleine Stöße mit den Vorderpfoten. Inzwischen machte die Ratte einen völlig betäubten Eindruck. Sie saß zitternd und mit angstgeweiteten Augen da und war offensichtlich nicht imstande, davonzurennen. Wildfang stolzierte um ihre neue Spielkameradin herum, betastete sie hier und da mit den Pfoten und zwickte sie dann blitzschnell in den Schwanz. Dies schien die Ratte aus ihrer Angststarre aufzurütteln. Sie sauste davon, Wildfang, noch immer laut piepsend, hinter ihr her. Wieder kam George zu Hilfe, drückte die Ratte mit einer raschen Bewegung seiner Pfote zu Boden, durchbiß ihr den Kopf und kehrte mit dem im Maul hängenden Kadaver zu seinen Jungen zurück. Beide schnappten sich ein Hinterbein und begannen, daran wild zu zerren. Bei dem Geraufe platzte die Haut, und das Fleisch trat hervor. Dann verschwand die Ratte unter zwei gefährlich knurrenden Mungobabys, die sich gegenseitig von der schmackhaften Mahlzeit wegzudrängen versuchten.

Für mich als Verhaltensforscherin war es von besonderem Interesse, die Zwischen- beziehungsweise Übergangsstufen näher zu untersuchen, die ein und derselbe Reiz »Ratte« durchlaufen hatte, ehe er schließlich als das erkannt wurde, was er in Wirklichkeit war – Nahrung. Es war das erste Mal, daß die Jungen eine lebendige Ratte gesehen hatten. Zuerst war die Ratte nur ein Gegenstand der Neugier, um den man sich raufte. Dann diente die Ratte, soweit es Wildfang betraf, als Spielgefährtin. Erst nachdem George sie getötet hatte und sie reglos aus seinem Maul hing, hatten die Babys die Ratte als Nahrung erkannt. Trotzdem war ich mir auch jetzt nicht sicher, ob die jungen Mungos nicht mit dem Rattenkadaver weitergespielt hätten, wenn es ihnen nicht gelungen wäre, die Haut zu zerreißen und Blut zu lecken. Jedenfalls stand fest, daß ein angeborenes Erkennen einer lebenden Ratte als Beute nicht existierte. Obwohl ich nun wie ein Schießhund aufpaßte, vergingen einige Wochen, bevor ich sah, wie George eine Ratte ganz in der Nähe der Jungen erbeutete, die sich sofort auf sie stürzten, sie auseinanderrissen und zu verzehren begannen. Dadurch erhielt ich aber noch immer keine Antwort auf meine Frage, ob ein Reifen von Verhaltensweisen zu der veränderten Reaktion auf die Ratte geführt hatte. Vielleicht hatten die Mungojungen sich auch an die Beziehung zwischen lebender Ratte und Fleisch erinnert und entsprechend reagiert. Der Beutefang war allem Anschein nach bei den Mungos nicht vorprogrammiert. Das einzige, was angeboren zu sein schien, war das Erkennen von Blut als Nahrung – das übrige mußte erlernt werden, wobei die erwachsenen Tiere, vor allem der Vater der Babys, als Lehrer fungierten.

Es war mir schon immer merkwürdig vorgekommen, daß ausgerechnet George die Babys zur Futtersuche mitnahm. Manchmal gingen sie auch mit Diana oder einem der älteren Männchen mit, besonders mit Narbe oder Weißhals. Aber George war derjenige, der ihnen die meiste Nahrung verschaffte. Auch wenn ich Begriffe wie Vaterliebe außer acht ließ, wurde ein ausgeklügeltes System sichtbar. Diana hatte in ihre Kinder ein Höchstmaß an Kraft und Energie investieren müssen, indem sie sie zuerst fast acht Wochen lang in ihrem Leib trug und anschließend mit der von ihr produzierten Milch ernährte. Hätte Diana sie obendrein auch noch mit dem überwiegenden Teil fester Nahrung versorgen müssen, wäre das auf Kosten ihrer körperlichen Reserven gegangen. Deshalb blieb ihr dank dem Sozialkodex der Mungos diese zusätzliche Belastung erspart. Dianas Mann, der sich während ihrer Empfängnis abgerackert und jetzt fast zwei Monate lang Zeit gehabt hatte, wieder auf die Beine zu kommen, fiel die Hauptlast zu, den Nachwuchs mit Futter zu versorgen, während die anderen Familienmitglieder ihn nur dann unterstützten, wenn sie das Pech hatten, zufällig in der Nähe zu sein und Futter gefunden hatten. Je länger ich die Mungos beobachtete, um so klarer wurde mir, daß sie ein soziales System entwickelt hatten, das dem jedes anderen mir bekannten Säugers – mit Ausnahme des Menschen – weit voraus war!

Von der vierten Woche bis etwa zum dritten Monat ihres Lebens führten Warze und Wildfang ein Leben, das aus Fressen, Schlafen und Spielen, besonders aber aus Kundschaften bestand. Fast jeden Tag fand ein Wechsel des Termitenhügels statt. Nun kannte ich auch den Grund, warum Mungos keine Nester bauten. Selbst mit den Babys blieben sie Nomaden und schleppten ihre Jungen einfach mit. Waren die Kleinen fünf Wochen alt, brauchte man sie nicht mehr tragen, sie trotteten dann hinter den anderen her, die sich so langsam voranbewegten, damit die Jungen mit ihnen Schritt halten konnten.

Es war jetzt ganz wichtig, daß die Babys ihre Feinde kennenlernten, und von diesen gab es eine ganze Menge. Ihre Beschützer hatten die Aufgabe, das angeborene, aber recht ungenaue Feindbild zu verfeinern und zu ergänzen. Die Warnrufe zeigten den Babys, woher ihnen Gefahr drohte. Sehr schnell lernten sie die Singhabichte kennen. Wenn einer dieser Vögel die Mungos auf dem Weg zwischen zwei Termitenhügeln überraschte, rannten die Jungen sofort zum nächsten erwachsenen Artgenossen und stellten sich dicht neben ihn oder versuchten, unter ihn zu kriechen. Dann lugten ihre Köpfchen zwischen den Vorderbeinen des schimpfenden Erwachsenen empor zum Raubvogel.

Nachdem ich beobachtet hatte, wie die Kleinen von ihren Betreuern lernten, wurde mir klar, daß ihnen das Erkennen der Merkmale einer Raubvogelart nicht schwerfallen würde. Als sie sechs Wochen alt waren, fielen sie mit ihren piepsenden Stimmen auch in den allgemeinen Schimpfchor ein. Vorher, in der Lernphase, hatten sie nur stumm zu dem Vogel hinaufgesehen. Als Warze und Wildfang fünf Monate alt waren, wurden sie ihren erwachsenen Geschwistern immer ähnlicher, und sie benahmen sich auch so. Nun waren sie auch imstande, selber Nahrung zu suchen und Gefahren zu erkennen. Aber dies bedeutete nicht, daß sie nun keine Beute mehr von den anderen Gruppenmitgliedern bekamen. Sobald eines der Jungtiere mit intensivem Gezwitscher eine Forderung geltend machte, ließen alle anderen Artgenossen ihre schwerverdiente Mahlzeit fahren. Vom Füttern der Jungtiere bis zu deren permanenter Ranghoheit über ihre Geschwister war es nur ein kleiner Schritt, der sich mühelos und allmählich vollzog und von den anderen akzeptiert wurde.

Mit der Zeit begannen Warze und Wildfang sich richtig in die Gruppe zu integrieren. Obwohl sie den älteren Geschwistern freundschaftlich verbunden waren, verbrachten sie die meiste Zeit zusammen oder in Gesellschaft von Diana und George. George, der jetzt wieder in Ruhe selbst fressen konnte, was er erbeutet hatte, beschäftigte sich noch sehr intensiv mit seinen jüngsten Kindern. Er spielte auch mit ihnen, was Diana nie tat. Sobald die Kleinen imstande waren, die Anschlagtafel der Gruppe im Handstand zu erreichen, markierten sie viel häufiger als irgendein anderes Tier. Vielleicht bedeutete dies für die Jungen eine Art »Mündigwerden«, und durch ihre »Unterschrift«, die sie immer und immer wieder in das Familienalbum setzten, erinnerten sie alle daran, daß sie jetzt richtig dazugehörten.

11 Der Krieg der Hügel

Eines Tages saß ich ruhig im Wagen und beobachtete, wie die Mungos sich von ihrer Nachmittagssiesta erhoben, als ich ein Stück weiter südlich etwas Schwarzweißes flattern sah. Ich riß mein Fernglas hoch und erkannte zwei Tokopärchen, die von den kahlen Ästen irgendwelcher Büsche aus auf etwas am Boden starrten. Ich achtete nicht weiter auf die Vögel und setzte die Beobachtung von Dianas Gruppe fort. Als die Tokos sich aber zunächst nicht von der Stelle rührten und dann weiter von Busch zu Busch hüpften, mit drei Weißscheitelwürgern im Gefolge, vermutete ich, daß das, was ich in all den Wochen erhofft hatte, nun eintreten sollte. Es sah so aus, als ob eine andere Mungogruppe im Anmarsch war!

Diana, George und die übrigen Gruppenmitglieder hatten offenbar noch nichts bemerkt, und ihre Tokofreunde hatten, obgleich sie doch ihre näher kommenden Artgenossen sehen mußten, nichts verlauten lassen. Erst als die beiden Gruppen nur noch etwa 20 Meter voneinander entfernt waren und ich kleine braune Geschöpfe zuerst flach an den Boden gepreßt – innehalten und dann in raschen Sprüngen auf Dianas Hügel zueilen sah, erblickte Blackie, der Wache hatte, einen der sich nähernden Eindringlinge. Tsiiiiii! Blackies Ruf »Kommt schnell!« klang mehr als durchdringend. Im Nu hatten sich alle Mungos um ihn geschart und wandten ihre Köpfe in jene Richtung, in die er starrte. Die angreifende Gruppe machte in einer Entfernung von etwa 15 Metern an einem umgestürzten Baum halt. Die einzelnen Tiere setzten sich Schulter an Schulter und beobachteten Dianas Sippe, die von der Spitze des Hügels aus nun ihrerseits – ebenfalls Schulter an Schulter – die Eindringlinge scharf ins Auge faßte. Dann begannen die Gruppen sich zu organisieren! Aus Dianas Gruppe war Erregungsgezwitscher zu hören. Rasch wurde noch einmal der Nacken des Nachbarn beknabbert. Auch markierten sich die Tiere mit ihren Analdrüsen, indem sie sich gegenseitig über den Rücken oder unter den hochgestellten Schwänzen ihrer Nachbarn rieben. Die gegnerische Armee erging sich in den gleichen Vorbereitungen. Dann gab George das Kommando »Angreifen!«, und die Gruppe stürmte wie ein Mann den Hügel hinunter: George voran, Moja, M'bili und Tatu dicht hinter ihm, Blackie,

*Von der Spitze des Hügels faßt Dianas Gruppe – Schulter an Schulter –
die Eindringlinge scharf ins Auge.*

Rusty und Goldie in der Mitte, und hinter ihnen Diana, die anderen Weibchen und die fast erwachsenen Tiere. Die Nachhut bildeten Weißhals, Narbe
und Twin. In dem Augenblick, als George zum Angriff überging, rückte auch
die andere Gruppe vor, so daß beide Armeen auf dem Schlachtfeld zusam-
mentrafen, einer offenen grasbewachsenen Fläche. Die befreundeten Tokos
der beiden Gruppen strichen bodennah durch die Bäume, als wüßten sie
nicht, wie sie auf diesen plötzlichen Wechsel im friedlichen Einerlei ihrer
täglichen Nahrungssuche reagieren sollten.

Hin und her wogten die Scheinangriffe der beiden Mungotruppen, wobei
George und seine Mannen als erste vorstürmten, so daß die Gegner Reißaus
nahmen, aber nur um sich neu zu formieren, zu wenden und nun ihrerseits
einen Angriff vorzutragen. Nach drei Angriffen, Rückzügen und Neuformie-
rungen prallten die beiden Armeen aufeinander. Nun entlud sich die aufge-

staute Kampfeslust in einem mit zäher Verbissenheit geführten Gefecht. Die Mungos sprangen hierhin und dorthin und schnellten sich hoch in die Luft, um den zuschnappenden Kiefern ihrer Gegner am Boden zu entgehen. Braune Fellbündel rangen miteinander und hatten sich gegenseitig ins Nackenfell verbissen. Ich sah Rusty blitzschnell auf die Hügel zuschießen, zwei kleine pelzige Geschöpfe wie leibhaftige Furien ihm dicht auf den Fersen, bis die drei außer Sichtweite waren und im dichten Gras verschwanden. George stand mit gespreizten Beinen inmitten des Kampfgetümmels auf einer kleinen freien Fläche, ehe er sich mit einem Satz wieder zwischen die Mungoleiber stürzte und einen Gegner, der sich in Dianas Genick festgebissen hatte, beim Rückenfell packte, so daß der herumfuhr und nun mit George zu kämpfen begann. Die beiden Gruppen waren offensichtlich gleich groß. Ringsum fanden Einzelkämpfe statt. Unbeschäftigte Kämpfer versahen Springerdienst und griffen, sobald sie es geschafft hatten, ihre eignen Gegner abzuschütteln, in den Streit zwischen zwei Mungos ein. Diana und Narbe trotteten zum Hügel zurück und verschwanden darin. Plötzlich hörte das Kampfgeschehen auf, als sei ein Waffenstillstand ausgerufen worden. Die beiden Armeen zogen sich auf ihre Ausgangspositionen zurück, die Gegner auf einen etwa 20 Meter entfernten Hügel. Dort begannen sie, die Anschlagtafel heftig zu markieren, vor allem mit den Wangendrüsen. Dann folgte ein ausgiebiges anales Markieren. Diana & Co. taten das gleiche auf ihrem Hügel. Dann sammelte sich die gegnerische Truppe aufs neue. Wieder ließ Blackie, der sie aufmerksam beobachtet hatte, den warnenden Tsiii-Ruf ertönen. George und seine Krieger formierten sich erneut Schulter an Schulter und griffen die langsam näherrückende Truppe des Gegners an. Noch einmal konnte ich die merkwürdige Schlachtordnung beobachten: George vorneweg, dann die jugendlichen Tiere, die unmittelbar hinter ihm angriffen, als nächstes die subadulten Mungos, während die älteren Tiere die Nachhut bildeten. Abermals entbrannte die Schlacht. Ich sah, wie ein dunkles Jungtier aus der gegnerischen Armee mitten durch Georges Reihen hinter Tatu herschoß, die, als sie den Feind kommen sah, losrannte. Erst als der Eindringling die andere Seite der Verteidigerarmee erreicht hatte, erkannte er, was geschehen war. Er war von seinen eigenen Truppen durch eine Mauer von Feinden abgeschnitten. Um wieder sicheren Boden unter den Füßen zu gewinnen, machte er einen gewaltigen Satz über die Köpfe der verbissen Kämpfenden hinweg, landete auf einem umgestürzten Baumstamm und verschwand irgendwo nach hinten.

Über die Hauptkampflinie flog plötzlich ein Schatten. Von irgendwo hinter den feindlichen Stellungen war ein wütender Tschiii-Laut zu hören, und alle Mungos rannten in Deckung. Es war allerdings nur ein Gaukler, der vorbeischoß, und kaum war er fort, wurde der Kampf mit unverminderter Wildheit fortgesetzt. Allem Anschein nach trug die Gruppe von George den Sieg davon, denn die gegnerische Mungotruppe begann sich zurückzuziehen, während ihr George mit seinen Kämpfern folgte. Sie drängten die Usurpatoren bis weit über den Termitenhügel, auf dem diese ihre Duftmarken hinterlassen hatten, zurück und nahmen ihn schließlich in Besitz.

Diana kam – ich weiß nicht, woher – angetrottet, beschnüffelte sorgfältig die fremden Duftmarken an der Anschlagtafel und markierte dann selber. Das war das Signal. Wie rachedurstige Furien sprangen die übrigen Gruppenmitglieder gegen die Anschlagtafel und markierten heftig, wobei sie zwischen ihren Handstandhopsern immer wieder gewissenhaft prüften, ob der Geruch der Eindringlinge bereits getilgt war. Blackie war auf die Spitze des Hügels geklettert, und behielt die Feinde im Auge, die offenbar einen ungeordneten Rückzug durch den Busch angetreten hatten, um sich auf einem etwa 50 Meter entfernten Hügel neu zu formieren. Mit wippenden Köpfen und gesträubtem Fell unternahmen die Mungos, mit George an der Spitze, zögernde Vorstöße in diese Richtung, besannen sich aber eines Besseren und kehrten zur Markierung ihres Hügels zurück.

Kaum hatten sie sich vergewissert, daß die anderen abgezogen waren, als Diana und ihre Familie in einen regelrechten Siegestaumel verfielen. Zuerst widmeten sich die Tiere einer ausgedehnten gegenseitigen Putz- und Markierungszeremonie. Dann begannen alle, mit Ausnahme von Diana, zu spielen, selbst so nüchterne Krieger wie Twin und Narbe! Sie rannten im Kreise hintereinander her, zwitscherten den Spielruf, wälzten sich in Scheingefechten auf dem Erdboden und tanzten wie besessen Wiener Walzer. Nur Tatu war anscheinend nicht zum Mitmachen aufgelegt. Sie lief hin und her und rief klagend »Wo seid ihr?« Kurz darauf gesellte sich M'bili zu ihr, und nun starrten die beiden hinaus in das dichte Gras. Schnell zählte ich die Köpfe: Notch und Rusty fehlten!

George konnte sich offenbar nicht beruhigen und unternahm mit Blackie, Goldie und Fleck, dicht gefolgt von Diana, weitere Streifzüge in jene Richtung, in der die Eindringlinge verschwunden waren. Plötzlich blieb die Gruppe wie versteinert stehen und starrte auf etwas, was zwischen ihr und der gegnerischen Mungotruppe auf einem Baumstamm saß. Als der kleine Scharmützeltrupp auf die beiden dort hockenden Gestalten zurannte, ertönte der Warnruf. Die beiden nahmen Reißaus und flitzten zurück in die Sicherheit ihrer eigenen Linien. Von Rusty und Notch noch keine Spur. Tatu rief noch immer, aber es kam keine Antwort. George und Diana schienen aber nicht beunruhigt zu sein. Nachdem sie die Kundschafter der fremden Armee zurückgejagt hatten, kehrten sie gelassen zu ihrer Familie zurück. Das Spielen und die allgemeine Hochstimmung dauerten an. Schließlich legte sich die Gruppe zur Ruhe, einige Tiere auf dem Hügel, den ich Schlachtenhügel getauft hatte, andere in seinem Inneren. Nur die kleine Tatu rief noch immer »Wo seid ihr?« Nach etwa einstündiger Ruhe, während der weder Notch noch Rusty zur Gruppe zurückkehrten, stand Diana auf und führte ihre Familie den Schlachtenhügel hinab zum Schloßhügel. Nach einem letzten Blick in die Runde und einem schwach klagenden »Wo seid ihr?« kam Tatu hinterhergehüpft.

Der kleine Trupp entfernte sich vom Hügel in gemächlichem Tempo und widmete sich eifrig der Nahrungssuche. Die Mungos konnten nicht mehr als 20 Meter zurückgelegt haben, als ich auf dem Schlachtenhügel eine kleine Gestalt auftauchen sah. Zuerst nahm ich an, es sei Notch oder Rusty, doch als sich weitere Tiere hinzugesellten, wußte ich, daß ich mich geirrt hatte. Die Invasoren hatten auf ihre Chance gewartet und waren, nachdem ihnen Diana & Co. den Rücken gekehrt hatten, durch das Gras geschlichen in der Absicht, den Hügel wieder einzunehmen. Ein großes Weibchen beschnüffelte die dortige Anschlagtafel und markierte. Dann wurde die ganze Prozedur auf genau die gleiche Weise wiederholt, wie ich sie zuvor bei Dianas Familie erlebt hatte. Die Anschlagtafel wurde mit einem dritten Überzug von Duftsubstanz aus emsig arbeitenden Analdrüsen versehen. Der Schlachtenhügel war zurückerobert!

Aus den Büschen östlich des Hügels hörte ich ein lautes »Wo seid ihr?«, das von zwei Jungtieren aus der gegnerischen Mungoarmee beantwortet wurde. Eine kleine graue Gestalt trottete auf sie zu, während die beiden Jungen den Hügel hinab ihr entgegenliefen. Die restliche Gruppe war noch damit beschäftigt, auch die geringste Spur der Duftmarken von Diana & Co. zu tilgen. Ich richtete das Fernglas auf die sich nähernde Gestalt und erkannte, daß es Notch war. Sie rannte direkt in die Zähne des Feindes! Ohne etwas von dem drohenden Geschick zu merken, trabte sie weiter. Als sie und das gegnerische Jungtier nur noch rund fünf Meter voneinander getrennt waren, merkte Notch ihren Irrtum. Sie hörte einen Kontaktruf, den sie nicht kannte! Inzwischen war es jedoch zu spät. Der fremde Jungmungo hatte sie gesehen und fiel plötzlich in eine Art Galopp, dem sich einige andere Tiere, die den Hügel hinabrannten, anschlossen. Notch machte einen verzweifelten Satz, dann sprang sie vom Wildpfad in eine dicht mit Gras bewachsene Stelle, wo sie sich nicht rührte, bis die angreifende Schar vorüber war. Doch auf einmal blieben die Mungos stehen, wandten sich um und rannten wieder zurück. Doch noch ehe sie ihre Ausgangsposition erreichten, war Notch auf und davon und sauste mit gesträubtem Fell und steif ausgestrecktem Schwanz, so schnell sie nur konnte, in die entgegengesetzte Richtung. Die Angreifer folgten ihr im Abstand von etwa 15 Metern, brachen dann aber die Verfolgungsjagd ab und kehrten zum Schlachtenhügel zurück.

Glücklicherweise war Notch in die richtige Richtung gelaufen, schon nach wenigen Minuten hatte sie Diana eingeholt. Inzwischen hatte Dianas Gruppe den Schloßhügel erreicht und lagerte sich dort unter ausgiebigem Putzen, als Notch in ziemlich zerzaustem Zustand und mit lautem Kontaktruf den Wildpfad entlang auf ihre Familie zugerannt kam. Tatu lief ihrer Schwester entgegen, um sie überschwenglich zu begrüßen, indem sie Notch mit ausgestreckter Vorderpfote den Kopf tätschelte. George stand auf, warf einen Blick auf Notch und widmete sich dann wieder seiner intensiven Putztätigkeit an Diana. Notch ließ sich auf dem ersten Fleckchen Erde, das ihr Sicherheit bot, hinfallen und blieb dort einige Minuten lang liegen, ehe sie sich zu den anderen auf die Hügelspitze setzte.

Ich hatte schon geglaubt, der Kampf sei vorüber, aber ich sollte mich täuschen. Die Fremden schienen der Spur von Diana & Co. zu folgen. Etwa eine Stunde vor Einbruch der Dunkelheit war der Tsiii-Ruf erneut zu hören, diesmal von Weißhals, der den Wachdienst versah. Alle Köpfe reckten sich: Inzwischen hatten die Invasoren den Schlachtenhügel verlassen und steuerten auf den Schloßhügel zu. Georges Armee formierte sich erneut, stürmte im Galopp davon und traf auf die feindlichen Reihen etwa auf halbem Wege zwischen Schlachten- und Schloßhügel. Noch einmal wogten die Mungoleiber hin und her. Diesmal war ich nahe genug, um das Knurren und Fauchen zu hören, das aus zornigen Kehlen drang. Vielleicht war Dianas Gruppe der feindlichen Armee gegenüber im Vorteil. George und Diana samt ihren Mannen zwangen die Rivalen zum Rückzug und drängten sie um den Schlachtenhügel herum und weit darüber hinaus in den Busch. Nur das Rascheln des Grases und ein gelegentliches Knacken von Zweigen waren zu hören, während der Kampf außerhalb meines Blickfeldes weiterging.

Plötzlich tauchte oben auf dem Schlachtenhügel eine kleine, ziemlich zerzauste Gestalt auf, an deren Flanken sich überall Bißstellen abzeichneten. Trotz der zunehmenden Dunkelheit konnte ich erkennen, daß es Fleck war. Im Nu hatten sich die übrigen Gruppenmitglieder um ihn geschart. Alle begannen erneut, den Geruch der Fremden auf der Anschlagtafel zu löschen. Nachdem diese Arbeit erledigt worden war, wurde auf der Hügelspitze eine kurze Putzpause eingelegt. Dann begaben sich die Tiere eines nach dem anderen in das Innere des Hügels. Inzwischen war es fast dunkel, und die

Als die Invasoren den Drachenhügel erobert hatten, fanden dort wahre Markierungsorgien statt.   ▷

251

Augen taten mir weh, weil ich trotz des schwindenden Tageslichts die Vorgänge zu verfolgen versucht hatte. Rusty hatte ich aber noch immer nicht zu Gesicht bekommen.

Am nächsten Morgen war ich vor Sonnenaufgang schon wieder zur Stelle, erpicht darauf, zu erfahren, wie die Sache sich weiterentwickeln würde. Die Fremden waren gar nicht so weit entfernt. Obwohl Diana & Co. die Schlacht um den Hügel am Vorabend gewonnen hatten, konnten sie ihre jetzige Stellung vielleicht doch nicht halten, falls die Fremden erneut angriffen. Ich hatte erwartet, daß die Mungos wegen der Ereignisse vom Vortag noch immer aufgeregt waren, aber dies war nicht der Fall. Alles spielte sich wie an jedem anderen Morgen ab. Nur beobachtete man besonders aufmerksam in jene Richtung, aus der die Angreifer am Abend zuvor gekommen waren. Meine Mungos hatten nicht vergessen, daß die Fremden sich noch immer in der Nähe aufhielten. Alle Tiere sahen verschmutzt aus und wiesen Bißstellen im Nacken und an den Flanken auf. Diana rieb sich mit der Vorderpfote ständig das linke Auge: Das untere Lid war eingerissen und hatte, soweit ich erkennen konnte, etwas geblutet. Narbe zerrte an seiner linken Vorderpfote. Als er sie hochhielt, um sie zu belecken, sah ich, daß eine Zehe fehlte. Abgesehen davon war die ganze Familie noch einmal glimpflich davongekommen.

Diana führte die Gruppe den Hügel hinab und weiter nach Süden. Der Tag schien wie jeder andere vorüberzugehen. Rustys Abwesenheit war anscheinend nicht bemerkt worden. Auch Tatu, die mit so klagender Stimme »Wo seid ihr?« gerufen hatte, machte, seit Notch zurückgekehrt war, einen zufriedenen Eindruck. Die Gruppe wanderte im Zickzack durch die Gras- und Buschlandschaft und erreichte schließlich einen rund 100 Meter entfernten Hügel, wo sie ihre Siesta hielt. Ich fuhr hinüber und gedachte dort zu warten, bis die Mungos am Nachmittag aus ihren Schlupflöchern hervorkamen.

Nachdem ich mich auf die Lauer gelegt hatte, warf ich einen flüchtigen Blick auf den Schlachtenhügel und sah, daß oben eine kleine Gestalt hockte. Obwohl ich durch die flimmernde Luft kaum etwas Genaueres erkennen konnte, tauchten kurz nacheinander drei weitere Mungogestalten auf, und plötzlich wurde mir klar, daß es nicht Rusty war, der Dianas Spur gefolgt war, sondern die Fremden! Sie hatten gewartet, bis Diana & Co. den Schlachtenhügel verlassen hatten, und erhoben nun erneut Anspruch darauf. Noch wußte ich nicht, ob der Schlachtenhügel ein Termitenbau am Rande des Heimatreviers der beiden Gruppen war oder ob die Gruppen überhaupt keine Heimatreviere hatten und sich lediglich um die Schlafhügel stritten. Als Diana und ihre Familie am Spätnachmittag wieder aufwachten, setzten sie ihre

Wanderung in südlicher Richtung fort und machten keine Anstalten, zum Schlachtenhügel zurückzukehren. Meines Erachtens merkten sie nicht einmal, daß er von den Fremden erneut eingenommen worden war. Diese tauchten erst auf, nachdem Diana mit ihrer Gruppe den Hügel verlassen hatte und sich im dichten Gras verbarg, wo die Sichtweite äußerst begrenzt war. Zwischen den beiden Mungogruppen schien jedoch ein Austausch von Tokos stattgefunden zu haben, da Dianas Gruppe jetzt über zwei Gelbschnabeltokopärchen verfügte, dafür aber eines der drei Rotschnabeltokopärchen, von denen sie gewöhnlich begleitet wurde, eingebüßt hatte. Ob die Vögel sich auf die Seite der fremden Angreifer geschlagen hatten, wußte ich natürlich nicht, doch war es sehr wahrscheinlich.

Zwei Tage später gab Vanessa, die auf der Spitze des Hügels Wache hielt, in dem die Gruppe ihre Siesta gehalten hatte und den sie gerade verlassen wollte, die Tschrr-Warnung und starrte hinunter in das Gras. Die Mungos, von denen einige auf Suche nach Insekten im Gras um den Hügel umherwuselten, rannten schleunigst hinauf und besahen sich von oben, was Vanessas Aufmerksamkeit in Anspruch nahm. Etwas bewegte sich im Gras, und ich sah einen kleinen braunen Körper. Tsiii warnte M'bili, und die Gruppe schloß die Reihen, wippte die Köpfe auf und nieder und versuchte, genau auszumachen, was da im Grase raschelte und sich ihnen näherte. Dann erschien ein kleiner Mungo auf einem Wildpfad, der am Hügel vorbeiführte. Das Erregungsgezwitscher lief durch die ganze Gruppe. Der kleine Geselle hielt inne und wollte sich gerade zur Flucht wenden, machte dann aber doch ein paar zögernde Schritte vorwärts. George, die Jungtiere dicht hinter ihm, rannte auf den Artgenossen zu, der einen Satz machte, um sich in dem dichten, den Wildpfad säumenden Gras zu verstecken, und laute Protestschreie von sich gab, als George nebst Kindern immer näher kam. Dann begann George mit Drohkratzen, während die Jungtiere aufgeregt hin und her liefen, ihn begrüßten und zu der Grasbüschelgruppe flitzten, in der sich noch immer der Besucher versteckt hielt, aus Leibeskräften schreiend. Durch die Begrüßungszeremonie der Jungtiere wurde Georges Angriffslust sofort gebremst. Sein flaschenbürstenartig gesträubter Schwanz glättete sich wieder. Er machte sich daran herauszufinden, wer so ohrenzerreißend schrie. Als er sich der Grasbüschelgruppe näherte, schoß ein kleiner brauner Körper heraus und kroch in einer wahren Begrüßungsorgie vor ihm buchstäblich auf dem Boden. Inzwischen hatte die Aufregung auch die anderen Gruppenmitglieder angelockt, die sich jetzt um das kleine Geschöpf drängten, aber noch immer unsicher waren und daher den Körper dicht an den Boden preßten und die Köpfe auf und nieder wippten. Dann gelang es dem Neuankömmling, sich von George und den Jungtieren zu entfernen. Zielstrebig rannte er zu Diana, die auf dem Hügel saß, und begann, sie gründlich im Nacken zu beknabbern, was von ihr erwidert wurde. Es war Rusty! Irgendwie hatte er es fertiggebracht, der Gruppe mitten durch das Dickicht aus Büschen und Gras zu folgen, und war schließlich nach zwei Tagen zu ihr gestoßen, rund einen Kilometer vom Schlachtenhügel entfernt.

Besonders neugierig war ich, wie George das vermißte Familienmitglied empfangen würde. Es hatte den Anschein, als funktioniere das individuelle Wiedererkennen nur in unmittelbarer Nähe, denn als die Gruppe Rusty entdeckt hatte, wurde er für einen Feind gehalten, wie der Tsiii-Ruf verriet. Erst als George dicht vor Rusty stand, erkannte er ihn als einen der Seinen. Ein weiterer Beweis für meine Theorie, daß das zwischen den Gruppenmitgliedern häufig stattfindende anale Markieren, besonders ehe sie Gegner angriffen, möglicherweise ein Mittel war, um den Geruch der Familienmitglieder auf alle Tiere zu übertragen, damit sie als dazugehörig erkannt werden konnten, falls sie im Verlauf der Rauferei von der Gruppe getrennt wurden.

Kaum hatte Rusty Diana begrüßt, als er auch schon zur Markierungsstelle des Hügels hinüberlief und dort seine Unterschrift hinterließ. Er brachte gute fünf Minuten damit zu, seinen Geruch gehörig zur Geltung zu bringen, indem er in den Handstand sprang und die Anschlagtafel immer und immer wieder überprüfte, bis sie richtig markiert zu sein schien. Erst dann gesellte er sich zu der übrigen Gruppe auf der Spitze des Hügels.

Obwohl Diana & Co. im Busch gelegentlich auf andere Gruppen stießen, von denen einige zahlenmäßig größer waren, wobei sie den Kampf gewöhnlich verloren, und einige kleiner, über die sie stets den Sieg davontrugen, spielten sich die Kämpfe fast immer in der gleichen Art und Weise ab wie bei der ersten Schlacht, die ich miterlebt hatte. Den Zankapfel bildete ausnahmslos ein ganz bestimmter Hügel, den beide Gruppen als ihren eigenen beanspruchten, zumindest für die Dauer der Nacht. Ich führte Buch über diese Schlüsselhügel, die häufig auch von Schildechsen bewohnt wurden, und gelangte im Laufe der Zeit zu der Überzeugung, daß die Mungos hier kein Territorium hatten im Sinne eines räumlich begrenzten Gebietes, das sie verteidigten. Es sah vielmehr so aus, als benutzten sie durch den Busch Wege, die sich mit denen anderer Mungofamilien kreuzten, wobei am Kreuzungspunkt jeweils einer jener Schlüsselhügel lag. Einer dieser Schlüsselhügel war zufällig der Drachenhügel. Und hier sollte ich Augenzeuge einer Mungoschlacht werden, die alle anderen, die ich vorher gesehen hatte, in den Schatten stellte.

Die Schlacht fand im Frühjahr statt, als Dianas jüngste Kinder, Warze und Wildfang, erst etwa acht Wochen alt waren. Die täglichen Furagierstreifzüge waren stark eingeschränkt, seitdem die Kleinen mit von der Partie waren, so daß die Gruppe selten mehr als 500 Meter pro Tag zurücklegte. Ich hatte die Gruppe am Kuchenhügel eingeholt. Die Tiere bewegten sich langsam auf den rund 20 Meter entfernten Mountain-Hügel zu, um ihre Mittagsruhe zu halten. Der Himmel war an diesem Tage leicht bedeckt. Es herrschte etwas kühleres Wetter als gewöhnlich – das Thermometer zeigte nur 37 Grad Celsius im Schatten –, und die Mungos hatten es mit ihrer Siesta offenbar nicht eilig. Warze und Wildfang spielten in unmittelbarer Nähe des Hügels und wurden dabei von Notch und Diana mit Argusaugen bewacht. Plötzlich näherte sich ein Schwarm Tokos durch den Busch. Als ich genauer hinsah, konnte ich auf einem Termitenbau in rund 100 Meter Entfernung eine Gruppe kleiner brauner Gestalten erkennen. Inzwischen stand die Sonne im Zenit. Die Tokos waren weitergezogen, und es hatte ganz den Anschein, als würden die beiden Mungogruppen ihre Siesta halten können, ohne sich auch nur gesehen zu haben.

Endlich gaben die Tokos das Signal, daß das Schauspiel beginnen konnte, indem sie von ihren Schlafbäumen zu den Bäumen über den Siestahügeln ihrer jeweiligen Gruppe flogen. Nach und nach traten die Gladiatoren der rivalisierenden Mannschaften hervor, noch immer ohne Notiz voneinander zu nehmen. Dann sah ich, wie ein beinahe erwachsenes Tier aus der Gruppe der Invasoren auf einen Baum kletterte, einen Blick in die Runde warf, plötzlich meinen Wagen entdeckte und zu mir herüberstarrte. Ich sah, wie der Mungo in dem Bemühen, mich zu fixieren, mit dem Kopf auf und nieder wippte – und da hatte er auch schon Diana & Co. erspäht, übrigens fast zur gleichen Zeit, als sie ihn entdeckten. Diana packte Warze im Genick, während Notch sich Wildfang schnappte. Die beiden Babys wurden eiligst in den Mountain-Hügel geschleppt. Schon stürmten die Eindringlinge herüber, und George und seine Truppen – Diana bildete die Nachhut – trafen mit ihnen etwa 30 Meter vom Hügel entfernt zusammen. Die Armee der Angreifer war riesig. Ich zählte 29 Tiere, bevor die Ereignisse so unüberschaubar wurden, daß eine Zählung nicht mehr möglich war. George und seine kleine Schar waren bei weitem in der Minderheit und wurden immer näher zu mir und dem Mountain-Hügel hin getrieben. Georges Gruppe kämpfte verzweifelt, und George selber erwies sich als verwegener Haudegen, der nach rechts und links wie wild um sich biß. Aber es nützte alles nichts. Unerbittlich wurde er zurückgetrieben, bis ihn und seine Streitgefährten nur noch wenige Meter vom Hügel trennten.

Ich sah, wie Diana sich losriß und auf den Mountain-Hügel zurannte, in dem sie – und hinter ihr Weißhals – sofort verschwand. Ich war im Zweifel, ob ich Diana oder die Schlacht beobachten sollte, die jetzt direkt vor meinem Wagen stattfand. Aus dem Augenwinkel konnte ich verfolgen, daß sich etwas auf der Rückseite des Hügels, also außer Sicht der gegnerischen Armee, nach unten bewegte. Diana und Weißhals brachten die Babys in Sicherheit! Warze und Wildfang merkten offenbar, daß etwas nicht stimmte, und hefteten sich, ohne nach rechts oder links zu blicken, an die Schwänze ihrer älteren Artgenossen, als seien sie dort festgebunden. Die kleine Vierergruppe verschwand im Gras hinter dem Mountain-Hügel. Ich bekam sie noch einmal flüchtig zu Gesicht, als sie einen Bogen machte, und es sah ganz so aus, als wollten die Tiere auf den Affen- oder den Blacktip-Hügel zusteuern.

Inzwischen schien die Schlacht um den Mountain-Hügel einen Höhepunkt erreicht zu haben. Georges Streitmacht hatte sich im Verlauf des Kampfes offenbar gespalten, denn ich sah, wie er zusammen mit Moja und Tatu, Vanessa, Notch und Blackie sowie drei anderen Mungos, von denen ich lediglich die Hinterteile erkennen konnte, in Richtung Blacktip-Hügel in ein Nachhutgefecht verwickelt war. Die Fremden hatten jetzt den Mountain-Hügel erobert und begannen dort eine intensive Markierungstätigkeit, während die restliche Gruppe im Busch unterhalb des Hügels noch immer Einzelkämpfe ausfocht, bis einer nach dem anderen schließlich hinaufrannte und sich der übrigen Familie anschloß. In fieberhafter Eile fing ich zu zählen an. Soweit ich sehen konnte, waren es 36 Tiere. Kein Wunder also, daß George und seine Truppe keine Chancen hatten! Es war übrigens die größte Gruppe von Mungos, die ich bisher in der Taru-Wüste beobachtet hatte.

Die Fremden verfielen an der Anschlagtafel in die übliche Markierungsekstase, um alle Duftspuren von Diana & Co. möglichst rasch zu beseitigen. Ich glaubte schon, nun sei alles vorbei, als ich aus dem Gras- und Buschwerkdickicht hinter dem Hügel zwei schwache Stimmen hörte, die klagend »Wo seid ihr?« riefen. Alle Köpfe auf dem Hügel wandten sich sofort um. Zwei kleine Gestalten näherten sich, reckten sich dann zum Hochsitz empor und spähten über die Grashalme: Twin und Goldie. Die gegnerischen Mungos mußten zwischen sie und ihre übrige Familie einen Keil getrieben haben, so daß die beiden Versprengten sich jetzt auf der anderen Seite befanden. Gemächlich kamen die beiden dem Mountain-Hügel immer näher, blieben ab und zu stehen, stellten sich auf die Hinterbeine und ließen ihren Suchruf ertönen. Auf dem Hügel starrten alle mit flachgedrückten Leibern, vorgereckten Hälsen und wippenden Köpfen wie gebannt auf die zwei Gestalten. Erst als die beiden nur noch etwa sieben Meter entfernt waren und die Sturmtruppen der Invasoren ihnen den Hügel hinab entgegenrannten, erkannten sie ihren Irrtum. Goldie nahm Reißaus und rannte, so schnell sie konnte, mit ausgestrecktem Schwanz und gesträubtem Fell davon. Twin hatte weniger Glück. Noch bevor er sich Goldie anschließen konnte, hatten die Fremden ihn eingeholt und jagten ihn in der entgegengesetzten Richtung fort. Noch zweimal versuchte Twin, sich dem Mountain-Hügel zu nähern, und zweimal wurde er vertrieben, da seine Wo-seid-ihr?-Rufe ihn jedesmal verrieten.

Nachdem der Mountain-Hügel markiert worden war, zogen die Fremden geschlossen in Richtung Blacktip-Hügel weiter, jeweils zu zweit oder zu dritt hintereinander. Ich überlegte gerade, ob ich im Kreis herumfahren und die Gruppe ein Stück weiter einholen sollte, als aus den Büschen, die mir die Sicht auf den Blacktip-Hügel versperrten, etwas hervorgeschossen kam, ein großer grauer Mungo, dem an Rücken, Hals und Hinterteil stellenweise das Fell fehlte. Es dauerte eine Weile, bis mir klar wurde, daß es der Blacktip-Mungo war, der schon vor Wochen seine Schwanzspitze durch Narbe eingebüßt hatte! Er mußte sich in seinem Hügel aufgehalten haben, als die Armee der Eindringlinge ihn überfiel, und er in den Angriff von mehr als 30 unbarmherzig zuschnappenden Mungomäulern geradezu hineinlief. Der Blacktip sah mich auf dem Wagen hocken und zog einen Wildpfad entlang ab.

Twin unternahm einen weiteren Versuch, den Mountain-Hügel zu erreichen. Diesmal hatte er Erfolg, denn der Termitenbau war verlassen. Er beschnüffelte die Markierungsstelle, spähte mit gesträubtem Fell in die Löcher des Hügels und machte sich dann auf den Spuren der abziehenden Armee davon. Ich beschloß, es darauf ankommen zu lassen, startete den Motor und fuhr in weitem Bogen durch den Busch, bis ich in der Nähe des Drachenhügels war. Diana & Co. hatten den Affenhügel erreicht. Aber sie waren dort nicht sicher, denn die Fremden griffen nun quer über die freie Fläche zwischen den beiden Termitenhügeln an. Diana und ihre Gruppe flohen zum Drachenhügel. Warze und Wildfang waren nicht mehr dabei. Kaum hatten sich alle auf dem Drachenhügel eingefunden, als sie sich umdrehten und der vorrückenden Armee des Feindes entgegenblickten, die unter Umgehung des Affenhügels — nur wenige Tiere der Flankentruppen kletterten hinauf, um die Markierungsstelle zu beschnüffeln — direkt auf Diana und die Ihren Kurs hielt.

Wieder prallten die beiden Gruppen aufeinander. Diana und ein paar andere Tiere nahmen an den Kampfhandlungen nicht teil, sondern zogen sich eiligst nach Big zurück. George, die Jungtiere und die restliche Gruppe schlugen sich dagegen in einem verzweifelten Nachhutgefecht, aber die Situation schien aussichtslos. Die Fremden waren ihnen zahlenmäßig weit überlegen, so daß einer nach dem anderen Fersengeld gab und sich zu der restlichen Familie auf Big flüchtete. Mittlerweile war es fast dunkel. Nachdem die Eindringlinge den umgestürzten Baumstamm — ihre Anschlagtafel — am Drachenhügel gründlich markiert hatten, zogen sie sich für die Nacht ins Innere zurück und ließen auf der Spitze des Hügels nur einige Tiere als Wachposten zurück.

*Nach dem großen Kampf: Alle Tiere sehen verschmutzt aus
und weisen Bißstellen im Nacken und an den Flanken auf.*

Auf Big dagegen dachte anscheinend niemand aus Dianas Gruppe daran,
schlafen zu gehen. Eng zusammengekauert hockten sie oben auf dem Hügel
und starrten unentwegt auf die Wachposten der Eindringlinge auf dem
Drachenhügel. Dann trabte Diana nach unten, die anderen im Gänsemarsch
dicht hinter ihr, so daß der ganze Trupp im Dämmerlicht einer langen grauen
Schlange nicht unähnlich sah. Nase bei Schwanz schlugen sie einen Weg um
den Drachenhügel ein, der unmittelbar neben meinem Wagen entlangführte.
Die Kontaktrufe der Mungos erklangen gedämpft und waren fast nicht zu
vernehmen.

Sie beabsichtigten nicht, den Fremden den Besitz des Drachenhügels
streitig zu machen, sondern zogen an ihm vorbei. Dann sah ich, daß Diana
und George – Weißhals und Narbe ihnen dicht auf den Fersen – auf den
Affenhügel hinaufrannten. Diana steckte den Kopf in eines der Löcher. Ich

konnte erkennen, wie sich ihr Maul bewegte, während sie nach etwas im Inneren rief. Plötzlich kamen zwei kleine Mungos aus dem Hügel herausgeschossen, rannten von einem Familienmitglied zum anderen, begrüßten und beknabberten sie und wurden ihrerseits von der aufgeregten Gruppe im Analbereich markiert. Diana hatte Warze und Wildfang im Affenhügel gelassen, als die Eindringlinge vorbeistürmten. Sie waren noch immer so klein, daß der wohlgezielte Biß eines erwachsenen Tieres ihnen tödliche oder zumindest schwere Verletzungen beibringen konnte. Fremde Mungos greifen nämlich halberwachsene Babys an, obgleich sehr junge Individuen – nach Beobachtungen an meiner zahmen Gruppe – als geschützt gelten. Wie Diana es angestellt hatte, ihren beiden Kindern mitzuteilen, daß sie sich im Hügel verborgen halten und ihr nicht folgen sollten, davon hatte ich keine Ahnung. Sie waren tatsächlich mindestens zwei Stunden im Hügel gewesen. So wie ich die Unbezähmbarkeit von Mungobabys kannte, grenzte es beinahe an ein Wunder, daß sie nicht irgendwann aus ihrem Versteck herausgekrabbelt waren.

Inzwischen war es vollends dunkel geworden, so daß Diana und ihre Familie in der Finsternis nur noch schwarzen Klecksen glichen. Nacheinander verschwanden die Tiere in den Öffnungen des Affenhügels, bis der Termitenbau verlassen dalag. Die beiden Mungogruppen mußten am nächsten Tag zwangsläufig erneut aufeinanderprallen, denn die Hügel, in denen sie die Nacht verbrachten, lagen nur etwa 20 Meter voneinander entfernt. Ich dachte, ich könnte die Ereignisse vorausahnen, aber was dann *wirklich* geschah, war mehr, als ich erwartet hatte.

Am nächsten Morgen war ich vor Sonnenaufgang schon wieder zur Stelle und bezog diesmal Posten zwischen dem Affen- und dem Drachenhügel, so daß ich den Verlauf der Geschehnisse gut überblicken konnte. Langsam wurde es im Osten heller. Eine Streifenhyäne trottete mit gesenktem Kopf und gekrümmtem Rücken durch den Busch. Eine Herde von Impalas, deren Bock die Nachhut bildete, zog vor mir vorbei. Ein zweiter Bock tauchte hinter ihm auf, und jetzt stellten sich die beiden Männchen parallel zueinander, hoben die Köpfe und beäugten sich. Der Herdenbock ging mit steifen Schritten zu einem kleinen Gebüsch und urinierte darauf. Dann trottete er hinter seinen Weibchen her, die den Vorgängen keine Aufmerksamkeit schenkten, sondern unterwegs gemächlich weideten. Der Herausforderer näherte sich dem bewußten Busch, beschnupperte ihn vorsichtig, urinierte dann seinerseits und machte ein paar ungelenke Schritte auf den Haremsbesitzer zu. Der Fehdehandschuh war hingeworfen worden – die Herausforderung galt! Wie ein Mann wandten die beiden Böcke sich mit eingezogenen Köpfen einander zu, so daß sie ihre prächtigen leierförmig ausladenden Hörner dem Gegner darboten – und dann begann der Kampf! Wie auf Kommando senkten die beiden gleichzeitig die Köpfe, rannten aufeinander zu, und schon war – kaum 15 Meter von mir entfernt – das schönste Hörnerhakeln im Gange. Von meinem Tribünensitz hatte ich eine großartige Sicht auf die Austragung eines Machtkampfes um die Übernahme eines Harems! Mit aller Kraft, so daß die Muskeln der Hinterteile und Flanken vor Anstrengung hervortraten und zitterten, drückten die beiden Böcke gegeneinander, schoben sich bald hierhin, bald dorthin und versuchten, den Gegner durch eine Drehung des Kopfes aus dem Gleichgewicht zu bringen. Ich weiß nicht, wie sie sich untereinander entsprechende Signale übermittelten, denn das Hochheben der Köpfe und das Lösen der Gehörne erfolgten stets gleichzeitig, ebenso die anschließende Aufforderung an den Gegner zum erneuten Einkreuzen der Hörner. Hin und her wogte der Kampf, und rote Staubwolken wirbelten von den stampfenden Hufen auf. Die Impaladamen schenkten der ganzen Angelegenheit noch immer keine Beachtung und zogen langsam weiter.

Mit bebenden Flanken brachen die beiden die Feindseligkeiten ab und blieben mit geblähten Nüstern und nach Luft schnappend voreinander stehen, ehe die Köpfe abermals zum Angriff gesenkt wurden. Der Herausforderer schien bereits schwächer zu werden; denn der Haremsbock drängte ihn immer weiter zurück in den Busch und damit weg von der Herde. Schließlich gab der Herausforderer den Kampf auf, zog sich mit einem raschen Sprung zurück und rannte in großen Sätzen durch den Busch, der Haremsverteidiger ihm dicht auf den Fersen. Nach einer Verfolgungsjagd von etwa 30 Metern ließ der Haremsbock von seinem Kontrahenten ab und trottete erhobenen Hauptes an mir vorbei zu seinen Damen. Ihm war es gelungen, seine Position zu behaupten. Ich stand noch unter dem Eindruck dieses ritterlich ausgetragenen Turniers. Es war tatsächlich so, als seien zwei Ritter gegeneinander in die Schranken getreten. Der Kampf wurde anscheinend nach feststehenden Regeln geführt: Stoße deinen Turnierpartner nie in die Flanke; nur das Gehörn ist zum Kampf einzusetzen; greife nicht an, wenn dein Partner noch nicht bereit ist; zwischen den einzelnen Phasen des Kampfes sind kurze Pausen einzulegen.

Allmählich wurde es heller, und ich konnte es kaum erwarten, daß die Mungos aus ihren Schlupflöchern kamen. Die Fremden waren als erste wach. Ihre Frühwachen bezogen auf dem Drachenhügel Stellung und blickten unverwandt zu mir herüber, waren aber wohl nicht sonderlich beunruhigt, denn keiner gab einen Warnruf von sich. Ein paar Minuten später tauchte auf dem Affenhügel eine Gestalt auf. Es war Weißhals. Bald gesellte sich Twin zu ihm. Ihm war es – vermutlich im Schutze der Dunkelheit – doch noch gelungen, sich zu seiner Familie durchzuschlagen, denn ich hatte ihn am

Abend zuvor auf dem Affenhügel nicht gesehen! Nach und nach versammelte sich die ganze Familie auf dem Hügel, markierte die Anschlagtafel und verrichtete dann ihre Morgentoilette. Die Tiere der gegnerischen Gruppe taten ein Gleiches. Ich nahm nun an, Diana werde sich in der entgegengesetzten Richtung davonmachen, aber nichts dergleichen geschah! Als geschlossene Gruppe marschierte die Familie an meinem Wagen vorbei und steuerte auf den Drachenhügel zu. Natürlich wurden sie schon, bevor sie in die Nähe kamen, entdeckt. Aber Dianas Ziel schien gar nicht der Drachenhügel zu sein. Vielmehr führte sie ihre Familie auf einem Wildpfad in weitem Bogen um ihn herum und schlug die Richtung zum Big-Hügel auf der anderen Seite ein.

Die Fremden ließen das nicht unwidersprochen geschehen. Als Diana & Co. sich dem Hügel bis auf 15 Meter genähert hatten, kamen die gegnerischen Mungos hinabgerannt und griffen sofort an, noch ehe Diana überhaupt mitbekam, was geschehen war. Es sah so aus, als sei sie von der Attacke überrascht worden. George blieb keine Zeit mehr, seine Armee zu formieren, so daß die Angriffsspitze der Fremden seine Familie in voller Breite traf und sie in alle Richtungen zerstreute. Ich sah, wie meine Mungos einer nach dem anderen zum Big-Hügel flitzten. Aber die Invasoren wollten es dabei nicht bewenden lassen. In dicht geschlossener Gruppe setzten sie ihnen nach. Fleck sah die Fremden anrücken und schlug Alarm. Nachdem sie einen flüchtigen Blick auf die herannahende Armee geworfen hatte, gab Dianas Familie Fersengeld und verschwand über die Rückseite von Big im Gras, wobei Warze und Wildfang sich dicht neben den Flanken ihrer Mutter wie zwei kleine zusammengefaltete Flügel ausnahmen. Offenbar strebten alle einem Hügel zu, der weit draußen im Gras lag und den ich Speerhügel getauft hatte. Doch dann machten die Gruppe und die hinter ihr herflatternden Rotschnabeltokos plötzlich kehrt und trabten in südwestlicher Richtung auf den Log-Hügel zu. Als sie etwa die Hälfte des Weges zurückgelegt hatten, bemerkte ich einen anderen Schwarm Vögel, der sich von Süden her näherte. Die fremden Mungos hatten inzwischen vom Big-Hügel Besitz ergriffen und waren dort mit Markieren beschäftigt. Jetzt sah es so aus, als würden Diana & Co. zwischen Skylla und Charybdis geraten: Noch eine dritte Mungogruppe kam auf sie zu.

Die Vögel verrieten genau den Augenblick, in dem Diana und die neue Gruppe aufeinanderprallten. Sie flogen auf und begannen, über einer mit Gras und Buschwerk bewachsenen Stelle hin und her zu fliegen. Dann änderten sie die Richtung, und der ganze Schwarm flatterte auf mich zu. Diana und ihre Familie wurden in Richtung auf den Big-Hügel verjagt und damit direkt in die offenen Arme der Fremden getrieben, die dastanden und die Vorgänge beobachteten!

Die Vorhut von Dianas Gruppe erreichte schließlich den Big-Hügel. Eine Salve von Tschrr-Lauten zerriß die Stille. Im Nu waren die Fremden den Hügel hinabgesaust und hinter Diana und ihrer Familie her. Es war völlig aussichtslos, in dem Chaos, das jetzt um den Big-Hügel tobte und auf mich zukam, Einzelindividuen zu erkennen. 70 bis 80 Tiere bekämpften sich verbissen im Gras, denn die Gruppe, die Dianas Familie zum Big-Hügel zurückgedrängt hatte, war ebenfalls sehr groß. Ich hielt in dem Durcheinander nach Warze und Wildfang Ausschau, konnte sie aber nirgends entdecken. Flüchtig erkannte ich George, dessen eines Ohr halb abgerissen war und der sich mit einem seiner Gegner herumschlug, bis zwei andere feindliche Mungos in das Gerangel eingriffen und der arme George von den sich über ihn wälzenden Leibern fast erdrückt wurde. Die Schlacht ging mit unverminderter Heftigkeit weiter. Gelegentlich flüchtete sich eines der Tiere in den Busch, ein paar andere rannten hinterher. Nach etwa einer Stunde ebbte der Kampf allmählich ab. Die Neuankömmlinge hatten sich auf den Log-Hügel, die Fremden auf den Drachenhügel zurückgezogen, so daß Big verlassen dalag. Von Diana und ihrer Familie war nichts zu sehen. Ich suchte den Busch mit dem Fernglas auf allen Seiten ab, aber ohne Erfolg.

Es war Siestazeit, und die beiden Armeen zogen sich zu einer mittäglichen Ruhepause in ihre Termitenhügel zurück. Die Sonne brannte unbarmherzig hernieder, und die Luft flimmerte in der brütenden Hitze. Ich suchte die umliegenden Termitenbauten weiter nach Diana und den Ihren ab, aber nirgends entdeckte ich das geringste Anzeichen. Die Stunden zogen sich hin. Nur der kleine Graue Drosselschnäpper, dessen Wohnbaum in der Nähe des Drachenhügels stand, zeigte eine gewisse Aktivität, indem er ab und zu nach unten flatterte, um sich ein unvorsichtiges Insekt zu schnappen. Die Tokos waren sämtlich verschwunden.

Nachdem ich eine schier endlos scheinende Zeit gewartet hatte, kamen die Tokos zurück, einige zum Log-Hügel, andere zu den Baumwipfeln über dem Drachenhügel. Nun würde es nicht mehr lange dauern, bis der nächste Akt des Dramas begann. Und tatsächlich tauchten nach einer halben Stunde die ersten Mungos auf. Nachdem sie ihre jeweilige Anschlagtafel markiert hatten, brachen die beiden Gruppen auf, die der Neuankömmlinge in südlicher Richtung, aus der sie eingefallen waren, während die erste Gruppe der Invasoren nach Norden abzog. Der Kampf der Giganten schien vorüber. Von Diana und ihrer Familie gab es noch immer kein Lebenszeichen. Vielleicht hockten sie in den Tiefen des Big-Hügels und warteten auf den endgültigen Abzug der Supermächte, ehe sie sich wieder hervorwagten, und so beschloß auch ich zu warten. Nach zwei Stunden gab es von Diana & Co. noch immer keine Spur. Meine Vermutung hatte sich als falsch erwiesen. Die Tiere mußten anderswo Unterschlupf gefunden haben. Ich kletterte auf das Wagendach und suchte durch den Feldstecher die umliegenden Termitenhügel ab. Gerade als ich die Hoffnung aufgeben wollte, entdeckte ich eine kleine Gestalt mit zwei noch kleineren, die sich dicht an sie kuschelten. Alle drei saßen oben auf dem Speerhügel und spähten aufmerksam in die Buschlandschaft. Ich ließ den Motor an, fuhr hinüber, so langsam und so vorsichtig ich konnte, und brachte den Wagen etwa 20 Meter vom Hügel entfernt zum Stehen. Diana drehte sich um, sah mich und wandte sich wieder ab. *Sie* hatte ich zwar gefunden. Doch wo war der Rest der Familie? Warze und Wildfang wichen nicht von Dianas Seite und rührten sich kaum. Dann stimmte Diana den traurigsten Klagegesang an, den ich je gehört hatte: »Wo seid ihr?«

Die Minuten wurden zu Stunden. Diana saß wie eine Sirene auf ihrem Hügel und sandte ihren Klageruf in die Öde der umliegenden Buschlandschaft. Warze und Wildfang verkrochen sich in den Schatten, den einer der Strebepfeiler des Termitenbaus warf, und legten sich schlafen, ihre kleinen Körper Hals über Hals eng aneinander. Diana machte keine Anstalten, den Hügel zu verlassen, sondern fuhr unermüdlich fort in ihrem Klageruf. Schließlich mußte ich annehmen, daß sie für immer von ihrer Familie getrennt worden war. Doch dann vernahm ich aus dem Gras und Buschwerk im Osten eine Antwort. Wie ein Blitz war Diana auf den Hinterbeinen und rief nunmehr aus Leibeskräften »Wo seid ihr?« Da tauchte ein übel zugerichteter kleiner Trupp auf: Notch führte eine Schar subadulter Tiere an, dann folgten Twin, Narbe und Weißhals und ganz am Schluß Moja und Tatu. Tatu sah völlig verschmutzt aus und die anderen nicht viel besser. Überall an ihrem Körper fehlte stellenweise das Fell. Die Ohren waren in einigen Fällen derart zerbissen, daß sie nur noch blutigen Klumpen glichen. Diana rannte den Hügel hinab auf die Ankömmlinge zu, Warze und Wildfang hinter ihr her. Es folgte ein aufgeregtes Begrüßen und anales Beschnuppern, aber Diana schien noch immer außer sich: George war nicht bei ihnen!

Die Mungofamilie begab sich zum Hügel, während ich eine Kopfzählung vornahm. M'bili und George waren nicht da. Obwohl die anderen zunächst versuchten, weiter in westlicher Richtung zu ziehen, wich Diana nicht vom Fleck, stieß unentwegt ihren Klageruf »Wo seid ihr?« aus und spähte besorgt in den Busch. Die übrigen Gruppenmitglieder lagen erschöpft da und leckten ihre Wunden. Diana thronte über allen auf der höchsten Spitze des Hügels.

Die Dämmerung brach herein, aber Diana gab nicht auf. Als es schon fast dunkel war und der Rest ihrer Familie sich zum Schlafen verkrochen hatte, saß sie noch immer auf dem Hügel. Ihre Wo-seid-ihr?-Rufe kamen jetzt nur noch spärlich.

Als die letzten Sonnenstrahlen hinter den Zweigen der Dornbäume verblaßten und die Welt sich in Dunkel hüllte, bewegte sich ein Mungo, der arg hinkte, auf den Hügel zu. Diana starrte ihn an und rannte ihm dann entgegen. Es war George! Nachdem sie mit ihrer Begrüßung fertig war, sah er noch nasser und zerzauster als vorher aus, denn sie hatte sein Nackenfell beknabbert, bis es wie kleine nasse Stacheln abstand, und markierte ihm den Rücken und die Flanken derart intensiv mit ihrer Analdrüse, daß seine Haare sich sträubten. Danach wurde das Beknabbern und Markieren – wenn auch mit weniger Inbrunst – erwidert. Aus dem Speerhügel lugten kleine Köpfe hervor. Einige aus der Gruppe, Moja und Tatu voran, trippelten eilig den Hügel hinab, um beim Begrüßungsempfang für den Helden dabeizusein. George war in schrecklichem Zustand. Das eine Ohr war fast abgebissen, an seinem Körper fehlte stellenweise das Fell, und die rechte Vorderpfote war so angeschwollen, daß er sie kaum auf die Erde setzen konnte. Ich hatte keine Ahnung, wo er sich verborgen gehalten hatte. Aber jetzt war er wieder in den Armen seiner Familie. Einer nach dem anderen krochen die Mungos in den Speerhügel, und nach ein paar Minuten lag der Termitenbau verlassen da. Nur M'bili war nicht zurückgekehrt!

Am nächsten Morgen war ich schon vor Sonnenaufgang wieder am Speerhügel. Mir war gestern aufgefallen, daß Dianas Familie zwar eindeutig den Wunsch geäußert hatte, den Hügel zu verlassen, indem alle laut den Ruf »Ausrücken!« ertönen ließen und gemeinsam den Hügel hinabtrotteten. Diana selber hatte aber keine Anstalten gemacht, diesem Wunsch nachzukommen. Für sie schien es wichtiger zu sein, auf George zu warten, als ihre Familie in Sicherheit zu bringen. Warze und Wildfang hätten ein schlimmes Ende nehmen können, falls eine der anderen Mungoarmeen auf die Idee gekommen wäre, den Spuren der Gruppe zu folgen. Aber vielleicht war der Verlust des Lebenspartners von größerer Bedeutung für sie als der Verlust der diesjährigen Jungtiere.

Die Sonne stieg über den Bäumen empor und überflutete den Busch mit Licht. Nur ein einsames Paar Deckenstokos flog hinüber und ließ sich in einem Busch in der Nähe des Speerhügels nieder. Es schien, als ob der Rest von Dianas gefiederten Begleitern sich zwischen den beiden großen Mungoarmeen aufgespalten hatte, denn von ihnen war nichts zu sehen. Einer nach dem anderen kamen die arg zerzausten Mungos aus den Löchern des Hügels gekrochen und standen blinzelnd in der Sonne. Rusty und Victoria trabten hinab zum Fuße des Hügels und fingen an, etwas zu tun, was ich bei Mungos noch nie zuvor gesehen hatte. Die Füße dicht nebeneinander und die Vorder- und Hinterbeine, soweit es ging, gespreizt, stellten sich die beiden mit gesenkten Köpfen im rechten Winkel zu den Sonnenstrahlen, so daß sie kleinen Sägeböcken glichen, und ließen durch ihr gesträubtes Fell die Wärme in sich eindringen. Keiner aus der kleinen Schar war ungeschoren davongekommen. Alle trugen Narben, wobei es George schlimmer erwischt hatte als die anderen Gruppenmitglieder. Diana machte noch immer ihr verletztes Auge zu schaffen, an dem sie ständig herumrieb. Georges eine Vorderpfote schmerzte offensichtlich so, daß er sie noch immer nicht aufsetzen konnte, aber sie war nicht mehr so geschwollen wie am Abend zuvor. Verschiedene Biß- und Kratzwunden wurden von besorgten Partnern oder den betreffenden Tieren selbst saubergeleckt. Ich sah, wie George zu Diana humpelte und sorgfältig ihr verletztes Auge leckte, wobei sie ihren Kopf schräg nach oben hielt und ihn gewähren ließ. Eines von Twins Ohren war beinahe bis zur Unkenntlichkeit zerbissen, Vanessa beleckte es immer wieder. Tatu sah so aus, als sei sie von einer Dampfwalze überrollt worden. Sie hatte sich gestern anscheinend auch im dichtesten Kampfgetümmel aufgehalten. An Nacken und Schulter fehlte ein großes Stück Fell, der Schwanz war vermutlich gebrochen, denn er wies einen deutlichen Knick auf, und ihre Ohren waren nur noch eine unförmige, im Fell kaum zu erkennende Masse. Tatu hockte – ein Bild des Jammers – in einer Mulde des Hügels, und Notch begann sie abzulecken und wusch ihr das Gesicht wie eine Katzenmutter. Noch nie hatte ich beobachtet, daß ein Mungo einen Artgenossen umsorgte. Tatu ließ sich diesen Samariterdienst gefallen, setzte sich aber bald neben Diana, wo die ganze Prozedur wiederholt wurde, nicht nur am Kopf, sondern auch an der Schulterwunde. Tatu saß mit halbgeschlossenen Augen da und ließ sich von ihrer Mutter putzen, trotz der ständigen Unterbrechungen durch Warze und Wildfang, die sich auf Tatu stürzten und mit ihr zu spielen anfingen. Schließlich packte Wildfang ihren verletzten Schwanz. Tatu gab einen schwachen Protestschrei von sich, fuhr herum, starrte ihre Schwester wütend an und trottete dann in das Innere des Hügels.

M'bili war noch immer nicht aufgetaucht, und alles deutete darauf hin, daß Diana und ihre Familie nicht weiterzuziehen beabsichtigten. Nachdem die Tokos mehrere Male erfolglos versucht hatten, die Mungogruppe zum Furagieren zu bewegen, flogen sie in Richtung Drachenhügel davon. Nur gelegentlich verschwanden kleine Trupps von Tieren im ausgebleichten Gras rings um den Termitenhügel, scharrten eine Weile nach Insekten, kehrten aber schon nach wenigen Minuten zum Hügel zurück, wo sie sich ausruhten und putzten. Der Vormittag verstrich. Als die Sonne hoch am Himmel stand, zog sich die Familie ins Innere des Hügels zurück. Die Mittagsstunde kam und ging. Als die Sonne sich schon nach Westen neigte und die Schatten länger wurden, tauchte der erste Mungokopf aus dem Speerhügel auf. Die Gruppe hatte ihre Siesta beträchtlich ausgedehnt und zeigte auch jetzt nur wenig Neigung, den Hügel zu verlassen. Schließlich ging die Sonne unter, und die Gruppe zog sich wieder in den Hügel zum Schlafen zurück.

Am nächsten Tag schien sich der Zustand von Georges Pfote gebessert zu haben. Obwohl er noch immer hinkte, zog er mit Warze und Wildfang im Gefolge früh am Morgen zum Furagieren los. Auch die übrige Familie schien aktiver als am Vortag. Gegen neun Uhr machte sich die Gruppe in Richtung des Big-Hügels auf den Weg, wobei sie sich ebenfalls einer gemächlichen Furagiertätigkeit widmete. Wären die Tiere nicht von einem in der Gegend wohnenden Drongopaar begleitet worden, hätte ich erhebliche Mühe gehabt, ihren verschlungenen Wanderpfaden durch das hohe Gras und Buschwerk zu folgen. Es waren fast 100 Meter bis zum Hügel, quer durch ein Gelände nahezu ohne Bäume. Außerdem hatten die Mungos auf dem Speerhügel keinen Wachposten zurückgelassen. Die Gruppe hielt sich nach Möglichkeit in der Nähe der Büsche. Als die bisher erträgliche Wärme sich mit steigendem Sonnenstand in Gluthitze verwandelte, trafen die ersten Tiere am Big-Hügel ein, wo sie sogleich anfingen, die Anschlagtafel zu markieren. Sooft eine Wolke Schatten warf, waren sie auf den Beinen und markierten. Doch wenn die Sonne wieder zum Vorschein kam, zogen sich alle in den Hügel zurück. Nachdem ich mich vergewissert hatte, daß die Mungos endgültig Siesta hielten, fuhr ich hinüber, um mich in ihrer Nähe zu postieren.

Abermals erwiesen sich die Mungos als Spätaufsteher. Es war schon nach vier Uhr, als die ersten auf dem Big-Hügel erschienen und die Anschlagtafel erneut zu markieren begannen. Ich stand mit meinem Wagen zwischen dem Big- und dem Drachenhügel und hörte von letzterem plötzlich ein schwaches Stimmchen, das »Wo seid ihr?« rief. Sämtliche Mungoköpfe fuhren herum. Zusammengekauert im Laub auf der Spitze des Termitenbaus hockte eine kleine Gestalt, die im Schatten kaum zu erkennen war. M'bili, dachte ich. Der kleine Kerl rannte seitlich den Hügel hinab und steuerte direkt die auf Big versammelte Gruppe an. Als er unmittelbar vor dem Auto über eine freie Fläche trabte, konnte ich ihn endlich genau betrachten. Es war nicht M'bili, sondern ein anderes, etwa gleichaltriges Jungtier, aber von viel dunklerer, fast schwarzer Färbung. Der Mungo lief weiter, bis er nur noch wenige Meter vom Big-Hügel entfernt war, wechselte dann in die Hochsitzstellung und rief erneut »Wo seid ihr?« Mit vorgestreckten Köpfen starrten meine Mungos dem Neuankömmling entgegen. Ehe ich mich's versah, hatten sie ihn unter der Führung des voranhumpelnden George umringt. Ich sah, wie George dem Kleinen einen Biß versetzte, ihn im Genick packte, kräftig hin und her schüttelte und ihn dann losließ, so daß er schleunigst wieder zum Drachenhügel zurückrannte. Georges Scharmützeltrupp verfolgte den fremden Jungmungo noch ein Stück und kehrte dann zur Familie auf Big zurück. Wahrscheinlich hatten die Supermächte einen Gruppengefährten verloren.

Veronica – so hatte ich das fremde Tier getauft – saß verborgen im Laub auf der Spitze des Drachenhügels und beobachtete die Putz- und Markiertätigkeit der anderen Mungos auf dem Big-Hügel, ehe diese sich in südlicher Richtung zum Log-Hügel auf den Weg machten, an einer Reihe umgestürzter Bäume vorbei. Veronica sah den abziehenden Mungos nach und trottete dann zu meiner Überraschung hinterher. Sie traf auf Big ein, nachdem Blackie seinen dortigen Wachposten verlassen und Rusty die Wache auf einem umgestürzten Baum ein Stück weiter längs der Furagierroute übernommen hatte. Kaum war Veronica angekommen, lief sie zur Markierungsstelle und beschnüffelte sie sorgfältig, markierte aber nicht selber. Dann schloß sie sich zögernd und noch immer auf Distanz bedacht der Truppe an. Alle waren eifrig damit beschäftigt, aus den Grasbüscheln Käfer hervorzuscharren, während die Drongos, zu denen sich jetzt noch eine Gruppe Weißscheitelwürger gesellt hatte, die Wanderroute der Mungos deutlich erkennen ließen. Zweimal sah ich, wie Veronica sich in Hochsitzposition reckte und der abziehenden Gruppe »Wo seid ihr?« nachrief. Aber jedesmal wurde sie von den Tieren, die ihr am nächsten waren, angegriffen und wieder zum Big-Hügel zurückgejagt.

Diana & Co. hatten inzwischen den Log-Hügel erreicht und richteten sich dort allem Anschein nach für die Nacht ein. Dreimal versuchte Veronica, sich ihren Artgenossen zu nähern, wurde aber jedesmal zurückgetrieben. Schließlich zog sie sich auf den Big-Hügel zurück, wo sie, den Blick zum Log-Hügel gewandt, bei Sonnenuntergang hockte und ein letztes klagendes »Wo seid ihr?« ertönen ließ, ehe sie im Inneren verschwand.

In den folgenden Wochen versuchte Veronica immer wieder, sich der Gruppe anzuschließen, aber ohne Erfolg. Bei Tage spürte sie ihr nach, und nachts schlief sie in einem Termitenhügel neben dem, den die Gruppe benutzte. Veronica hatte im Laufe der Tage ihre Wo-seid-ihr?-Rufe eingestellt und ging sogar soweit, ihre eigene Duftmarke zu den Markierungen der Gruppe an den Anschlagtafeln jener Hügel hinzuzufügen, die von der Familie verlassen worden waren. Bisweilen gestattete man ihr, nur ein paar Meter von den Familienmitgliedern entfernt zu furagieren. Aber noch deutete nichts darauf hin, daß Veronica von ihnen akzeptiert wurde. Jedesmal, wenn sie ihnen zu nahe kam, wurde sie weggejagt, wenn auch nicht mehr so weit und so heftig.

Daher beobachtete ich mit einigem Erstaunen, wie sie eines Tages – etwa drei Wochen, nachdem sie der Gruppe zu folgen begonnen hatte – ein Stück hinter ihnen in einem Grasbüschel scharrte und, als sie einen großen Dungkäfer ausgegraben hatte, ein schwaches Fütterungsknurren von sich gab. Weißhals, der ihr am nächsten war, hob den Kopf, sah zu ihr hinüber und machte sich in ihre Richtung auf denWeg. Veronica tat so, als wolle sie Reißaus nehmen, ließ aber den Käfer fallen. Mit zwei Sätzen war Weißhals bei ihr. Doch anstatt sie anzugreifen, sah er den Käfer, den sie gefunden hatte, und drehte sich, um ihn mit der Vorderpfote festzuhalten. Veronica wandte Kopf und Schultern von Weißhals ab und äußerte einen schwachen klagenden Protestschrei, machte aber keine Anstalten, davonzulaufen. Weißhals nahm den Käfer zwischen die Zähne und zerbiß unter hörbarem Knacken den harten Hautpanzer. Dann trottete er mit einem schrägen Blick zu Veronica, die noch immer mit abgewandtem Kopf in ihrer unterwürfigen Haltung verharrte, zur Familie zurück. Der erste Schritt war getan! Es war das erste Mal, daß Veronica sich so nahe an eines der Gruppenmitglieder herangewagt hatte, ohne angegriffen zu werden!

Bevor Veronica jedoch von der Gruppe endgültig akzeptiert wurde, war noch mehr erforderlich als Weißhals' einmaliger Nichtangriff. Jetzt, da sie sich den Gruppenmitgliedern mehr nähern konnte, nutzte sie alle Ergebenheitsgebärden in ihrem Verhaltensrepertoire voll aus. So wandte sie sich ab, blieb reglos liegen und ließ ein schwaches Protestquieken ertönen, wenn eines der Gruppenmitglieder ihr zu nahe kam, oder sie begrüßte Gruppenmitglieder, denen sie zufällig von Angesicht zu Angesicht begegnete, ehe sie kehrtmachte und wieder im Gras verschwand. Bis jetzt hatte sie niemandem gestattet, sie zu berühren, und schien noch immer sehr ängstlich. Die meisten Mungos, mit denen sie bisher Kontakt gehabt hatte, waren rangtiefe Familienmitglieder gewesen, da Diana und George gewöhnlich weit vor ihrer Sippe furagierten.

Eines Tages furagierte die Mungogruppe wie gewöhnlich, während Veronica sich etwa zehn Meter hinter dem letzten Nachzügler hielt. Die Tiere hatten gerade einen Termitenhügel passiert und steuerten über eine freie Fläche von etwa 50 Metern Ausdehnung auf den nächsten Hügel zu. Es gab hier kaum umgestürzte Bäume, nur stellenweise sonnengebleichte Grasbüschel und ein paar Büsche. Plötzlich schossen die Tokos, die sich der Gruppe erneut angeschlossen hatten, auf die Bäume, die Mungos gaben Fersengeld und flitzten den Weg, den sie gekommen waren, zurück. Ein Singhabicht flog vorüber und landete auf einem Baum unmittelbar vor ihnen. Veronica hatte gesehen, wie die Nachhut auf sie zukam, blieb einen Augenblick lang wie angewurzelt stehen, ging dann aber im dichten Gewirr der Grasbüschel in Deckung, als die Mungos an ihr vorbei auf den schützenden Hügel zurannten. Der erste, der dort eintraf, begann sogleich, Tschrr-Rufe von sich zu geben. Statt sich im Gras verborgen zu halten, rannte Veronica hinter der Gruppe her, bis sie Dianas Familie auf dem Hügel eingeholt hatte. Einige der Tiere warfen ihr einen flüchtigen Blick zu. Doch blieben alle Augen auf den gemeinsamen Feind gerichtet, der von den Zweigen eines Commiphorenbaumes auf sie herabstarrte. Endlich hatte sich Veronica – wenn auch unter äußerem Zwang – der Gruppe angeschlossen, in deren Mitte sie jetzt genauso laut schimpfte wie ihre Artgenossen.

Kaum hatte George Veronica erblickt, als er auch schon mit Drohkratzen begann, während Diana, durch den Neuankömmling neugierig gemacht, sich lang machte und auf sie zuschlich. Als Veronica das ältere Weibchen auf sich zukommen sah, stimmte sie den Begrüßungsruf im Fortissimo an, lief Diana entgegen, preßte sich flach an den Boden und streichelte ihr mit ausgestreckter Vorderpfote über den Kopf. Ja, sie versuchte sogar, ihr das Maul zu lecken. Diana blieb wie angewurzelt stehen. Sie richtete sich auf, zog, soweit sie konnte, den Kopf ein und machte seitliche Pendelbewegungen, um dem unentwegt grüßenden Jungtier auszuweichen. Schließlich machte sie kehrt, und Veronica folgte ihr, noch immer überschwenglich grüßend. Mit gesenktem Kopf marschierte Diana um die Spitze des Hügels und verschwand – die noch immer grüßende Veronica ihr dicht auf den Fersen – in einem der Löcher. Die übrigen Gruppenmitglieder standen daneben und sahen teilnahmslos zu.

Kurz darauf kam Diana wieder zum Vorschein und setzte sich neben George, der sein Drohkratzen, seit Veronica ihr serviles Begrüßungsgezwitscher ertönen ließ, sofort eingestellt und sich zu den übrigen Familienmitgliedern gesellt hatte. Ein Weilchen später tauchte Veronica auf, immer noch ein wenig zögernd und mit gesträubtem Fell. Sie blickte in die Runde. Diana sah flüchtig in ihre Richtung und löste dadurch den ganzen Vorgang noch einmal aus: Eine unterwürfig grüßende Veronica jagte die ältere Artgenossin buchstäblich um den Hügel herum und wieder zurück ins Innere. Das Ganze wiederholte sich noch mehrere Male und begann allmählich lustig zu werden. Diana brauchte nur in Veronicas Richtung zu blicken, und schon verfiel das kleine Geschöpf in eine wahre Begrüßungsorgie, die gewöhnlich damit endete, daß Diana im Inneren des Hügels verschwand.

Schließlich gab Diana unter Vermeidung jeglichen Blickkontakts mit Veronica das Signal »Ausrücken!« Die kleine Schar marschierte den Hügel hinab, um ihre Furagiertätigkeit aufzunehmen. Veronica, immer noch etwas unschlüssig, blieb zurück und beobachtete, wie die Gruppe loszog. Plötzlich trottete sie zielstrebig hinter ihren Artgenossen her und ließ ihren piependen Kontaktruf inmitten des Gepiepses der anderen ertönen. Ein paar von den Tieren, die die Nachhut bildeten, drehten sich nach Veronica um, setzten dann aber ihren Weg fort. Langsam, aber zielsicher und eifrig in den Grasbüscheln herumstochernd bahnte sich Veronica ihren Weg.

Nach etwa einstündiger Nahrungssuche landete die Gruppe auf dem Mitrahügel, zu dem die Tiere schon vor dem Zwischenfall mit dem Habicht unterwegs gewesen waren. Veronica hatte sich inzwischen weiter nach vorn geschlängelt, so daß sie jetzt mitten zwischen der Nachhut furagierte. Vom Wagendach aus suchte ich das Gras um den Hügel nach Veronica ab und entdeckte sie schließlich, wie sie noch immer in einem Grasbüschel scharrte. Offensichtlich hielt sie an ihrer Taktik »Kein Blickkontakt« fest, denn sie verharrte bei dieser Tätigkeit, bis der erste Mungo sich in den Hügel zurückzog. Dann erst kroch sie zögernd den Hügel hinauf, wobei sie jeden sich bietenden Vorwand benutzte, um die Augen niederzuschlagen und den Eindruck zu erwecken, als sei sie mit irgend etwas anderem beschäftigt. Sie scharrte bald in einem Grasbüschel, machte sich an einem Häufchen trockenen Zebradungs zu schaffen und stöberte geschäftig zwischen welken Blättern. Endlich erreichte sie die Spitze des Hügels, als schon alle Tiere bis auf Weißhals und Fleck im Inneren verschwunden waren. Die beiden kamen auf Veronica zu, die einen schwachen Protestschrei von sich gab. Sie lief ein paar Schritte und blieb dann mit gesenktem Kopf stehen. Fleck trottete auf sie zu und begann ihre Analdrüse zu beschnuppern, zuerst allein, dann gemeinsam mit Weißhals. Veronica stand reglos da, mit gesenktem Kopf, und ließ unter leisem Protest die Untersuchung über sich ergehen. Den Vorderkörper hielt sie flach gegen den Boden gepreßt, während sie, solange Fleck und Weißhals unter ihrer Schwanzwurzel schnupperten, die Hinterbeine und den Schwanz emporreckte, so hoch es ging. Endlich schienen die beiden zufrieden. Sie ließen Veronica in Ruhe und verschwanden in der Tiefe des Termitenhügels.

Veronica war jetzt ganz allein. Zögernd kroch sie von einem Loch zum anderen und spähte vorsichtig hinein, den Schwanz noch immer leicht gesträubt. Schließlich entschied sie sich für ein Loch fast am Rande des Hügels und verschwand darin. Alles blieb ruhig. Um den Mitrahügel wurde es still. Veronica hatte das Kunststück vollbracht: Nachdem sie fast vier Wochen lang der Gruppe gefolgt war, hatte sie es endlich durchgesetzt, daß sie in demselben Termitenbau schlafen durfte wie die anderen Mungos.

Am nächsten Morgen war ich schon vor Sonnenaufgang auf den Beinen und parkte den Wagen in der Nähe des Mitrahügels, um einen guten Überblick über künftige Ereignisse zu haben. Alles spielte sich wie gewöhnlich ab. Twin war an diesem Morgen als erster auf, und bald folgten ihm auch die übrigen Familienmitglieder. Ich hielt nach einer mir inzwischen vertrauten kleinen, schwarzen Gestalt Ausschau, konnte sie aber nirgends entdecken. Als die Gruppe nun ihren allmorgendlichen Gang zur Toilette und zur

Markierungsstelle unternahm, sah ich einen kleinen schwarzen Kopf, der aus einem der Löcher des Hügels lugte – Veronica. Sie hatte die Nacht wohl in einer anderen unterirdischen Kammer als die Gruppe verbracht.

Zögernd und mit leicht gesträubtem Schwanz ging Veronica auf die Gruppe zu, die mittlerweile eifrig damit beschäftigt war, einen Baumstumpf am Fuße des Hügels zu markieren. Immer noch unsicher, war sie bereit, sofort in unterwürfige Begrüßungsgebärden zu verfallen oder sich andernfalls schleunigst in Sicherheit zu begeben, wenn einer der anderen es darauf anlegen sollte, sie zu attackieren. Sie warfen ihr, als sie näher kam, einen flüchtigen Blick zu und gingen wieder ans Markieren der Anschlagtafel. Veronica machte sich ganz lang und bewegte sich langsam, aber zielstrebig auf ihre Artgenossen zu. Bald war sie mitten unter ihnen und beschnüffelte ihrerseits die Anschlagtafel. Dann sah ich, wie sie hochsprang und durch eine geschickte Körperdrehung ihre Analdrüse mit der Anschlagtafel in Kontakt brachte. Sie hatte ihren ersten Antrag auf uneingeschränkte Anerkennung abgegeben!

Als Veronica wieder mit allen vier Beinen auf dem Boden stand, wurden sie und ihr Sekret von emsig schnüffelnden Nasen berochen. Nasen bohrten sich in ihre Analdrüse, wobei einige Tiere bei ihrer Untersuchung derart grob verfuhren, daß Veronicas Hinterbeine vom Boden hochgehoben wurden. Immer noch kein Angriff! Sie wandte sich um und begann erneut, die Anschlagtafel zu markieren. Abermals ausgiebiges Beschnüffeln der Markierung durch die übrigen Gruppenmitglieder. Diana wich noch immer geflissentlich ihrem Blick aus, obwohl ich merkte, daß Veronica jede von Dianas Bewegungen registrierte, denn sooft Diana sich ihr näherte, erstarrte Veronica und wartete ab, was passieren würde. Aber nichts geschah.

Die Gruppe marschierte wieder den Hügel hinauf. Nur Veronica und Goldie blieben an der Markierungsstelle zurück. Veronica schnupperte daran noch immer herum, als Diana das Kommando zum Ausrücken gab, das den Beginn der täglichen Furagiertätigkeit signalisierte. Diesmal machte Veronica, ohne zu zögern, sofort kehrt und schloß sich, hinter Goldie hertrottend, den anderen an.

Es dauerte jedoch noch einige Zeit, bis Veronica voll in die Gruppe aufgenommen war. Sie war meist noch in der Defensive und saß abseits von den übrigen Gruppenmitgliedern. Nur ganz allmählich wurde sie in den Tagesablauf einbezogen. Ihre endgültige Aufnahme in die Gruppe erfolgte erst, als Fleck, der eines Tages neben Veronica saß, ihr das Nackenfell beknabberte und dafür ebenfalls beknabbert wurde. Einige Tage später wagte sie es, George im Analbereich zu putzen, so wie es die anderen Weibchen in der Gruppe taten. Kaum war diese Hürde genommen, benahm sich Veronica so, als habe sie schon immer zur Gruppe gehört. Ihre Freundschaft mit Fleck – der erste Mungo, der ihr eine soziale Putztätigkeit hatte angedeihen lassen – blieb bestehen, und ich sah die beiden oft, wie sie beisammensaßen und sich gegenseitig putzten.

Zweierlei im Leben der Mungos war mir bisher ein Rätsel gewesen. Wie konnte frisches Blut in die Gruppe gelangen, wenn sie sich so aggressiv gegen Außenseiter verhielten? Veronica hatte mir die Methode gezeigt, indem sie wochenlang geduldig und beharrlich der Gruppe gefolgt war und jede sich bietende Gelegenheit wahrnahm, Demut zu bekunden und sich in immer stärkerem Maße dem Schutz durch die Gruppe anzuvertrauen. Mit der Aufnahme in die Gruppe hatte sie selbstverständlich nicht das Recht, eigene Kinder aufzuziehen. Dies durfte ausschließlich Diana, bis zu ihrem Tod. Vielleicht hatte Veronica danach eine Chance, Königin zu werden.

Zweitens kam es mir recht seltsam vor, daß es von allen Gruppenmitgliedern ausgerechnet die Jungtiere waren, die bei Auseinandersetzungen mit fremden Mungogruppen in den vordersten Reihen unmittelbar hinter ihrem Vater kämpften. Die kräftigeren und größeren Männchen, die man doch für die effektivsten Kämpfer zur Abriegelung eines etwaigen Einbruchs halten sollte, hatten gewöhnlich einen Posten in der Nachhut, während die relativ schwächlichen Jungtiere dem Ansturm des Feindes als erste standhalten mußten. Falls Gruppenmitglieder gleich beim ersten Zusammentreffen zerstreut und aufgerieben wurden, dann waren sie es. Jetzt kam mir der Gedanke, daß dies Teil einer Strategie sein könnte, mit der die Jungen mehr oder minder durch Zufall gezwungen wurden, die Gruppe zu verlassen und sich einer neuen anzuschließen. Veronica war ein Jungtier und hatte Glück gehabt. Und M'bili war nicht zurückgekehrt!

12 Tatus Tod

Tatu war immer das kleinste und schwächste der drei Jungtiere gewesen, die Diana bei sich hatte, als ich der Gruppe zum ersten Mal begegnete. Sie zeigte eine auffällige Bindung an ihre Mutter, wich ihr meist nicht von der Seite und verließ sie nur, um mit ihren größeren Artgenossen aus dem gleichen Wurf zu spielen, übrigens ziemlich unschlüssig und zurückhaltend. Auch zeigte Tatu nichts von deren ausgelassenem Verhalten. Ich fragte mich, ob sie von Geburt an eine schwache Konstitution hatte, denn ich wußte von meiner zahmen Mungogruppe, daß die Geburtsgewichte bei Tieren aus dem gleichen Wurf erheblich schwankten. Das schwerste Exemplar bei einem Wurf von sechs Tieren wog bei der Geburt 13 Gramm, das leichteste nur 7 Gramm. Sehr oft verschwanden diese Winzlinge über Nacht – vermutlich wurden sie von ihrer Mutter oder einem anderen Gruppenmitglied gefressen, ich fand niemals Kadaver. Seltsamerweise erreichten nie mehr als vier Tiere das Alter, in dem sie die Nestbox verließen, obwohl in einem Wurf meist sechs Mungos zur Welt kamen. Die meisten Jungtiere verschwanden innerhalb der ersten 24 Stunden. Vielleicht war dies Teil einer Strategie, die schwächeren Gen-Sätze auszulesen und eine Überpopulation in der Gruppe zu verhindern. Mit Sicherheit handelte es sich nicht um ein Laborartefakt. Selbst in den Mungogruppen, die ich in freier Natur beobachtet habe, gab es nie mehr als vier, gewöhnlich aber nur ein oder zwei Junge. Sie hatten sich allerdings mit mehr Feinden herumzuschlagen als meine zahmen Tiere, so daß einige Verluste möglicherweise nicht den Mungos selber zuzuschreiben waren.

Nach der erbitterten Schlacht am Drachenhügel wurde Tatu nie wieder richtig gesund. Die Wunden an Hals und Schulter verheilten zwar und hinterließen nur einen Fleck aus weißen Haaren. Aber es sah doch so aus, als ob außer der Haut auch die Muskeln und Sehnen in Mitleidenschaft gezogen worden waren; denn Tatu konnte eine Schulter nur mit Mühe bewegen. Es fiel ihr mitunter schwer, die anderen einzuholen, besonders wenn sie vor irgendeinem Feind davonliefen. Die schlimmsten Folgen ihrer Verletzung zeigten sich allerdings bei der Nahrungssuche. Die Fähigkeit, in Graswurzeln herumzustochern, um etwa einen verborgenen Käfer auszugraben, hatte Tatu nahezu vollständig eingebüßt. Obwohl ihre rechte Vorderpfote ebenso gelenkig war wie vorher, konnte sie mit der linken nur noch ziemlich unwirksame Scharrbewegungen ausführen. Da sie gewöhnlich auf ihrem linken Vorderbein stand, benutzte sie ständig ihre rechte Pfote. Das bedeutete aber, daß es jetzt eine ganze Reihe möglicher Beutetiere gab, die Tatu nicht mehr fangen konnte: solche, die sich rasch bewegten, sich unter der Borke verbargen oder sich schnell in den Erdboden eingruben. Was sie brauchte, waren zwei voll gebrauchsfähige Vorderpfoten, aber sie hatte nur eine.

Im Laufe der folgenden Wochen verschlechterte sich ihr Zustand rapide. Sie magerte so ab, daß ich ihre Hüftknochen sehen konnte, wenn sie umherlief. Die dramatischste Veränderung vollzog sich jedoch in ihrem Gesicht. Sie hatte bereits ihr kurzes Babygesicht verloren und jene Entwicklungsphase erreicht, in der Mungogesichter normalerweise im Verhältnis zu ihrer Breite lang werden, eine Phase, die andauert, bis die Tiere etwa drei Jahre alt sind. Dann tritt eine deutliche Verbreiterung des Schädels ein, da sich die kräftigen Wangen- und Kopfmuskeln entwickeln. Bei Tatu stellte sich eine skelettartige Wirkung ein. Es sah so aus, als sei ihr Schädel lediglich mit einer dünnen, straffgespannten Haut überzogen, und die Augen lagen tief in den Höhlen. Obwohl Tatu jetzt fast ein Jahr alt war, wirkte sie im Wachstum zurückgeblieben, aber auch nicht wie ein Baby, eher wie ein Miniaturerwachsener — fast wie eine verhutzelte Greisin. Ihr Fell wies weder Glanz noch Glätte auf, sondern war schütter und stumpf geworden. Man konnte die weißlich durchschimmernde Haut erkennen. Die Bruchstelle an ihrem Schwanz war nicht gerade verheilt. Am Schwanzende zeigte sich ein Knick. Ich war versucht, Tatu zusätzliche Nahrung zukommen zu lassen — Fleisch, das ich vom Lager mitbringen wollte, beschloß aber, es nicht zu tun. Meine Aufgabe war, die Mungos, so wie sie waren, zu beobachten, und nicht ihnen menschliche Zwänge und Beschränkungen aufzuerlegen, indem ich ihnen zu einer bequemen Mahlzeit verhalf und dadurch vielleicht ihr natürliches Verhalten veränderte.

Inzwischen waren aus den Wochen Monate geworden. Es wurde immer deutlicher, daß Tatu nicht mehr lange am Leben bleiben würde. Sie erreichte stets als letzte den rettenden Termitenhügel, wenn die Gruppe sich vor einem niederstoßenden Habicht in Sicherheit bringen mußte. Nur ein einziges Mal traf sie dort vor oder zusammen mit den anderen ein, als die Tiere gezwungen waren, kehrtzumachen und schleunigst zurückzulaufen. Tatu furagierte stets hinter ihnen und hatte ganz offensichtlich Schwierigkeiten, mit ihnen Schritt zu halten. Eine Truppe kann sich aber nur so schnell bewegen wie ihr schwächstes Glied: in jedem Fall ein Nachteil. Gewöhnlich werden Schwächlinge allerdings schon durch Beutegreifer ausgemerzt, ehe sie sich als Hemm-

Tatu bot ein Bild des Jammers: ihr Fell hatte weder Glanz noch Glätte und sie magerte zusehends ab.

schuh für die Gruppe auswirken. Beutegreifer haben eine Vorliebe für schwache und kranke Tiere. Viele der größeren Raubtiere wie Löwen und Wölfe testen Gruppen von Beutetieren, indem sie sich unter sie mischen und sich die Fluchtreaktionen der einzelnen Gruppenmitglieder merken. Befindet sich unter ihnen ein schwaches, altes, krankes oder trächtiges Tier oder eines mit einem Jungen – dann sind es diese Tiere, die später von den Räubern zu Tode gehetzt werden.

Seit Tatu ihre linke Vorderpfote nicht mehr richtig gebrauchen konnte, verschlimmerte sich ihr körperlicher Zustand rapide. Bis jetzt war mir nie zum Bewußtsein gekommen, welch ein empfindliches Gleichgewicht zwischen dem Körper eines Mungos und dessen Verhalten bestand. Da ein normaler Mungo die meiste Zeit damit verbringt, in der Erde zu scharren und zu stochern, hatte die Natur ihn, so gut sie konnte, für diese Aufgabe ausgerüstet. Nägel, die weniger gebraucht werden, wachsen schneller als solche, die tagtäglich einem groben Schleif- und Schmirgelprozeß ausgesetzt sind! Die Krallen an Tatus linker Vorderpfote begannen mit einer fast schon phantastischen Geschwindigkeit zu wachsen. Innerhalb weniger Wochen hatte sie Krallen, auf die ein altchinesischer Mandarin stolz gewesen wäre: gebogene, fast drei Zentimeter lange Hornfortsätze, die für eine sorgfältige Scharrarbeit völlig unbrauchbar waren. Am schlimmsten war jedoch, daß Tatu ihren Fuß nicht mehr richtig auf den Boden aufsetzen konnte. Durch die langen Krallen wurden ihre Zehen derart verdreht, daß sie beinahe kreuzweise übereinanderlagen, was ihre Bewegungsfreiheit noch mehr behinderte, so daß sie jetzt hinter den anderen Gruppenmitgliedern oft im Abstand mehrerer Meter herhinkte, wenn sie durchs Gelände zogen. Dann begann etwas, was sich, soweit mir bekannt ist, als im Tierreich einmalig herausstellen sollte. Kein Lebewesen kümmert sich um seine kranken Artgenossen – als bemerkenswerte Ausnahmen nur der Mensch und, wie ich mit eigenen Augen beobachten konnte, die Zwergmungos!

Zuerst hielt ich es für einen Zufall, daß einzelne Tiere gelegentlich ihre Furagierrichtung wechselten und als Schlußlichter zusammen mit Tatu furagierten. Im Laufe der Zeit wurde mit klar, daß diese Zufallstreffen etwas zu häufig vorkamen. George, der gewöhnlich an der Spitze der Gruppe zusammen mit Diana furagierte, pflegte ohne den geringsten Grund plötzlich kehrtzumachen und zurückzutrotten, um neben Tatu seine Nahrungssuche fortzusetzen. Dann fiel mir auf, daß vor allem Weißhals und Narbe fast immer in unmittelbarer Nähe Tatus furagierten. Obwohl es nicht einfach war, genau festzustellen, ob die Gruppe darauf wartete, daß Tatu nicht den Anschluß verpaßte – die Furagiergeschwindigkeit hing ja in starkem Maße von der Zahl der Insekten und anderer Lebewesen ab, die die Mungos in einem bestimmten Gebiet vorfanden –, gewann ich doch den Eindruck, daß sie langsamer als sonst furagierten. Einige Male beobachtete ich, daß Twin oder Weißhals eine Heuschrecke oder eine große Grille erbeutet hatten und daß Tatu, falls sie in der Nähe war, hinkend auf sie zu trottete, worauf die beiden die totgebissene Beute ihr überließen. Das besagte freilich nicht viel. Da sie jünger war als ihre beiden Artgenossen und obendrein ein Weibchen, stand sie auf einer höheren Rangstufe und hatte mehr oder weniger das Recht, ihnen Futter wegzunehmen. Erst als George eines Tages dicht neben Tatu furagierte, fing ich an, meine bisherigen Beobachtungen anders zu interpretieren.

George stocherte eifrig in der toten Rinde eines umgestürzten Baumes. Ich sah, wie er plötzlich erstarrte, unter den Baumstamm schoß und mit einem Gecko im Maul wieder hervorkam. Tatu hatte Georges Vorstoß beobachtet und humpelte zu ihm hinüber. George rannte nicht weg, um seine üppige Mahlzeit wie gewöhnlich in irgendeinem ruhigen Eckchen zu verzehren, sondern blieb in der Nähe der Baumwurzeln und begann, den Gecko vom Kopf an zu fressen. Tatu war jetzt nur noch ein paar Zentimeter von ihm entfernt. Ich erwartete, daß George auf sie losging und sie verjagte. Aber er blieb, wo er war! Er gab zwar das Fütterungsknurren von sich, das Mungos ertönen lassen, sooft sie ein größeres Tier erbeutet haben. Tatu hinkte unbeholfen näher. George wandte ihr, noch immer knurrend, den Rücken zu, unternahm aber nichts, um das Weite zu suchen und sie stehen zu lassen. Dann drängte sich Tatu neben ihn und fing an, den Gecko vom anderen Ende her zu verspeisen. Und George ließ es zu! Eines der Zehn Gebote der Mungos war übertreten worden! Zum ersten Mal hatte ich mit eigenen Augen gesehen, daß zwei Mungos an einer Beute fraßen, ohne daß zuvor darum gekämpft worden war oder einer seinen Fund dem anderen einfach überlassen hatte! Ich paßte künftig scharf auf und gelangte zu der Überzeugung, daß Tatu nahezu die Hälfte ihrer Nahrung von anderen Gruppenmitgliedern erhielt. Aber offenbar war es nicht genug, sie wurde immer magerer und schwächer. Dann wurde mir klar, daß es nicht nur um Futter ging. Tatu litt an Wassermangel. Mungos trinken nur selten. So lecken sie beispielsweise nach einem Regen das Wasser von den Zweigen oder die Tautropfen von den Grashalmen. Den größten Teil des benötigten Wassers entziehen sie ihrer Beute, indem sie mit Hilfe ihres Verdauungssystems die Fettsubstanzen der Insekten aufspalten und das Wasser – eines der Abbauprodukte – resorbieren. Die Zufuhr von Wasser, das einen wesentlichen Bestandteil der Mungonahrung ausmacht, war bei Tatu drastisch zurückgegangen, seitdem sie sich nicht mehr so zweckmäßig und ausreichend ernähren konnte wie früher. Das kleine Geschöpf verhungerte nicht, sondern ging an Durst zugrunde!

Manchmal hatte ich den Eindruck, daß Tatu kaum noch weiter konnte. Sie kletterte die Böschungen eines Termitenhügels im Anschluß an die Gruppe nur noch mühsam hinauf und saß dann still da, eine zusammengekauerte kleine Gestalt. Allerdings blieb sie nicht lange allein sitzen. Früher oder später gesellte sich der eine oder andere Mungo zu ihr, manchmal zwei oder drei gleichzeitig, und kuschelten sich an ihren schmächtigen Körper. Manchmal hockte sie bis zu einer Stunde auf einem Termitenbau. Mit gesenktem Kopf und eingerolltem Schwanz sah sie wie ein kleiner Erdhügel inmitten der sie umdrängenden Mungoleiber aus. Sehr häufig machte die Gruppe beim Furagieren einen Bogen und landete auf dem Hügel, auf dem Tatu saß. Doch ebensooft legten die Tiere auf einem benachbarten Termitenbau eine Ruhepause ein, so daß Tatu sich zusammen mit den Familienmitgliedern, die bei ihr gesessen hatten, zu ihnen langsam auf den Weg machen mußte.

Mit Tatu ging es rapide bergab. Schwäche und Abmagerung schienen mit jedem Tag zuzunehmen. Wenn sie mit ihrer Familie auf einem Hügel war, scharten sich viele um sie und erdrückten sie fast mit ihren Leibern. Mir fiel auf, daß sie bereits zu schwach war, um sich zu putzen, was zu den wichtigsten Tätigkeiten der Mungos gehört. Sie hörte auch auf, andere Artgenossen zu putzen. Und nun begann eine der rührendsten Episoden, die ich je unter Tieren erlebt habe. Da Tatu ihre täglichen Waschungen nicht mehr allein verrichten konnte, tat es ihre Familie für sie!

Während Weißhals, Narbe und Twin sich als besonders eifrig erwiesen, wenn es darum ging, sich eng an Tatu anzukuscheln, hatten Diana und George zunächst wenig Interesse gezeigt, bei ihrer Tochter zu bleiben. Seitdem Warze und Wildfang da waren, hatte Tatu ihre Sonderstellung als Mutters Liebling verloren. Wenn auch Diana ihre Tochter nicht wegjagte, so hörte doch der enge Körperkontakt auf. Daher stellte ich mit einiger Verwunderung fest, daß Diana wie auch George ihrer *kranken* Tochter wieder mehr Aufmerksamkeit zu schenken begannen. Sehr oft sah ich die drei, Tatu in der Mitte, auf einem Termitenhügel eng aneinandergeschmiegt, während die übrigen Mitglieder der Familie sie umgaben. Moja war besonders aktiv gewesen, wenn es darum ging, sich möglichst nahe an Tatu heranzudrängen. Dennoch war die enge Beziehung, die zwischen ihnen bestanden hatte, als sie noch Jungtiere waren, verlorengegangen. Moja verbrachte mehr Zeit mit Fleck, Blackie und Rusty. Jetzt gab er sich jedoch Mühe, Tatu so nahe wie möglich zu sein. Das arme Tier wurde von der ganzen Familie, besonders aber von Twin, Moja und ihren Eltern, mit aller Gründlichkeit geputzt. Mitunter wurde die Putz- und Pflegetätigkeit derart intensiv betrieben, daß Tatu hinterher feucht und stachelig aussah und ihr Fell nach der Arbeit emsiger kleiner Schneidezähne wie mattiert wirkte.

Je weniger sie noch nach Futter suchte, desto ausgemergelter und schwächer wurde sie, bis sie eines Morgens aus einem der Löcher am Fuße des Hügels heraustaumelte und stark schwankend die Toilette aufsuchte. Sie war so schwach, daß sie kaum stehen konnte. Nachdem sie ihr Morgengeschäft verrichtet hatte, torkelte sie hinüber zur Anschlagtafel und versuchte zu markieren. Ihre Bemühungen endeten mit einem Fiasko. Sie schaffte es kaum, die Hinterbeine hochzuheben, geschweige denn flink in den Handstand zu springen, und fiel mit strampelnden Pfoten auf die Seite. Nur mit Mühe gelang es ihr, sich wieder aufzurichten. Sobald sie ihre Duftmarke beschnuppert hatte, drehte sie sich um und versuchte, den Hügel hinaufzuklettern. Aber auch das gelang ihr nicht mehr. Dreimal versuchte Tatu, sich über die Böschung des Hügels Zoll um Zoll hinaufzuarbeiten, und dreimal rutschte sie zurück. Die übrigen Familienmitglieder schauten zu, unternahmen aber nichts.

Dann gab Tatu ihre Bemühungen auf und hockte auf einer sonnenbeschienenen Stelle am Fuße des Hügels. Da trotteten Diana und George und die anderen Mungos den Hügel hinab und setzten sich neben sie. Ein weiteres der

Jeder gab sich Mühe, Tatu so nahe wie möglich zu sein. Sie wurde von der ganzen Familie, besonders aber von den Eltern, mit aller Gründlichkeit geputzt.

Zehn Gebote des Mungovolkes war übertreten worden: »Wenn du dich ausruhst, suche dir deinen Ruheplatz so hoch wie möglich, damit du im Falle drohender Gefahr den besten Überblick hast.« Nur Vanessa blieb oben auf der Spitze des Termitenbaus und spähte wachsam in die Runde.

Ich erwartete, daß die Gruppe wie gewöhnlich zum Furagieren ausrücken werde. Doch abgesehen von ein paar schnellen Abstechern, die einzelne Tiere oder Grüppchen in das Gras um den Hügel unternahmen, blieben die Mungos, wo sie waren. Tatu saß mit gesenktem Kopf und geschlossenen Augen da, umgeben von ihrer Familie. Dann begann Diana etwas zu tun, was ein erwachsener Mungo nach meinen Beobachtungen noch nie mit einem anderen erwachsenen Mungo getan hatte. Sie fing an, Tatu am ganzen Körper abzulecken. Auch George beteiligte sich an der Prozedur. Tatu lag da und bewegte sich gerade so viel, daß die Zungen ihrer Eltern jeden Körperteil erreichen konnten.

Die Gruppe blieb den ganzen Tag auf dem Hügel. Lediglich ihre Siesta verbrachten die Mungos im Innern, kamen aber alle, nachdem die Hitze etwas nachgelassen hatte, wieder zum Vorschein, auch Tatu. Diana nahm sogleich das Putzen und Ablecken ihrer Tochter wieder auf, die an diesem Tage noch keine Nahrung zu sich genommen hatte. Sie war auf dem Hügel geblieben. Auch hatte ihr niemand Futter gebracht. Alles hatte bisher darauf hingedeutet, daß kranke Tiere mit Futter zu versorgen, nicht zum angeborenen Verhalten von Mungos gehörte. Mit einbrechender Dunkelheit zog sich die Gruppe in den Termitenhügel zurück. Auch Tatu rappelte sich hoch und humpelte hinter ihren Artgenossen her. Das letzte, was ich von ihr sah, war ihr abgeknickter Schwanz, als er in einem der Löcher am Fuße des Hügels verschwand.

Am nächsten Morgen war ich wie gewohnt in aller Frühe wieder auf meinem Posten, da ich beobachten wollte, ob die Gruppe den Standort wechseln und weiterziehen würde. Weißhals zwängte sich aus einem Loch auf der Spitze des Hügels und blickte gleichgültig zu mir herüber. Mittlerweile gehörte ich so zur Umgebung, daß ich kein Gegenstand des Interesses mehr war. Dann kamen auch die anderen Gruppenmitglieder heraus, ohne Diana und George. Ich wartete und wartete, aber sie tauchten nicht auf. Tatu war ebenfalls nirgends zu sehen. Ich vermutete, daß sie zu entkräftet war, um den schräg ansteigenden Belüftungsschacht hinaufzuklettern. Andauernd verschwanden Mungos im Hügel und kamen nicht wieder heraus. Nur ein paar Tiere suchten den Kotplatz und die Markierungsstelle auf, berochen diese oder scharrten im Gras in der Nähe des Hügels herum. Nach Stunden wurde mir klar, daß heute die Gruppe nicht aufbrechen würde. Tatu konnte nicht mitgehen, und so gingen die anderen auch nicht.

Diana erschien kurz, lief zur Toilette, beschnüffelte die Anschlagtafel, markierte aber nicht und schwand wieder ins Hügelinnere. Fast eine Stunde später tat George das gleiche. Keiner der beiden ließ irgendwelche Anzeichen erkennen, daß sie mit ihrer Familie auf Nahrungssuche gehen würden, obwohl sie am Vortag kaum etwas gefressen hatten. Gegen elf Uhr lag der Termitenbau verlassen da. Alle Gruppenmitglieder hatten sich ins Innere zurückgezogen. Der gleiche Vorgang spielte sich am Spätnachmittag noch einmal ab. Die Gruppe wollte Tatu nicht allein sterben lassen!

Am nächsten Tag die gleiche Wiederholung, nur daß die meisten Tiere irgendwann im Laufe des Tages kurze Furagierausflüge unternahmen, sich aber nie mehr als 20 Meter vom Hügel entfernten und auch nie lange wegblieben. Ich fragte mich, ob Tatu schon tot war. Als ich sie das letzte Mal vor zwei Tagen sah, hatte sie auf mich einen äußerst geschwächten Eindruck gemacht und so ausgesehen, als werde sie die Nacht nicht überleben. Ich wußte allerdings aus Erfahrung, daß Mungos zähe Geschöpfe sind und daß sich ihr Sterben mitunter tagelang hinziehen kann.

Tag für Tag hielt ich Wache, und Tag für Tag harrte die Gruppe am Hügel aus. Erst sechs Tage später, als Diana eines Morgens erschien, sah ich, daß eine Seite ihres Körpers feucht und klebrig glänzte. Das Fell an Georges Hinterteil sah ebenfalls feucht und verfilzt aus, wie auch verschiedene Körperteile der anderen Familienmitglieder. An diesem Morgen führte Diana die Gruppe vom Hügel fort zu einem alltäglichen Furagierausflug. Sobald die Gruppe sich weit genug entfernt hatte, daß sie sich durch mich nicht gestört fühlte, ging ich zum Hügel hinüber und spähte in das Dunkel eines der Schächte. Ein Gestank nach verwesendem Fleisch schlug mir entgegen! Da wußte ich, was es mit der Feuchtigkeit an den Flanken von Diana & Co. auf sich hatte. Tatu war schon seit längerer Zeit tot!

Ich wußte, daß ich Tieren keine menschlichen Gefühle wie Mitleid zuschreiben konnte. Doch ihr Verhalten blieb mir nach wie vor ein Rätsel. Eine halbnomadisch lebende Art, die in ihrer Nahrung auf Insekten angewiesen war, wäre äußerst schlecht angepaßt, wenn sie nur über Verhaltensmuster verfügte, die sie an ein und derselben Stelle festhielten, falls ein Mitglied der Gruppe sich als marschunfähig erwies. Das würde nicht nur bedeuten, daß die Nahrung rund um den Termitenhügel, an dem die Gruppe festgehalten wurde, sich rasch erschöpfte, sondern auch, daß ihr mehrtägiger Aufenthalt an einer Stelle Gefahren heraufbeschwor. War die Gruppe erst einmal entdeckt, war es sehr wahrscheinlich, daß sie von einem hungrigen Tier auf der Suche nach einer bequemen Mahlzeit angegriffen wurde.

Wenn Mungos freilich Babys haben, ist ihr Bewegungsradius sehr begrenzt. Aber Babys lassen sich bei drohender Gefahr von Hügel zu Hügel tragen. Tatu war kein Baby, das ununterbrochen schrie, ständig aktiv war und versuchte, Kontakte zu anderen Gruppenmitgliedern zu knüpfen. Tatu hatte sich völlig anders verhalten: Sie saß da und gab nicht einmal einen Kontaktruf von sich. Selbst wenn sie es gewollt hätte, war sie am Ende zu schwach, um noch zu ihrer übrigen Familie hinlaufen zu können. Die anderen mußten zu ihr kommen! Im übrigen waren die Tiere, die sich während Tatus Krankheit am meisten um sie gekümmert hatten, nicht die, die sich gewöhnlich der Babys annahmen.

Ich begann mich zu fragen, welchen Sinn das Verhalten haben konnte. Ich wußte, daß zwischen den Mitgliedern der Familie enge Bindungen bestanden. Aber sie waren wiederum nicht so eng, daß die Familie sich auf die Suche nach einem verlorengegangenen Gruppenmitglied machte. Folglich mußte hinter diesem Verhalten etwas anderes stecken. Das einzige, was mir einfiel, war, daß es mit einer Art von Investition zu tun haben könnte: eine einfache

Kosten-Nutzen-Rechnung. Mungos müssen eine lange Reifezeit durchmachen, ehe sie ihren Platz innerhalb der Sozietät einnehmen können. Sie erlangen sogar die Geschlechtsreife erst, wenn sie anderthalb bis zwei Jahre alt sind. Vielleicht erwies es sich als lohnender, sich um ein krankes Gruppenmitglied zu kümmern, als es aufzugeben; denn es dauerte sehr lange, ehe ein heranwachsendes Jungtier die Stelle des verlorengegangenen Tieres einnehmen konnte. Und es war ja durchaus möglich, daß das kranke Tier sich wieder erholte. Das waren jedoch reine Vermutungen, und ich war mir immer noch nicht sicher, wie ich als Ethologin das Verhalten interpretieren sollte. Meines Erachtens war die sorgfältige Pflege des kranken Tieres nicht erfolgt, weil es sich zufällig um Tatu handelte, die früher einmal eine enge Bindung an Diana gehabt hatte. Das würde nicht erklären, warum Moja und seine älteren Brüder sich um Tatu so besorgt gezeigt hatten. Dann gab es da noch den merkwürdigen Umstand, daß alle noch, lange nachdem Tatu tot war, bei ihrem Kadaver verweilt hatten. Sicher hatten die Mungos keine Vorstellung – im menschlichen Sinne des Wortes – von Leben und Tod. Solange der Kadaver als der Körper Tatus erkennbar war, blieben sie bei ihm. Erst als der Verwesungsprozeß so weit fortgeschritten war, daß der Kadaver sich aufzulösen begann, ließen sie ihre tote Artgenossin allein. Es liegen zahlreiche Berichte vor, besonders über Muttertiere, die bei ihren toten Jungen ausharrten oder sie tagelang mit sich herumtrugen, wie es beispielsweise Schimpansinnen zu tun pflegen. Aber auch das erklärt noch nicht, warum die Mungos nicht einfach weiterzogen und Tatu ihrem Schicksal überließen.

Die Überlegung, die Gruppe habe sich nur so verhalten, weil das kranke Tier Tatu und noch der spezielle Liebling ihrer Mutter gewesen war, wurde von mir bald verworfen, als ich Gelegenheit hatte, bei meiner zahmen Mungogruppe einen anderen Fall von Krankenpflege eingehend zu studieren. Ich wußte, daß das erkrankte Tier überhaupt keinen Kontakt zu seiner Mutter unterhielt. Eines der rangtiefsten, subadulten Männchen, das etwas über fünf Jahre alt war, hatte sich eine schwere Niereninfektion zugezogen, die trotz Behandlung in ein chronisches Stadium überging, so daß ich mit dem baldigen Tod des Tieres rechnen mußte. Als man für das arme Geschöpf nichts mehr tun konnte, entschloß ich mich, den kranken Mungo wieder in den Kreis seiner Familie zurückzubringen, statt ihn allein sterben zu lassen. Was ich bei Tatu beobachtet hatte, wiederholte sich jetzt, nur daß sich alles fast einen Monat lang hinzog. Erst in seiner letzten Lebenswoche verlor das Tier seine Bewegungsfähigkeit und konnte sich kaum noch zu den Schlafboxen schleppen. Wieder kam die Gruppe heraus und schlief mit ihrem kranken Artgenossen draußen auf dem nackten Boden, so wie sie auch mit Tatu am Fuße des Termitenhügels geschlafen hatte. Abermals erlebte ich das gewissenhafte Ablecken des Kranken, besonders durch seine Mutter, obwohl er bei seinem Alter kaum mütterliche Gefühle in ihr geweckt haben konnte. Als der Mungo schließlich starb, beschloß ich, den Kadaver bei der Familie zu lassen, um zu sehen, was die anderen Tiere tun würden. Meine Vermutung im Falle Tatus erwies sich als richtig. Die Familienangehörigen kuschelten sich dicht an den Körper des toten Tieres und versuchten, es zu wärmen, so als sei es noch lebendig, leckten und beknabberten es, bis die Verwesung so weit fortgeschritten war, daß die Fellhaare schon bei bloßer Berührung ausfielen. Da der Kadaver zu riechen begann, entschloß ich mich, ihn zu entfernen.

Würde eine im Busch lebende Mungogruppe eine so lange Zeit mit einem kranken Tier verbracht haben? Konnten in freier Natur lebende Mungos es sich leisten, wochenlang ihre Wanderungen einzuschränken? Ich wußte es nicht. Um so bewußter war mir jetzt allerdings die Tatsache, daß Tatus Fall nicht als Einzelfall angesehen werden konnte, weil die andere Gruppe das gleiche Verhalten auch anderen Gruppenmitgliedern gegenüber, unabhängig von Alter, Geschlecht und Rangstellung, gezeigt hatte. Sooft ich ein spezielles Verhalten beobachte, frage ich: »Welchen Sinn hat es?« In diesem Fall bin ich mir nicht sicher ... oder gibt es bei manchen Tieren doch so etwas wie Mitleid?

13 George bekommt einen Rivalen

Die ergiebigen Regenfälle waren lange vorüber. In der Taru-Wüste brach jetzt die heißeste Zeit des Jahres an. Die Blätter welkten an den Zweigen der Büsche, bräunten sich und wurden schließlich vom sengenden Mittagswind davongeweht. Das vormals grüne Gras verfärbte sich silberweiß und wurde spröde. Die Wüste schrumpfte gleichsam in sich zusammen und wartete auf das nächste Mal, wenn der Himmel seine Schleusen öffnen würde. Viele Vögel, die im Buschland heimisch waren, zogen nach und nach anderswohin. Es war die Zeit der großen Frühjahrsvogelzüge. Europäische Wintergäste traten über Tausende von Kilometern die Reise zu ihren Brutplätzen weit im Norden an. Ich beobachtete Schwärme europäischer Störche, die mit gestreckten Hälsen und schlaff herabhängenden Beinen hoch am blauen Himmel wie eine Schar kleiner Kreuze vorbeizogen: Hunderte winziger Punkte, die nur mit Hilfe des Feldstechers die vertraute Storchgestalt zeigten. Die laut schnatternden und lebhaft gefärbten Blauracken verließen ebenfalls ihr Winterquartier. Eines Morgens in aller Frühe beobachtete ich ihren Abflug: ein weit auseinandergezogener Schwarm, der sich von Südwesten näherte, im Tiefflug über die Baumwipfel strich und zu dem sich weitere azurblau leuchtende Artgenossen gesellten, deren Schwingen in der Morgensonne metallisch glänzten. Der Exodus dauerte fast drei Stunden. Hunderte und Aberhunderte von Vögeln flogen vorbei und zogen zielstrebig in nordöstlicher Richtung. An die Stelle des vertrauten Zugratterns der Gabunnachtschwalbe waren die kurzen schnurrenden Rufe der kleineren Dornbuschnachtschwalbe getreten. Es war eine Zeit der Veränderungen im trockenen Buschland. Die Tiere, die zum Überleben Wasser benötigten, wanderten ab, und neue, ausdauerndere Arten nahmen ihren Platz ein.

Auch bei den Raubvögeln vollzog sich ein Wechsel. Die Welle der Heuschreckenbussarde und Hellen Singhabichte, die den Busch nach der Regenzeit regelrecht überflutet hatte, entfernte sich in nördlicher Richtung. Nur wenige dieser Vögel blieben an ihren Standorten in der Taru-Wüste zurück. Dann zogen die Wintergäste aus Europa durch, der Turmfalke und der kleinere Rötelfalke. Ein paar Tage lang schienen die Vögel überall zu sein, und mit einemmal waren sie wieder verschwunden. Nach den Blauracken folgten die leuchtend gefärbten Grünscheitelracken, einer der schönsten Vögel, die ich kenne, dessen dunkelbraune Flügel in gespreiztem Zustand ein metallisches Purpurblau zeigen.

Ich hatte nie zuvor eine Racke zusammen mit Mungos auf Nahrungssuche losziehen sehen. Aber ein Grünscheitelrackenpärchen hatte es sich offenbar zur Gewohnheit gemacht mitzufliegen, sooft die Mungogruppe durch sein Territorium zog. Ich beobachtete, wie das Männchen über den Baumwipfeln eine Art Lufttanz aufführte, ein fliegerisches Bravourstück, das die meisten Kunstflieger beschämen würde. In Kreisen gewann er an Höhe, wobei seine Flügel jedesmal aufblitzten, wenn sie vom Licht der Sonne getroffen wurden. Als er etwa 20 Meter hoch dahinschwebte, scherte er aus seiner Kreisbahn plötzlich aus und schoß mit angelegten Flügeln erdwärts, bis er fast wieder in Baumwipfelhöhe war. Dann fing er den Sturzflug in einem graziösen Looping ab und landete leicht und federnd in der Krone eines in der Nähe stehenden Dornbaumes. Ich weiß nicht, wen diese Darbietung beeindrucken sollte. Seine Gefährtin oder andere Racken derselben Art, die sich vielleicht in der Gegend aufhielten und auf der Suche nach einem Revier waren ... ein von einem Rackenmännchen an den Himmel geschriebenes Zeichen »Halte dich fern!« Auf jeden Fall war es ein luftakrobatisches Kunststück höchster Vollendung, das mich, wenn vielleicht auch sonst niemanden, beeindruckt hatte.

Warze und Wildfang waren jetzt fast drei Monate alt. Sie hatten es sich gerade abgewöhnt, von anderen Familienmitgliedern Futter zu erbetteln, und zeigten sich schon recht geschickt im Erbeuten von Insekten. Der täglichen Marschleistung der Gruppe waren sie durchaus gewachsen. Dianas Furagierstreifzüge dehnten sich wegen der immer knapper werdenden Nahrung mit jedem Tag länger aus, blieben aber gewöhnlich auf ein paar Stunden am Vormittag und am späten Nachmittag beschränkt. Um die Mittagszeit war es zu heiß.

Eines Vormittags, als die Tiere beim Furagieren waren, bemerkte ich etwas auf einem Termitenhügel weit hinter ihnen: eine große graue Gestalt, die in ihre Richtung blickte. Zuerst hielt ich sie für einen Blacktip-Mungo. Aber als sie sich erhob und den Hügel hinab auf Diana & Co. zu trottete, erkannte ich, daß sie für einen Blacktip zu klein und untersetzt war. Auch fehlte das typische Artmerkmal: die keck aufgestellte schwarze Schwanzquaste. Schon nach wenigen Minuten lief das Tier einen Hügel hinauf, der nur etwa 30 Meter entfernt lag, richtete sich auf den Hinterbeinen auf und spähte zu Diana und ihrer Familie im Gras sowie zu Rusty hinüber, der auf dem Termitenhügel in der Nähe meines Wagens Wache hielt. Jetzt erkannte ich, daß es sich um einen anderen Zwergmungo handelte, ein großes erwachsenes Männchen. Ich suchte die umliegenden Termitenhügel nach anderen Mitgliedern seiner Gruppe ab und nach der sie begleitenden Vogelschar. Aber niemand war zu sehen. Der fremde Mungo schien allein zu sein. Rusty hatte ihn schon lange entdeckt und ließ eine Mischung aus Erregungsgezwitscher und Achtung-Rufen ertönen. George und einige andere Mungos rannten den Hügel hinauf, auf dem Rusty Wache hielt, und starrten in die Richtung, in die der Wächter mit dem Kopf wies. Kaum hatte George den Neuankömmling erblickt, als er auch schon mit Drohkratzen begann, wobei er einen der Zweige des Busches, der den Termitenhügel krönte, fast vollständig zerfetzte. Zwischen den einzelnen Kratzphasen sah er zu dem fremden Artgenossen hinüber. Der Fremde blieb, wo er war, und starrte unverwandt auf George. Inzwischen hatte die übrige Gruppe offenbar Wind davon bekommen, daß etwas nicht stimmte, und sich zu George und den anderen auf dem Hügel gesellt. Ich konnte noch immer nicht glauben, daß dieses einzelne erwachsene Mungomännchen plötzlich aus dem Nichts aufgetaucht war, und suchte die Umgegend noch einmal nach seiner Familie ab. Aber es gab nicht die geringste Spur.

Mit gesträubtem Fell stürzten George, Warze und Wildfang sowie einige der anderen Jungtiere, die hinter ihm herliefen, auf den Neuankömmling zu, so daß dieser Reißaus nahm, auf der Rückseite des Hügels, auf dem er gehockt hatte, hinabsauste und im dichten Gras verschwand. Kaum hatte George ihn aus den Augen verloren, verebbte seine Angriffslust, und er kehrte zu seiner Familie zurück. Dann zogen alle gemeinsam zum Furagieren los.

Ich hielt nach dem fremden Mungo Ausschau. Aber es dauerte einige Zeit, bis ich ihn wieder auftauchen sah, diesmal auf einem Hügel, der seitlich der furagierenden Gruppe rund 50 Meter entfernt lag. Um ihr zu folgen, hätte er ganz dicht an mir vorbeilaufen müssen. Aber seine Angst vor dem Auto und vor mir war allem Anschein nach zu groß, um etwas so Tollkühnes zu versuchen. Seine Blicke gingen ständig hin und her zwischen mir im Wagen und Diana samt ihrem Gefolge im Gras. Aber er machte keine Anstalten, sich seinen Artgenossen weiter zu nähern. Darin verhielt sich der fremde Mungo, den ich auf den Namen Edward getauft hatte, völlig anders als Veronica, die von Anfang an versucht hatte, sich der Familie anzuschließen. Sie war allerdings ein Jungtier, wogegen Edward, nach Körpergröße, Kopfform und der Länge seiner Eckzähne zu urteilen, wenigstens fünf Jahre alt war.

Edward marschierte weiter neben Diana und ihrer Familie her, hielt aber den ganzen Vormittag über eine Distanz von rund 50 Metern. Als die Gruppe in einem Termitenhügel verschwand, um ihre Mittagsruhe zu halten, setzte sich Edward durch das Gras in Bewegung und steuerte offensichtlich einen

Termitenhügel an, der dem, in welchem die Mungogruppe schlief, ein gutes Stück näher lag. Edward hatte noch immer keinen ernsthaften Annäherungsversuch unternommen. Ich hatte den Eindruck, daß er im Augenblick nur daran interessiert war, meine Mungos nicht aus den Augen zu verlieren. Er rannte einen kaum 20 Meter entfernten Hügel hinauf und steckte den Kopf in eines der Löcher an der Spitze. An der Art und Weise, wie sein Schwanz sich flaschenbürstenartig zu sträuben begann, merkte ich, daß dieser Hügel bewohnt war. Ich wußte zwar nicht von wem, aber nach Edwards Verhalten zu urteilen, war es bestimmt kein Freund. Er ließ den Tsiii-Ruf ertönen, obwohl es um ihn herum niemanden gab, dem sein Ruf hätte gelten können. Eine Reihe neugieriger Köpfe lugte aus dem Siestahügel von Diana & Co. und starrte angestrengt in die Runde. Die Mungos hatten Edwards Ruf gehört und entsprechend reagiert, aber noch nicht ausfindig gemacht, woher er kam. Edward steckte mit seinem Vorderkörper noch immer in dem Loch auf der Spitze des Hügels und war für Dianas Gruppe hinter einem Stützpfeiler des Hügels verborgen. Die kleinen Köpfe schauten hierhin und dorthin. Als sie nichts fanden, was ihre Aufmerksamkeit erregte, zogen sie sich wieder zurück. Endlich kroch Edward im Rückwärtsgang aus dem Loch heraus. Nachdem er es ein paarmal umkreist und in die Tiefen des Hügels gespäht hatte, machte er sich davon, um in einem weiter entfernten Hügel sein Nachmittagsschläfchen zu halten. Bisher hatte er nicht ein einziges Mal »Wo seid ihr?« gerufen, sondern sich damit begnügt, die Gruppe im Auge zu behalten.

Besonders interessant fand ich, daß die Gruppe auf Edwards Ruf »Kommt schnell!« reagiert hatte, obwohl seine Stimme für sie fremd klingen mußte. Ich hatte mich schon gefragt, ob die Mungogruppe auf die Stimme eines gruppenfremden Artgenossen reagieren würde, wenn dieser einen der wichtigen Rufe äußerte, zum Beispiel »Kommt schnell!« oder ob solche Rufe nur innerhalb der Familie Gültigkeit besaßen. Soweit ich bisher feststellen konnte, hatten die Gruppenmitglieder zwar sofort reagiert, als sie Edwards Stimme vernahmen, waren aber, da sie ihn nirgends entdecken konnten, wieder zu ihrer Siesta zurückgekehrt. Ob sie hinübergerannt wären, wenn sie ihn entdeckt hätten, das konnte ich nie erfahren.

Der nachmittägliche Furagierstreifzug verlief fast so wie der am Vormittag. Edward hielt nach wie vor zwischen sich und Dianas Gruppe einen angemessenen Abstand. Gelegentlich erspähte ihn einer der Mungowachposten, der dann ein Warnsignal ertönen ließ. Doch jedesmal entschlüpfte Edward ins Gras, noch ehe ein Angriff gegen ihn unternommen werden konnte. Auf Grund seines Verhaltens gewann ich den Eindruck, daß Dianas Gruppe möglicherweise nicht die erste war, der er sich anzuschließen versucht hatte.

Er war äußerst mißtrauisch. Sobald einer der Mungos ihm auch nur die geringste Beachtung schenkte, nahm er Reißaus. Es sah so aus, als ob er bei seinen früheren Bemühungen, sich einer Mungosippe anzuschließen, schlechte Erfahrungen gemacht hatte. Bei Einbruch der Dunkelheit, als die anderen sich in ihren Hügel zurückgezogen hatten, schlich er sich erneut in ihre Nähe und schlief diesmal in einem Termitenbau, der nur etwa 15 Meter entfernt war.

Am nächsten Morgen hatte ich vor Sonnenaufgang meinen Beobachtungsposten wieder eingenommen und war gespannt, was geschehen würde. Dianas Gruppe war schon auf den Beinen, noch ehe sich in Edwards Schlafhügel etwas regte. Zu meinem Erstaunen kletterte er plötzlich aus einem Loch in halber Höhe des Termitenbaus und setzte sich dann, für die Gruppe deutlich sichtbar, auf die Spitze des Hügels, wo er sich sorgfältig putzte. Jetzt, da Edward so nahe war, konnte ich erkennen, daß er nur ein halbes linkes Ohr hatte und im Nacken stellenweise das Fell fehlte. Er hatte also an Kämpfen teilgenommen – und, so wie er aussah, auch an denen in allerletzter Zeit! Von Dianas Hügel aus reckte eine dichtgedrängte Schar die Hälse in Edwards Richtung und wippte neugierig mit den Köpfen auf und nieder. George schlich ein Stück vorwärts und rannte dann plötzlich, eine Schar von Mungos dicht hinter ihm, auf die sich noch immer eifrig putzende Gestalt zu. Allem Anschein nach wollte die Gruppe zum Angriff übergehen. Edward unterbrach seine Putztätigkeit, warf einen Blick auf die anrückenden Widersacher und war im Nu im Hügel verschwunden. Soweit ich es beurteilen konnte, hatte Edward einen folgenschweren Fehler begangen. Die Gruppe würde ihn mit Sicherheit im Innern des Termitenbaus aufstöbern und kurzen Prozeß mit ihm machen. Aber zu diesem Zeitpunkt waren mir noch nicht alle Fakten bekannt. Edward mußte nämlich die Nacht in einer allseitig geschlossenen Kammer mit nur einem Ausgang verbracht habe. Dort fühlte er sich sicher.

George und seine Krieger stürmten den Hügel hinauf. Unverzüglich begab sich George zu dem Loch, in dem Edward verschwunden war, steckte den Kopf hinein und fuhr zurück. Selbst ich hatte Edwards wütendes Fauchen gehört. Die Gefährten von George liefen ziellos umher und wußten offenbar nicht recht, was sie tun sollten. Einige steckten mit gesträubtem Schwanz den Kopf in das eine oder andere Loch oder wagten sich zögernd hinein, wobei sie sich streckten und reckten, bereit, beim geringsten Anzeichen einer Gefahr zurückzuspringen. George vollführte am Eingang zu Edwards Schlupfloch eine wahre Drohkratzorgie und steckte ab und zu den Kopf hinein, nur um jedesmal mit einer Salve von Fauchlauten begrüßt zu werden. Mitunter konnte ich, sobald George sich zurückzog, Edwards aufgesperrtes Maul erkennen, das aus dem Tunneleingang herausragte. Durch zwei Reihen scharfer weißer Zähne verhinderte er äußerst wirksam jeden Versuch von George, sich einen Zugang zum Versteck zu erzwingen. Edward hatte sich in eine für ihn derart vorteilhafte Lage manövriert, daß es keine Möglichkeit gab, sich ihm weiter zu nähern, ohne dabei empfindlich gebissen zu werden. So setzte George das fort, was er unter solchen Umständen stets zu tun pflegte – das Drohkratzen.

Dann ging er dazu über, ungeachtet des zuschnappenden Mauls von Edward Vorstöße in das Loch zu unternehmen. Nun waren aus der Tiefe des Termitenhügels heftige Protestschreie zu hören. Die übrigen Mitglieder der Familie zeigten sich äußerst erregt und sausten dauernd in alle möglichen Öffnungen des Hügels hinein und wieder heraus. Doch auch als Gruppe vermochten sie nichts auszurichten. Von seiner sicheren Position im Tunnel aus konnte Edward sie notfalls den ganzen Tag über fernhalten. Das Loch war augenscheinlich nur so breit, daß nur ein Mungokörper hineinpaßte.

Nach etwa 20 Minuten vergeblichen Drohkratzens und erfolgloser Vorstöße gab George auf und suchte das Weite. Die übrigen Mungos rannten zu der jetzt geräumten vorgeschobenen Stellung und steckten nun ihrerseits den Kopf in das Loch. Aber ihnen erging es nicht anders als George. Auch sie wurden durch eine Salve von Fauchlauten und Protestschreien vertrieben. Schließlich folgten sie George zurück zur Gruppe. Kurz danach führte Diana ihre Familie auf einen Furagierstreifzug.

Ich wartete ab, was Edward unternehmen würde. Kaum war die Gruppe im Gras verschwunden, als er aus seinem sicheren Loch im Termitenbau hervorschoß und seinen abziehenden Artgenossen nachstarrte. Sein Fell war noch immer gesträubt, besonders die Schwanzhaare. Aber ich hatte nicht den Eindruck, daß er verängstigt war, was er mir durch sein Verhalten sogleich bewies. Er stand nämlich plötzlich auf und trottete hinter der Gruppe her. Georges heftige Drohungen hatten offenbar nicht ausgereicht, um ihn von dem Versuch abzuhalten, sich Georges Familie anzuschließen.

Tagelang folgte Edward nun den Spuren von Diana & Co., wobei er zwischen sich und der Gruppe stets einen Abstand von rund 30 Metern einhielt. Sobald die Mungos in einem Hügel verschwanden, um auszuruhen, kam er dicht heran, verschwand selbst in einem Termitenbau in ihrer Nähe und wartete, bis sie wieder auftauchten.

Während Veronica unterwürfig und durch häufige Demutsbezeigungen die Verteidigungsbereitschaft der Gruppe sozusagen unterlaufen hatte, setzte Edward jetzt anscheinend alles daran, Aufmerksamkeit zu erregen. Er ließ nichts unversucht, sich gegenüber der Gruppe, sobald sie aufwachte, deutlich sichtbar in Positur zu setzen, und verschwand bei ihrem Näherkommen entweder im Gras oder zog sich in einen Termitenhügel zurück. Ich hatte Edward noch immer nicht »Wo seid ihr?« rufen hören. Aber vielleicht lag das daran, daß er stets genau wußte, wo die Gruppe war. Die Distanz reichte zwar fast immer aus, daß Diana und ihre Familie Edward wahrnahmen, aber sie wurden nicht mehr zu einem Angriff provoziert. Das Drohkratzen von George, sobald er Edward entdeckte, ließ allmählich an Heftigkeit nach und hörte mit der Zeit fast ganz auf, obwohl er dem Neuankömmling in regloser Pose und mit erhobenem Kopf gelegentlich böse Blicke zuwarf.

Im Laufe der nächsten Wochen gelangte ich immer mehr zu der Überzeugung, daß Edward künftig Diana & Co. wie eine Art Satellit begleiten würde, nie ganz akzeptiert, aber doch schon an einigen Vorteilen des Gruppenlebens beteiligt. So flitzte er in Deckung, wenn die Tokos oder andere Vögel, die die furagierenden Mungos begleiteten, Alarm schlugen, und zog gemeinsam mit Diana und ihrer Familie los, wenn sie zu ihrer täglichen Insektenjagd aufbrachen. Edward begann, Hügel aufzusuchen, die die Gruppe aufgegeben und verlassen hatte, und kroch in die Löcher hinein, um die Gänge und Schächte zu erkunden. Er markierte auch an ihrer Anschlagtafel. Noch deutete jedoch nichts darauf hin, daß er von der Gruppe voll akzeptiert werden würde, obwohl seine zusammengekauerte Gestalt längst nicht mehr heftige Reaktionen wie früher auslöste, wenn sie morgens auf einem der umliegenden Hügel auftauchte. Das System schien allmählich ins Gleichgewicht zu kommen.

Die Situation blieb fast einen Monat lang unverändert, ehe Edward sich zum ersten Mal ernstlich um Kontakte bemühte, doch wiederum nicht offen wie vordem Veronica. Er saß auf einem Hügel in der Nähe und beobachtete die Gruppe. Als er merkte, daß George mit den beiden Jungtieren und den meisten Familienangehörigen schon früh am Morgen zum Furagieren losgezogen war und nur Diana und Narbe auf dem Hügel zurückgelassen hatte, rannte er plötzlich auf die beiden los, setzte sich aber ab und zu aufrecht hin und starrte sie über die Spitzen der Grashalme hinweg an. Dann lief er schnurstracks den Hügel hinauf zu Diana, wobei er sich dicht an den Boden preßte und begann sie zu putzen! Vermutlich war Diana ebenso überrascht wie ich, denn sie saß etwas steif da, ließ ihn aber gewähren. Narbe kam auf Edward zugelaufen, schnupperte unterhalb seiner Schwanzwurzel und wußte dann offenbar nicht, was er tun sollte. Der fremde Mungo auf dem Hügel, von dem seine Mutter sich putzen ließ! Das waren für Narbe zwei widersprüchliche Reize, die ihn wie angewurzelt stehenbleiben ließen. Ich hörte ihn leise knurren. Doch dann nahm er seinen Wachdienst wieder auf, ohne sich weiter um Edward zu kümmern, der noch immer eifrig Dianas Nackenfell beknabberte.

George und sein kleiner Trupp hatten sich zur Nahrungssuche nicht weit entfernt. Es war nur einer der frühmorgendlichen Kurzstreifzüge, die mehr dazu dienten, sich rasch ein Frühstück zu verschaffen, als von Hügel zu Hügel zu ziehen. Ich weiß nicht, ob George merkte, daß etwas nicht stimmte. Jedenfalls tauchte er plötzlich am Fuße des Hügels auf, Warze und Wildfang ihm dicht auf den Fersen. Zunächst bemerkte George gar nicht, daß Edward neben seiner Frau saß und ihr Freundlichkeiten erwies, denn er beschnupperte als erstes die Markierungsstelle, ehe er unbekümmert den Hügel hinaufstrebte. Edward saß reglos und beobachtete, wie George näher kam. Dann bemerkte George den Eindringling. Mit gesenktem Kopf und gesträubtem Schwanz ging er auf ihn los. Edward nahm noch immer nicht Reißaus, sondern wandte sich nur ab und gab einen quiekenden Protestlaut von sich. Diana wollte dem drohenden Zusammenprall der beiden Rivalen offenbar aus dem Wege gehen, sie lief den Hügel hinab ins dichte Gras. George stand jetzt fast unmittelbar vor Edward, und ich erwartete jeden Augenblick den Angriff. Doch im allerletzten Moment gab Edward Fersengeld und sauste auf den Hügel zu, von dem er gekommen war. George setzte ihm einige Meter nach, blieb dann aber plötzlich stehen und lauschte angespannt. Dann kehrte er um, rannte zu seiner Frau zurück und machte sich offenbar daran, die Duftmarken des Eindringlings zu tilgen, denn er begann, wie wild ihren Hals zu beknabbern, was sie mit der aus der sozialen Körperpflege vertrauten Hals-über-Hals-Position erwiderte. Bei Edward hatte sie das nicht getan.

Von jetzt an versuchte Edward, sich Diana zu nähern, sooft George und die übrigen Gruppenmitglieder ihr den Rücken kehrten. Warum sie ihm dies erlaubte, statt ihn anzugreifen und zu verjagen, war nicht zu verstehen. Vielleicht wurde ihre Aggressionsbereitschaft durch seine freundlichen Absichten ihr gegenüber blockiert. Die Gruppe beäugte ihn mißtrauisch, unternahm aber keinen Versuch, ihn anzugreifen, solange er sich dicht bei Diana aufhielt. Dennoch konnte ich an ihrer steifbeinigen Art, sich zu bewegen, und an den vorgestreckten Köpfen erkennen, daß ein Angriff nicht lange auf sich warten lassen würde, wenn Edward ihnen nur den geringsten Vorwand lieferte. Das einzige Gruppenmitglied, vor dem Edward noch immer die Flucht ergriff, war George. Mir tat der alte Herr leid, dessen Autoritätsstellung, wie es schien, langsam untergraben wurde.

Dann begann Edward etwas zu tun, was ich ebenfalls merkwürdig fand. Wann immer sich eine Gelegenheit dazu ergab, spielte er mit Warze und Wildfang, die fast immer für ein Spielchen zu haben waren. Er ging mit ihnen sehr behutsam um. Obwohl seine ersten Spielversuche von der übrigen Gruppe mit Interesse, wenn auch mißtrauisch verfolgt wurden, schien die Tatsache, daß Diana sich nicht einmischte und Edward davonjagte, sie von einem Angriff abzuhalten. Bald wurde das gemeinsame Spiel der Jungen mit

Edward zu einem alltäglichen Vorkommnis. Er versuchte zwar immer noch, unauffällig zu verschwinden, sobald George auf der Bildfläche erschien. Aber es sah doch so aus, als ob er langsam akzeptiert wurde.

Der einzige Mungo, der Edwards Anwesenheit noch übelzunehmen schien, war George. Der arme Kerl mußte ständig auf der Hut sein, ließ seine Frau so gut wie nie unbeaufsichtigt und wenn er von ihr wegging, dann rannte er in kurzen Abständen zurück, um seinen Rivalen wegzujagen, dessen Flucht sich allerdings immer weniger dramatisch gestaltete. Vielfach schlich sich Edward nur den Hügel hinab und versteckte sich im Gras, während George von der Spitze des Hügels seinem zurückweichenden Widersacher hinterherstarrte. Allmählich gewann ich den Eindruck, daß Edward seiner Position inzwischen ziemlich sicher war und dazu überging, seine Selbstsicherheit vor den Augen des Patriarchen auch offen und ungeniert zu zeigen. Dennoch war es bisher noch zu keiner totalen Konfrontation zwischen den beiden gekommen. Diana tat so, als gingen sie die Spannungen, die sie in der Gruppe verursachte, nichts an. Sie schien an Edwards Aufmerksamkeiten Gefallen zu finden, denn sie machte keinen Versuch, ihnen auszuweichen.

Schließlich geschah das Unvermeidliche. Als George wieder einmal zu seiner flirtenden Frau zurückkam, suchte Edward nicht das Weite, sondern rückte nur ein paar Zentimeter zur Seite und hockte sich auf einen der benachbarten Pfeiler des Termitenhügels. George schlängelte sich auf ihn zu und starrte ihn mit vorgestrecktem Hals an. Edward wandte den Kopf ab, blieb aber auf seinem Platz sitzen. Als George endlich dicht vor ihm stand, steckte Edward den Kopf zwischen die Vorderbeine, ringelte den Schwanz eng um den Vorderkörper und rollte sich zu einer Kugel zusammen – aber zu einer Kugel besonderer Art! Zwischen seinen Vorder- und Hinterbeinen ragten zwei Kiefer hervor, die weit auseinanderklafften und ihre schrecklichen Waffen sehen ließen. Dazu waren seine überaus lauten Protestschreie zu hören. George schien zu zögern. Es war die extreme Verteidigungsstellung der Mungos, die, wie ich von einigen früheren Beobachtungen her wußte, leicht in einen wütenden Angriff umschlagen konnte, wenn der Feind sich weiter näherte. George schlich mit gesenktem Kopf um Edward herum. Als er dessen ungeschützte Flanke erreichte, schnellte sein Kopf seitlich gegen Edwards Bauch. Aber auch da starrten George zwei Reihen furchterregender Zähne entgegen. Nachdem er seinen Gegner noch zweimal vorsichtig umkreist hatte, verfiel George in sein übliches Drohkratzen. Keines der anderen Gruppenmitglieder machte Anstalten, den Vater zu unterstützen, obwohl es für alle gemeinsam ein leichtes gewesen wäre, Edward zu überwältigen.

Als George schließlich seine Demonstration beendete und zu Diana zurücklief, um ihr den Hals zu beknabbern, gab Edward noch immer lautstarke Protestschreie von sich. Er blieb fast eine Minute lang zur Kugel zusammengerollt, während seine Schreie schwächer wurden, bis sie schließlich ganz aufhörten. Erst dann entrollte er sich und blickte umher. George war eifrig dabei, seine Frau im Analbereich zu putzen. Die übrigen Tiere trödelten am Fuße des Hügels herum. Statt zu verschwinden, blieb Edward, wo er war, und begann, sein Fell in Ordnung zu bringen. Seine List hatte gewirkt. George hatte zwar demonstriert, daß er Herr der Lage war, und Edward hatte sich in seine untergeordnete Rolle gefügt – wenigstens einstweilen! Aber endlich hatte er es geschafft, in die Gruppe aufgenommen zu werden. In dieser Nacht schlief er im selben Termitenbau wie sie.

Von jetzt an wurde Edward offenbar von allen Gruppenmitgliedern mehr oder weniger akzeptiert, obwohl er George und den älteren Männchen noch immer aus dem Wege ging und die meiste Zeit mit den jüngeren Tieren verbrachte, vor allem mit Warze und Wildfang, mit denen er nach wie vor häufig spielte. Diana blieb für ihn das wichtigste Gruppenmitglied. Er nahm jede Gelegenheit wahr, sich neben sie zu setzen und sie zu putzen, wenn George nicht hinsah. Meist wurden seine Aufmerksamkeiten von Diana nicht erwidert. Nur selten fand sie sich zur Gegenleistung bereit und beknabberte ihm den Hals, wenn er sich unter ihr Kinn schob, um seinerseits Dianas Nackenfell zu beknabbern. Noch hatte ich nicht gesehen, daß Edward Diana im Analbereich putzte, wenn er auch oft versuchte, den Duft ihrer Analdrüse passiv auf seinen Körper zu übertragen, indem er unter ihren Schwanz kroch und seine Flanken quer über ihre Analdrüse rieb. Nur einmal sah ich, wie Edward Diana anal zu markieren versuchte. Aber es war eine unvollständige Markierung, denn Diana stand mittendrin auf und machte sich davon.

Als George sich später zu Diana setzte, sah ich, wie er seine Nase in ihr Fell bohrte, wo Edward sie markiert hatte. Dann wurde er auf einmal sehr erregt, vergrub seine Nase noch tiefer und leckte die Stelle des Fells ab, wo die Markierung angebracht worden war. Sein Schwanz richtete sich flaschenbürstenartig auf, ein sicheres Zeichen dafür, daß sogleich etwas passieren würde. Dann begann er, seine Frau eifrig zu markieren. Diana wurde mehr als fünfzehnmal markiert, wobei George nach jeder Markierung mit seiner Nase gewissenhaft Dianas Rücken kontrollierte, bis er sich davon überzeugt hatte, daß der Duft des Rivalen verschwunden war. Er unternahm jedoch keinen Versuch, Edward oder gar Diana anzugreifen. Anscheinend war er nur daran interessiert, durch seine Unterschrift auf ihr zu erklären: »Sie gehört mir!« Georges Verhalten hatte mir eine jener Fragen beantwortet, auf die ich mir schon immer eine Antwort gewünscht hatte: Welche

Funktion haben die Analmarkierungen, die Mungos aneinander vornehmen? Sie bedeuten einfach »Wir gehören zusammen.«

In den folgenden Tagen ließ Edward in seinen Anstrengungen, sich Diana zu nähern, nicht locker. Manchmal stand sie einfach auf und ließ ihn allein. Dann wieder schien sie an seinen Annäherungsversuchen Gefallen zu finden. Nach einigen vergeblichen Bemühungen, Diana im Analbereich zu putzen, hatte Edward endlich Erfolg. Diana saß halb zurückgelehnt da und ließ sich von ihm ihre Analdrüse lecken als Beweis des höchsten Vertrauens, das ein Mungo einem Artgenossen schenken kann. Edward ließ es dabei aber nicht bewenden. Er war offensichtlich entschlossen, George die Stellung als Dianas Gemahl streitig zu machen, und versuchte nun, da man ihm *so* weit zu gehen gestattet hatte, auch den letzten Schritt zu tun, um seinen Rivalen zu verdrängen.

George nahm am frühen Morgen die Jungen fast regelmäßig zum Furagieren mit und ließ Diana auf dem Hügel zurück, wo sie meist in der Sonne lag, sich putzte und die Huldigungen der zurückgebliebenen Familienmitglieder entgegennahm. Gewöhnlich umgab sie dann ein kleines Knäuel von Mungoleibern, die entweder ihr Nackenfell beknabberten oder sie im Analbereich putzten. Edward schloß sich diesen frühmorgendlichen Ausflügen von George nie an. Vielmehr nutzte er die Möglichkeiten, die sich ihm auf diese Weise mit Diana boten. Ganz allmählich begann sie, auf seine Annäherungsversuche zu reagieren, erwiderte auch oft seine Putzaktivitäten und machte sich nur noch selten davon, wenn er sie allzu stark beanspruchte. Eines Tages, als Diana sich auf dem Termitenhügel einen anderen Ruheplatz aussuchte, sah Edward seine Chance, rannte hinter ihr her und umklammerte ihre Hüften in der für Mungos typischen Aufreitstellung, wobei er seine Pfoten in ihren Flanken vergrub. Diana reagierte alles andere als freundlich. Sie machte sich steif, krümmte den Rücken, warf mit aufgesperrtem Maul den Kopf nach hinten, um Edward ihre scharfen Zähne zu zeigen, und gab einen lauten Protestschrei von sich. Schließlich schnappte sie über die rechte und linke Schulter nach ihrem unwillkommenen Freier. Edward klammerte sich weiter an Dianas Rücken und hielt den Kopf hoch, um den wild um sich schnappenden Kiefern zu entgehen. Nun probierte es Diana mit einer anderen Taktik, indem sie sich rasch nach rechts und links drehte und Edward in eines seiner Hinterbeine zu beißen versuchte, es gelang ihm jedoch, diese nach hinten zu

Als Edward versuchte, Georges Stelle bei Diana einzunehmen,
reagierte sie auf seine Zudringlichkeiten sehr unfreundlich und schnappte
nach dem unwillkommenen Freier.

schieben, so daß Dianas Maul ins Leere schnappte. Als letztes Mittel beugte Diana ihren Körper nach unten in dem Bemühen, Edwards Schwanz zu packen. Obwohl sie sich dabei stark zusammenkrümmte, konnte sie ihn nicht erreichen. Edward verharrte stur in seiner Position. Offenbar gab es für Diana keine Möglichkeit, ihn abzuschütteln. Diana stieß noch immer laute Protest-schreie aus, als George mit den beiden Jungen aus dem Gras auftauchte und auf die beiden zulief. Im Nu stieg Edward von Diana herunter und ver-schwand um den Hügel außer Sichtweite. Diana rückte dicht an George heran. Gemeinsam kletterten sie den Hügel hinauf, wo George seine Frau einer gründlichen Putzaktion unterzog.

Edward ging in den nächsten Stunden seinem Rivalen geflissentlich aus dem Weg. Obwohl Diana ihm eine Abfuhr erteilt hatte, wollte er doch nicht so leicht aufgeben. Aber jetzt erfolgten seine Annäherungsversuche zögernd und unentschlossen. Er hob nur eine Vorderpfote und legte sie auf Dianas Rücken, dann versuchte er es wieder mit größerem Ungestüm. Ihre Reaktion war freilich immer die gleiche: Diana machte sich steif, äußerte lauten Protest, krümmte den Rücken und zog Kopf und Schwanz ein.

George hatte Edward noch immer nicht ernsthaft herausgefordert, obwohl er doch häufig zum Hügel zurückkehrte, sobald er Dianas Gezeter hörte, und Edward sich dann unauffällig verflüchtigte und eine Weile unsichtbar blieb. Nachdem Edward sechs Tage lang versucht hatte, George zu hintergehen, wurden seine Attacken gegen Diana immer dreister, und schließlich versuchte er sogar, sie direkt vor Georges Nase zu besteigen. Ich erwartete, daß George sich auf ihn stürzen würde, und ein erbitterter Kampf die Folge wäre. Aber George blickte nur starr auf das Geschehen und kam dann langgestreckt, das Kinn dicht am Boden, langsam näher. Kaum hatte Edward das gesehen, als er von Diana heruntersprang und sich mit gesenktem Kopf so hinsetzte, daß er den beiden den Rücken zukehrte. Diana stand noch immer unbeweglich, während George, den Körper dicht an den Boden gepreßt, auf seine Frau zukam und ihre Analdrüse zu untersuchen begann. Als George mit seinem ausgiebigen Beschnüffeln des Analbereichs fertig war, trottete sie von dan-nen. George warf Edward nur einen flüchtigen Blick zu – er saß noch immer mit dem Rücken zu ihm – und trottete dann hügelabwärts hinter seiner Frau her.

Obwohl Edward erst seit zehn Tagen in der Gruppe war, benahm er sich, als stehe er mit George auf gleicher Stufe. Georges Verhalten wurde immer reizbarer, und sein Schwanz glich fast ständig einer Flaschenbürste. Was den entscheidenden Streit auslöste, konnte ich nicht feststellen; denn er fand eines Morgens in aller Frühe in den Tiefen des Termitenhügels statt, in dem die Gruppe die Nacht verbracht hatte. Die Sonne war gerade aufgegangen, und ich bereitete mich auf meine tägliche Beobachtungsarbeit vor, als ich durch die dicken Wände des Termitenbaus heftige Protestschreie vernahm, die überhaupt nicht aufhörten. Dann war plötzlich alles still. Dann erneute Protestschreie und das schwache Fauchgeräusch eines Tieres, das höchste Verteidigungsbereitschaft signalisierte. Dann wieder Stille.

Aus dem Hügel war schon fast fünf Minuten lang kein Laut zu hören gewesen. Ich versuchte angestrengt, im Dunkel der Öffnungen zu den Belüftungsschächten eine Bewegung zu erkennen. Aber alles blieb ruhig. Plötzlich schoß aus einem der Löcher auf der Hügelspitze etwas mit einer Wucht heraus, als sei es aus einer Kanone abgefeuert worden. Zunächst konnte ich nicht erkennen, um wen es sich handelte. Doch als das pelzige Etwas sich mir zuwandte, sah ich, daß es Edward war – ihm fehlte noch ein halbes Ohr! Der lang erwartete Kampf zwischen ihm und George hatte offenbar stattgefunden!

Edward, dem Blut über das Gesicht rann, drehte sich um, spähte in das Loch, aus dem er soeben hinausbefördert worden war, und begann aufs neue mit seinem Protestgeschrei. Von George oder einem der anderen Gruppenmitglieder war nichts zu sehen. Edward umkreiste das Loch, lugte ab und zu hinein und schrie aus Leibeskräften. Es mußte ein ziemlicher Kampf stattgefunden haben, denn abgesehen vom abgerissenen Ohr fehlte Edward im Nacken an zwei Stellen das Fell. Außerdem hatte er auf der Nase eine Wunde. Nie zuvor hatte ich Edward so elend und so defensiv gesehen. Schließlich entfernte er sich von dem Loch und setzte sich, noch immer mit gesträubtem Fell und zusammengesunken, auf einen der Gipfel des Hügels in die Sonne. Kurz danach kam Weißhals aus dem Hügel, warf Edward einen flüchtigen Blick zu und bezog dann auf der anderen Hügelseite Posten.

Innerhalb der nächsten zehn Minuten kletterten die übrigen Familienangehörigen aus ihren Löchern. Edward hielt sich abseits. Niemand setzte sich neben ihn. Dann erschien Diana und nach ihr George. Diana hatte auf der Nase eine Bißwunde, und George fehlten an verschiedenen Stellen von Kopf und Hals die Haare. Steifbeinig ging George auf Edward zu. Der wandte sich halb um, sah ihn an, gab einen schwachen Protestschrei von sich, tat dann so, als wolle er den Hügel hinabbrennen, drehte sich jedoch mit einem plötzlichen Ruck um und starrte George mitten ins Gesicht. Dann kroch er hinüber zu ihm, begrüßte ihn lautstark und betastete mit der ausgestreckten Vorderpfote Georges Gesicht: Edward hatte sich gefügt und George als ranghöheren Artgenossen akzeptiert. Die endgültige Entscheidung war gefallen.

George unternahm in den folgenden Tagen keinen weiteren Versuch, Edward zu imponieren, und Edward ging ihm und Diana aus dem Wege. Er schien jegliches Interesse verloren zu haben, der Matriarchin weiter den Hof zu machen, und trottete gewöhnlich mit dem Rest der Familie hinter ihr her, wenn die Gruppe durch das Gelände streifte. Auch begann Edward jetzt turnusmäßig den Wachdienst zu übernehmen, wenn die anderen beim Furagieren waren, was er vor seinem Sturz nur sehr selten getan hatte. Die restlichen Gruppenmitglieder verhielten sich freundlich zu ihm und setzten sich gelegentlich neben ihn, um ihn zu putzen. Aber Edward war zu Gegendiensten nicht besonders gern bereit. Goldie und Notch bemühten sich vor allen anderen, sein Interesse zu wecken, indem sie sich dicht an ihn kuschelten und ihn sowohl im Analbereich wie auch um den Hals herum putzten, was er in gleicher Weise erwiderte.

Es dauerte jedoch geraume Zeit, bis die in der Gruppe herrschende Spannung sich legte. Zum ersten Mal hatte ich zwischen zwei Tieren, die in derselben Gruppe lebten, einen echten Kampf erlebt, bei dem Blut geflossen war. Obwohl sehr aggressiv gegen fremde Artgenossen, hielten sich die Mungos sonst an den Grundsatz des häuslichen Friedens. Die geringfügigen Streitereien, die sie gelegentlich untereinander hatten, wurden ja gewöhnlich schon dadurch im Keim erstickt, daß irgend jemand zu den Kontrahenten hinrannte und sie überschwenglich begrüßte, ein Verfahren, das Aggressionsgelüste zu verhindern schien. Selbst die kleinen Kabbeleien um Futter waren nie ernst gemeint, obwohl die Tiere dabei wütend knurrten, sich gegenseitig Hüftschwinger versetzten und gelegentlich sogar mit aufgesperrtem Maul und schreiend aufeinander losgingen. Der Schutz vor ernsthaften Streitigkeiten innerhalb der Familie war nahezu perfekt.

Erst als ich ein Vorkommnis in meiner zahmen Mungogruppe beobachtete, wurde mir klar, welche Bedeutung diese Verhaltensbeschränkungen für die Mungos hatten. Wenn das Sicherheitssystem versagte wie in dem von mir beobachteten Fall, bedeutete es normalerweise den sicheren Tod für den Betroffenen. Das Opfer war ein jugendliches, fast ein Jahr altes Weibchen. Die Gruppe mußte sich auf nur einen Abschnitt ihres gewohnten Auslaufbereichs beschränken, was allmählich zu immer stärkeren Spannungen und Mißhelligkeiten zwischen den Gruppenmitgliedern führte. Ich weiß nicht, was das betreffende Weibchen getan hatte und warum es Opfer eines Angriffs wurde. Als erstes sah ich, wie sich Vater und Mutter mit gesträubten Haaren auf ihre Tochter stürzten. Einer packte sie am Hals, der andere an einem Hinterbein. Sie äußerte einen lauten Protestschrei, worauf die ganze Gruppe über sie herfiel, so daß sie unter einem Knäuel von Mungoleibern fast begraben wurde. Ich wehrte die Angreifer mit einem Besenstiel ab und versuchte, das Weibchen einzufangen, was mir aber nicht gelang. Daher beschloß ich abzuwarten, was geschehen würde, falls die Gruppe erneut geschlossen das Weibchen angreifen sollte. Doch statt dessen wurde es nach

Edward, der Nebenbuhler, hatte sich um die Fürstenwürde beworben und war gescheitert.

dem ersten Angriff von allen ignoriert. Die kleine Mungodame zog sich auf eine Kiste in der Ecke des Raumes zurück und saß mit gesenktem Kopf und geschlossenen Augen zusammengekauert da. In den nächsten zwei Tagen rührte sie sich nicht vom Fleck und verließ ihre Ecke weder zum Fressen noch zum Trinken. Ihr Körper war mit Bißwunden übersät. Aber keine schien tödlich zu sein oder sie auch nur kampfunfähig gemacht zu haben. Am dritten Tag kletterten zwei ihrer Brüder auf die Kiste und setzten sich neben ihre Schwester, einer auf jeder Seite, kuschelten sich an sie und putzten sie. Aber von ihr kam keine Reaktion. Für den Fall, daß sich ihr Zustand nicht bessern sollte, beschloß ich, sie am nächsten Tag aus dem Gehege zu nehmen und in einem geräumigen Käfig unterzubringen, wo ich sie mit appetitanregenden Leckerbissen füttern wollte. Aber es war schon zu spät. Am nächsten Morgen lag sie tot oben auf der Kiste, auf der sie, ohne sich zu rühren, drei Tage lang gehockt hatte. Sie war dem Schock und dem Streß zum Opfer gefallen, die der konzentrierte Angriff ihrer ganzen Familie in ihr ausgelöst hatte.

Edward ließ sich sein schmerzhaftes Erlebnis offenbar eine Lehre sein, denn er unternahm keine weiteren Versuche, sich Diana zu nähern. Erst rund vier Wochen später sah ich, wie er sie putzte. Aber es handelte sich nur um ein kurzes, wenn auch freundschaftliches Beknabbern des Nackens, das nichts weiter besagte. Edward hatte sich, wie es schien, unter den rangtiefen erwachsenen Männchen eingewöhnt, stand aber offenbar auf einer noch tieferen Stufe als alle anderen, denn selbst Weißhals, der von den dreien der rangtiefste war, durfte Edward eine Heuschrecke, die er gefangen hatte, wegnehmen. Im großen und ganzen hatte er sich jedoch mit seiner Rolle abgefunden, verrichtete mit den anderen seinen Wachdienst und stand in vorderster Reihe, wenn die Gruppe einem Schakal oder einer Schlange begegnete. In seinem Verhalten war er inzwischen kaum noch von Dianas älteren Söhnen zu unterscheiden. Nur für die älteren rangtieferen Weibchen der Gruppe, vor allem für Notch, wirkte er anziehend. Ich fragte mich, ob sich daraus später im Jahr, wenn die Fortpflanzungszeit bevorstand, ein neuer Streitfall entwickeln könnte, da ich Georges Einstellung zu sexuellen Beziehungen zwischen rangtiefen Gruppenmitgliedern kannte. Edwards Ohr war mittlerweile verheilt, doch blieb von der Bißwunde, die George ihm zugefügt hatte, eine Narbe zurück. Edward hatte sich um die Fürstenwürde beworben und war gescheitert.

14 Gemeinsam stehen wir, getrennt fallen wir!

Mehrere Jahre hatte ich in der Taru-Wüste und anderswo in Kenia wie auch bei meiner zahmen Gruppe in Europa mit geduldigem Beobachten zubringen müssen, bis ich das Leben der Zwergmungos zu verstehen begann. Auf freier Wildbahn war es ein schweres Leben, denn tagtäglich schwebte der Tod über ihnen auf taubengrauen oder dunkelbraunen Schwingen oder er schlich auf vier Füßen durch den Busch. Aber die Mungosippe hatte es geschafft zu überleben, indem sie eines der kompliziertesten Sozialsysteme entwickelte, die bei Säugern bekannt sind, ein System, das weit über alles hinausgeht, was man von den im Grunde wenig attraktiven kleinen Geschöpfen erwarten konnte. Ich hatte Dianas Familie so gut kennengelernt, daß sich ihr Leben vor mir ausbreitete, und ich mich fast dazugehörig fühlte. Keine der kleinen Schwächen des einen oder anderen Tieres war mir verborgen geblieben: Vanessas heftige Zuneigung zu Twin, Georges Übellaunigkeit, Mojas Freundschaft mit seinem Bruder Rusty. Als Tatu starb, war ich vermutlich aufgeregter als Diana. Als M'bili nach der Schlacht am Drachenhügel verschwand, fühlte ich mich beinahe verpflichtet, nach ihm zu suchen. Jetzt hatte die Gruppe zwei neue Mitglieder, Veronica und Edward, und ich war gespannt, welche Neuordnung stattfinden würde, um den Verlust zweier Mitglieder und den Ersatz durch zwei Fremde auszugleichen.

Nach Tatus Tod schien sich Flecks Freundschaft mit Blackie noch zu vertiefen. Er verbrachte die meiste Zeit mit seinem Kameraden, wenn die beiden nicht gerade Wachdienst hatten oder damit beschäftigt waren, zu anderen Gruppenmitgliedern nett zu sein. Im Laufe der nächsten Wochen fiel mir auf, daß er zu Veronica besonders nett war. Goldie hatte etwa das gleiche Alter wie sie. Nach dem Verlust ihres Freundes M'bili nahm ich an, andere alleinstehende Männchen in der Gruppe würden Annäherungsversuche machen. Aber ich konnte nichts dergleichen beobachten. Goldie schien ihre Gunst nahezu gleichmäßig auf alle Gruppenmitglieder zu verteilen, wobei sie zwischen männlichen und weiblichen Mungos keinen Unterschied machte. Goldie und anderen Familienmitgliedern war bei der Schlacht am Drachenhügel so übel mitgespielt worden, daß sie das Fehlen M'bilis meines Erachtens erst einige Tage später bemerkten. Auch dann unternahm Goldie keinen Versuch, ihren Freund zu suchen oder nach ihm zu rufen. Sie drängte sich nur eng an die anderen, wenn sie eine Ruhepause einlegten, indem sie sich beharrlich dazwischenschob. Selbst Monate danach hatte sie mit keinem anderen Mitglied der Gruppe Freundschaft geschlossen. Veronica war offenbar kein Ersatz. Die beiden Weibchen gingen sich eher aus dem Wege.

Fleck war eines der ersten Männchen gewesen, von denen Veronica nach ihrer Ankunft näher inspiziert worden war und das den über sie verhängten Bann gebrochen hatte, indem es sie nicht angriff. Die Beziehung, die dadurch von Anfang an bestanden hatte, gewann jetzt mehr und mehr an Bedeutung. Ich weiß nicht, ob Veronica gegenüber Fleck so etwas wie Dankbarkeit empfand, weil er der erste war, der sie akzeptierte, oder ob sie ihn lediglich attraktiv fand, so wie er sie. Fest stand, daß die beiden jetzt häufig zusammen zu sehen waren, eine Variante der einstmals jungen Liebe zwischen Vanessa und Twin. Natürlich machten sie von ihrer Beziehung nicht viel Aufhebens, sondern bemühten sich im Gegenteil, das Verhältnis vor Georges forschenden Blicken soweit wie möglich zu verbergen. Aber die Begegnungen der beiden gingen weit über Zufälligkeiten hinaus!

Notch war noch immer ledig, obwohl ihr Verhältnis mit Narbe fortbestand. Edwards Ankunft in der Gruppe mußte sie in eine typisch weibliche Unruhe versetzt haben, denn sie unternahm so ziemlich alles, was eine Mungodame tun konnte, um seine Aufmerksamkeit zu erregen. Aber wieder war alles umsonst. Während ich Edward und die Entwicklung seiner Beziehungen zu anderen Gruppenmitgliedern beobachtete, stellte ich fest, daß er in seinem Verhalten Weißhals sehr ähnlich war. Der einzige Stern an seinem Mungohimmel war Diana, während alle anderen Weibchen, auch wenn er sich ihre Aufmerksamkeiten gefallen ließ, für ihn mehr oder weniger nur Staub im Winde darstellten. Die heftige Zuneigung zu Diana brachte ihn mehrere Male in einen scharfen Interessenkonflikt mit Weißhals, aus dem sich bei zwei Gelegenheiten beinahe regelrechte Kämpfe entwickelt hätten, die aber von Warze, Wildfang und Moja rechtzeitig im Keim erstickt wurden.

Einmal saß Weißhals frühmorgens neben Diana und beknabberte ihr Nackenfell, während George sich am Fuße des Hügels an der Markierungsstelle aufhielt. Wie durch Zufall kam Edward hinzu, setzte sich auf die andere Seite zu Diana und fing ebenfalls an, sie zu beknabbern. Diana sah sich einem Konflikt gegenüber. Sie revanchierte sich bereits, indem sie Weißhals beknabberte, und nun erfolgte der Reiz, der das Zurückknabbern auslöste, auch noch von der anderen Seite. Diana hielt in ihrer Putztätigkeit inne und saß ruhig zwischen den beiden Männchen, die ihre Knabbertätigkeit ebenfalls einstellten und sich über Dianas Schulter hinweg wütend anstarrten. Ich weiß nicht, ob Diana spürte, daß sich etwas zusammenbraute. Aber plötzlich stand sie auf, trottete hinab zu George und überließ die beiden Rivalen sich selber. Sie starrten sich noch immer lautlos an. Edwards Schwanzhaare richteten sich auf. Aber keiner der beiden Kontrahenten rührte sich von der Stelle. Weißhals starrte seinen Nebenbuhler weiterhin aggressiv und herausfordernd an, so daß Edward sich eigentlich hätte abwenden und das Weite suchen sollen. Aber gerade das tat er nicht. Endlich war es doch noch zu der entscheidenden Kraftprobe zwischen den beiden gekommen! Aber bevor noch etwas geschehen konnte, mußte Wildfang gemerkt haben, was vor sich ging, denn sie stürzte sich laut grüßend zwischen die beiden Widersacher und begann, Weißhals auf die Nase zu stupsen. Ihr Gezwitscher lockte Warze an, der nun gemeinsam mit seiner Schwester die Situation rettete. Die beiden Männchen zogen sich voneinander und den wie wild grüßenden Jungtieren zurück. Immer wenn in den folgenden Wochen solche Zwischenfälle sich gefährlich auszuweiten drohten, wurde die Lage stets von den Jungtieren gerettet. Aber das Problem der Priorität von Dianas Liebhabern blieb weiterhin ungelöst.

Mir ist keine andere hochentwickelte Säugetierart bekannt, die über eine Struktur des Gruppenverhaltens verfügt wie die Zwergmungos. Die Evolution hatte sie vor ein Problem gestellt, das sie lösen mußten: nämlich friedlich miteinander in einer Gruppe zu leben, die maximalen Überlebenschancen eines jeden Gruppenmitglieds zu sichern und die Größe der Gruppe nicht so anwachsen zu lassen, daß es für alle nicht mehr genügend Nahrung gab. Die Mungos hatten die Probleme gelöst und waren sogar noch weiter gegangen, indem sie zu Gruppengefährten echte Gefühlsbindungen entwickelten. Sie waren zu einer Lösung gelangt, mit der keine andere bekannte Säugergruppe konkurrieren konnte – mit Ausnahme des Menschen.

Im Verlauf vieler Stunden, in denen ich das Alltagsleben der Mungos beobachtete, gelangte ich zu der Erkenntnis, daß das, was ich hier sah, eine Arbeitsteilung war, die in vergleichbarer Form nur von den gesellig lebenden Insekten wie Bienen, Wespen, Ameisen und Termiten und bei den Säugern nur vom Menschen bekannt ist. Jedes Mitglied der Gruppe hatte ungeachtet seiner individuellen Bindungen und Vorlieben ganz bestimmte Aufgaben zu erfüllen, wenn die Gruppe reibungslos funktionieren und ihren Fortbestand sichern wollte. Diana war die Anführerin der Gruppe. Sie führte der Gruppe auch neue Mitglieder zu, denn sie war die einzige, die ihre Jungen mit Erfolg aufzuziehen imstande war – oder aufziehen durfte. Dagegen waren die Jungen von Notch unmittelbar nach der Geburt verschwunden. George hatte neben seiner Aufgabe, Diana zu befruchten, noch zwei weitere Rollen. Er war derjenige, der die Gruppe in die Schlacht führte und der sich um die Moral in der Familie kümmerte. Darum gehörte er zu den am meisten beschäftigten Gruppenmitgliedern. Ihm wurde sogar das Füttern der Babys aufgehalst, sobald sie alt genug waren, ihn zu begleiten! Auch die Jungtiere wurden rasch zu allen möglichen Aufgaben herangezogen. Sie waren nicht nur Friedensstifter innerhalb der Gruppe, sondern folgten George dicht auf den Fersen, wenn die Gruppe gegen eine andere zu Felde zog. Sie waren das Kanonenfutter. Die rangtiefen Weibchen fungierten nicht nur als Babysitter, sondern beteiligten sich auch am Wachdienst, wenn die Gruppe durch das Gelände streifte. Das war auch die Hauptaufgabe der subadulten Männchen wie Blackie, Fleck und Rusty. Galt es jedoch einer Gefahr zu trotzen und mit Situationen fertig zu werden, bei denen ein Tier schwer verletzt oder gar getötet werden konnte und wo Größe und Körperkraft von vorrangiger Bedeutung waren, dann traten Twin, Narbe, Weißhals und in jüngster Zeit Edward in Aktion. Wie viele Male hatte ich diese Männchen Schlangen, Schakale und Blacktip-Mungos angreifen sehen! Stets standen sie in vorderster Reihe, um dem Feind die Stirn zu bieten.

Das System funktionierte offenbar perfekt, aber noch immer wußte ich nicht, wie. Übernahmen die Tiere, wenn sie ein bestimmtes Alter erreichten, einfach diese Aufgaben oder wurden sie ihnen beigebracht? Für die erste Hypothese lieferten mir die Jungtiere ein Beispiel. Ihr Futterbetteln ging, als sie älter wurden, ganz allmählich in ein Begrüßen über. Aber niemand hatte ihnen gezeigt, wie das vor sich ging. Sie waren in ihre Rolle als Friedensstifter mit der Zeit gewissermaßen hineingeschlüpft. Im Falle der jungen Männchen wußte ich allerdings, daß ihnen von den älteren Brüdern beigebracht wurde, wie man den Wachdienst zu versehen hatte. Aber wer informierte Narbe und Twin, daß sie Feinde zuerst angreifen sollten, und wer sagte den Jungen Bescheid, daß sie dicht hinter George folgen sollten, wenn er in den Kampf zog? Auf all diese Fragen wußte ich zunächst keine Antwort, und es konnten Jahre vergehen, bevor ich eine fand.

Obwohl jede dieser Funktionen in erster Linie von einer ganz bestimmten Kategorie von Tieren übernommen wurde, verlieh ihnen das keineswegs eine Sonderstellung; denn Mungos waren Allerweltskerle, Hansdampfe in allen Gassen, und jedes Gruppenmitglied konnte im Notfall überall einspringen. George zog nie mit den Jungtieren allein in den Kampf. Immer folgte die übrige Gruppe hinterdrein. Doch war bezeichnend, daß er und seine jüngsten Kinder in der vordersten Linie standen. Bei Freßfeinden jedoch schlugen Narbe, Twin und Weißhals sich unmittelbar an der Front und trugen die Hauptlast des gegnerischen Angriffs; aber die übrigen Gruppenmitglieder nahmen fast unverzüglich den Kampf auf. Nur

*Wachdienst gehörte zu den Hauptaufgaben der subadulten Männchen,
und tagtäglich schwebte der Tod auf ausgebreiteten Schwingen über ihnen
oder schlich auf vier Füßen durch den Busch.*

George verbrachte anscheinend die meiste Zeit mit Drohkratzen, während Diana sich selber und ihre jüngsten Kinder gewöhnlich aus allem heraushielt.

Die Weibchen, die Babysitterdienste verrichteten, hatten, wenn sie sich um die Jungen kümmerten, ein männliches Tier bei sich, das als Wachposten fungierte und meist auf der Spitze des Termitenhügels saß, während der Babysitter drinnen blieb, wenigstens in den ersten zwei Wochen. Offenbar konnte jeder einspringen, wenn es die Umstände erforderten. Aber das erklärte noch immer nicht, warum bestimmte Verhaltensweisen ganz bestimmten und nicht auch den anderen Gruppenmitgliedern zugeordnet waren.

Eine der Fragen, die mich von Anfang an beschäftigt hatte, lautete: Wie gelangt frisches Blut in die Mungofamilie? Ich hatte zwar miterlebt, wie es neuen Individuen gelang, sich der Gruppe anzuschließen. Aber der geglückte Anschluß an die Gruppe war etwas ganz anderes als der Aufstieg zu ihrem Anführer. Und gerade dies war von Bedeutung, wenn Junge gezeugt und aufgezogen werden sollten. Nachdem ich gesehen hatte, wie Edward um Dianas Zuneigung geworben hatte und mit seinen Bemühungen gescheitert war und wie er und Weißhals jetzt mehr oder weniger die gleiche Rolle in der Gruppe spielten, fragte ich mich, was wohl geschähe, wenn George eines Tages etwas zustieße. Was würde Diana tun? Wen würde sie als Ersatz für ihren Ehemann wählen, falls sie überhaupt jemanden wählte? Würde sie automatisch ihre Stellung als Anführerin der Gruppe verlieren und zugunsten einer der jüngeren Anwärterinnen, die bereits einen Gefährten in Aussicht hatten, auf ihren Posten verzichten müssen? Ich wußte es nicht. Nur durch geduldiges Beobachten war auch dieses Rätsel zu lösen. In der Gruppe gab es wenigstens zwei Männchen, die es kaum noch erwarten konnten, Georges Stelle einzunehmen. Aber das hing davon ab, ob Diana einen von ihnen akzeptierte oder ob Vanessa, die als nächste Aussicht auf das Amt der Königin hatte, ihren Anspruch geltend machte. Wenn sie es tat, was würde dann aus Diana werden? Würde man sie sozial einfach fallenlassen oder würde sie sogar gezwungen sein, die Gruppe zu verlassen? Ich konnte sie mir als Untergebene eines der jüngeren Weibchen nur schwer vorstellen; denn Hand in Hand mit ihrer Königinnenwürde war auch eine Veränderung des Körperbaus vor sich gegangen. Sie war fast doppelt so groß wie ihre Töchter, und ich konnte mir nicht ausmalen, daß sie sich von ihnen herumstoßen und schlecht behandeln lassen würde.

Mochte das Verfahren, die neugeborenen Jungen rangtieferer Weibchen zu töten und zu fressen, auch grausam erscheinen, aus zwei Gründen war es von entscheidender, ja lebenswichtiger Bedeutung, wenn die Gruppe als Funktionseinheit fortbestehen sollte. Zunächst gab es das Problem der Nahrungsbeschaffung. Obwohl die Mungos in manchen Jahreszeiten im Überfluß lebten, stand Nahrung während der Trockenperiode in wesentlich geringerer Menge zur Verfügung. Es war nicht schwer, sich vorzustellen, was geschähe, wenn die Regenfälle ausblieben und es kein frisches Grünzeug gab, um die Insekten zu ernähren, auf die die Mungos angewiesen waren. Zumindest für einige Gruppenmitglieder mußte das den Tod bedeuten, für alle Tiere dagegen eine Schwächung. Da ich wußte, daß Jungtiere unter normalen Verhältnissen beim Futter Vorrang hatten, fragte ich mich, wie es ihnen erginge, wenn die Gruppe hungern mußte: ob man ihnen dann auf Kosten älterer Gruppenmitglieder noch immer Nahrung zukommen lassen würde oder ob die Natur der Zeugung weiteren Nachwuchses einen Riegel dadurch vorschob, daß Diana nicht brünstig wurde. Bei zahlreichen Tierarten scheint in Notzeiten der normale Geschlechtszyklus der Weibchen unterbrochen zu werden, so daß es zu keiner Empfängnis kommt. Dies war ebenfalls eine Frage, auf die ich zunächst noch keine Antwort wußte; erst weitere Jahre gewissenhaften Beobachtens würden mir darüber Aufschluß geben können.

Abgesehen von der Notwendigkeit des Nahrungserwerbs gab es noch ein anderes Problem, das sofort akut wurde, falls man den rangtieferen Weibchen gestattete, ihre Babys aufzuziehen. Die Familie würde zerfallen; denn das Leben der Mungos und ihre Fähigkeit, ihren Fortbestand zu sichern, beruhten auf der in der Gruppe praktizierten Arbeitsteilung. Die Gruppe als Ganzes konnte es sich nicht leisten, in ihren Reihen eine Splittergruppe mit einem anderen Alphaweibchen und einem anderen Alphamännchen zu haben. Das würde zu Spannungen, Streitigkeiten und schließlich zur Auflösung der Gruppe führen. Nach dem Zerfall der Gruppe würde den einzelnen Tieren wahrscheinlich der sichere Tod drohen von einem der zahlreichen buschbewohnenden Beutegreifer, sofern die Mungos nicht ihre Gewohnheiten radikal änderten und als Einzelgänger durch das Unterholz schlichen. Wenn die Mungos weiterhin eine reibungslos funktionierende Gruppe bleiben wollten, gab es für Satellitenkönige und -königinnen keinen Platz. So gefühllos es auch erscheinen mochte: Die Babys mußten verschwinden.

Unter den gegenwärtigen Umständen war Dianas kleine Schar jedenfalls optimal für das Überleben angepaßt, ein Überleben, in dem sich auch echte Zuneigung fand. Sehr oft mußte ich mich förmlich dazu zwingen, die Mungos nicht zu vermenschlichen und sie und ihre Verhaltensweisen nicht mit menschlichen Maßstäben zu messen, wenn ich ihnen beispielsweise Gefühls-

Die Fähigkeit der Mungos, in der Gruppe zu leben und alle Arbeiten zu teilen, sichert das Überleben der Art. $\triangleright$

regungen zuzuschreiben versucht war, die Tiere vermutlich nicht besitzen. Wenn Leute hören, daß ich viele Jahre mit dem Studium der Zwergmungos verbringe, und mir dann – recht häufig – die Frage stellen, warum ich das tue, bin ich ehrlich um eine Antwort verlegen. Es geht weit darüber hinaus, lediglich genauere Kenntnisse über eine Tierart zu erlangen, die mit uns das Leben auf diesem Planeten teilt. Die Mungos weisen ungeachtet der Tatsache, daß sie mit den Primaten, von denen wir Menschen abstammen, nicht verwandt sind, derart viele »menschliche« Eigenschaften in ihrem Verhalten auf, daß meine Entdeckungen nicht nur für die Wissenschaft von Interesse sind, sondern auch für uns Menschen nützlich sein könnten. Die Mungos faszinieren mich nicht nur als Wissenschaftlerin, sondern bereicherten mein Leben auf eine völlig neue Art, indem sie mich einen Blick in ihr Leben tun ließen. Ich sehe mich jetzt besser imstande, bestimmte zwischenmenschliche Situationen zu analysieren und zu begreifen, indem ich auf ähnliche Situationen zurückgreife, die ich bei der Mungofamilie beobachtet habe. Oft ertappe ich mich bei dem Gedanken: Was hätte wohl Diana in einer solchen Lage getan? oder: Dieser Kollege benimmt sich genau so wie seinerzeit George!

Die Mungos haben mich noch etwas Wertvolles gelehrt, nämlich wie man Dinge und Erlebnisse objektiviert. Ihnen verdanke ich, daß ich mein eigenes Leben mit neuen Augen zu sehen begann und mit meinem Schicksal nicht länger unzufrieden bin. Selbst wenn sie mir nichts weiter eingebracht hätten, so wäre doch das schon ein Gewinn. Wenn ich ihren tagtäglichen Kampf ums Überleben beobachtete, den schwierigen Umweltverhältnissen zum Trotz, von denen ich mir als Mensch nie eine rechte Vorstellung machen konnte, und wie sie bei der Bewältigung von Problemen persönliche Feindschaften beilegten, indem sie sich in jeder Lage gegenseitig halfen, dann fragte ich mich bisweilen, was Menschen wohl meinen, wenn sie sagen: »Wir sind alle Brüder.«

Der Zeitpunkt meiner Abreise – ein sechsmonatiger Aufenthalt in Europa stand bevor – rückte näher, und ich mußte Diana und den Ihren Lebewohl sagen. Ich wollte meinen letzten freien Tag mit ihnen verbringen, ehe ich das Lager abbrach und mit Danson und Sammy nach Nairobi fuhr. Von hier sollten meine beiden Boys wieder zu ihren Familien zurückkehren, ich dagegen in die Bundesrepublik Deutschland, wo meine Arbeit an der Universität auf mich wartete.

Es war ein ganz normaler Tag. Die Mungos standen wie gewöhnlich auf, George zeigte gute Laune. Sie markierten und putzten sich, dann zogen sie gemeinsam mit den Tokos zum Furagieren los. Ein Raubadler hielt die Gruppe zwei Stunden lang in Schach. Mittags machte sie ein Schläfchen, stand wieder auf und zog mit ihren Tokofreunden erneut auf Nahrungssuche, bis sie sich am Abend schlafen legte. Ich lauschte ihrem unermüdlichen

Geschnatter: Dianas Aufforderung: »Los, auf geht's«, wenn sie den Ruf »Ausrücken!« ertönen ließ; Georges »Hier bin ich, hier bin ich«, während er ihr dicht auf den Fersen folgte; Mojas »Wo seid ihr?«, wenn er damit beschäftigt war, eine Maus auszugraben, und nicht gemerkt hatte, daß die anderen schon längst fort waren; die wütenden Rufe der ganzen Mungofamilie »Seht, seht, ein Adler«, wenn sie den Vogel beschimpften, der im Dornbaumgeäst über ihnen hockte; Vanessas knurrendes »Gib *mir* das!« und Twins protestierendes »Greif mich nicht an – du kannst es haben!«, wenn sich beide über die Besitzrechte an einem Käfer stritten, den sie aufgestöbert hatten. Auch wenn ich die Tiere nicht sehen konnte, war ich genau im Bilde, was zwischen ihnen vor sich ging. Sie verrieten es mir auf Mungonesisch, das ich mittlerweile fast ebensogut verstehen konnte wie die Mungos selber. Doch wie sollte ich *ihnen* klarmachen, daß das riesige Metallungetüm, das samt seiner beobachtenden Insassin hier gestanden und die Tiere auf ihren Streifzügen begleitet hatte, für einige Monate nicht mehr an der gewohnten Stelle stehen würde? Würden sie überhaupt merken, daß ich fort war?

Ich saß da, bis die letzten Sonnenstrahlen, die das Fell der kleinen Geschöpfe rot aufleuchten ließen, verschwunden und sie einer nach dem anderen in die Löcher des Termitenhügels geschlüpft waren. Nur Weißhals blieb noch oben, und wir sahen uns lange an, ich voller Trauer, er gleichgültig. Der letzte Lichtschimmer verblaßte, und nun wandte sich auch Weißhals um und zog sich zu seiner Familie zurück. Ich fühlte mich verlassen und sehr einsam. Eine Beklommenheit, die man verspürt, wenn man sich von alten Freunden trennt, von denen man einige vielleicht nie wiedersieht. Ich hatte keine Ahnung, was der Gruppe in den nächsten Monaten widerfahren und wie viele der vertrauten Gesichter ich bei meiner Rückkehr noch vorfinden würde. Das Zusammengehörigkeitsgefühl, das ich mit der Familie der Mungos empfand und das sich meinerseits auf Zuneigung, ihrerseits auf Vertrauen gründete, wurde auseinandergerissen, so daß ich mich der irrationalen Frage nicht erwehren konnte: Was werden sie ohne mich anfangen?

Irgendwo in der dämmerigen Ferne ließ ein Heller Singhabicht seinen eigenartig pfeifenden Ruf durch den Busch erschallen, in dem es sich jetzt zu regen begann. Aus einer anderen Richtung drang das Kläffen eines Schakals an mein Ohr. Wie sagt man zu Mungos Lebewohl? Ich wußte es nicht, denn sie haben in ihrer Sprache keinen Laut für diesen Begriff, der ihnen völlig fremd ist. Schließlich brachte ich den Wagen in Gang und fuhr langsam in die dichter werdende Dunkelheit – zurück zum Lager, zurück nach Europa und in die Zivilisation. Während der Wagen über die ausgefahrene Straße dahinholperte, stellte ich mir die Frage: Was bedeutet eigentlich menschliche Zivilisation? Ich war mir der Antwort nicht ganz sicher.

15 Fünf Jahre später

Während der nächsten fünf Jahre verbrachte ich jeden Winter vier Monate bei Diana und ihrer Familie, beobachtete ihre Sorgen und Nöte in der grausamen Buschwelt und nahm Anteil an ihren kleinen Siegen über die Widrigkeiten des Daseins. Heute sind von der ursprünglichen Gruppe, der ich vor so vielen Jahren am Home-Hügel begegnet war, nur noch wenige Tiere übriggeblieben. In der Zwischenzeit war so viel geschehen, das ich beobachten konnte, das sich teilweise aber auch ereignete, während ich mich in Europa aufhielt. Mehr oder weniger erwartungsgemäß hatte Notch im folgenden Jahr die Hauptgruppe verlassen und Narbe mitgenommen, der ihr Gefährte und somit das neue Alphamännchen war. Zu meiner Überraschung hatte Fleck sich ihnen angeschlossen. Sie bezogen ein kleines Gebiet, das an Dianas Territorium grenzte, und hatten drei Junge. Ich freute mich darüber, denn ich glaubte damals, es sei mir gelungen, die Gründung einer neuen Dynastie zu beobachten, mit Notch und Narbe als Stammeltern. Es bedurfte noch weiterer, in jahrelanger Arbeit gesammelter Beobachtungsergebnisse, um zu begreifen, wie sehr ich mich geirrt hatte. Notchs erster Wurf kam auf tragische Weise ums Leben. Kaum eine Woche nachdem die Mungobabys begonnen hatten, die erwachsenen Tiere bei der Nahrungssuche zu begleiten, stieß das Verhängnis auf grauen Schwingen vom Himmel herab. Mit nur drei erwachsenen Tieren in der Gruppe und drei Babys, die betreut werden mußten, war das Leben für Notchs kleine Familie eine rechte Plackerei, so daß oft ein heilloses Durcheinander herrschte. Alle drei erwachsenen Tiere pflegten die Babys gleichzeitig auf Nahrungssuche zu führen, so daß niemand als Wache zurückblieb, und da die Gruppe so klein war, zog auch kaum ein Toko mit. Daher waren die Mungobabys ohne jeden Schutz. Schutzlosigkeit im Busch jedoch ist zu gefährlich.

Wieder einmal zogen alle eines Morgens los. Jedes erwachsene Tier hatte ein Baby im Schlepptau, niemand war als Wache zurückgeblieben, und im Nu hatten die Singhabichte den Fehler der Mungos zu ihrem Vorteil ausgenützt. Innerhalb von dreißig Sekunden war alles vorbei. Drei im Sturzflug angelegte Schwingenpaare, drei herabstoßende Vogelleiber mit gespreizten Krallen –

Kaum ein Tag vergeht ohne mörderischen Angriff des Singhabichts auf eines der Babies.

und Notchs Junge waren verschwunden. Ich beobachtete, wie einer der Singhabichte, der sich auf einem Baum in meiner Nähe niedergelassen hatte, das Mungobaby mit ein paar raschen Schluckbewegungen hinunterwürgte. Nachdem sie sich von ihrem ersten Schrecken erholt hatte, jagte Notchs kleine Gruppe durch das Gelände. Die Tiere spähten in Löcher und Termitenhügel, riefen »Wo seid ihr?«, erhielten aber keine Antwort. Nach fast einer halben Stunde vergeblichen Suchens trabte die kleine Gruppe dicht zusammengedrängt davon.

In Dianas Gruppe war während meiner Abwesenheit alles mehr oder weniger beim alten geblieben, nur Wildfang war verschwunden. Ich hatte keine Möglichkeit, herauszubekommen, was aus ihr geworden war. Da ich aber ihre unbezähmbare Art und ihre Kaltblütigkeit bei Gefahr kannte, konnte ich ziemlich sicher sein, daß sie das Opfer eines hungrigen Raubvogels geworden war. Moja stand jetzt selbständig Wache und schien eine Partnerschaft mit Rusty eingegangen zu sein. Diana warf auch in diesem Jahr zwei Junge, dickbäuchige kleine Bündel, die die Gruppe schon auf ihren täglichen Streifzügen zur Nahrungssuche begleiteten, als ich sie das erste Mal sah. Sie ereilte das Schicksal in Gestalt eines schuppenbäuchigen Reptils, als sie etwa zwei Monate alt geworden waren. Ich werde nie erfahren, was sich an jenem verhängnisvollen Morgen tief im Innern des Termitenhügels genau abspielte. Ich konnte nur mit Schrecken registrieren, was ich sah. An Stelle der Mungos, die sonst zu ihrem üblichen Familientreffen auf dem Hügel hervorkamen, bevor sie sich zur Nahrungssuche auf den Weg machten, glitt der Kopf einer riesigen Grauen Kobra aus dem Hügel und dann ein zwei Meter langer Leib mit zwei verdächtigen Anschwellungen etwa im ersten Drittel des Körpers. Die Schlange kroch träge davon, in das Gras, das den Hügel umgab, und Twin, der ihr folgte, torkelte von einer Seite zur anderen, bis er schließlich auf der dem Hügel vorgelagerten freien Fläche zusammenbrach, die Lippen zu einer starren Fletschgrimasse verzerrt. Noch ein paar verzweifelte Krabbelbewegungen, dann blieb er starr und steif liegen. Die übrigen Gruppenmitglieder griffen nun die Kobra an, hielten sich aber in einiger Entfernung, um dem Gift zu entgehen, das die Schlange verspritzte. Entsetzt beobachtete ich den Vorgang, gleichwohl fasziniert von diesem Ungetüm eines Reptils, das sich abwechselnd zusammenrollte und sich seinen Peinigern stellte, dann eiligst davonkroch, um, erneut in die Enge getrieben, sich seiner Verfolger zu erwehren. Plötzlich wand sich der Oberkörper der Kobra in krampfhaften Zuckungen, und ich sah, wie sie sich von einem im Gras halbverborgenen Gegenstand zurückzog. Erst nachdem die Schlange und die Mungos sich so weit entfernt hatten, daß sie sich durch meine Anwesenheit nicht gestört fühlen konnten, wagte ich den Wagen zu verlassen, um zu erkunden, was die Schlange zurückgelassen hatte. Es war eines der Jungtiere, triefend naß von Speichel. Das Reptil hatte bei seinen Bemühungen, der wütenden Mungofamilie zu entkommen, das Baby wieder hervorgewürgt. Das zweite Mungobaby blieb im Bauch der Schlange. Als ich langsam weiterfuhr, um die Familie einzuholen, lag Twins kleiner steifer Leichnam noch immer auf der Sandfläche vor dem Hügel. Offenbar hatte er versucht, die Jungtiere zu verteidigen, und war von der Kobra gebissen worden. Jetzt wußte ich, daß die Mungos gegen Schlangenbisse nicht so immun waren, wie ich bisher angenommen hatte. Doch schien mir der Preis, den Dianas Gruppe für diese Erkenntnis bezahlen mußte, erschreckend hoch.

Im folgenden Jahr schlug das Schicksal erneut zu. Bei meiner Ankunft entdeckte ich, daß im Busch fast keine Mungos zu sehen waren. In Gegenden, wo große Gruppen gewohnt hatten, waren nur noch ein paar Tiere übriggeblieben, und diese waren abgemagert und wiesen helle Räudeflecken auf. Aus Dianas Gruppe fehlten Warze und Victoria, und Blackie und Weißhals zeigten Anzeichen der Krankheit, die die Population dezimiert hatte. Weißhals sah aus wie ein Skelett, stellenweise war ihm das Haar ausgefallen, während Blackies Gesicht nahezu kahl war und seine Hüftknochen hervorstanden. Andere in der Gruppe zeigten ähnliche, doch weniger extreme Symptome. Hilflos mußte ich mitansehen, wie im Laufe der nächsten Wochen die beiden Männchen immer schwächer wurden und trotz der liebevollen Zuwendung der Familie schließlich der Seuche erlagen. Ein Tierarzt stellte fest, daß es sich bei der Krankheit wahrscheinlich um eine Form von Leishmaniose handelte, eine tropische Infektionskrankheit, deren im Blut lebende Erreger durch infizierte Hirtenhunde eingeschleppt und durch Sandfliegen übertragen worden sein mußten, die mit den Mungos in den Belüftungsschächten der Termitenhügel leben.

Aber es waren nicht nur die Mungos, die an der Krankheit litten. Auch die Ginster- und Zibetkatzen waren nahezu verschwunden und mit ihnen die Löffelhundfamilie, die dieses Gebiet ebenfalls bewohnt hatte. Die Wirkungen der Seuche auf die kleine Raubtierpopulation der Gegend erwiesen sich als verheerend. Ich hielt nach Notch und ihrer Gruppe Ausschau, aber es gab kein Lebenszeichen von ihnen. Prächtige Mungogruppen von zwanzig oder mehr Tieren waren auf fünf oder weniger Exemplare zusammengeschrumpft. Dianas Familie war im Vergleich zu vielen anderen noch glimpflich davongekommen. Dennoch war fast die Hälfte der Familie dahingerafft worden, und Diana, dünn wie ihre Artgenossen, warf in diesem Jahr keine Jungen.

Das darauffolgende Jahr schien im Zeichen des Überflusses zu stehen. Starke Regenfälle waren niedergegangen, und das Gras stand hoch. Für alle gab es Nahrung in Hülle und Fülle, und Tiere, die ich nie zuvor in der Gegend gesehen hatte, zogen hierher und blieben. Der Busch in der Nähe von Dianas Territorium hallte jetzt wider von den schrillen Schreien der Helmperlhühner, von denen sich ein Schwarm in unmittelbarer Nähe des Wasserlochs niedergelassen hatte. Zahlreiche kleine Vögel, die mir bisher noch nie aufgefallen waren, hüpften und flatterten zwischen den Büschen umher. Die Tiere aus Dianas Familie zeigten ein glattes Fell, sahen gut genährt aus und hatten drei Junge bei sich. Erst später bemerkte ich, daß dieser Nahrungsüberfluß auch ein anderes Mitglied der großen Mungofamilie angelockt hatte, ein riesiges Ichneumon, das sich jetzt am Wasserloch angesiedelt hatte, und mir weitere Erkenntnisse über die Feinde meiner Mungofamilie vermittelte. Wie verhängnisvoll sich die Anwesenheit des Ichneumons für Diana & Co. auswirkte, begriff ich erst später.

In diesem Jahr verlor ich meinen alten Freund Rusty, den ich seit seinen Jugendtagen gekannt hatte. Inzwischen hatte er sich jedoch zu einem stattlichen breitköpfigen Männchen mit einem rostrotem Haarring um den Hals entwickelt, und noch immer schien er einer der eifrigsten Wachposten zu sein, wenn die Gruppe auf Nahrungssuche ging. Sein Tod zeigte mir, wie gefährlich der Wachdienst sein konnte. Eines Morgens, als Diana die Familie in verhältnismäßig raschem Tempo durch den Busch führte, bildete er wie gewöhnlich die Nachhut und suchte die Bäume der Umgegend und den Himmel nach beutelüsternen Raubvögeln ab. Die Gruppe hatte sich schon fast 30 Meter weit entfernt, als Moja das Amt des Wächters übernahm und Rusty den anderen nachrannte. Sein Geschick ereilte ihn in Gestalt eines Braunen Schlangenadlers, der wie ein Stein vom Himmel niederstürzte, mit einem Geräusch, das an reißende Leinwand erinnerte. Braune Flügel schlugen durch die Luft, und Mojas Warnruf kam zu spät. Schon hing Rusty schlaff in den Fängen des Adlers herab, der mit seiner Beute über den Baumwipfeln verschwand. Die Gruppe war zum nächsten Hügel gerannt und verharrte reglos, während Mojas zwecklose Rufe vor einem inzwischen leeren Himmel warnten.

Fast zwei Wochen später schlug das Schicksal wieder zu, diesmal in Gestalt des neu zugewanderten Ichneumons. Die Familie war gerade beim Furagieren, als Goldie, die Wachdienst hatte, ihren Warnruf »Bodenbewohnendes Raubtier!« ertönen ließ, weil dieser größte aller afrikanischen Mungos zielstrebig auf Dianas Gruppe zutrottete. Plötzlich entstand eine riesige Staubwolke, so daß ich nicht sicher war, was sich genau abgespielt hatte. Das Ichneumon mußte wohl einen Satz direkt in die Gruppe gemacht haben. Wie gelähmt stand sie da und hatte nicht wie sonst fluchtartig Deckung gesucht. Ich sah, wie zwei der Babys davonschossen: Eines verbarg sich unter einem Baumstamm in meiner Nähe, das andere flitzte in ein kleines Loch. Die übrigen Gruppenmitglieder griffen wie von Sinnen das Ichneumon an, fauchten und warfen sich gegen den Eindringling, der auf etwas herumkaute, das er zwischen den Vorderpfoten hielt. Die gezielten Attacken der Familie schienen dem Ichneumon nichts auszumachen, denn der Riese hob nicht einmal den Kopf, sondern beendete seelenruhig seine Mahlzeit. Als er den letzten Bissen im Maul hatte, erkannte ich mit Entsetzen, daß es eines der Babys war. Was nun folgte, war noch grausiger. Ohne von der wütend angreifenden Mungofamilie Notiz zu nehmen, suchte das Ichneumon so lange umher, bis es auch das zweite Baby entdeckt hatte, das unter den Baumstamm in meiner Nähe geflüchtet war. Das Fauchen und die Schreie von Dianas kleiner Gruppe schwollen zu einem Crescendo an, als das Ichneumon einen raschen Satz machte, einmal zuschnappte, auch dieses Jungtier holte und sich dann, mit der Beute im Maul, in die Büsche forttrollte. Die Mungogruppe blieb dem Ichneumon dicht auf den Fersen und biß es in den Schwanz und die Hinterbeine, aber es nützte alles nichts.

Ich war durch das Vorgefallene wie betäubt. Zum ersten Mal hatte ich

Braune Flügel schlugen
durch die Luft ...

... und Mojas Warnruf
kam zu spät ...
Rusty wurde die Beute
eines Braunen Schlangenadlers.

erlebt, daß zwei zur gleichen Familie gehörende Arten aufeinander Jagd machten. Gewöhnlich wird der Existenzkampf zwischen Arten auf subtilere Weise ausgefochten. Ihm liegen unterschiedliche Nahrungspräferenzen oder bestimmte Erfordernisse der Fortpflanzung zugrunde, nicht jedoch das gegenseitige Töten; ich hatte es aber mit eigenen Augen gesehen. Mir war bekannt, daß Raubkatzen die Jungen anderer Katzenarten oder manche Männchen sogar die Jungen ihrer eigenen Art töten, wenn sie diese finden. Diese toten Jungtiere werden aber nicht als Beute angesehen. Es stand jedoch außer Zweifel, daß das Ichneumon die Zwergmungobabys als Nahrung betrachtete und als nichts weiter, denn es tötete sie nicht um sie liegen zu lassen, sondern um sie vor den Augen ihrer Eltern zu fressen. Der ganze Vorfall hatte den fatalen Beigeschmack von Sippenmord!

Dianas Familie rannte zurück, und dann folgte ein herzzerreißendes Zwischenspiel. Dicht aufeinandergedrängt rannten sie in ihrem Revier von einem Termitenhügel zum anderen, spähten hinein und riefen immer wieder »Wo seid ihr?« Über eine halbe Stunde lang trabten sie über der Stelle hin und her, an der sich die Tragödie ereignet hatte. Auch dem dritten Jungtier mußte etwas zugestoßen sein, da es noch immer nicht aus seinem Loch herausgekommen war. Ich machte mir schon Sorgen, die Gruppe würde sich entfernen und das noch immer in seinem Versteck kauernde Baby zurücklassen. Da mußte Diana ein Geräusch gehört haben, denn sie rannte schnurstracks auf ein Loch zu, steckte die Nase hinein und ließ ihren Suchruf ertönen, worauf das überlebende Jungtier wie ein geölter Blitz hervorgeschossen kam und nun von den restlichen Gruppenmitgliedern überschwenglich begrüßt und von George gründlich markiert wurde.

Das Baby, das ich Sindbad nannte, zog mit der Gruppe los und wich seiner Mutter nicht von der Seite. Diana setzte ihre Suche nach den verschwundenen Jungen fort, als könne sie nicht glauben, daß sie ihre Babys für immer verloren hatte. Insgesamt brachte sie mit der Suche nach ihren Kindern fast eine Stunde zu, ehe sie schließlich aufgab und den Rest der Familie vom Schauplatz des Massakers wegführte.

Als ich im folgenden Jahr zurückkam, hatten sich Dianas Gruppe zwei einjährige Männchen angeschlossen, die einander so ähnlich sahen, daß ich sie die Zwillinge nannte. Auf Grund ihres gleichen rotbraunen Farbmusters vermutete ich, daß sie aus der Roten Gruppe stammten, einer Mungofamilie, deren Territorium etwa einen Kilometer von Dianas Gebiet entfernt lag. Meine Vermutung erwies sich als zutreffend: Als ich die Rote Gruppe besuchte, fehlten zwei von den drei Jungen, die ich im Jahr zuvor dort gesehen

hatte. Wann und unter welchen Umständen sie sich Dianas Familie angeschlossen hatten, wußte ich natürlich nicht. Aber zum Zeitpunkt meiner
Ankunft schienen sie bereits völlig eingegliedert zu sein. Sindbad hatte sein
erstes Lebensjahr unversehrt überstanden, und Diana hatte abermals drei
Junge bei sich.

Wieder war es ein Jahr, in dem das gefühllose Leben im Busch seinen
untilgbaren Stempel auf Dianas kleiner Schar hinterlassen sollte. Eine Woche
nach meiner Ankunft wurde eines der Mungobabys von einem jungen Hellen
Singhabicht gepackt. Doch diesmal zahlte sich die Wirksamkeit der von den
Mungos entwickelten Methode aus, Raubvögel in geschlossener Gruppe
anzugreifen. Der junge Singhabicht hob zu spät vom Boden ab und wurde
nun von George wütend attackiert, unterstützt von Edward und Goldie, die
sich buchstäblich gegen den Vogel warfen, der am Boden noch immer das
Mungobaby gepackt hielt. Mit heftig flatternden Flügeln schwang sich der
Junghabicht empor und ließ seine Beute zurück. Als das Junge zum Hügel
zurückrannte, konnte ich sehen, daß sein Schwanz fast rechtwinklig abge-
knickt war und hinterherschleifte. Von diesem Tag an wuchs der Schwanz
geknickt weiter, sozusagen als Beweis dafür, daß sein Besitzer nur mit
knapper Not entkommen war. Um das Junge von seinen Artgenossen aus
dem gleichen Wurf unterscheiden zu können, taufte ich es Schwanz.

Das kleinste der drei Mungobabys hatte nicht soviel Glück. Nur zwei Tage
nachdem Schwanz dem Tode entronnen war, blieb Little One, wie ich es
genannt hatte, am Termitenhügel zurück. Obwohl Vanessa, die Wachdienst
versah, den Warnruf ertönen ließ, kam jede Hilfe zu spät: Little One wurde
von einem Heuschreckenbussard gepackt, der plötzlich über den Baumwipfeln aufgetaucht war und sich auf sein Opfer stürzte. Vanessa schoß den
Hügel hinab auf den Vogel zu. Doch der war gestartet, noch ehe sie ihn
erreichte, mit Little One, das schlaff in seinen Fängen baumelte. Die übrigen
Gruppenmitglieder flitzten zurück, um Vanessa zu unterstützen. Aber es
nützte nichts mehr – Little One war verschwunden.

Das dritte Baby der Gruppe nannte ich Blackie II, weil es mich sehr an
seinen toten Bruder, den ersten Blackie, erinnerte. Er hatte genau das gleiche
dunkle Gesicht und die gleichen frechen Angewohnheiten. Bis zu meiner
Abreise entwickelten er und Schwanz sich prächtig, da sie die gefährlichste
Zeit ihres Lebens – die ersten drei Monate – glücklich hinter sich gebracht
hatten.

Im Gegensatz zum Vorjahr, als es Nahrung in Hülle und Fülle gab, wurde
das Land von einer Dürre heimgesucht. Die üblichen Regenfälle im Oktober
und November waren ausgeblieben und die Blätter an Büschen und Bäumen
vertrocknet. Elefantenherden trampelten durch das Gelände, drückten die

schwachen Commiphoren- und Boswelliabäume nieder, um deren saftige Zweige abzufressen, und gruben die Grewiabüsche aus, um an die Wurzeln zu gelangen. Das Gras gedieh spärlich und die nahezu verlassene Gegend war überall mit abgebrochenen Zweigen bedeckt, die mir eine Menge Unannehmlichkeiten verursachten, da ich häufig Reifenpannen hatte.

Als Dianas kleine Familie die wohlbekannten Pfade entlang durch ihr Territorium marschierte und dabei die Wachposten benutzte, die mir im Laufe der Jahre ebenso vertraut geworden waren wie ihnen, kam sie mir besonders gefährdet vor. Inzwischen kannte ich Dianas Gebiet fast ebenso gut wie sie selbst, aber sie sollte mich wieder einmal überraschen. Völlig unerwartet machte Diana sich eines Tages ostwärts von ihrer normalen Reviergrenze in eine für sie unbekannte Gegend auf den Weg. Im Laufe der nächsten zwei Wochen folgte ich ihr, während sie ein Gebiet durchstreifte, das fast so groß war wie ihr ursprüngliches Lebensareal, nur östlich von diesem lag. Die nördliche und die südliche Begrenzung dieses neuen Jagdbereichs bildeten Erweiterungen der entsprechenden Grenzen des ursprünglichen Reviers. Ihr Jagdbereich war jetzt doppelt so breit wie früher, seine Längenausdehnung war gleichgeblieben. Ich nahm an, Diana werde auch die doppelte Zeit benötigen, um ein doppelt so breites Gebiet zu durchstreifen. Aber wieder wurde ich von Diana korrigiert. Sie benötigte wie bisher zwischen 26 und 28 Tagen, um ihren neuen – erweiterten – Lebensbereich einmal zu durchlaufen, wobei sie ihre Familie auf Tagesmärschen von einem Kilometer und mehr herumjagte. Erst jetzt erkannte ich den Zusammenhang zwischen dieser relativ strengen Zeiteinhaltung und meinen Laboruntersuchungen über das Markierungsverhalten. Ich hatte herausbekommen, daß das der Markierung dienende Analsekret eine effektive Lebensdauer von rund 25 Tagen hatte. Als ich dies entdeckte, hielt ich es lediglich für eine interessante Tatsache, aber jetzt erkannte ich den Grund für Dianas Langstreckenmärsche. Sie mußte zu *ihren* Termitenhügeln zurückkehren, bevor ihr Duft und der ihrer Familie von den Hügeln verflogen war, um sie durch frische Markierungen als ihr Eigentum zu beanspruchen. Wieder fragte ich mich, ob es sich dabei um Instinkt oder Intelligenz handelte. Wenigstens war es ein Musterbeispiel für das Zeitgefühl bei Tieren.

Gegen Ende meines diesjährigen Aufenthalts bei der Mungogruppe ereignete sich eine der größten Katastrophen für Dianas Gruppe. Vor einiger Zeit hatte sich ein Silberadlerpärchen in der Gegend niedergelassen, und ich beobachtete häufig, wie die beiden hoch über Dianas Revier kreisten. Sobald sie auftauchten, gaben die Mungos laute Warnrufe von sich. Auf Grund früherer Beobachtungen von anderen Gruppen wußte ich, daß diese Adler für die Zwergmungos besonders gefährliche Raubvögel waren. Im Laufe der

Jahre war ihnen jedoch kein Tier aus Dianas Familie zum Opfer gefallen. Dies sollte sich jetzt mit einem Schlag ändern: Ein kurzes, scharfes Geräusch, wie von reißender Leinwand, und schon wuselten die Mungos laut warnend aufgeregt umher. Im Grunde genommen war es Vanessas Schuld, da sie heimlich mit Moja in einer Gruppe entlaubter Büsche zurückgeblieben war. George rannte wie gewöhnlich zu ihnen zurück, sobald er ihr verdächtiges Verschwinden bemerkt hatte, und genau während dieses einzelgängerischen Galopps stieß der Silberadler nieder. Edward, der auf Wache stand, blickte gerade in die entgegengesetzte Richtung, als der Raubvogel sich mit Wucht auf George stürzte. Obwohl Edward und der Rest der Gruppe blitzschnell auf den Adler losschossen, war dieser mit George, der schlaff in den Fängen hing, schon wieder aufgestiegen und flog den fernen Hügeln entgegen. Diana war völlig durcheinander, rannte von einem Termitenbau zum anderen und rief ständig »Wo bist du?« Die übrigen Gruppenmitglieder folgten ihr dicht auf den Fersen. Zwei Jahre zuvor, als es Rusty erwischt hatte, war Diana nicht so kopflos umhergerannt. Aber George war schließlich mindestens fünf Jahre lang Dianas ständiger Gefährte und Partner gewesen, so daß die Bindung sich weitaus stärker entwickelt hatte. Genau wie nach den verlorengegangenen Babys suchte Diana länger als eine Stunde nach ihrem verschwundenen Partner, stellte die Suche schließlich ein und begab sich mit den übrigen Gruppenmitgliedern auf einen nahegelegenen Termitenhügel, in den sich alle schon gegen fünf Uhr nachmittags zurückzogen, um sich für den Rest des Tages nicht mehr blicken zu lassen. Ich war entsetzt darüber, wie schnell sich das Ganze abgespielt hatte, und fragte mich, was wohl mit Diana geschehen würde, jetzt da sie ohne Partner war. Würde sie von Vanessa, Veronica oder Goldie, den anderen erwachsenen Weibchen in der Gruppe, aus ihrer Position verdrängt werden oder würde sie sich einen neuen Lebensgefährten suchen?

Am nächsten Tag blieb Diana in der Nähe des Hügels und nahm die Gruppe nur zu kurzen Ausflügen in die unmittelbare Umgebung mit, wo sie nach Insekten suchten. Diana hielt sich abseits, saß meist hoch oben auf dem Hügel und rief gelegentlich »Wo bist du?« Genau so verhielt sie sich vor fünf Jahren, als George damals nach dem Kampf zwischen den beiden großen verfeindeten Mungoheeren verschwunden blieb, und Diana mit den Jungen zum Speerhügel geflohen war. Zwei Tage lang blieb sie an dem Hügel und führte die Gruppe erst dann wieder auf ihre üblichen ausgedehnten Furagierstreifzüge. Während dieser Zeit unterhielt sie sozialen Kontakt lediglich zu den zwei Jungtieren, Blackie II und Schwanz. Alle Versuche anderer Gruppenmitglieder, sie zu putzen oder sich an sie zu kuscheln, endeten damit, daß Diana aufstand und ihre Stellung wechselte.

In diesem Jahr setzte der lange März- und Aprilregen frühzeitig ein, und mit den ersten Schauern regte sich im ausgedörrten Buschland neues Leben. Die Knospen an Büschen und Bäumen brachen auf und zeigten ein zartes Grün, und saftiges Gras sproß aus der kahlen roten Erde. In dieser Zeit machte Edward seinen ersten Annäherungsversuch. Vorsichtig, aber zielstrebig, nahm er seinen Platz neben Diana ein und putzte sie, während sie gewöhnlich aufstand und sich forttrollte und nur selten seine Zuneigung erwiderte. Allerdings ließ er sich nicht so leicht abschütteln und wich ihr nicht von der Seite, bis sie sich sein freundschaftliches Beknabbern gefallen ließ und es mit Putzen und Beknabbern ihrerseits beantwortete. Aber als Edward sie zu markieren versuchte, sprang sie unter seinem erhobenen Bein auf und rannte den Hügel hinab, die restliche Gruppe hinterdrein, während Edward in gestrecktem Galopp ihr nachsetzte. Fünf Tage lang verweigerte sie sich ihm standhaft und erlaubte ihm nicht, seine Duftmarke auf ihr zu hinterlassen, doch dann geschah etwas, was ich in den letzten fünf Jahren noch nie erlebt hatte – Diana wurde im Sommer brünstig! Noch immer schien sie nicht bereit, Edward zu akzeptieren, und sauste davon, wenn seine Aufmerksamkeiten ihr zu lästig wurden. Er blieb ihr hart auf den Fersen und die übrigen Gruppenmitglieder wuselten hinterdrein. Schließlich tat Edward etwas, was ich bei George nie gesehen hatte: Er packte Diana im Genick und paarte sich mit ihr fast gewaltsam. Danach war Dianas Widerstand erschöpft und obwohl Edward sich immer wieder mit ihr paarte, sträubte sie sich gleichsam nur halb, indem sie, während er sie bestieg, plötzlich davonrannte, so daß er ihr folgen mußte. Oder sie versuchte, wenn er sie schließlich in die Enge getrieben hatte, nach seinen Füßen zu schnappen. Oft geschah das an einem Hügel in einiger Entfernung von der übrigen Gruppe – ein Verhalten, das sie bei George nie gezeigt hatte.

Sobald Dianas Brunst vorüber war, schien Edward wie selbstverständlich in die Rolle des Alphamännchens zu schlüpfen, da er ja in der Tat das älteste Männchen in der Gruppe war. Sein Verhalten gegenüber seinen Untergebenen schien allerdings viel aggressiver, als das Benehmen von George jemals gewesen war.

Noch oft wurde ich Zeuge von ausgedehnten Drohkratzphasen. Sie spielten sich außerhalb der Löcher des Hügels ab, in die sich eines der Gruppenmitglieder unter Protest geflüchtet hatte, während Edward draußen inmitten von roten Staubwolken seine Autorität demonstrierte. Diana bekundete nicht das geringste Interesse an diesen Vorgängen und pflegte sich mit der restlichen Gruppe im Schlepptau davonzumachen und überließ es Edward und seinem Opfer, sie wieder einzuholen. In den folgenden Wochen fand sich Diana allmählich mit Edwards Nachstellungen ab, und als ich wieder abreisen mußte, hatte er sich als ihr neuer Partner fest etabliert. Fünf Jahre geduldigen

*Nur das Leben in einer größeren Gruppe bietet den Zwergmungos Schutz
gegen die Beutegreifer der Taru-Wüste.*

Wartens hatte er benötigt, um die Spitze zu erreichen. Aber endlich hatte er es geschafft, trotz Dianas anfänglichem Widerstreben.

Während der fünf Jahre, die ich bei den Mungos verbrachte, hatte ich Notchs Geschichte und ihre Folgen erlebt – das fruchtlose Bemühen eines kleinen Kerns, sich von der Hauptgruppe zu trennen und den Versuch zu unternehmen, eine eigene Familie zu gründen – ein für andere Gruppen häufiges Unternehmen, das regelmäßig zum Scheitern verurteilt war und mit Vernichtung endete. Nicht einer der kleinen Splittergruppen gelang es, eigene Junge aufzuziehen, und sie selber waren innerhalb eines Jahres ausgelöscht. Die kritische Zahl von Individuen schien bei fünf zu liegen. Waren mehr als fünf Tiere vorhanden, um die verschiedenen Aufgaben zu übernehmen – Kinderhüten, Wachestehen und Verteidigen der Gruppe gegen Beutegreifer –, konnten die Mungos überleben. Waren es jedoch weniger als fünf, schien ihr Untergang besiegelt. Durch jahrelanges beharrliches Aufzeichnen derartiger Begebenheiten wurde mir klar, daß die Gruppenmitglieder, von denen ich fälschlicherweise angenommen hatte, daß sie ihr Leben und die Aussicht, eigene Junge zu haben, dem Wohl ihrer Geschwister opferten, eigentlich kein Opfer brachten. In Wirklichkeit reproduzierten sie indirekt ihr genetisches Potential auf höchst wirkungsvolle Weise. Indem sie ihre leiblichen Geschwister mit aufzogen, halfen sie in der Tat, Junge ihres halben eigenen genetischen Potentials aufzuziehen. Gleichzeitig schützten sie sich, indem sie in einer genügend großen Gruppe blieben, die sich gegen die meisten der im Busch lebenden Beutegreifer verteidigen konnte, während kleinere Gruppen nur geringe Überlebenschancen hatten.

Dieses pseudo-altruistische Verhalten konnte ich bei Georges und Dianas eigenen Kindern verstehen. Aber es schien sinnlos, wenn es auf Veronica, Edward und die Zwillinge angewandt wurde, da sie mit der Gruppe, der sie sich angeschlossen hatten, nicht verwandt waren, obwohl sie deren Schutz genossen. Ihnen erwuchs kein Fortpflanzungsvorteil, wenn sie Dianas Babys aufzogen. Erst Edwards Aufstieg zur Spitze zeigte, daß dennoch ein – wenn auch hinausgezögerter – Fortpflanzungsvorteil bestand für jene, die warteten. Es bestand immer die Aussicht, daß die Alphaposition frei wurde, und dann würden sich die Jahre, in denen sie Hilfe geleistet hatten, auszahlen. Jetzt konnte Edward eigene Junge zeugen in einer Gruppe, die groß genug war, um deren Überleben zu gewährleisten.

Als ich in diesem Jahr Diana & Co. verließ, erkannte ich, daß meine ziemlich naiven Vorstellungen vom Familienleben der Mungos sich im Laufe der Jahre von Grund auf geändert hatten. Die Bindungen und die offensichtliche Zuneigung zwischen den Mitgliedern der Gruppe waren noch immer vorhanden. Ich fragte mich aber, ob es sich dabei um einen unmittelbaren, einen Naheffekt oder um einen Endeffekt handelte, also um Dinge, die die Evolution eines so engen Gruppenlebens verursachten, oder um Dinge, die sich gerade deswegen zwangsläufig entwickeln mußten, weil sonst die Gruppe nicht stabil bleiben konnte. Ich hatte jetzt einen Beweis, daß die Mungos in Familien lebten als Schutzmaßnahme gegen Beutegreifer. Aber noch blieb die Frage: »Was kam zuerst – das Küken oder das Ei?« Vielleicht hatten die Jungtiere der Urahnen meiner Mungos die Tendenz entwickelt, über die Zeit der Reife hinaus bei ihren Eltern zu bleiben. Solche Gruppen waren imstande, durch Hilfestellung bei der Aufzucht mehr Junge am Leben zu erhalten als Gruppen, die dieses Merkmal nicht aufwiesen. Auf diese Weise konnte eine Änderung im Verhalten rasch durch eine ganze Population verbreitet werden, bis der Höhepunkt in jenem hoch sozialen Verhalten erreicht wurde, das ich in den vergangenen Jahren hatte beobachten können.

Diejenigen Tiere nämlich, die keinerlei Neigung zu dauerhaft sozialem Verhalten zeigten, werden ziemlich schnell aus der Population getilgt. Das könnte erklären, warum einzeln lebende Mungos so verzweifelte Anstrengungen unternahmen, sich Gruppen anzuschließen, selbst wenn sie zunächst barsch zurückgewiesen werden und mitunter der Gruppe wochenlang geduldig hinterherlaufen müssen, ehe sie akzeptiert werden. Als ich das letzte Mal mein Zuhause im Busch verließ, war mir deutlicher als je zuvor bewußt, daß es für die Mungos nur einen Wahlspruch gibt, der für sie Leben oder Tod bedeutet: »Gemeinsam stehen wir – getrennt fallen wir!«